汽车测试技术及传感器

（第3版）

主　编　冯俊萍
副主编　王奎洋　倪　彰　贝绍轶

重庆大学出版社

内容提要

本书以测试技术在现代汽车上的应用和现代汽车传感器为核心，详细介绍了汽车测试技术的基础理论和方法以及汽车传感器的结构、工作原理及检测方法，全书包括信号的描述及信号的数字处理，测试装置的动态特性分析与动态性能测试方法，信号调理与记录，各类汽车常用传感器的工作原理、性能和特点，以及其在汽车上的应用，新型传感器的工作原理及其在汽车上的应用，典型汽车传感器的测量检测方法等12章。

本书从实用角度出发，讲解了测试技术的基本原理和方法，重点突出了测试技术在汽车上的应用和汽车常用传感器以及典型传感器的测试方法，并且拓展介绍了新型传感器在汽车上的应用。

本书除可作为高等教育和高职教育车辆工程、汽车服务工程、交通运输工程等专业教材之外，还可供有关汽车专业师生和从事汽车设计制造、汽车维修管理的工程技术人员阅读参考。

图书在版编目(CIP)数据

汽车测试技术及传感器/冯俊萍主编.—2版.—重庆：重庆大学出版社，2013.8(2025.1重印)

车辆工程专业本科系列教材

ISBN 978-7-5624-4927-0

Ⅰ.汽…　Ⅱ.冯…　Ⅲ.①汽车—测试技术—高等学校—教材②汽车—传感器—高等学校—教材　Ⅳ.①U467②U463.6

中国版本图书馆CIP数据核字(2012)第184311号

汽车测试技术及传感器

(第3版)

主　编　冯俊萍

副主编　王奎洋　倪　彰　贝绍轶

责任编辑：周　立　钟加勇　　版式设计：周　立

责任校对：邬小梅　　　　　　责任印制：张　策

*

重庆大学出版社出版发行

出版人：陈晓阳

社址：重庆市沙坪坝区大学城西路21号

邮编：401331

电话：(023) 88617190　88617185(中小学)

传真：(023) 88617186　88617166

网址：http://www.cqup.com.cn

邮箱：fxk@cqup.com.cn (营销中心)

全国新华书店经销

重庆长虹印务有限公司印刷

*

开本：787mm×1092mm　1/16　印张：16.5　字数：412千

2018年8月第3版　2025年1月第10次印刷

印数：15 001—16 000

ISBN 978-7-5624-4927-0　定价：38.00元

前言

现代机械产品已成为集机械、电子、信息、控制为一体的复杂机电系统，这些机电产品的运行监测、故障诊断与维护以及工作可靠性等相关的问题，都与信息的获取密不可分，测试技术作为机电产品运行中获取准确、定量信息的重要手段，因此掌握测试技术对应用型人才的培养起着非常重要的作用。汽车作为复杂机电产品的代表，随着电子技术的发展，汽车电子化程度的不断提高，机械系统已经难以解决与汽车功能要求相关的某些问题，已经被电子控制系统代替。一般电子控制系统由传感器、控制电脑、执行器组成。因此，传感器作为汽车电控系统的获取信息的关键部件，其性能好坏直接影响汽车技术性能的发挥。汽车传感器已广泛地应用于汽车发动机控制系统、底盘控制系统、车身控制系统和导航等众多系统中。据统计，一辆普通家用轿车上大约安装几十到近百只传感器，而豪华轿车上的传感器数量可多达二百余只。因此掌握汽车车用传感器的结构、工作原理及在汽车上的应用和检测方法尤为重要。

目前的教材是将测试技术与汽车传感器内容分割开的，其不足之处在于学习测试技术时缺乏明确的应用对象，且公式居多，不利于汽车类专业学生有的放矢地掌握与汽车测试相关知识。基于此原因，笔者总结长期从事测试技术以及汽车电子控制技术教学实践经验，编写一本融合机械测试技术基础理论与汽车车用传感器技术的教材，以适应汽车类专业教学改革的需要。

该教材的主要内容包括：现代测试技术的应用和发展及汽车测试技术的应用和发展；信号及其分类方法，信号的时域分析、频域分析及数字信号处理基础；测试装置的动态特性分析与动态性能测试方法；信号调理与记录；信号的放大与隔离、调制与解调、滤波器、信号记录装置等内容；变磁阻式传感器、电容式传感器、压电式传感器、磁敏式传感器、光电式传感器、传统及新型热电式传感器、数字式传感器、光纤传感器、智能传感器、固态图像传感器及其他新型传感器的结构、工作原理及典型汽车传感器检测方法。

本教材的特点在于：

1.集中介绍测试技术基础知识，针对实际测试工作的信号绝大多数为动态信号，本书重点介绍测试系统的动态特性分析和动态性能测试。

2.汽车车用传感器与汽车上的应用紧密结合。在介绍测试技术基础理论和各类车用传感器的结构、工作原理的同时，着重叙述了其在汽车上的具体应用，将基础理论与实际应用紧密结合起来，为后续《汽车电子控制技术》等课程的学习奠定了坚实的基础。

3.对典型汽车传感器的检测方法进行了介绍，便于与汽车实际测试工作相联系，增加了学生的分析实际问题的能力。

4.汽车新型传感器采用了新的原理和方法，本书不仅深入浅出的介绍了其工作原理和结构，而且介绍了其在汽车的应用，拓展了学生的知识面，为学生后续从事汽车传感器研究打下了基础。

5.每个章节后面都有习题，在巩固所学知识的同时，培养读者解决实际问题的能力。

本书是为车辆工程、汽车服务工程、交通运输工程专业的本科生而编写的，同时也可供有关工程技术人员及高职汽车类专业学生参考。

本书由江苏技术师范学院冯俊萍主编，江苏技术师范学院贝绍轶主审。参加编写的有：江苏技术师范学院冯俊萍（绪论、第1、2、3、11章）、江苏技术师范学院王奎洋（第4、5、6、7章）、江苏技术师范学院倪彰（第8、9、10、12章）。

本书在编写的过程中，引用了一些国内外书籍、期刊等文献资料，充实和丰富了本书的内容，在此向有关文献的作者表示感谢。

由于作者水平和能力有限，书中不足和不当之处恳请广大读者批评指正。

编　者

目录

绪 论

0.1 测试技术与传感器

0.1.1 测试技术的重要性

测试是人类认识客观世界的手段和科学研究的基本方法。测试技术是测量和试验技术的统称,为了获得被测物理量的量值进行测量,获取有用的信息则需要试验。借助专门的仪器、设备、设计合理的实验方法以及进行必要的信号分析与数据处理,获得与被测对象有关的信息,最后将结果显示或输入其他信息处理装置、控制系统。因此,测试技术属于信息科学范畴,它与通信技术、计算机技术一起成为信息技术的三大支柱。

在工程技术领域中,工程研究、产品开发、生产监督、质量控制和性能试验等都离不开测试技术。测试工作不仅能为产品的质量和性能提供客观的评价,为生产技术的合理改进提供基础数据,而且是进行一切探索性的、开发性的、创造性的和原始性的科学发现或技术发明的重要、乃至必需的手段。可以想象,如果没有材料试验数据,就不能在机械设计中充分合理地、有效地进行刚度、强度的计算;在生产中就不能比较准确地计算各种工艺力以及许多有用的工艺参数,从而合理地使用设备或改进生产工艺;没有有效的设备参数监测仪器,就不能使生产设备安全高效地运行;没有对生产过程工艺参数的测量和采集,就无法实现任何自动化。所以说,测试技术是工业发展的一个重要基础技术。

总之,测试技术的发展与生产和科学技术的发展紧密相关,它们互相依赖、相互促进。现代科技的发展不断地向测试技术提出新的要求,推动着测试技术的发展。与此同时,测试技术迅速汲取各个科技领域(如材料科学、微电子学、计算机科学等)的新成果,开发新的测试方法和先进的测试仪器,同时又为科学研究提供新型的工具和先进的手段,从而促进了科学技术的发展。

0.1.2　测试技术的内容和任务及测试系统一般组成

1）测试技术的内容和任务

（1）测试技术的内容

测试技术研究的主要内容包括四个方面，即：测量原理、测量方法、测量系统以及数据处理。

测量原理是指实现测量所依据的物理、化学、生物等现象及有关定律的总体。例如，压电晶体测振动加速度所依据的是压电效应；电涡流位移传感器测静态位移和振动位移所依据的是电磁效应；热电偶测量温度所依据的是热电效应等。不同性质的被测量用不同的原理去测量，同一性质的被测量亦可用不同的原理去测量。

测量原理确定后，根据测量任务的具体要求和现场实际情况，需要采用不同的测量方法，如直接测量法或间接测量法、电测法或非电测法、模拟量测量法或数字量测量法、等精度测量法或不等精度测量法等。

在确定被测量的测量原理和测量方法以后，就要设计或选用装置组成测量系统。最后，实际测试得到的数据必须加以处理，才能得到正确可靠的结果。

（2）测试技术的任务

测试技术的任务主要有以下五个方面：

①在设备设计中，通过对新旧产品的模型试验或现场实测的评价，为技术参数的优化和效率的提高提供基础数据；

②在设备改造中，为了挖掘设备的潜力，以便提高产量和质量，经常需要实测设备或零件的载荷、应力、工艺参数和电机参数，为设备强度校核和承载能力的提高提供依据；

③在工作和生活环境的净化及监测中，经常需要测量振动和噪声的强度及频谱，经过分析找出振源，并采取相应的减振、防噪措施，改善劳动条件与工作环境，保证人类的身心健康；

④科学规律的发现和新的定律、公式的诞生都离不开测试技术。从实验中可以发现规律，验证理论研究结果，实验与理论可以相互促进，共同发展；

⑤在工业自动化生产中，通过对工艺参数的测试和数据采集，实现对设备的状态监测、质量控制和故障诊断。

2）测试系统的一般组成

测试系统是指由相关的元器件、仪器和测试装置有机组合而成的具有获取某种信息功能的整体，测试系统组成，如图 0.1 所示。

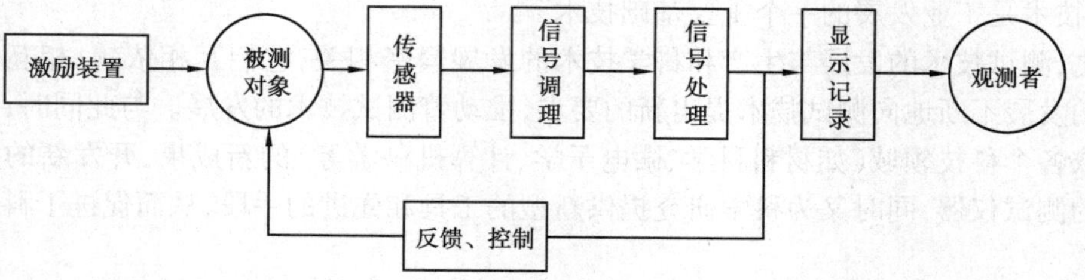

图 0.1　测试系统的一般组成

一个被测对象的信息总是通过一定的物理量——信号表现出来的。有些信息可以在被测对象处于自然状态时所表现出的物理量显现,而有些信息却无法显现或显现的不明显。在后一种情况下,需要通过激励装置作用于被测对象,使之产生有用信息载于其中的一种新的信号,如对零件或设备激振测量其固有频率等。

传感器就是将被测信息转换成某种电信号的器件。它包括敏感器和转换器两部分。敏感器一般是将被测量如温度、压力、位移、振动、噪声、流量等转换成某种容易检测的信号,而转换器则是将这种信号变成某种易于传输、记录、处理的电信号。

信号的调理环节是把来自传感器的信号转换成更适合于进一步传输和处理的形式。这种信号的转换,多数是电信号之间的转换,如幅值放大,将阻抗的变化转换成电压的变化或频率的变化等。

信号处理环节是对来自信号调理环节的信号进行各种运算和分析。

信号显示、记录环节是将来自信号处理环节的信号,以观察者易于观察和分析的形式来显示或存贮测试的结果。

而反馈、控制环节主要用于闭环控制系统中的测试系统。

图 0.1 中信号的调理、处理、反馈控制、显示等环节,目前的发展趋势是经 A/D 转换后采用计算机等进行分析、处理,并经 D/A 转换控制被测对象。

需要指出的是,为了准确地获得被测对象的信息,要求测试系统中每一个环节的输出量与输入量之间必须具有一一对应关系,而且输出的变化应准确地反映出其输入的变化,即实现不失真的测试。

0.1.3　测试技术和传感器发展趋势

测试技术与传感器是一门随着现代科学技术发展而迅猛发展的综合型技术学科,在进入信息社会的今天,人们对信息的提取、处理和传输的要求更加迫切。传感器是信息的源头,只有拥有多样而良好的传感器,才能开发性能优越的测试仪器。目前的传感器,无论从数量上、质量上和功能上都无法满足测试技术发展的需求,开发功能更加强大的传感器符合测试技术的发展趋势。综合国内外的技术动态,传感器与测试技术的发展趋势归纳起来主要是:

1)传感器向新型、微型、智能化发展

传感器的工作原理是基于各种效应和定律,因此探索具有新效应的敏感功能材料是研制新型传感器的重要基础。以半导体为材料、陶瓷材料、光导纤维、磁性材料,以及所谓的“智能材料”(如形状记忆合金、具有自增殖功能的生物体材料等)为代表的新型敏感材料应用于传感器中,不仅使可测量的参量增多,使力、热、光、磁、湿度、气体、离子等方面的一些测量成为现实。同时也使集成化、小型化和高性能传感器的出现成为可能。

随着微电子学、微细加工技术和集成化工艺等方面的发展,将敏感器件与其信号处理电路制作在一块芯片上,可以实现传感器的集成化和微型化。传感器与计算机的紧密结合,使传感器不仅只有信号检测功能,同时还具有记忆、存储、自诊断、自校准、自适应等功能,从而实现了传感器的智能化。如美国霍尼尔公司的 ST—3000 型智能传感器,在同一块芯片上制作中央处理器(CPU)、可擦除可编程的存储器(EPROM)和静压、压差、温度等三种传感元件,其芯片尺寸 $3\times4\times2\ mm^2$。

2)测试仪器向高精度和多功能方向发展

高精度的测试仪器及测试系统,不仅能提高测试数据的可信度,而且可以减少试验次数,从而缩短产品的研制周期,降低产品成本,因此提高测试系统的精度具有重要意义。

在提高测试仪器精度的同时还应扩大仪器的功能。传统的测试系统是由多台仪器组成,使用中需要对每台仪器进行调试,既不方便又容易出错。近年来,随着计算机辅助测试系统(CAT)和虚拟仪器的出现,使测试仪器的结构和功能发生了根本的变化,用户可在集成仪器平台上按自己的要求构成所需要的实用仪器和实用测试系统,并开发相应的应用软件来控制测试仪器和系统,其仪器和功能不受约束。

3)参数测量与数据处理向自动化方向发展

目前,越来越多的测试系统都采用以计算机为核心的多通道自动测试系统,这样的系统既能实现动态参数的在线实时测量,又能快速地进行信号的实时分析与处理。因此,测试系统中越来越多地融入了计算机技术,也表明了计算机技术在测试系统中的重要地位。

0.2　汽车测试技术和传感器

汽车是当今社会最重要的交通工具之一,随着新兴科学技术领域的不断发展,尤其是信息技术的迅速发展对汽车工业的发展产生了巨大的影响和渗透。汽车产业的迅速发展也使相关的高新技术产业得到最大的收益。

0.2.1　汽车对人类社会发展所做的贡献

自1886年世界上第一部汽车在德国问世以来,汽车的发展给整个世界和人类生活带来了巨大而深刻的变化。世界汽车每年的国际贸易额占世界商品总贸易额的6%～7%,汽车出口贸易额占世界商品出口贸易总额的比例接近十分之一,约占世界机械产品出口贸易总额的四分之一;美国《财富》统计每年全球500强企业中,前10位中,汽车企业占了四位且1～3位均是汽车公司;汽车电子部件的价格比例逐年增加,某些车甚至占整个汽车生产成本约30%,超过了钢材料的费用份额,汽车发展的方向愈来愈接近智能化。

0.2.2　汽车的发展与测试技术

汽车工业给社会经济的发展带来繁荣,但同时它对人类生存的环境也带来了不少严重问题,如石油资源的枯竭、环境污染、汽车安全及交通环境的恶劣。因此,未来的汽车要注意各种性能的提高:提高排放的标准、降低燃油消耗、提高安全性和舒适性,把汽车和外部交通环境结合起来考虑,优化汽车的行驶环境,强化交通运输高水平的监控,达到进一步节油,减少排放减轻对人民生活的压力。例如:最新式的“网络汽车”集成了现代高科技的硬件和软件技术,包括语音识别、无线电通信、全球定位系统、夜视技术,平视显示技术、神经网络技术、网络访问与协作及其国际互联网和局域网等技术,将先进科学技术与现代汽车技术完美的融为一体,令世人瞩目。该汽车可以实现卫星电视通信、国际互联网访问、游戏、虚拟导航、远程诊断与监控、车辆控制、移动办公先进的人机交互界面、语音识别控制及个人数字助理(PDAS)等功能,使未来的汽车不仅是交通工具,而且将成为办公娱乐场所和开发产品的工具。

因此,属于信息技术范畴的测试技术为汽车整体以及零部件的性能评定、故障诊断等提供了方法和手段,使得汽车更加智能化、安全化和舒适化。

0.2.3 汽车车用传感器

现代测试技术,即是促进科技发展的重要技术,又是科学发展的结果。汽车发展的智能化、安全化和舒适化要求对汽车零部件及整车性能进行测试,而传感器是信息之源头,只有拥有良好而多样的传感器,才能有效地使用这些设备和技术。

随着电子技术的发展及汽车电子化程度不断提高,通常的机械系统已经难以解决某些与汽车功能要求有关的问题,而被电子控制系统代替。传感器的作用就是根据规定的被测大小,定量提供有用的电输出信号的部件,亦即传感器把光、时间、电、温度、压力及气体等的物理、化学量转换成电信号的变换器。传感器作为汽车电控系统的关键部件,它直接影响汽车的技术性能的发挥。目前,普通汽车上装有 10 ~ 20 只传感器, 高级豪华轿车则更多,这些传感器主要分布在发动机控制系统、底盘控制系统和车身控制系统中。

1)发动机控制用传感器

发动机控制用传感器有许多种,其中包括温度传感器、压力传感器、转速和角度传感器、流量传感器、位置传感器、气体浓度传感器、爆震传感器等。这些传感器是整个发动机的核心,利用它们可提高发动机动力性、降低油耗、减少废气、反映故障等。由于其工作在发动机振动、汽油蒸气、污泥和泥水等恶劣环境中,因此它们耐恶劣环境技术指标要高于一般的传感器。对于它们的性能指标要求有很多种,其中最关键的是测量精度与可靠性,否则由传感器检测带来的误差最终将导致发动机控制系统故障。

(1)温度传感器:主要检测发动机温度、进气温度、冷却液温度、燃油温度、机油温度、催化温度等。实际应用的温度传感器主要有线绕电阻式、热敏电阻式和热电偶式。线绕电阻式温度传感器精度较高,但响应特性差,热敏电阻式传感器灵敏度高,响应特性较好,但线性差,适用温度较低热电偶式传感器精度高,测温范围宽,但需考虑放大器和冷端处理问题。

(2)压力传感器:主要检测发动机进气歧管绝对压力、真空度、大气压力、发动机油压、制动器油压、轮胎压力等。车用压力传感器有若干种,应用较多的有电容式、压敏电阻式、膜盒传动的可变电感式(LVDT)、表面弹性波式(SAW)。电容式传感器具有输入能量高,动态响应好、环境适应性好等特点;压敏电阻式受温度影响大,需另设温度补偿电路,但适用于大量生产;LVDT 式有较大输出,易于数字输出,但抗振性较差;SAW 式具有体积小、质量轻、功耗低、可靠性强、灵敏度高、分辨率高、数字量输出等特点,是一种较为理想的传感器。

(3)转速、角度和车速传感器:主要用于检测曲轴转角、发动机转速、车速等。主要有发电机式、磁阻式、霍尔效应式、光学式、振动式等。

(4)氧传感器:氧传感器安装在排气管内,测排气管中的含氧量,确定发动机的实际空燃比与理论值的偏差,控制系统根据反馈信号,调节可燃混合气的浓度,使空燃比接近于理论值,从而提高经济性,降低排气污染。实际应用的是氧化锆和氧化钛传感器。

(5)流量传感器:测定进气量和燃油流量以控制空燃比,主要有空气流量传感器和燃料流量传感器。空气流量传感器检测进入发动机的空气量从而控制喷油器的喷油量,以得到较准确的空燃比,实际应用的有卡门涡旋式、叶片式、热线式。卡门式无可动部件、反应灵敏、精度较高;热线式易受吸入气体脉动影响,且易断丝;燃料流量感器用于判定燃油消耗。主要有水车式、球循环式。

(6)爆震传感器:把发动机爆震信号传给控制系统, 抑制爆震的发生。主要有磁致伸缩式和非共振型压电式。

2)汽车底盘控制用传感器

汽车底盘控制用传感器是指分布在变速器控制系统、悬架控制系统、动力转向系统、防抱死制动系统中的传感器,在不同系统中作用不同,但工作原理与发动机中传感器相同,主要有以下几种类型传感器:

(1)变速器控制传感器:多用于电控自动变速器的控制。它是根据车速传感器、加速度传感器、发动机负荷传感器、发动机转速传感器、水温传感器、油温传感器检测所获得的信号经处理使电控装置控制换挡点和液力变矩器锁止,获得最大动力和最佳燃油经济性。

(2)悬架系统控制传感器:主要有车速传感器、节气门位置传感器、加速度传感器、车身高度传感器、转向盘转角传感器等。根据检测到的信息自动调整车高,抑制车辆姿态的变化等,实现对车辆舒适性、操纵稳定性和行车稳定性的控制。

(3)动力转向系统传感器:根据车速传感器、发动机转速传感器、转矩传感器等信号反馈使动力转向电控系统实现转向操纵轻便,提高响应特性,减少发动机损耗,增大输出功率,节省燃油等。

(4)防抱死制动传感器:根据车轮角速度传感器检测车轮转速,在各车轮的滑移率为20%时,控制制动油压、改善制动性能,确保车辆的操纵性和稳定性。

3)车身控制用传感器

采用这类传感器的主要目的是提高汽车安全性、可靠性、舒适性等,主要有应用于自动空调系统中的多种温度传感器、风量传感器、日照传感器等;安全气囊系统中加速度传感器;亮度自控中光传感器;死角报警系统中超声波传感器、图像传感器等。

4)汽车车用传感器发展趋势

由于传感器在电控系统中的重要作用,所以世界各国对其理论研究、新材料应用、产品开发都非常重视。

金刚石的耐热性好、热稳定性高,在真空中1 200 ℃以上表面才开始出现炭化,在大气中也要在600 ℃以上才开始炭化,利用这一特性,制作适用于高温的热敏传感器,从常温到600 ℃范围内进行温度监测与控制,并且适用在高温且有腐蚀气体的恶劣环境下使用,性能稳定,使用寿命长,可用于发动机中高温测量。此外金刚石在高温下形变率很高,利用这一特性可制作高温环境下使用的振动传感器和加速度传感器。与其他材料振动膜相结合可作为高温、耐腐蚀、灵敏度高的压力传感器,用于振动检测以及发动机汽缸压力等测量。

光导纤维型传感器由于抗干扰性强、灵敏度高、重量轻、体积小,适于遥测等特点正受到人们的普遍重视。目前已有不少成熟的产品问世,如光纤转矩传感器,温度、振动、压力、流量等传感器。

在开发利用新材料同时,由于微电子技术和微细加工技术发展,传感器正向微型化、多功能化、智能化方向发展。微型化传感器利用微细加工技术将微米级的敏感元件、信号调理器、数据处理装置集成封装在一块芯片上。由于体积小、价格便宜、便于集成等特点,可以提高系统测试精度,例如把微型压力传感器和微型温度传感器集成在一起,同时测出压力和温度,便可通过芯片内运算消去压力测量中的温度影响。

目前已有不少微型传感器问世,如压力传感器、加速度传感器、用于防撞的硅加速度传感器等。在汽车轮胎内嵌入微型压力传感器可以保持适当充气,避免充气过量或不足,从而节约燃油 10% 。多功能化使传感器能够同时检测 2 个或 2 个以上的特性参数。而智能传感器由于带有专用计算机，因而具有智能特点。

此外，传感器响应时间、输出与计算机的接口等问题也是重要的研究课题。随着测试技术的发展，汽车车用传感器的技术必将趋于完善。

0.2.4　课程的研究对象和性质

综上所述，本课程所研究的对象是汽车工程动态测试中测试信号的分析和处理；测量装置基本特性的评价方法；信号调理电路及记录仪器的工作原理；汽车上常用的传感器及其在汽车上的应用；根据汽车传感器的发展趋势介绍了汽车上使用的新型传感器；并针对汽车上典型测量参数介绍了汽车典型传感器的检测方法。本书大体分为四部分：第 1 到第 3 章，按信号的获取和分析、调理、记录编写；第 4 章到第 10 章，介绍汽车上常用传感器的结构及工作原理和应用；第 11 章，介绍汽车上新型传感器的基本原理及应用；第 12 章，介绍汽车典型传感器检测方法。

对高等学校汽车类专业而言，《汽车测试技术及传感器》是一门专业基础课，通过本课程的学习，培养学生能合理地选用测试装置并初步掌握进行动态测试所需的基本知识和技能，掌握汽车常用传感器的工作原理及其应用，掌握汽车典型传感器的检测方法，为学生进一步学习、研究和处理汽车工程技术问题打下基础。

学生在学完本课程后应具有下列几方面的知识：

(1) 掌握信号的时域和频域的描述方法，建立明确的信号频谱结构的概念；掌握分析和相关分析的基本原理和方法，掌握数字信号分析中的一些基本概念。

(2) 掌握测试装置基本特性的评价方法和不失真测试条件，并能正确地运用于测试装置的分析和选择。掌握一阶、二阶线性系统动态特性及其测定方法。

(3) 了解常用传感器、常用信号调理电路和记录仪器的工作原理和性能，并能较合理地选用。

(4) 掌握典型汽车传感器检测的基本方法。

(5) 对动态测试工作的基本问题有一个比较完整的概念，并能初步运用于机械工程中某些参量的测试。

本课程具有很强的实践性。只有在学习中密切联系实际，加强实验，注意物理概念，才能真正掌握有关理论。学生只有通过足够和必要的实验才能受到应有的实验能力的训练，才能获得关于动态测试工作的比较完整的概念，也只有这样，才能初步具有处理实际测试工作的能力。

作为一门学科，汽车测试技术和传感器既综合应用许多学科的原理和技术，又被广泛应用于各种学科中。然而，作为高等教育中的一门课程，它在教学计划中有其特定的地位、作用和范围。它必须以前行课程为基础来展开讨论和培养学生掌握测试技术的基本理论、基本知识、基本能力和技能；同时，也不宜超越其特定的课程范围，更不应试图取代其他课程的任务和作用。恰当地把握课程间的分工和配合是编写教材理应遵循的原则之一。

第 1 章 信号描述及分析

测试工作是按一定的目的和要求,获取感兴趣的、有限的某些特定信息,而信号是信息的载体,信息则是信号所载的内容。可以说,工程测试就是信号的获取、加工、处理、显示记录及分析的过程,因此深入了解信号及其表述是工程测试的基础。

测试中所获得的各种动态信号包含着丰富的有用信息。同时,由于测试系统内部和外部各种因素的影响,必然在输出信号中混有噪声。有时,由于干扰信号的作用,致使有用信息难于识别和利用,因此必须对所得的信号进行必要地分析和处理,才能准确地提取其包含的有用信息。

信号分析是简单、直观、迅速地研究信号的构成和特征值,如信号的时域分析、幅值域分析、相关分析等。信号处理则是经过必要的变换、处理、加工才能获得有用信息,如对信号的功率谱分析、系统响应分析、相关分析等。信号分析和信号处理是密切相关的,二者并没有明确的界限。因此,信号分析和信号处理的目的是:①剔除信号中的噪声和干扰,即提高信噪比;②消除测量系统误差,修正畸变的波形;③强化、突出有用信息,削弱信号中的无用部分;④将信号加工、处理、变换,以便更容易识别和分析信号的特征,解释被测对象所表现的各种物理现象。

本章重点介绍信号的时域和频域描述,信号时域和频域分析的方法以及评价性能的重要参数。由于计算机软、硬件的飞速发展,完全可以实现实时、高速数字信号分析和处理,这对于机械设备的在线故障诊断、各种物理现象的实时动态分析提供了一个良好的技术工具,因此本章还简单介绍了数字信号分析处理基础。

1.1 信号分类及其描述

1.1.1 信号的分类

信号可以从不同的角度进行分类。按数学关系可以分为确定性信号和非确定性信号;按取值特征可以分为连续信号和离散信号;按其能量功率可以分为能量信号和功率信号。

1)**确定性信号和非确定性信号**

(1)确定性信号。能用明确的数学关系式表达的信号称为确定性信号。确定性信号又分为周期信号和非周期信号,如图 1.1 所示。

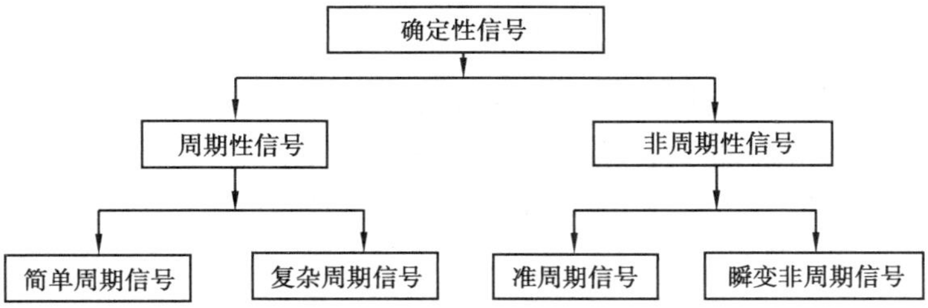

图 1.1　周期信号和非周期信号

周期信号:是按一定时间间隔周而复始重复出现,无始无终的信号,可表达为:

$$x(t) = x(t + nT_0) \qquad (n = 1,2,3,\cdots) \tag{1.1}$$

周期信号包括简单周期信号和复杂周期信号。简单周期信号即指简谐信号,而复杂周期信号是由和基频成整数倍的简谐信号组合而成的周期信号。

非周期信号包括准周期信号和瞬变非周期信号。准周期信号是由一些不同频率的简谐信号合成的信号,组成它的简谐分量中总会有两个信号的频率比值为无理数。复杂周期信号的各简谐分量中任意两个分量的频率比都是有理数,这是准周期信号与复杂周期信号的区别之处。瞬态信号是持续时间较短的各种脉冲函数或者衰减函数。

(2)非确定性信号。又称为随机信号,是无法用明确的数学关系式表达的信号。如加工零件的尺寸、机械振动、环境的噪声等。这类信号需要采用数理统计理论来描述,无法准确预见某一瞬时的信号幅值。根据是否满足平稳随机过程的条件,非确定性信号又可以分成平稳随机信号和非平稳随机信号。

2)**连续信号与模拟信号**

若信号的独立变量取连续值,则为连续信号。若独立变量取离散值,则称为离散信号,如图 1.2 所示。将连续信号图 1.2(a)等时距采样后的结果就是图 1.2(b),它就是离散信号。离散信号用离散图形表示,或用数字序列表示。连续信号的幅值可以是连续的,也可以是离散的。若独立变量和幅值均取连续值的信号称为模拟信号。若离散信号的幅值也是离散的,则称为数字信号。数字计算机的输入、输出信号都是数字信号。

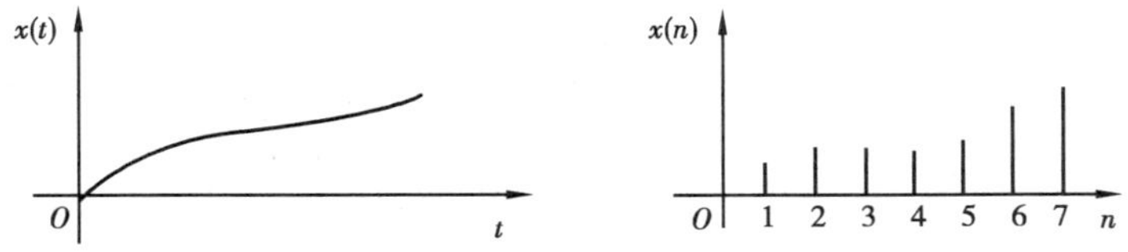

(a)　　(b)

图 1.2　连续信号和离散信号

(a)连续信号　(b)离散信号

3)**能量信号与功率信号**

在非电量测量中,常将被测信号转换为电压或电流信号来处理。显然,电压信号 $x(t)$ 加

在电阻 R 上的瞬时功率为：$P(t)=x^2(t)/R$。瞬时功率对时间积分即是信号在该时间内的能量。通常不考虑量纲，而直接把信号 $x(t)$ 的平方 $x^2(t)$ 及其对时间的积分分别称为信号的功率和能量。当 $x(t)$ 满足：

$$\int_{-\infty}^{\infty} x^2(t)\,\mathrm{d}t < \infty \tag{1.2}$$

时，则信号的能量有限，称为能量有限信号，简称能量信号。如矩形脉冲信号实际上就满足了绝对可积条件，各类瞬变信号都满足能量有限，是能量信号。

若信号 $x(t)$ 在区间$(-\infty,\infty)$的能量无限，而它在有限区间(t_1,t_2)的平均功率是有限的，且满足平均功率有限的条件：

$$\frac{1}{t_2-t_1}\int_{t_1}^{t_2} x^2(t)\,\mathrm{d}t < \infty \tag{1.3}$$

则称为功率信号，如各种周期信号、阶跃信号等。

1.1.2 信号的时域和频域描述

直接观测或记录的信号一般是随时间变化的物理量，即以时间作为独立变量，称为信号的时间域描述，简称时域描述。信号的时域描述只能反映信号的幅值随时间变化的特征，除简谐波外一般不能明确揭示信号的频率组成成分。为了研究信号的频率结构和各频率成分的幅值大小、相位关系，应对信号进行频谱分析。所谓频谱分析，就是对复杂时变信号按谐波进行展开的过程。经过这样的分析变换后就可对信号做频率域描述（简称频域描述）了。简单地说，时域描述是指描述信号的坐标图中横坐标为时间 t，频域描述时的横坐标则为频率 f 或圆频率 w。

例如，图 1.3 是一个周期方波的一种时域描述，其数学表达式为：

$$\begin{cases} x(t) = x(t+nT_0) \\ x(t) = \begin{cases} A & 0 < t < \dfrac{T_0}{2} \\ -A & -\dfrac{T_0}{2} < t < 0 \end{cases} \end{cases}$$

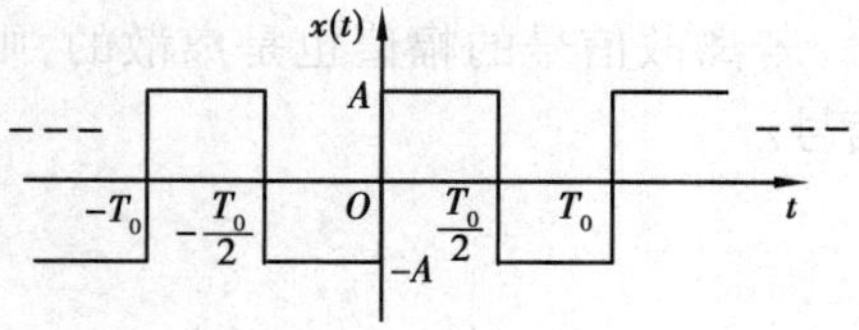

图 1.3 周期方波信号

由傅里叶级数对周期方波信号展开，得到：

$$x(t) = \frac{4A}{\pi}\left[\sin\omega_0 t + \frac{1}{3}\sin 3\omega_0 t + \frac{1}{5}\sin 5\omega_0 t + \cdots\right]$$

可见该周期方波是由无穷多个幅值和频率不等，相角为零的正弦波叠加而成。图 1.4 直观地展示了信号时域、频域两种描述间的关系。

在信号分析中，将组成时间信号的各频率成分找出来，加以排列，即为信号的频谱。因为每一个频率成分都以幅值大小和相位来表示，故以频率为横坐标，分别以幅值和相位为纵坐标来表示频谱。也就是说一个信号的频域描述需用幅频谱和相频谱同时描述。

信号在不同域中的描述，只是为了在解决不同问题时，使研究的信号特征更为突出。例如，在工程中为了评定机器的振动强度，需用振动速度的均方根值作为判据。这时的速度信号应该选用时域描述。又如，在机器的故障诊断中，为了寻找振源，需要对信号进行频谱分析，即

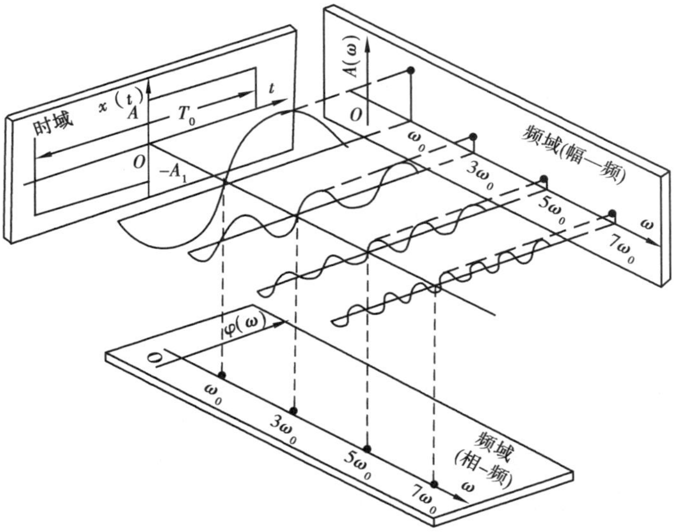

图 1.4　周期方波的描述

频域描述。另外,频谱分析的概念和方法在设计测量系统、选择测量仪器和完成不失真测量等方面都具有重要意义。因此,同一信号无论选用哪一种描述方法,都含有同样的信息量,即只是两种描述方法的相互转换而并不增加新的信息。

1.2　信号的频域描述

1.2.1　周期信号的频谱

谐波信号是最简单的周期信号,只有一种频率成分。一般周期信号可以利用傅里叶级数展开成多个乃至无穷多个不同频率的谐波信号的线性叠加。

1)三角函数展开式

如果对于满足函数在$(-T_0/2, T_0/2)$区间连续或只有有限个第一类间断点,即满足狄里赫利条件,此函数可展开成

$$x(t) = a_0 + \sum_{n=1}^{\infty}(a_n\cos n\omega_0 t + b_n\sin n\omega_0 t) \tag{1.4}$$

式中常值分量 a_0,余弦分量幅值 a_n,正弦分量幅值 b_n 分别为

$$\begin{aligned} a_0 &= \frac{1}{T_0}\int_{-T_0/2}^{T_0/2} x(t)\,\mathrm{d}t \\ a_n &= \frac{2}{T_0}\int_{-T_0/2}^{T_0/2} x(t)\cos n\omega_0 t\,\mathrm{d}t \\ b_n &= \frac{2}{T_0}\int_{-T_0/2}^{T_0/2} x(t)\sin n\omega_0 t\,\mathrm{d}t \end{aligned} \tag{1.5}$$

式中:a_0, a_n, b_n——傅里叶系数;

T_0——信号的周期，也是信号基波成分的周期，$\omega_0=2\pi/T_0$ 为信号的基频，$n\omega_0$ 为 n 次谐频。

由三角函数变换，可将公式(1.4)式的正、余弦同频合并为：

$$\begin{aligned} x(t) &= A_0+\sum_{n=1}^{\infty}A_n\sin(n\omega_0 t+\phi_n) \\ &= A_0+A_1\sin(\omega_0 t+\phi_1)+A_2\sin(2\omega_0 t+\phi_2)+A_3\sin(3\omega_0 t+\phi_3)+\cdots \end{aligned} \tag{1.6}$$

式中：常值分量 $A_0=a_0$；

各谐波分量的幅值：$$A_n=\sqrt{a_n^2+b_n^2} \tag{1.7}$$

各谐波分量的初相位角：$$\phi_n=\arctan\left(\frac{a_n}{b_n}\right) \tag{1.8}$$

从式(1.6)可见，周期信号是由一个或几个、乃至无穷多个不同频率的谐波叠加而成的。以圆频率为横坐标，幅值 A_n 或相角 ϕ_n 为纵坐标作图，则分别得到幅频谱和相频谱图。由于 n 是整数序列，各频率成分都是 ω_0 的整倍数，相邻频率的间隔 $\Delta\omega=\omega_0=2\pi/T_0$，因而谱线是离散的。通常把 ω_0 称为基频，并把成分 $A_n\sin(n\omega_0 t+\phi_n)$ 称为 n 次谐波。

例 1.1 求图 1.5 周期三角波信号的傅里叶级数和其频谱。

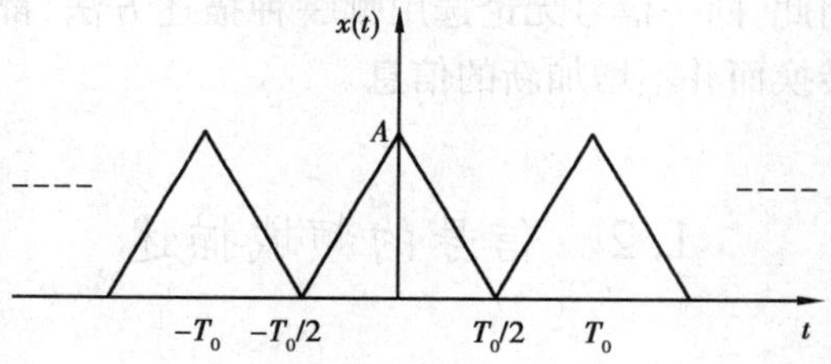

图 1.5 周期三角波信号

解：$x(t)$ 在一个周期内的表达式为：

$$x(t)=\begin{cases} A+\dfrac{2A}{T_0}t & -\dfrac{T_0}{2}\leqslant t\leqslant 0 \\ A-\dfrac{2A}{T_0}t & 0\leqslant t\leqslant \dfrac{T_0}{2} \end{cases}$$

$$a_0=\frac{1}{T_0}\int_{-T_0/2}^{T_0/2}x(t)\,\mathrm{d}t=\frac{2}{T_0}\int_0^{T_0/2}\left(A-\frac{2A}{T_0}t\right)\mathrm{d}t=\frac{A}{2}$$

余弦分量的幅值

$$\begin{aligned} a_n &= \frac{2}{T_0}\int_{-T_0/2}^{T_0/2}x(t)\cos n\omega_0 t\,\mathrm{d}t=\frac{4}{T_0}\int_{-T_0/2}^{T_0/2}x(t)\cos n\omega_0 t\,\mathrm{d}t \\ &= \frac{4A}{n^2\pi^2}\sin^2\frac{n\pi}{2}=\begin{cases}\dfrac{4A}{n^2\pi^2} & n=1,3,5\cdots \\ 0 & n=2,4,6\cdots\end{cases} \end{aligned}$$

正弦分量的幅值 $$b_n=\frac{2}{T_0}\int_{-T_0/2}^{T_0/2}x(t)\sin n\omega_0 t\,\mathrm{d}t=0$$

$$x(t)=\frac{A}{2}+\frac{4A}{\pi^2}\left[\cos\omega_0 t+\frac{1}{3^2}\cos 3\omega_0 t+\frac{1}{5^2}\cos 5\omega_0 t+\cdots\right]$$

$$=\frac{A}{2}+\frac{4A}{\pi^2}\sum_{n=1}^{\infty}\frac{1}{n^2}\cos n\omega_0 t\qquad(n=1,3,5\cdots)$$

则：$A_n=a_n,\tan\varphi_n=\frac{b_n}{a_n},\varphi(\omega)=0$

周期三角波信号的频谱如图 1.6 所示，其幅频谱只包含常值分量、基波和奇次谐波的频率分量，谐波的幅值以 $1/n^2$ 的规律收敛。在其相频谱中基波和各次谐波的初相 φ_n 均为 $\pi/2$。

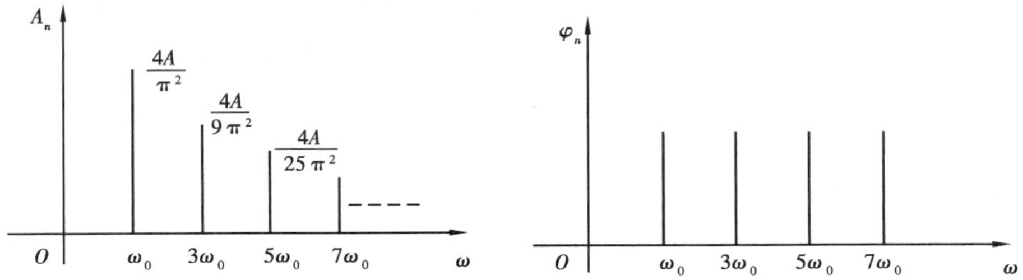

图 1.6　周期三角波信号的频谱

2）**复指数函数展开式**

傅里叶级数也可以写成复指数函数形式。根据欧拉公式：

$$e^{\pm j\omega t}=\cos\omega t\pm j\sin\omega t\qquad(j=\sqrt{-1})\tag{1.9}$$

则有：

$$\cos\omega t=\frac{1}{2}(e^{-j\omega t}+e^{j\omega t})\tag{1.10}$$

$$\sin\omega t=j\frac{1}{2}(e^{-j\omega t}-e^{j\omega t})\tag{1.11}$$

因此式(1.4)可改写为

$$x(t)=a_0+\sum_{n=1}^{\infty}\left[\frac{1}{2}(a_n+jb_n)e^{-jn\omega_0 t}+\frac{1}{2}(a_n-jb_n)e^{jn\omega_0 t}\right]$$

令：

$$c_n=\frac{1}{2}(a_n-jb_n),c_{-n}=\frac{1}{2}(a_n+jb_n),c_0=a_0\tag{1.12}$$

则：

$$x(t)=c_0+\sum_{n=1}^{\infty}c_{-n}e^{-jn\omega_0 t}+\sum_{n=1}^{\infty}c_n e^{jn\omega_0 t}$$

或

$$x(t)=\sum_{n=-\infty}^{\infty}c_n e^{jn\omega_0 t}(n=0,\pm1,\pm2,\cdots)\tag{1.13}$$

这就是傅立叶级数的复指数函数形式。将(1.5)代入式(1.12)，并令 $n=0,\pm1,\pm2,\cdots$，即得：

$$c_n=\frac{1}{T_0}\int_{-\frac{T_0}{2}}^{\frac{T_0}{2}}x(t)e^{-jn\omega_0 t}dt\tag{1.14}$$

在一般情况下 c_n 是复数，可以按实频谱和虚频谱形式，或按幅频谱和相频谱形式写成：

$$c_n=\mathrm{Re}\,c_n+j\,\mathrm{Im}\,c_n=|c_n|e^{j\phi_n}$$

两种形式的关系为

$$|c_n| = \sqrt{(\mathrm{Re}\, c_n)^2 + (\mathrm{Im}\, c_n)^2}$$

$$\phi_n = \arctan \frac{\mathrm{Im}\, c_n}{\mathrm{Re}\, c_n}$$

c_n 与 c_{-n} 共轭，即 $c_n = c^*_{-n}$；展开为傅里叶级数的复指数形式后，可分别以 $|c_n| - \omega$ 和 $\varphi_n - \omega$ 作幅频谱图和相频谱图；也可以分别以实部或虚部的关系作幅频图，并分别称为实频谱图和虚频谱图。比较傅里叶级数的两种展开形式可知：复指数函数形式的频谱为双边谱（ω 从 $-\infty \sim \infty$），三角函数形式的频谱为单边谱（ω 从 $0 \sim \infty$）；两种频谱各谐波幅值在量值上有确定的关系，即 $|c_n| = \frac{1}{2}A_n$，$|c_0| = a_0$。双边谱频谱为偶函数，双边相频谱为奇函数。

例 1.2 对图 1.3 所示周期方波信号，以复指数展开形式求频谱，并作频谱图。

解：因为 $e^{jn2\pi} = 1, e^{jn\pi} = (-1)^n, T_0 W_0 = 2\pi$

则有：$x(t) = \begin{cases} -j\dfrac{2A}{n\pi} & n = 1,3,5\cdots \\ 0 & n = 2,4,6\cdots \end{cases}$

或写成：$x(t) = -j\dfrac{2A}{\pi}\sum\limits_{n=-\infty}^{\infty}\dfrac{1}{n}e^{jn\omega_0 t} \qquad n = \pm 1, \pm 3, \cdots$

其中：$\begin{cases} |c_n| = \dfrac{2A}{n\pi} \\ \varphi_n = \arctan\left[\dfrac{-2A/n\pi}{0}\right] = \begin{cases} -\pi/2 & n > 0 \\ \pi/2 & n < 0 \end{cases} \end{cases}$

$$\begin{cases} \mathrm{Re}\, c_n = 0 \\ \mathrm{Im}\, c_n = -\dfrac{2A}{n\pi} \end{cases}$$

其实、虚频谱和幅、相频谱如表 1.1 所示。

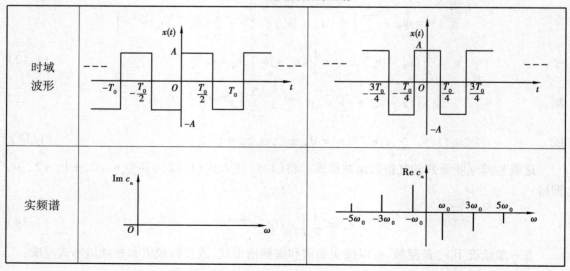

表 1.1 周期方波的频谱

时域波形	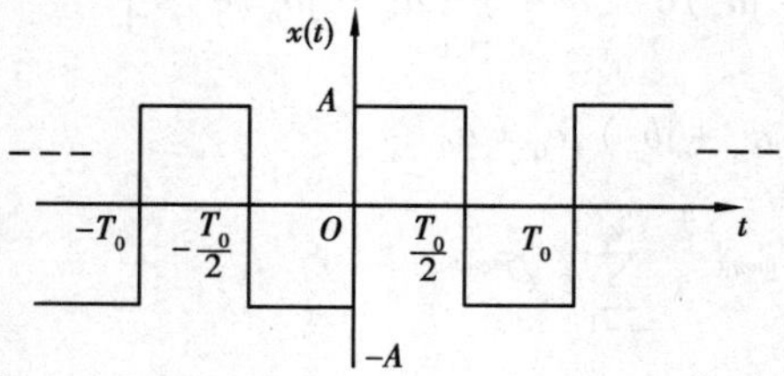	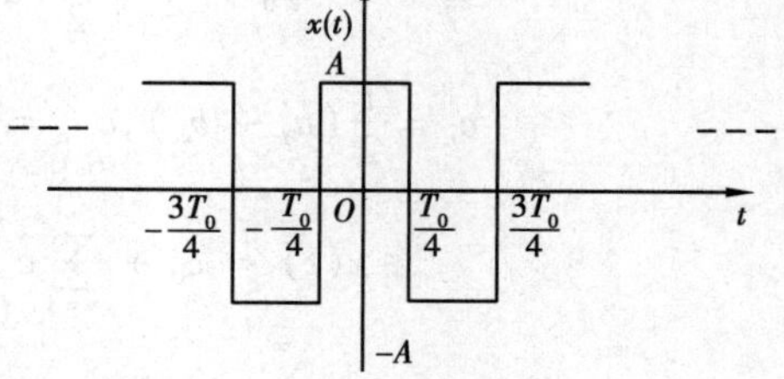
实频谱	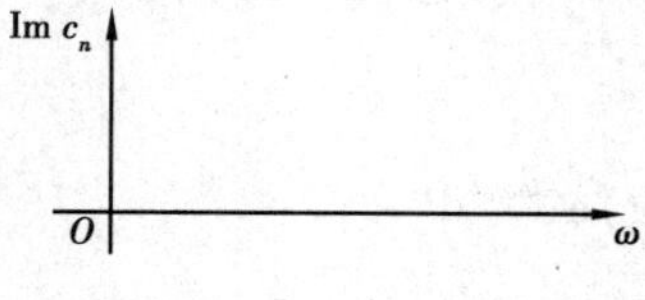	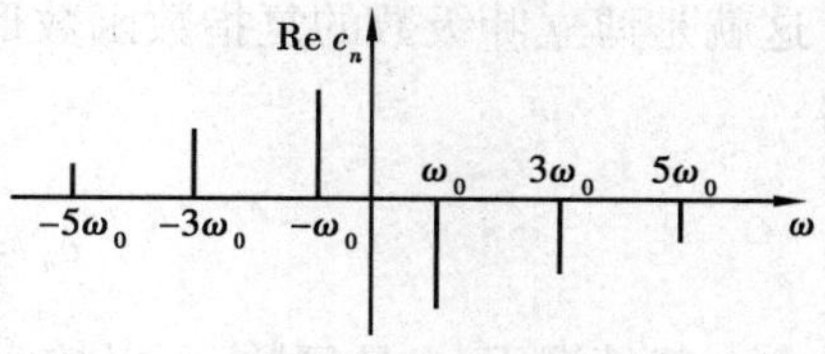

续表

虚频谱	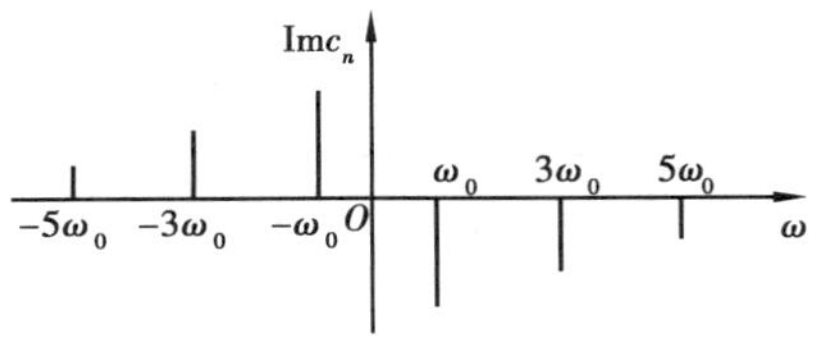	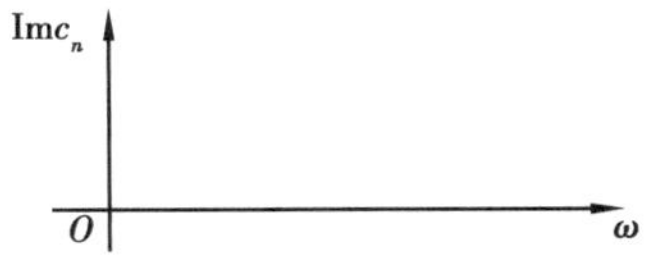
幅频谱	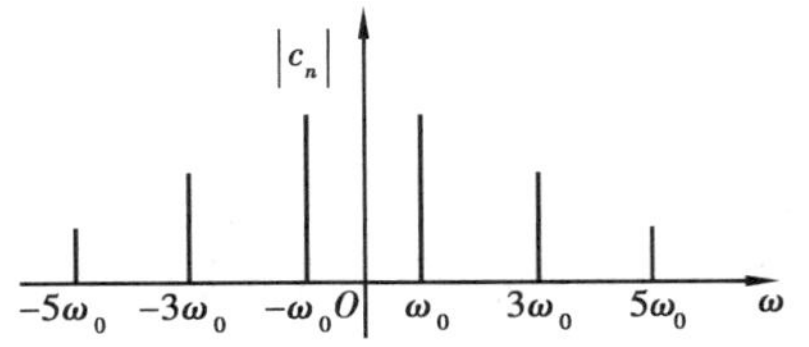	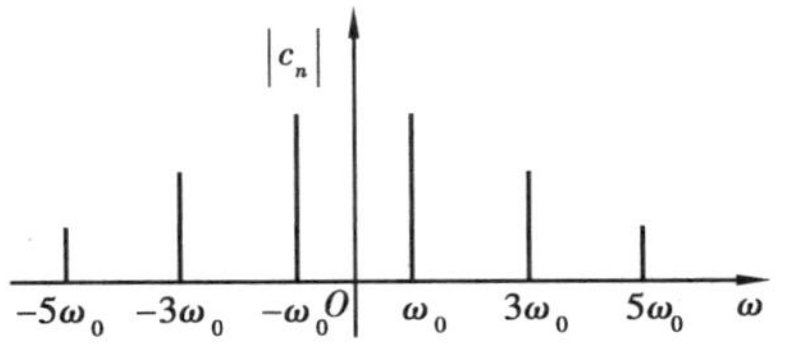
相频谱	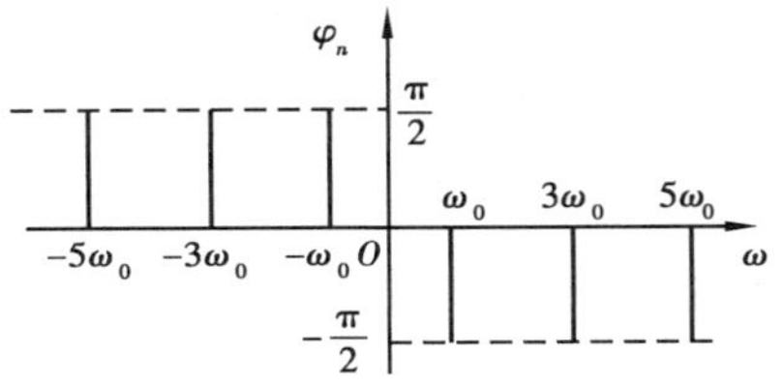	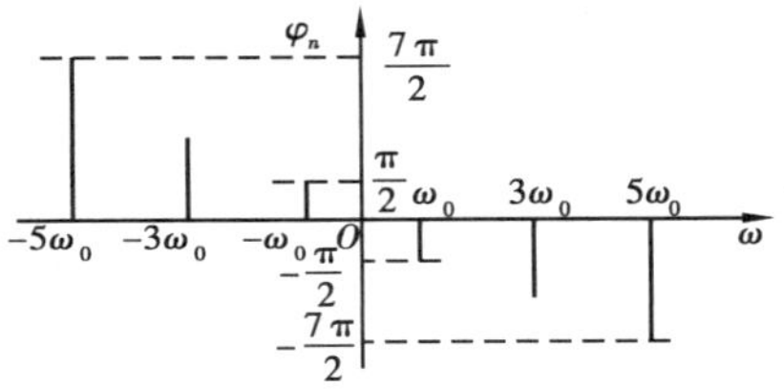

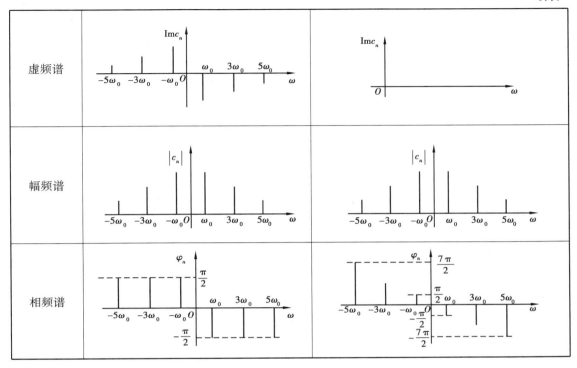

从表 1.1 列出两个周期方波的频谱不难看出：在时域中，两方波除彼此相对平移$\frac{T_0}{4}$之外，其余完全相同。但两者的幅频谱虽相同，相频谱却不同。平移使各频率分量产生了 $n\pi/2$ 相角，n 为谐波函数。故在频域中每个信号都需同时用幅频谱和相频谱来描述。

由此可以看出，周期信号的频谱具有离散性、谐波性和收敛性，即各谐波分量频率为基频的整倍数，离散分布且幅值随频率的增加而减小。各频率分量的谱线高度表示该谐波的幅值或相位角。工程中常见的周期信号，其谐波幅值总的趋势是随谐波次数的增高而减小的。因此，在频谱分析中没有必要取次数过高的谐波分量。

1.2.2　非周期信号的频谱

从信号合成的角度看，频率之比为有理数的多个谐波分量，其叠加后由于有公共周期，所以为周期信号。当信号中各个频率比不是有理数时，则信号叠加后为准周期信号。如 $x(t) = \cos\omega_0 t + \cos\sqrt{3}\omega_0 t$，其频率比为 $1/\sqrt{3}$，不是有理数，合成后没有频率的公约数，没有公共同期。出于这类信号频谱仍具有离散性（在 ω_0 与$\sqrt{3}\omega_0$ 处分别有两条谱线），故称之为“准周期”信号。在工程实践中，准周期信号十分常见，如两个或多个彼此无关联的振源，激励同一个被测对象时的振动响应，就属于此类信号。

一般非周期信号是指瞬变信号。常见的瞬变信号如图 1.7 所示。图 1.7(a)为矩形脉冲信号，1.7(b)为指数衰减信号，1.7(c)为衰减振荡，1.7(d)为单一脉冲信号。下面讨论非周期信号的频谱。

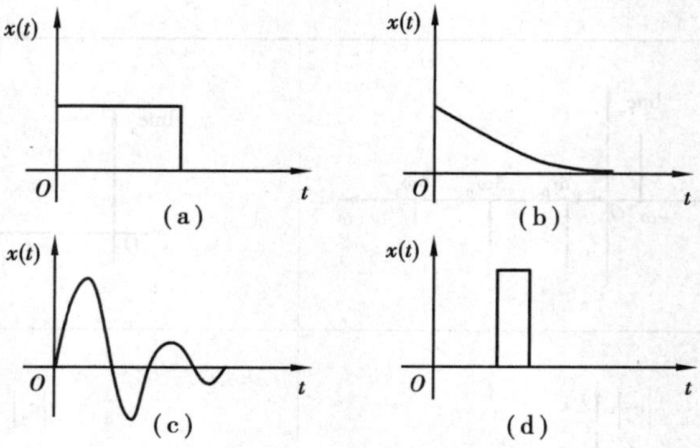

图 1.7 非周期信号

周期为 T_0 的信号 $x(t)$ 其频谱是离散的。当 $x(t)$ 的周期 T_0 趋于无穷大时，则该信号就成为非周期信号。周期信号频谱线的频率间隔 $\Delta\omega=\omega_0=2\pi/T_0$，当周期 T_0 趋于无穷大时，其频率间隔 $\Delta\omega$ 趋于无穷小，谱线无限靠近，变量 ω 连续取值以致离散谱线的顶点最后演变成一条连续曲线，所以非周期信号的频谱是连续的。因此，可以将非周期信号理解为无限多个频率无限接近的频率成分所组成。

设有一个周期信号 $x(t)$，在 $\left(-\frac{T_0}{2},\frac{T_0}{2}\right)$ 区间以傅里叶级数表示为

$$x(t)=\sum_{n=-\infty}^{\infty}c_n e^{jn\omega_0 t}$$

式中

$$c_n=\frac{1}{T_0}\int_{-\frac{T_0}{2}}^{\frac{T_0}{2}}x(t)e^{-jn\omega_0 t}dt$$

将 c_n 代入上式则得：$x(t)=\sum_{n=-\infty}^{\infty}\left(\frac{1}{T_0}\int_{-\frac{T_0}{2}}^{\frac{T_0}{2}}x(t)e^{-jn\omega_0 t}dt\right)e^{jn\omega_0 t}$

当 T_0 趋于∞时，频率间隔 $\Delta\omega$ 成为 $d\omega$，离散频谱中相邻的谱线紧靠在一起，$n\omega_0$ 就变成连续变量 ω，求和符号 $\sum$ 就变为积分符号 $\int$ 了，于是有：

$$\begin{aligned}\lim_{T_0\to\infty}x(t)&=\lim_{T_0\to\infty}\sum_{n=-\infty}^{\infty}c_n e^{jn\omega_0 t}\\&=\lim_{T_0\to\infty}\frac{1}{T_0}\sum_{n=-\infty}^{\infty}\left[\int_{-\frac{T_0}{2}}^{\frac{T_0}{2}}x(t)e^{-jn\omega_0 t}dt\right]e^{jn\omega_0 t}\\&=\int_{-\infty}^{\infty}\frac{d\omega}{2\pi}\left[\int_{-\infty}^{\infty}x(t)e^{-j\omega t}dt\right]e^{j\omega t}\\&=\frac{1}{2\pi}\int_{-\infty}^{\infty}\left[\int_{-\infty}^{\infty}x(t)e^{-j\omega t}dt\right]e^{j\omega t}d\omega\end{aligned}\tag{1.15}$$

在数学上，此式称为傅里叶积分。严格地说，非周期信号 $x(t)$ 傅里叶积分存在的条件是：

(1) $x(t)$ 在有限区间上满足狄里赫利条件；

(2) 积分 $x(t)\int_{-\infty}^{\infty}|x(t)|dt$ 收敛，即 $x(t)$ 绝对可积。

式(1.15)方括号内对时间 t 积分之后，仅是角频率 ω 的函数，记作 $X(\omega)$，为

令：
$$X(\omega) = \int_{-\infty}^{\infty} x(t)\mathrm{e}^{-\mathrm{j}\omega t}\mathrm{d}t \tag{1.16}$$
$$x(t) = \frac{1}{2\pi}\int_{-\infty}^{\infty} X(\omega)\mathrm{e}^{\mathrm{j}\omega t}\mathrm{d}\omega \tag{1.17}$$

式(1.16)中的 $X(\omega)$ 称为 $x(t)$ 的傅里叶变换(FT)；式(1.17)的 $x(t)$ 称为 $X(\omega)$ 的傅里叶逆变换(IFT)，两者互为傅里叶变换对，可记为

$$x(t) \underset{IFT}{\overset{FT}{\rightleftharpoons}} X(\omega)$$

把 $w=2\pi f$ 代入式(1.16)和式(1.17)后，公式简化为：
$$X(f) = \int_{-\infty}^{\infty} x(t)\mathrm{e}^{-\mathrm{j}2\pi ft}\mathrm{d}t \tag{1.18}$$
$$x(t) = \int_{-\infty}^{\infty} X(f)\mathrm{e}^{\mathrm{j}2\pi ft}\mathrm{d}f \tag{1.19}$$

这样就避免了在傅里叶变换出现 $\frac{1}{2\pi}$ 的常数因子，使公式形式简化，其关系是

$$X(f) = 2\pi X(\omega)$$

一般 $X(f)$ 是实变量 f 的复函数，可以写成：

$$X(f) = |X(f)|\mathrm{e}^{\mathrm{j}\varphi(f)}$$

式中 $|X(f)|$ 为信号 $x(t)$ 的连续幅值谱；$\varphi(f)$ 为信号 $x(t)$ 的连续相位谱。

尽管非周期信号的幅频谱 $X(f)$ 和周期信号的幅频谱 $|c_n|$ 很相似，但两者是有差别的。其差别突出表现在 $|c_n|$ 的量纲与信号幅值的量纲相同，而 $|X(f)|$ 的量纲则与信号幅值的量纲不相同，它是单位频宽上的幅值，确切地说，$X(f)$ 是频谱密度函数。工程测试中为方便，仍称 $X(f)$ 为频谱。一般非周期信号的频谱具有连续性和衰减性等特性。

例 1.3　求矩形窗函数 $w(t)$ 的频谱，并作频谱图。

解：矩形窗函数 $w(t)$（见图 1.8）

$$w(t) = \begin{cases} 1 & |t| < \dfrac{T}{2} \\ 0 & |t| > \dfrac{T}{2} \end{cases} \tag{1.20}$$

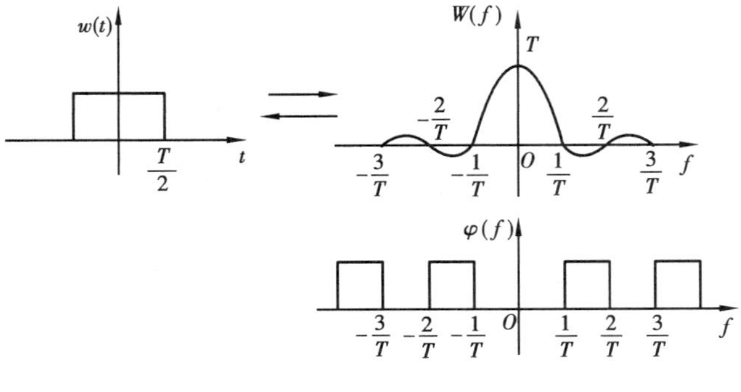

图 1.8　矩形窗函数及其频谱

常称为矩形窗函数，其频谱为：

$$\begin{aligned} w(t) &= \int_{-\infty}^{\infty} w(t)\,\mathrm{e}^{-\mathrm{j}2\pi ft}\mathrm{d}t \\ &= \int_{-T/2}^{T/2} \mathrm{e}^{-\mathrm{j}2\pi ft}\mathrm{d}t \\ &= \frac{-1}{\mathrm{j}2\pi f}(\mathrm{e}^{-\mathrm{j}2\pi fT} - \mathrm{e}^{\mathrm{j}2\pi fT}) \end{aligned}$$

$$w(f) = T\frac{\sin \pi fT}{\pi fT} = T\sin c(\pi fT) \tag{1.21}$$

式中 T 称为窗宽。

上式中定义 $\sin c\theta = \dfrac{\sin\theta}{\theta}$,该函数在信号分析中很有用。$\sin c\theta$ 的图形如图 1.9 所示。$\sin c\theta$的函数值有专门的数学表可查得,它以 2π 为周期并随 θ 的增加而作衰减振荡。$\sin c\theta$ 函数是偶函数,在 $n\pi(n=\pm1,2,\cdots)$ 处其值为零。

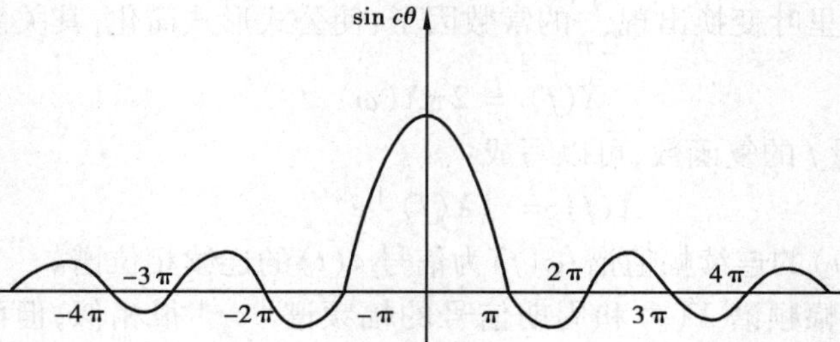

图 1.9 sin cθ 的图形

$W(f)$ 函数只有实部,没有虚部。其幅值频谱为

$$|W(f)| = T|\sin c(\pi fT)|$$

其相位频谱视 $\sin c(\pi fT)$ 的符号而定。当 $\sin c(\pi fT)$ 为正值时,相位角为零;当 $\sin c(\pi fT)$为负值时,其相位角为 π。

1.2.3 典型信号的频谱

1)单位脉冲函数(δ 函数)的频谱

(1)δ 函数定义

在 ε 时间内矩形 $\delta_\varepsilon(t)$ 脉冲(或三角形脉冲及其他形状脉冲),其面积为 1,当 $\varepsilon\to0$ 的极限 $\lim\limits_{\varepsilon\to0}\delta_\varepsilon(t)\cong\delta(t)$,称为 δ 函数,如图 1.10 所示。在图中 δ 函数用标有 1 的箭头表示。

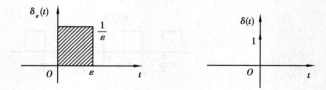

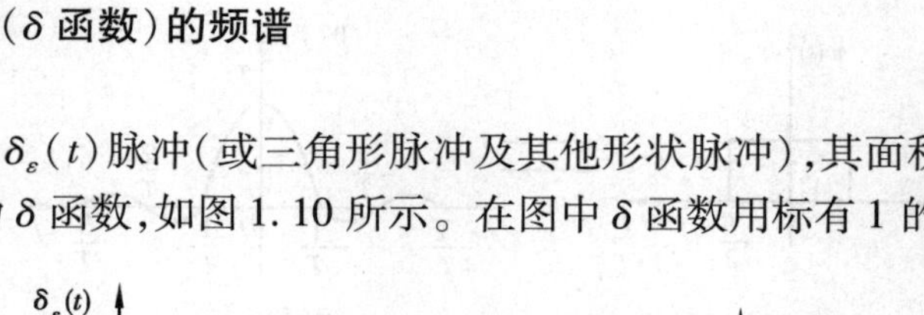

图 1.10 矩形脉冲与 δ 函数

显然,其函数值和面积(通常表示能量或强度)分别为

$$\delta(t) = \lim_{\varepsilon \to 0} \delta_{\varepsilon}(t) = \begin{cases} \infty & t = 0 \\ 0 & t \neq 0 \end{cases} \tag{1.22}$$

$$\int_{-\infty}^{\infty} \delta(t)\,\mathrm{d}t = \int_{-\infty}^{\infty} \lim_{\varepsilon \to 0} \delta_{\varepsilon}(t)\,\mathrm{d}t = \lim_{\varepsilon \to 0} \int_{-\infty}^{\infty} \delta_{\varepsilon}(t)\,\mathrm{d}t = 1 \tag{1.23}$$

某些具有冲击性的物理现象,如电网线路中的短时冲击干扰,数字电路的采样脉冲,力学中的瞬间作用力,材料的突然断裂以及撞击、爆炸等都是通过 δ 函数来分析的。由于引入函数,运用广义函数理论,傅里叶变换就可以推广到并不满足绝对可积条件的功率有限信号范畴。

(2)δ 函数的性质

①乘积性

若 $x(t)$ 为一连续信号,则有

$$x(t)\delta(t) = x(0)\delta(t) \tag{1.24}$$

$$x(t)\delta(t \pm t_0) = x(\mp t_0)\delta(t) \tag{1.25}$$

乘积结果为 $x(t)$ 在发生 δ 函数位置的函数值与 δ 函数的乘积。

②筛选性

$$\int_{-\infty}^{\infty} x(t)\delta(t)\,\mathrm{d}t = x(0)\int_{-\infty}^{\infty} \delta(t)\,\mathrm{d}t = x(0) \tag{1.26}$$

$$\int_{-\infty}^{\infty} x(t)\delta(t \pm t_0)\,\mathrm{d}t = x(\mp t_0)\int_{-\infty}^{\infty} \delta(t \pm t_0)\,\mathrm{d}t = x(\mp t_0) \tag{1.27}$$

筛选结果为 $f(t)$ 在发生 δ 函数位置的函数值(又称为采样值)。

③卷积性

$$x(t) * \delta(t) = \int_{-\infty}^{\infty} x(\tau)\delta(t - \tau)\,\mathrm{d}\tau = \int_{-\infty}^{\infty} x(\tau)\delta(\tau - t)\,\mathrm{d}\tau = x(t) \tag{1.28}$$

$$x(t) * \delta(t \pm t_0) = \int_{-\infty}^{\infty} x(\tau)\delta(t \pm t_0 - \tau)\,\mathrm{d}\tau = \int_{-\infty}^{\infty} x(\tau)\delta(\tau - (t \pm t_0))\,\mathrm{d}\tau = x(t \pm t_0) \tag{1.29}$$

可见函数 $x(t)$ 和 δ 函数卷积的结果,就是 $X(f)$ 图形搬迁,即以 δ 函数的位置作为新坐标原点的重新构图,如图 1.11 所示。

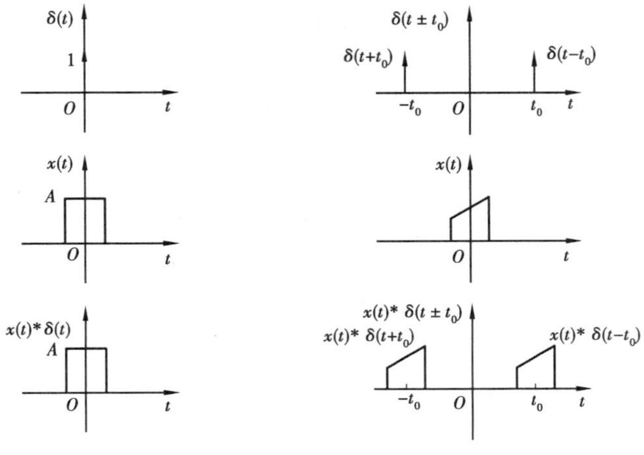

图 1.11　δ 函数与其他函数的卷积示例

(3)δ 函数的频谱

将 $\delta(t)$ 进行傅里叶变换

$$\Delta(f) = \int_{-\infty}^{\infty} \delta(t) e^{-j2\pi ft} dt = e^0 = 1 \tag{1.30}$$

其逆变换为

$$\delta(t) = \int_{-\infty}^{\infty} 1 e^{j2\pi ft} df \tag{1.31}$$

图 1.12 δ 函数及其频谱

可见,δ 函数是具有等强度、无限宽广的频谱,这种频谱称为“均匀谱”。如图 1.12 所示。δ 函数是偶函数,即 $\delta(t)=\delta(-t)$、$\delta(f)=\delta(-f)$,则利用对称、时移、频移性质,还可以得到以下傅里叶变换对:

$$\delta(t \pm t_0) \Leftrightarrow e^{\pm j2\pi ft_0} \tag{1.32}$$

$$e^{\mp j2\pi f_0 t} \Leftrightarrow \delta(f \pm f_0) \tag{1.33}$$

根据傅里叶变换的对称性质和时移、频移性质,可以得到下列傅里叶变换对:

时域	频域
$\delta(t)$ (单位瞬时脉冲)	1 (均匀谱密度函数)
1 (幅值为 1 的直流量)	$\delta(f)$ (在 $f=0$ 处有脉冲谱线)
$\delta(t \pm t_0)$ (函数时移 t_0)	$e^{\pm j2\pi ft_0}$ (各频率成分分别相移 $2\pi ft_0$ 角)
$e^{\pm j2\pi f_0 t}$ (复数指数函数)	$\delta(f \mp f_0)$ (将 $\delta(f)$ 频移到 f_0 或 $-f_0$)

(1.34)

2)矩形窗函数和常值函数的频谱

(1)矩形窗函数

例 1.3 中已经求出了矩形窗函数的频谱,并用其说明傅里叶变换的主要性质。需要强调的是,矩形窗函数在时域中有限区间取值,但在频域中其频谱连续且无限延伸。由于实际工程测试总是时域中截取有限长度(窗宽范围)的信号,其本质是被测信号与矩形窗函数在时域中相乘,因而所得到的频谱必然是被测信号频谱与矩形窗函数频谱在频域中的卷积。所以实际工程测试得到的频谱也将是在频率轴上连续且无限延伸。

(2)常值函数(又称直流量)的频谱

根据式(1.34)可知,幅值为 1 的常值函数的频谱为 $f=0$ 处的 δ 函数。实际上,利用傅里叶变换时间尺度改变性质,也可以得出同样的结论:当矩形窗函数的窗宽 $T\to\infty$ 时,矩形窗函数就成为常值函数,其对应的频域 $\sin c\theta$ 函数就为 δ 函数。

3)指数函数的频谱

(1)双边指数衰减函数的频谱

双边指数衰减函数表达式为

$$x(t) = \begin{cases} -e^{at} & a > 0, t < 0 \\ e^{-at} & a > 0, t \geqslant 0 \end{cases} \tag{1.35}$$

其傅里叶变换为

$$\begin{aligned} X(f) &= \int_{-\infty}^{\infty} x(t) e^{-j2\pi ft} dt = \int_{-\infty}^{0} -e^{at} \cdot e^{-j2\pi ft} dt + \int_{0}^{\infty} e^{-at} \cdot e^{-j2\pi ft} dt \\ &= \left. \frac{-e^{at} \cdot e^{-j2\pi ft}}{(a - j2\pi f)} \right|_{-\infty}^{0} + \left. \frac{e^{-at} \cdot e^{-j2\pi ft}}{-(a + j2\pi f)} \right|_{0}^{\infty} \\ &= \frac{-1}{(a - j2\pi f)} + \frac{1}{(a + j2\pi f)} \\ &= \frac{-j4\pi f}{a^2 + (2\pi f)^2} \end{aligned} \tag{1.36}$$

(2)单边指数衰减函数的频谱

单边指数衰减函数表达式为:

$$x(t) = \begin{cases} 0 & t < 0 \\ e^{-at} & a > 0, t \geqslant 0 \end{cases} \tag{1.37}$$

其傅里叶变换为:

$$X(f) = \int_{-\infty}^{\infty} e^{-at} e^{-j2\pi ft} dt = \frac{1}{(a + j2\pi f)} = \frac{a - j2\pi f}{a^2 + (2\pi f)^2} \tag{1.38}$$

单边指数衰减函数及其频谱如图 1.13 所示。

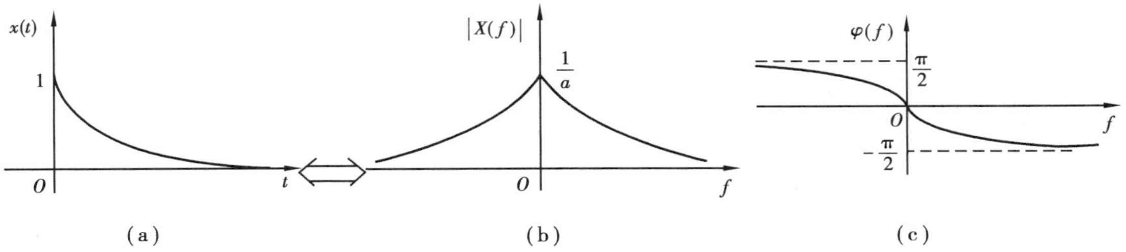

图 1.13　单边指数衰减函数及其频谱

(a)时域图形　(b)幅频谱　(c)相频谱

4)谐波函数的频谱

(1)余弦函数的频谱

利用欧拉公式,余弦函数可以表达为

$$x(t) = \cos 2\pi f_0 t = \frac{1}{2}(e^{-j2\pi f_0 t} + e^{j2\pi f_0 t})$$

其傅里叶变换

$$X(f) = \frac{1}{2}[\delta(f + f_0) + \delta(f - f_0)] \tag{1.39}$$

(2)正弦函数的频谱

$$x(t) = \sin 2\pi f_0 t = j\frac{1}{2}(e^{-j2\pi f_0 t} - e^{j2\pi f_0 t})$$

其傅里叶变换

$$X(f) = \mathrm{j}\,\frac{1}{2}\left[\delta(f+f_0) - \delta(f-f_0)\right] \tag{1.40}$$

正,余弦函数的频谱如图 1.14 所示。

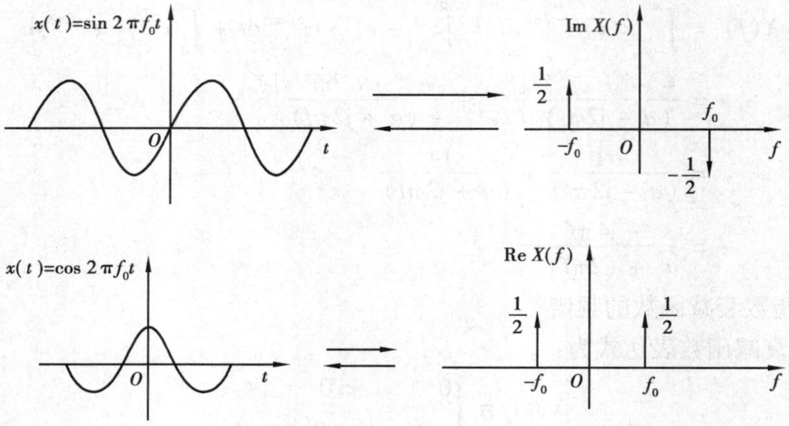

图 1.14　正、余弦函数及其频谱

5)**周期单位脉冲序列函数的频谱**

等间隔的周期单位脉冲序列常称为梳状函数,并用 $\mathrm{comb}(t,T_s)$ 表示。

$$\mathrm{comb}(t,T_s) = \sum_{n=-\infty}^{\infty} \delta(t-nT_s) \tag{1.41}$$

式中:T_s——周期;

　n——整数,$n=0,\pm1,\pm2,\cdots$。

因为此函数是周期函数,所以可以把它表示为傅里叶级数的复指数函数形式

$$\mathrm{comb}(t,T_s) = \sum_{n=-\infty}^{\infty} c_k \mathrm{e}^{\mathrm{j}2\pi n f_s t}$$

式中:$f_s = \dfrac{1}{T_s}$。

系数 c_k 为

$$c_k = \frac{1}{T}\int_{-\frac{T_s}{2}}^{\frac{T_s}{2}} \mathrm{comb}(t,T_s)\,\mathrm{e}^{-\mathrm{j}2\pi k f_s t}\,\mathrm{d}t$$

因为在 $(-T_s/2, T_s/2)$ 区间内,式(1.41)只有一个 δ 函数 $\delta(t)$,而当 $t=0$ 时,$\mathrm{e}^{-\mathrm{j}2\pi f_s t} = \mathrm{e}^0 = 1$,所以

$$c_k = \frac{1}{T}\int_{-\frac{T_s}{2}}^{\frac{T_s}{2}} \mathrm{comb}(t,T_s)\,\mathrm{e}^{-\mathrm{j}2\pi k f_s t}\,\mathrm{d}t = \frac{1}{T_s}$$

这样

$$\mathrm{comb}(t,T_s) = \frac{1}{T_s}\sum_{k=-\infty}^{\infty} \mathrm{e}^{\mathrm{j}2\pi k f_s t}$$

根据式(1.34)

$$\mathrm{e}^{\mathrm{j}2\pi k f_s t} \Longleftrightarrow \delta(f-kf_s)$$

可得 $\mathrm{comb}(t,T_s)$ 的频谱(见图 1.15)$\mathrm{comb}(f,f_s)$,也是梳状函数。

$$\mathrm{comb}(f,f_s) = \frac{1}{T_s}\sum_{k=-\infty}^{\infty} \delta(f-kf_s) = \frac{1}{T_s}\sum_{k=-\infty}^{\infty} \delta\left(f-\frac{k}{T_s}\right) \tag{1.42}$$

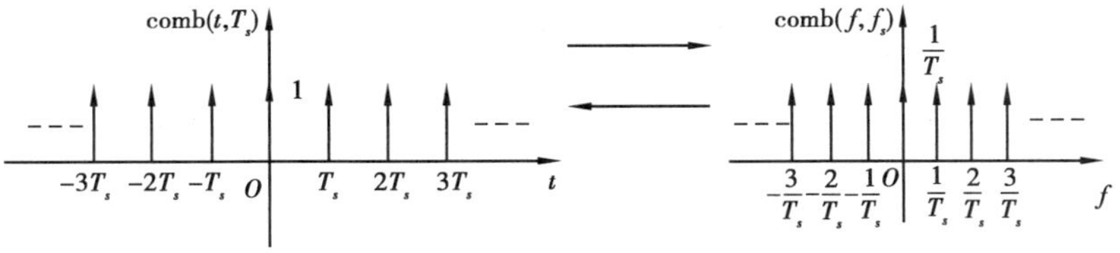

图1.15　周期单位脉冲序列及其频谱

由图1.15可见,时域周期单位脉冲序列的频谱也是周期脉冲序列。若时域周期为 T_s,则频域脉冲序列的周期为 $1/T_s$;时域脉冲强度为1,频域中强度为 $1/T_s$。

1.3　信号的时域分析

1.3.1　时域分析参数

1)周期信号分析参数

周期信号的强度以峰值、绝对均值、有效值和平均功率来表述。

(1)周期信号的均值 μ_x

$$\mu_x = \frac{1}{T_0}\int_0^{T_0} x(t)\,\mathrm{d}t \tag{1.43}$$

其中 $x(t)$ 为周期信号,T_0 为周期,均值表示了信号的常值分量。

(2)绝对均值 $\mu_{|x|}$

$$\mu_{|x|} = \frac{1}{T_0}\int_0^{T_0} |x(t)|\,\mathrm{d}t \tag{1.44}$$

周期信号全波整流后的均值就是信号的绝对均值。

(3)有效值

有效值就是信号的均方根值。

$$x_{\mathrm{rms}} = \sqrt{\frac{1}{T_0}\int_0^{T_0} x^2(t)\,\mathrm{d}t} \tag{1.45}$$

(4)平均功率

平均功率是有效值的平方,它反映信号的功率大小。

$$P_{\mathrm{av}} = \frac{1}{T_0}\int_0^{T_0} x^2(t)\,\mathrm{d}t \tag{1.46}$$

2)随机信号分析参数

确定性信号一般是在一定条件下出现的特殊情况,或者是忽略了次要的随机因素后抽象出来的模型,但随机信号广泛存在于工程技术的各个领域,测试信号总是受到环境噪声污染的,故研究随机信号具有普遍、现实的意义。描述随机信号的主要特征参数有均值、方差和均方值、概率密度函数、自相关函数和功率谱密度函数。

(1)均值 μ_x、方差 σ_x^2 和均方值 ψ_x^2

$$\mu_x = \lim_{T\to\infty}\frac{1}{T}\int_0^T x(t)\,\mathrm{d}t \tag{1.47}$$

式中：$x(t)$——样本函数；

T——观测时间。

均值表示信号的常值分量。

方差 σ_x^2 描述随机信号的波动分量，它是 $x(t)$ 偏离均值 μ_x 平方的均值，即

$$\sigma_x^2 = \lim_{T\to\infty}\frac{1}{T}\int_0^T [x(t) - \mu_x]^2\,\mathrm{d}t \tag{1.48}$$

方差的正平方根叫标准偏差 σ_x，是随机数据分析的重要参数。

均方值 ψ_x^2 描述随机信号的强度，它是 $x(t)$ 平方的均值，即

$$\psi_x^2 = \lim_{T\to\infty}\frac{1}{T}\int_0^T x^2(t)\,\mathrm{d}t \tag{1.49}$$

均值、方差和均方值之间相互关系是

$$\sigma_x^2 = \psi_x^2 - \mu_x^2$$

(2)概率密度函数

随机信号的概率密度函数是表示信号幅值落在指定区间内的概率。对图 1.16 所示的信号，$x(t)$ 值落在 $(x, x+\Delta x)$ 区间内的时间为

$$T_x = \Delta t_1 + \Delta t_2 + \cdots + \Delta t_n = \sum_{i=1}^{n}\Delta t_i$$

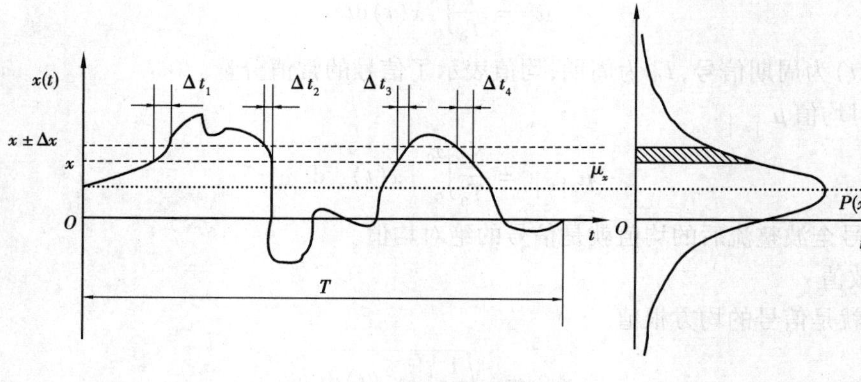

图 1.16　概率密度函数的计算

当样本函数的记录时间 T 趋于无穷大时，$\frac{T_x}{T}$ 的比值就是幅值落在 $(x, x+\Delta x)$ 区间的概率，即

$$P_r(x < x(t) \leqslant x + \Delta x) = \lim_{T\to\infty}\frac{T_x}{T} \tag{1.50}$$

定义幅值概率密度函数 $p(x)$ 为

$$p(x) = \lim_{\Delta x\to 0}\frac{P_r(x < x(t) \leqslant x + \Delta x)}{\Delta x} \tag{1.51}$$

概率密度函数提供了随机信号幅值分布的信息，是随机信号的主要特征参数之一。

1.3.2　时域参数分析法的应用

1)均方根值诊断法

均方根值在汽车性能检测上非常重要,利用系统上某些特征点振动响应的均方根值作为性能检测的依据,是一种最简单、最常用的方法。例如,汽车前轮转向和防抱死制动系统,车身横摆角速度均方值、车身横向加速度均方值是衡量车辆的操纵稳定性和制动性能的重要指标;车身振动或人体振动的总加速度均方根值则是评价汽车平顺性的指标。

均方根值诊断法可适用于简谐振动、周期振动的设备,也可用于随机振动的设备。低频时宜测量位移;中频(1 000 Hz 左右)时宜测量速度;高频时宜测量加速度。

2)振幅-时间图诊断法

如果机器振动不平稳,振动参量随时间变化时,可用振幅-时间图诊断法。振幅-时间图诊断法多用于测量和记录机器在开机和停机过程中振幅随时间的变化关系,而均方根值诊断法多适用于机器作稳态振动的情况。根据振幅-时间曲线可判断机器故障。

3)概率密度函数分析法

概率密度函数是概率相对于振幅的变化率,因此不同的随机信号有不同的概率密度函数图形,可以借此判别信号的性质。如图1.17是常见的四种随机信号的概率密度函数图形。

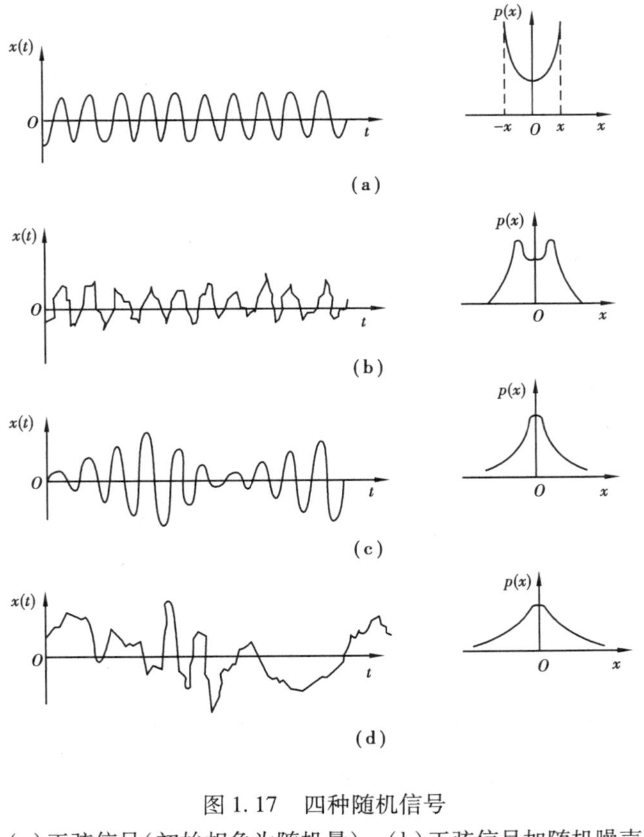

图1.17　四种随机信号

(a)正弦信号(初始相角为随机量)　(b)正弦信号加随机噪声

(c)窄带随机信号　(d)宽带随机信号

当不知道所处理的随机数据服从何种分布时，可以用统计概率分布图和直方图法来估计概率密度函数。这些方法可参阅有关的数理统计专著。

1.4 信号的相关分析

相关是一个非常重要的概念。汽车振动测试分析、雷达测距、声发射探伤等测试技术领域中都用到相关分析。所谓“相关”，是指变量之间的线性关系。对于确定性信号来说，两个变量之间可用函数关系来描述，两者一一对应并为确定的数值。但是两个随机变量之间并不具有这样确定的关系，如果这两个变量之间具有某种内涵的物理联系，那么，通过大量统计规律，就能发现这两个随机变量存在着相关关系。

1.4.1 自相关函数

1）自相关函数定义及其物理意义

自相关函数是信号在时域中特性的平均度量，它用来描述信号在一个时刻的取值与另一时刻取值的依赖关系。假设 $x(t)$ 是某各态历经随机过程的一个样本记录，$x(t+\tau)$ 是 $x(t)$ 时移 τ 后的样本（见图1.18），则定义为

$$R_x(\tau) = \lim_{T\to\infty}\frac{1}{T}\int_0^T x(t)x(t+\tau)\mathrm{d}t \tag{1.52}$$

自相关函数就是信号 $x(t)$ 和它的时移信号$x(t+\tau)$乘积的平均值，它是时域变量 τ 的函数。应当说明，信号的性质不同，自相关函数有不同的表达形式。对于周期信号（功率信号）和非周期（能量信号），自相关函数的表达形式分别为

周期信号：$R_x(\tau) = \dfrac{1}{T}\displaystyle\int_0^T x(t)x(t+\tau)\mathrm{d}t$

非周期信号：$R_x(\tau) = \displaystyle\int_{-\infty}^{\infty} x(t)x(t+\tau)\mathrm{d}t$ (1.53)

自相关函数具有下列性质：

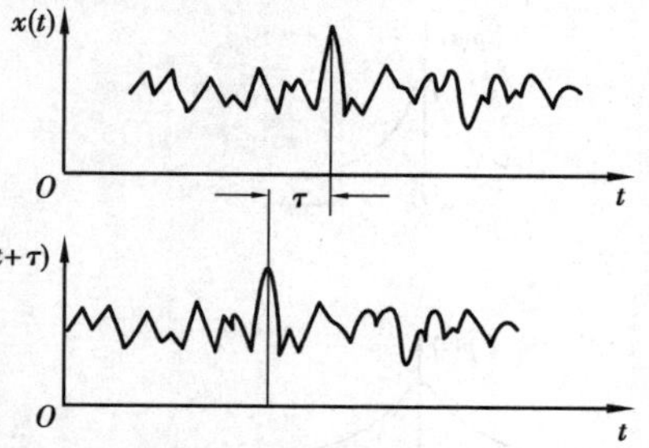

图1.18 自相关函数

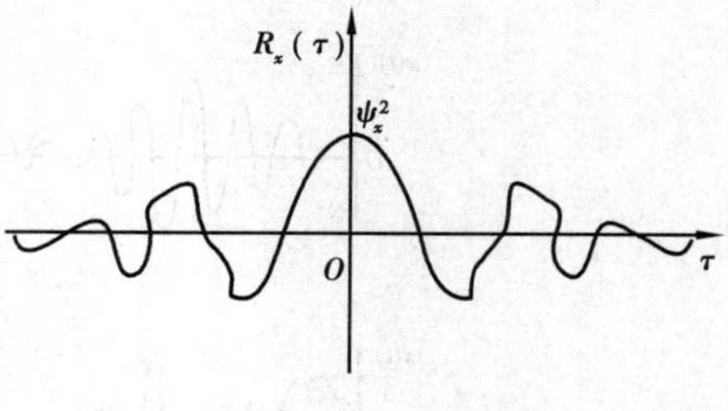

图1.19 自相关函数的性质

（1）当$\tau=0$时，信号 $R_x(\tau)$ 就是信号的均方值 ψ_x^2，$R_x(0) = \int_{-\infty}^{\infty} x(t)x(t+0)\mathrm{d}t = \psi_x^2$

（2）$R_x(0)\geqslant R_x(\tau)$，即在 $\tau=0$ 处，信号 $R_x(\tau)$ 取最大值。

（3）$R_x(\tau)$ 为偶函数，即 $R_x(\tau)=R_x(-\tau)$

以上性质可以用图1.19来表示。

（4）周期信号的自相关函数仍为同频率的周期函数，其幅值与原周期信号的幅值有关，而

丢失了原信号的相位信息。

显然,自相关函数描述了信号现在值与未来值之间的依赖关系,能反映信号变化的剧烈程度,也是信号的基本统计特征之一。信号如果越是“随机”,τ 离开零点时,$x(t)$ 和 $x(t+\tau)$ 两者相关性越小,$R_x(\tau)$ 的衰减也越快。根据信号的自相关函数,可判断信号的随机程度,如图1.20所示。

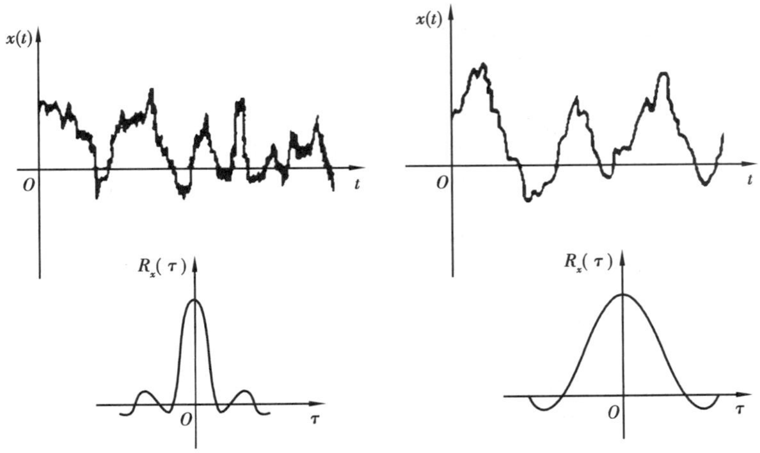

图 1.20　变化迅速和变化缓慢信号的自相关函数

2)**自相关函数的应用**

利用自相关函数可以区别信号类型,只要信号中含有周期成分的随机信号,其自相关函数在 τ 很大时都不衰减,并且有明显的周期性。不包含周期成分的随机信号,当 τ 稍大时自相关函数就趋近于零。宽带随机噪声的自相关函数很快衰减到零,窄带随机噪声的自相关函数则具有较缓慢的衰减特性。四种典型信号的自相关函数,如图 1.21 所示。

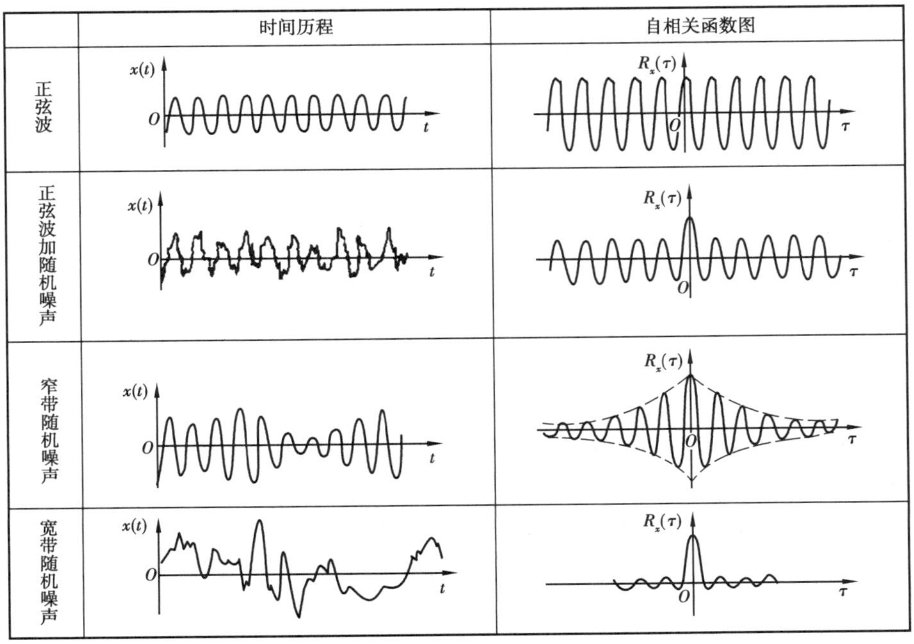

图 1.21　四种典型信号的自相关函数

自相关函数的典型应用包括：

(1)检测信号回声(反射)。若在宽带信号中存在着时间延迟为 τ_0 的回声,那么该信号的自相关函数将在 $\tau=\tau_0$ 处也达到峰值(另一峰值在 $\tau=0$ 处),这样可根据 τ_0 确定反射体的位置。

(2)检测淹没在随机噪声中的周期信号。由于周期信号的自相关函数仍具有周期性,而随机噪声信号随着延迟增加,其自相关函数将减到零。因此在一定延迟时间后,被干扰信号的自相关函数中就只保留了周期信号的信息,而排除了随机信号的干扰。图 1.22 所示为某一机械加工表面粗糙度的波形,经自相关分析得到的自相关图呈现出周期性,这表明造成表面粗糙度的原因中包含有某种周期因素,从自相关图可以确定该周期因素的频率,从而可以进一步分析原因。

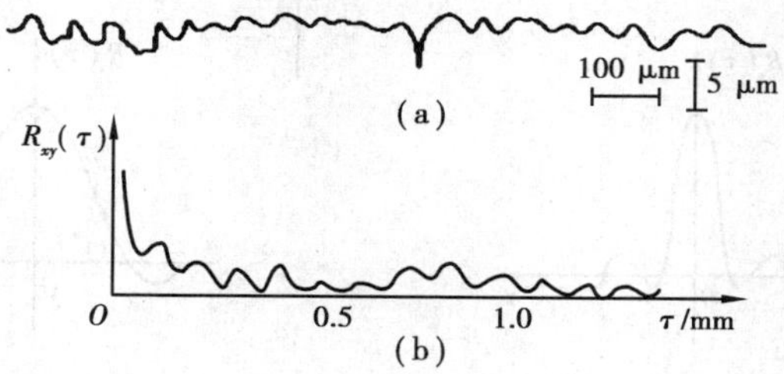

图 1.22　表面粗糙度与自相关函数

(a)表面粗糙度　(b)自相关函数

1.4.2　互相关函数

1)定义及其性质

互相关函数与自相关函数都是研究信号相似性的工具,自相关函数是处理信号和它自身时移信号的相似性问题,而互相关函数是处理两个不同信号之间的相似性问题,它描述一个信号的取值对另一个信号的依赖程度。

随机信号 $x(t)$ 和 $y(t)$ 的互相关函数 $R_{xy}(\tau)$ 定义为

$$R_{xy}(\tau) = \lim_{T\to\infty}\int_0^T x(t)y(t+\tau)\,\mathrm{d}t \tag{1.54}$$

互相关函数具有如下性质：

(1)互相关函数不是偶函数,是不对称的；

(2)互相关函数非偶函数,亦非奇函数,而是 $R_{xy}(\tau)=R_{yx}(-\tau)$。

(3) $R_{xy}(\tau)$ 的峰值不在 $\tau=0$ 处,其峰值离原点的位置 τ_0 反映了两信号时移的大小,相关程度最高；

(4)互相关函数的限制范围为 $\mu_x\mu_y-\sigma_x\sigma_y\leqslant R_{xy}(\tau)\leqslant\mu_x\mu_y+\sigma_x\sigma_y$；

(5)两个统计独立的随机信号,当均值为零时,则 $R_{xy}(\tau)=0$；

(6)两个不同频率的周期信号,其互相关函数为零。

图 1.23 为两个随机信号 $x(t)$ 和 $y(t)$ 及其互相关函数图形,其峰值偏离了原点的位置反映了两信号的时差。例如 $R_{xy}(\tau)$ 在 $\tau=\tau_d$ 位置达到最大值,说明 $y(t)$ 导前 τ_d 时间 $x(t)$ 和 $y(t)$ 最相似。

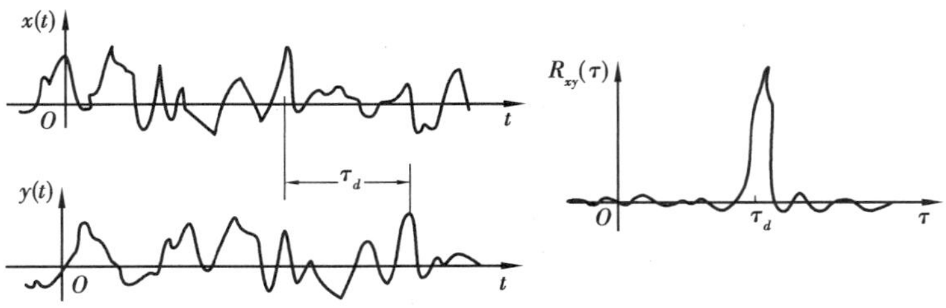

图 1.23　互相关函数

2)互相关函数的应用

互相关函数的性质,使它在工程应用中具有重要的价值。利用互相关函数可以测量系统的延时,如确定信号通过给定系统的时滞。如果系统是线性的,则时滞可以直接用输入、输出互相关图上峰值的位置来确定。利用互相关函数可识别、提取混淆在噪声中的信号。例如对一个线性系统激振,所测得的振动信号中含有大量的噪声干扰,根据线性系统的频率保持性,只有和激振频率相同的成分才可能是由激振而引起的响应,其他成分均是干扰。因此只要将激振信号和所测得的响应信号进行互相关处理,就可以得到由激振而引起的响应,消除噪声干扰的影响。

在测试技术中,互相关函数得到了广泛的应用,下面是应用互相关函数进行测试的几个实例。

(1)相关测速

工程中常用两个间隔一定距离的传感器进行非接触测量运动物体的速度。图 1.24 是非接触测定热轧钢带运动速度的示意图,其测试系统由性能相同的两组光电池、透镜、可调延时器和相关器组成。当运动的热轧钢带表面的反射光经透镜聚焦在相距为 d 的两个光电池上时,反射光通过光电池转换为电信号,经可调延时器延时,再进行相关处理。当可调延时 τ 等于钢带上某点在两个测点之间经过所需的时间 τ_d 时,互相关函数为最大值。所测钢带的运动速度为 $v = d/\tau_d$。

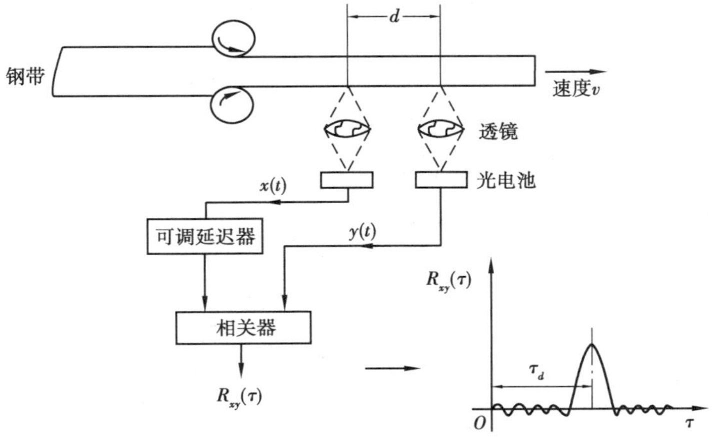

图 1.24　钢带运动速度的非接触测量

另外,利用相关测速原理,在汽车前后轴上放置传感器,可以测量汽车在冰面上行驶时,车轮边滚边滑的车速;在船体底部前后一定距离安装两套向水底发射、接受声纳的装置,可以测量航船的速度;在高炉输送煤粉的管道中,在相距一定距离安装两套电容式相关测速装量,可以测量煤粉的流动速度和单位时间内的输煤量。

(2)相关分析在故障诊断中的应用

图 1.25 是确定深埋在地下的输油管裂损位置的示意图。漏损处 K 为向两侧传播声响的声源。在两侧管道上分别放置传感器 1 和 2,因为放传感器的两点距漏损处不等远,所以漏油的音响传至两传感器就存在时差 τ_m,在互相关图上 $\tau=\tau_m$ 处,$R_{x_1x_2}(\tau)$ 有最大值。由 τ_m 可确定漏损处的位置 $S=\frac{1}{2}v\tau_m$,其中:S——两传感器的中点至漏损处的距离,v——音响通道管道的传播速度。

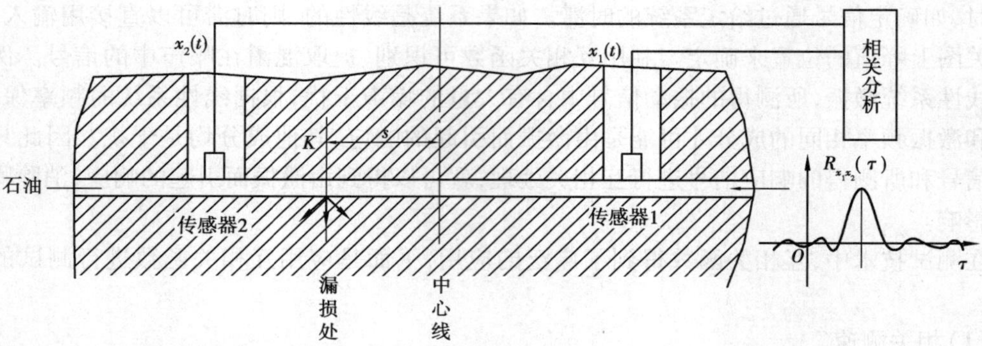

图 1.25　确定输油管裂损位置

(3)传递通道的相关测定

相关分析方法可以应用于工业噪声传递通道的分析和隔离,剧场音响传递通道的分析和音响效果的完善,复杂管路振动的传递和振源的判别等。图 1.26 是汽车驾驶员座位振动传递途径的识别示意图。在发动机、驾驶员座位、后桥放置三个加速度传感器,将输出并放大的信号进行相关分析,通过分析可以看出:发动机与驾驶员座位的相关性较差,而后桥与驾驶员座位的互相关较大,因此,可以认为驾驶员座位的振动主要是由汽车后轮的振动引起的。

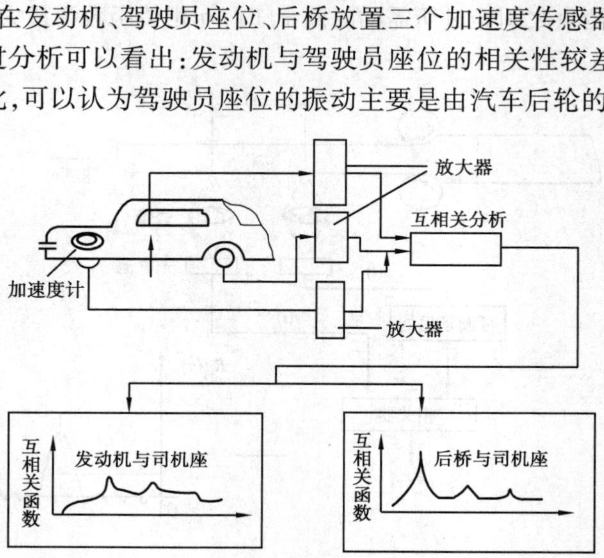

图 1.26　车辆振动传递途径的识别

1.5　信号的频谱分析

信号的时域描述只能反映信号幅值随时间变化的特征，而频域的描述则能反映信号的频率结构和各频率成分的幅值大小。相关分析为从时域在噪声背景下提取有用信息提供了手段，功率谱密度函数则从频域角度为研究平稳随机过程提供重要方法。

1.5.1　自功率谱密度函数

1）定义及其物理意义

假定 $x(t)$ 是零均值的随机过程，即 $\mu_x=0$，（如果原随机过程是非零均值的，可以进行适当处理使其均值为零），又假定 $x(t)$ 中没有周期分量，那么当 $\tau\to\infty$，$R_x(\tau)\to 0$。这样，自相关函数 $R_x(\tau)$ 可满足傅里叶变换的条件 $\int_{-\infty}^{\infty}|R_x(\tau)|\mathrm{d}\tau<\infty$。利用式（1.16）和式（1.17）可得到 $R_x(\tau)$ 的傅里叶变换 $S_x(f)$

$$S_x(f)=\int_{-\infty}^{\infty}R_x(\tau)\mathrm{e}^{-\mathrm{j}2\pi f\tau}\mathrm{d}\tau \tag{1.55}$$

和逆变换

$$R_x(\tau)=\int_{-\infty}^{\infty}S_x(f)\mathrm{e}^{\mathrm{j}2\pi f\tau}\mathrm{d}f \tag{1.56}$$

定义 $S_x(f)$ 为 $x(t)$ 的自功率谱密度函数，简称自谱或自功率谱。由于 $S_x(f)$ 和 $R_x(\tau)$ 之间是傅里叶变换对的关系，两者是唯一对应的，$S_x(f)$ 中包含着 $R_x(\tau)$ 的全部信息。因为 $R_x(\tau)$ 为实偶函数，$S_x(f)$ 亦为实偶函数。由此常用在 $f=(0\sim\infty)$ 范围内 $G_x(f)=2S_x(f)$ 来表示信号的全部功率谱，并把 $G_x(f)$ 称为 $x(t)$ 信号的单边功率谱，如图 1.27 所示。

若 $\tau=0$，根据自相关函数 $R_x(\tau)$ 和自功率谱密度函数 $S_x(f)$ 的定义，可得到

$$R_x(0)=\lim_{T\to\infty}\frac{1}{T}\int_0^T x^2(t)\mathrm{d}t=\int_{-\infty}^{\infty}S_x(f)\mathrm{d}f$$

由此可见，$S_x(f)$ 曲线下部和频率轴所包围的面积就是信号的平均功率，$S_x(f)$ 就是信号的功率密度沿频率轴的分布，故称 $S_x(f)$ 为自功率谱密度函数 。

2）自功率谱密度函数的应用

自功率谱密度函数 $S_x(f)$ 反映信号的频域结构，这一点和幅值谱 $|X(f)|$ 一致，但自功率谱密度反映的是信号幅值的平方，因此其频域结构特征更为明显，如图 1.28 所示。

对于一个线性系统，如图 1.29 所示。若其输入为 $x(t)$，输出为 $y(t)$，系统的频率响应函数为 $H(f)$，则 $x(t)\Longleftrightarrow X(f)$，$y(t)\Longleftrightarrow Y(f)$，则

$$Y(f)=H(f)X(f) \tag{1.57}$$

不难证明，输入、输出的自功率谱密度与系统频率响应函数的关系如下：

$$S_y(f)=|H(f)|^2S_x(f) \tag{1.58}$$

通过输入、输出自谱的分析，就能得出系统的幅频特性。但计算中丢失了相位信息，因此不能得出系统的相频特性。

自相关分析可以有效地检测出信号中有无周期成分，自功率谱密度也能用来检测信号中

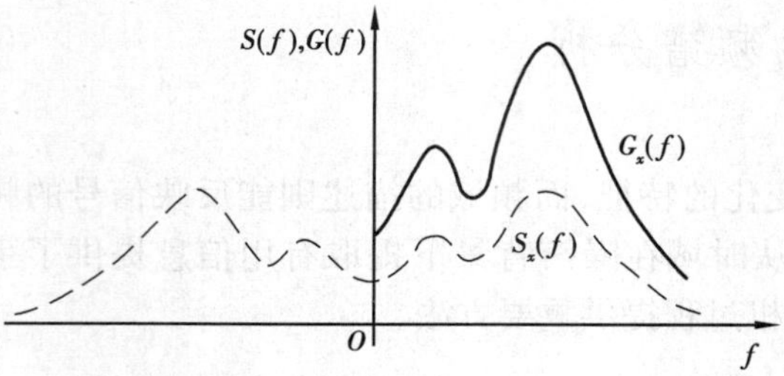

图 1.27　单边谱和双边谱

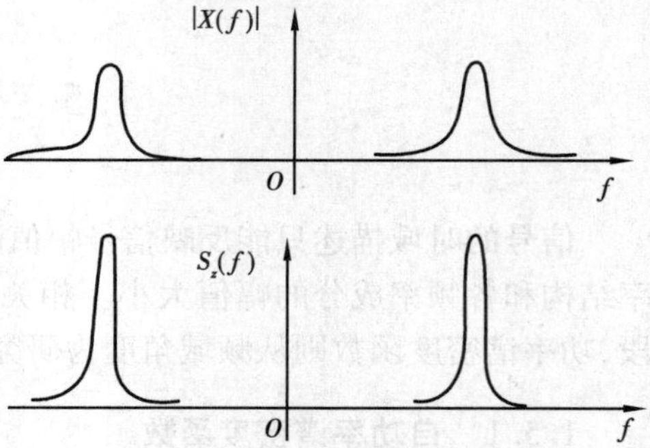

图 1.28　幅值谱与自功率谱

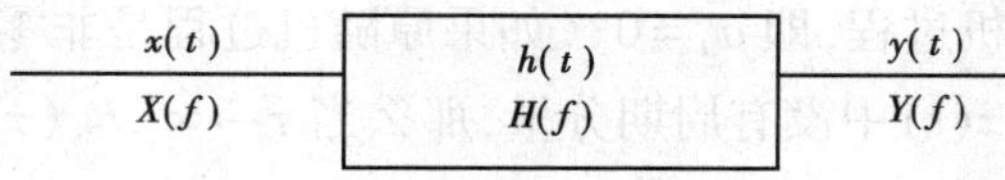

图 1.29　理想的单输入、单输出系统

的周期成分。周期信号的频谱是脉冲函数，在某特定频率上的能量是无限的。但是在实际处理时，用矩形窗函数对信号进行截断，这相当于在频域用矩形窗函数的频谱 sin c 函数和周期信号的频谱（δ 函数）实行卷积，因此截断后的周期函数的频谱已不再是脉冲函数，原来为无限大的谱线高度变成有限长，谱线宽度内无限小变成有一定宽度。所以周期成分在实测的功率谱密度图形中以陡峭有限峰值的形态而出现。

1.5.2　互谱密度函数

1）互谱密度函数的定义

如果互相关函数 $R_{xy}(\tau)$ 满足傅里叶变换的条件 $\int_{-\infty}^{\infty}|R_{xy}(\tau)|\mathrm{d}\tau<\infty$，则定义

$$S_{xy}(f)=\int_{-\infty}^{\infty}R_{xy}(\tau)\mathrm{e}^{-\mathrm{j}2\pi f\tau}\mathrm{d}\tau \tag{1.59}$$

$S_{xy}(f)$ 称为 $x(t)$ 和 $y(t)$ 的互谱密度函数，简称互谱。根据傅里叶逆变换，有

$$R_{xy}(\tau)=\int_{-\infty}^{\infty}S_{xy}(f)\mathrm{e}^{\mathrm{j}2\pi f\tau}\mathrm{d}f \tag{1.60}$$

互相关函数 $R_{xy}(\tau)$ 并非偶函数，因此 $S_{xy}(f)$ 具有虚、实两部分。同样 $S_{xy}(f)$ 保留了 $R_{xy}(\tau)$ 中的全部信息。

互谱估计的计算式如下：

对于模拟信号

$$\overline{S}_{xy}(f)=\frac{1}{T}X^{*}(f)_{i}Y(f)_{i} \tag{1.61}$$

$$\overline{S}_{yx}(f)=\frac{1}{T}X(f)_{i}Y^{*}(f)_{i} \tag{1.62}$$

式中：$X^{*}(f)$、$Y^{*}(f)$——分别是 $X(f)$、$Y(f)$ 的共轭函数。

对于数字信号

$$\overline{S}_{xy}(k)=\frac{1}{N}X^{*}(k)_{i}Y(k)_{i} \tag{1.63}$$

$$\overline{S}_{yx}(k)=\frac{1}{N}X(k)_i Y^*(k)_i \tag{1.64}$$

这样得到的初步互谱估计 $\overline{S}_{xy}(f)$、$\overline{S}_{yx}(f)$ 的随机误差太大，不适合应用要求，应进行平滑处理，平滑处理的方法与功率谱估计相同。

2）互谱密度函数的应用

（1）功率谱在设备诊断中的应用

图 1.30 是汽车变速箱上加速度信号的功率谱图。图（a）是变速箱正常工作谱图，图（b）为变速箱运行不正常时的谱图。可以看到图（b）比图（a）增加了 9.2 Hz 和 18.4 Hz 两个谱峰，这两个频率为设备故障的诊断提供了依据。

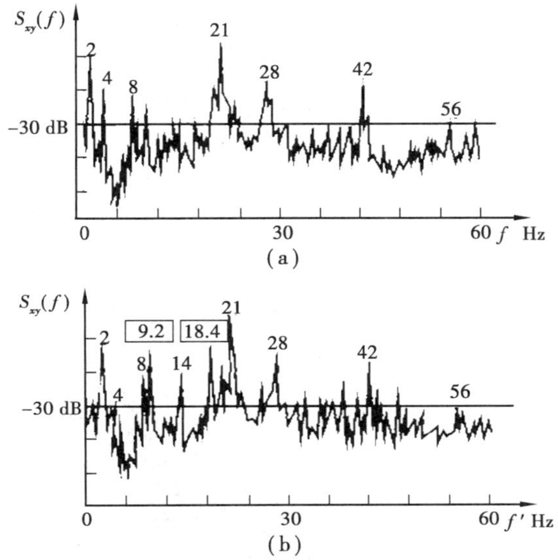

图 1.30　汽车变速箱功率谱图

（2）瀑布图

在机器增速或减速过程中，对不同转速时的振动信号进行等间隔采样，并进行功率谱分析，将各转速下的功率谱组合在一起成为一个转速-功率谱三维图，又称为瀑布图。图 1.31 为柴油机振动信号瀑布图。图中，在转速为 1 480 r/min 的 3 次频率上和 1 990 r/min 的 6 次频率上谱峰较高，也就是在这两个转速上产生两种阶次的共振，这就可以定出危险旋转速度，进而找到共振根源。

（3）坎贝尔图

坎贝尔图是在三维谱图的基础上，以谐波阶次为特征的振动旋转信号三维谱图。图 1.32 为汽轮发电机组振动的坎贝尔图。图中转速为横坐标，频率为纵坐标，右方的序数 1～13 为转速的谐波次数，每一条斜线代表转速在变化过程中该次谐波的谱线变化情况。坎贝尔图的绘制方法是：先在汽轮发电机组升速（或降速）过程中在各转速点上采集振动信号，然后作出各转速点上振动的自谱，以各条谱线的高度为半径，以该条谱线在频率轴上的点为圆心作圆，形成一个以圆大小表达的自谱图，将各转速上振动信号的圆自谱图组合起来，绘出各次谐波斜线就成为最后的坎贝尔图。这种谱图可更为直观地看出随着转速的增加，各次谐波频率成分的变化。由该图可以看出，在 1 800～2 400 r/min 内基波频率成分较大，1 500～1 800 r/min 内第

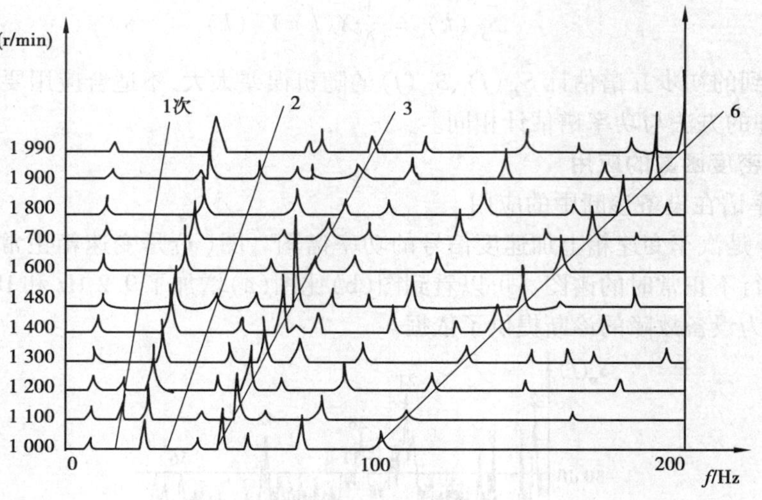

图 1.31　柴油机振动瀑布图

13 次谐波成分较大。二者中尤以前者更为严重,所以可以看出危险的转速范围,并可根据它们找寻相应的振动响应过大的结构部分,加以改进。图中与水平轴平行的许多圆圈代表了机器随转速变化的频率成分,一般表示了某些构造部分的固有频率。

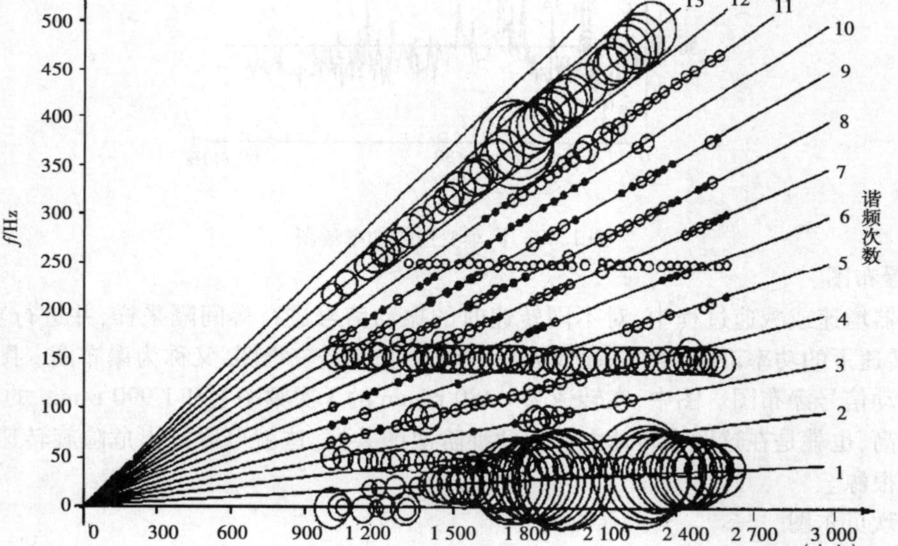

图 1.32　汽轮发电机组振动的坎贝尔图

1.6　数字信号处理基础

数字信号处理是用数字方法处理信号,由于模拟方法很难实现相关分析和功率谱分析等信号处理,而数字信号处理可以实现这些分析和处理。它不仅可以在专用信号处理仪上进行,也可以在通用计算机上通过编程来实现。目前,数字信号处理已经得到越来越广泛的应用,其处理速度可以达到近乎实时的程度,数字信号处理技术已形成了一门新兴的学科。

数字信号处理的基本步骤如图1.33所示。

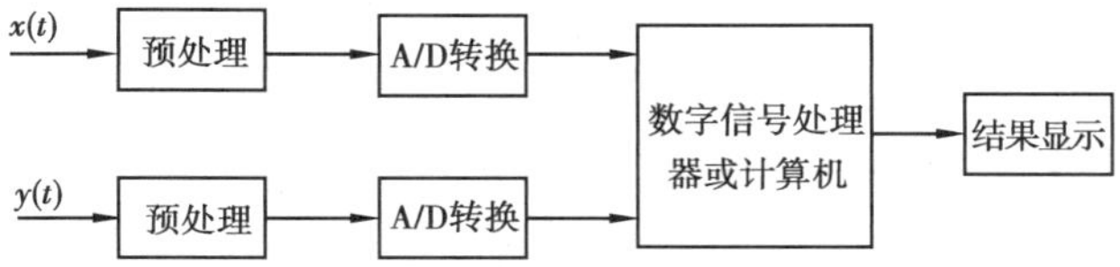

图1.33　数字信号处理简图

1)预处理

信号的预处理是把信号变成适用于数字处理的形式,以减轻数字处理的困难,包括:

(1)电压幅值处理,以满足计算机对输入电压的要求;

(2)过滤信号中的高频噪声;

(3)隔离信号中的直流分量;

(4)对调制信号实行解调。

预处理环节应根据测试对象、信号特点和数字处理设备的能力妥善安排。

2)模数(A/D)转换

模数转换包括:在时间上对原信号等间隔采样;保持和幅值上的量化及编码;把模拟量转换成数字量,即把连续信号变成离散的时间序列。

3)数字信号处理器或计算机

数字信号分析是在数字信号处理器或通用的计算机上进行的。不管计算机的容量和计算速度有多大,其处理的数据长度是有限的,所以要把长序列截断。在截断时会产生一些误差,所以有时要对截取的数字序列加权(乘以窗函数),如有必要还可用专门的程序进行数字滤波,然后把所得到的有限长的时间序列按给定的程序进行运算。例如做时域中的概率统计、相关分析;频域中的频谱分析、功率谱分析、传递函数分析等。

4)输出结果

运算结果可直接显示或打印,也可用数模(D/A)转换器再把数字量转换成模拟量输入外部被控装置。如有必要可将数字信号处理结果输入后续计算机,用专门程序做后续处理。

数字信号处理首先把一个连续变化的模拟信号转化为数字信号,然后由计算机处理,从中提取有关的信息。由于篇幅有限,本节只介绍数字信号化的基本内容,它是数字信号处理的理论基础。

1.6.1　时域采样和采样定理

1)时域采样

采样是在模数转换过程中以一定时间间隔对连续时间信号进行取值的过程。它的数学描述就是用间隔为 T_s 的周期单位脉冲序列 $s(t)$(即 $\mathrm{comb}(t,T_s)$)去乘模拟信号 $x(t)$。设模拟信号 $x(t)$ 的傅里叶变换为 $X(f)$,如图1.34所示。

利用 δ 函数性质可知:

$$\int_{-\infty}^{\infty} x(t)\delta(t-nT_s)\,\mathrm{d}t = x(nT_s)$$

其中，$n=0,\pm1,\pm2,\cdots$。

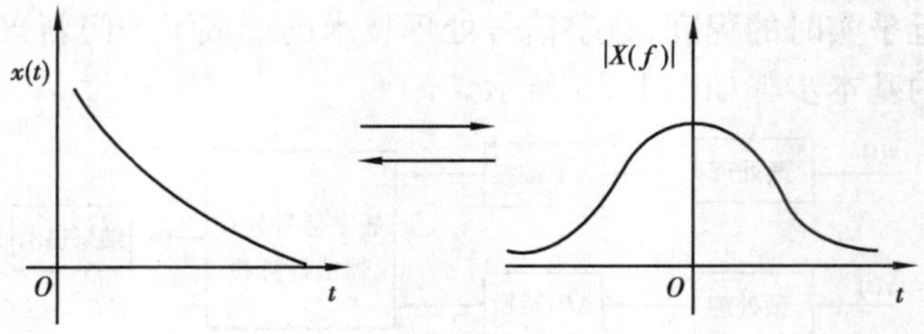

图 1.34　原模拟信号及其幅频谱

此式说明时域采样后，各采样点的信号幅值为 $x(nT_s)$。

间隔为 T_s 的采样脉冲序列的傅里叶变换也是脉冲序列，其间距为 $1/T_s$，即

$$s(t)=\sum_{n=-\infty}^{\infty}\delta(t-nT_s)\Longleftrightarrow S(f)=\frac{1}{T_s}\sum_{k=-\infty}^{\infty}\delta\left(f-\frac{k}{T_s}\right)\tag{1.65}$$

由频域卷积定理可知：两个时域函数的乘积的傅里叶变换等于两者傅里叶变换的卷积，即

$$x(t)\cdot s(t)\Longleftrightarrow X(f)*S(f)$$

考虑到 δ 函数与其他函数卷积的特性，上式可写为

$$\begin{aligned}X(f)*S(f)&=X(f)*\frac{1}{T_s}\sum_{k=-\infty}^{\infty}\delta\left(f-\frac{k}{T_s}\right)\\&=\frac{1}{T_s}\sum_{k=-\infty}^{\infty}X\left(f-\frac{k}{T_s}\right)\end{aligned}$$

此式为信号 $x(t)$ 经过间隔为 T_s 的采样之后所形成的采样信号的频谱。一般来说，此频谱和原连续信号的频谱 $X(f)$ 并不一定相同，但有联系。它是将原频谱 $X(f)$ 依次平移 $1/T_s$ 至各采样脉冲对应的频域序列点上，然后全部叠加而成，如图 1.35 所示。

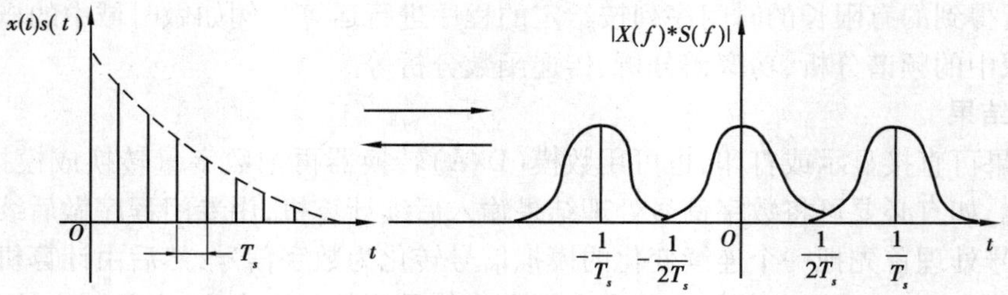

图 1.35　采样后信号及其幅频谱

由此可以看出，采样结果 $x(t)\cdot s(t)$ 必须唯一地确定原始信号 $x(t)$，所以采样间隔的选择尤为重要。采样间隔太小（采样频率高），对定长的时间记录来说其数字序列就很长，使计算工作量增大；如果数字序列长度一定，则只能处理很短的时间历程，可能产生较大的误差。若采样间隔太大（采样频率低），则可能丢掉有用的信息。如图 1.35 所示，信号 $X(f)$ 的频带大于采样频率 $\frac{1}{2T_s}$，平移后的图形会发生交叠，如图中虚线所示。采样后信号的频谱是这些平移后图形的叠加，如图中实线所示。

2)混叠和采样定理

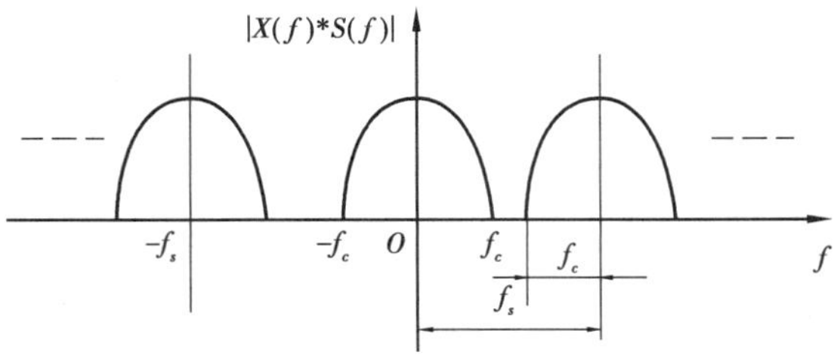

图 1.36　不产生混叠的条件

如果采样间隔 T_s 太大,即采样频率 f_s 太低,平均距离 $1/T_s$ 过小,那么移至各采样脉冲所在处的频谱 $X(f)$ 就会有一部分相互交叠,新合成的 $X(f) * S(f)$ 与原 $X(f)$ 不一致,这种现象称为混叠。发生混叠以后,改变了原来频谱的部分幅值(图 1.35 中虚线部分),这样就不可能从离散的采样信号 $x(t) \cdot s(t)$ 准确地恢复出原来的时域信号 $x(t)$。

如果 $x(t)$ 是一带限信号(最高频率 f_c 为有限值),采样频率 $f_s = 1/T_s > 2f_c$,那么采样后的频谱 $X(f) * S(f)$ 就不会发生混叠,如图 1.36 所示。

为了避免混叠以便采样后仍能准确地恢复原信号,采样频率 f_s 必须大于信号最高频率 f_c 的两倍,即 $f_s > 2f_c$,这就是采样定理。

在工程实际中,一般采样频率应选为被处理信号中最高频率的 2.56 倍以上。

如果确知测试信号中的高频部分是由噪声干扰引起的,为了满足采样定理又不使数据过长,可先把信号做低通滤波处理。这种滤波器称为抗混滤波器,在信号预处理过程中非常必要。在设备状态监测过程中,如果只对某一个频带感兴趣,那么可用低通滤波器或带通滤波器滤掉其他频率成分,这样可以避免混叠并减少信号中其他成分的干扰。

1.6.2　截断、泄漏和窗函数

在数字处理时必须把长时间的信号序列截断。截断就是将无限长的信号乘以有限宽的窗函数。“窗”的意思是指通过窗口能够看到原始信号的一部分,原始信号在窗外的部分均视为零。窗函数就是在模数转换过程中(或数据处理过程中)对时域信号取样时所采用的截断函数。

在图 1.37 中,$x(t)$ 为一余弦信号,其频谱是 $X(f)$,它是位于 $\pm f_0$ 处的 δ 函数。矩形窗函数 $w(t)$ 的频谱是 $W(f)$,它是一个 $\sin c(f)$ 函数。当用一个 $w(t)$ 去截断 $x(t)$ 时,得到截断后的信号为 $x(t) \cdot w(t)$,根据傅里叶变换关系,其频谱为 $X(f) * W(f)$。

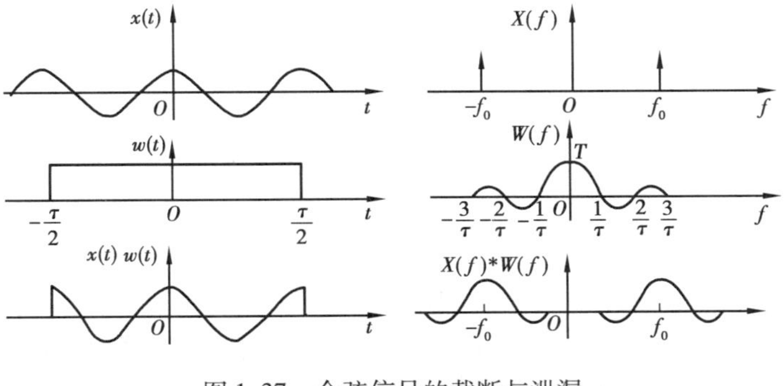

图 1.37　余弦信号的截断与泄漏

$x(t)$ 被截断后的频谱不同于加窗以前的频谱。由于 $w(t)$ 是一个频带无限的函数,所以即使 $x(t)$ 是带限信号,在截断以后也必然变成无限带宽的函数。原来集中在 $\pm f_0$ 处的能量被分

散到以 $\pm f_0$ 为中心的两个较宽的频带上,也就是有一部分能量泄漏到 $x(t)$ 的频带以外。因此信号截断必然产生一些误差,这种由于时域上的截断而在频域上出现附加频率分量的现象称为泄漏。

在图 1.37 中,频域中 $|f| < \dfrac{1}{\tau}$ 的部分称为主瓣,其余两旁的部分即附加频率分量称为旁瓣。可以看出主瓣与旁瓣之比是固定的。窗口宽度 τ 与 $W(f)$ 的关系可用傅里叶变换的面积公式来说明:

$$W(f) = \int_{-\frac{\tau}{2}}^{\frac{\tau}{2}} w(t)\,\mathrm{e}^{-\mathrm{j}2\pi ft}\,\mathrm{d}t \tag{1.66}$$

那么:$W(0) = \int_{-\frac{\tau}{2}}^{\frac{\tau}{2}} w(t)\,\mathrm{d}t = \tau$

同理:$w(0) = \int_{-\infty}^{\infty} W(t)\,\mathrm{d}f = 1$

由此可见,当窗口宽度 τ 增大时,主瓣和旁瓣的宽度变窄,并且主瓣高度恒等于窗口宽度 τ。当 $\tau\to\infty$ 时,$W(f)\to\delta(f)$,而任何 $X(f)$ 与单位脉冲函数 $\delta(f)$ 相卷积仍为 $X(f)$,所以加大窗口宽度可使泄漏减小,但无限加宽等于对 $x(t)$ 不截断,无法实现。为了减少泄漏,应该尽量寻找领域中接近 $\delta(f)$ 的窗函数 $W(f)$,即主瓣宽度较窄、旁瓣幅度较小的窗函数。窄的主瓣可以提高分辨能力;小的旁瓣可以减少泄漏。窗函数的优劣大致可从最大旁瓣峰值与主瓣峰值之比、最大旁瓣 10 倍频程衰减率和主瓣宽度等三方面做出评价。

1.6.3 频率采样与栅栏效应

信号的采样并加窗处理,其时域可表述为信号 $x(t)$、采样脉冲序列 $s(t)$、窗函数 $w(t)$ 三者的乘积 $x(t)s(t)w(t)$,是长度为 N 的离散信号。由频域卷积定理可知,它的频域函数是 $X(f)*S(f)*W(f)$,这是一个频域连续函数。在计算机上,信号的这种变换是用 DFT(Discrete Fourier Transform,离散傅里叶变换)进行的,而 DFT 计算后的输出则是离散的频域序列。也就是说 DFT 不仅算出 $x(t)s(t)w(t)$ 的频谱,而且同时对其频谱 $X(f)S(f)W(f)$ 实施了采样处理,使其离散化。这相当于在频域中乘上图 1.38 所示的采样函数 $D(f)$,$d(f)$ 是 $D(f)$ 的时域函数。

$$D(f) = \sum_{-\infty}^{\infty} \delta\left(f - n\frac{1}{T}\right) \tag{1.67}$$

DFT 在频域的一个周期 $f_s = \dfrac{1}{T_s}$ 中输出 N 个数据点,故输出的频率序列的频率间隔 $\Delta f = \dfrac{f_s}{N} = \left(\dfrac{1}{T_s N}\right) = \dfrac{1}{T}$。计算机的实际输出是 $Y(f)$,如图 1.38 所示。

$$Y(f) = [X(f) * S(f) * W(f)] \cdot D(f) \tag{1.68}$$

根据傅里叶变换的性质,频域的乘积对应时域的卷积,故与 $Y(f)$ 相对应的时域函数是 $y(t) = [x(t)s(t)w(t)] * \mathrm{d}(t)$。应当说明,频域函数的离散化所对应的时域函数应当是周期函数,因此,$y(t)$ 是一个周期函数。$y(t)$ 是将时域采样加窗信号 $x(t)s(t)w(t)$ 平移到 $d(t)$ 各脉冲位置重新构图,相当于在时域中将窗内的信号波形在窗外进行周期延拓。

对某一函数实行采样,即是抽取采样点上的对应的函数值。其效果如同透过栅栏的缝隙观看外景一样,只有落在缝隙前的少数景象被看到,其余景象均被栅栏挡住而视为零,这种现象称为栅栏效应。不管是时域采样还是频域采样,都有相应的栅栏效应。只是当时域采样满足采样定理时,栅栏效应不会有什么影响。而频域采样的栅栏效应则影响很大,“挡住”或丢失的频率成分有可能是重要的或具有特征的成分,使信号处理失去意义。

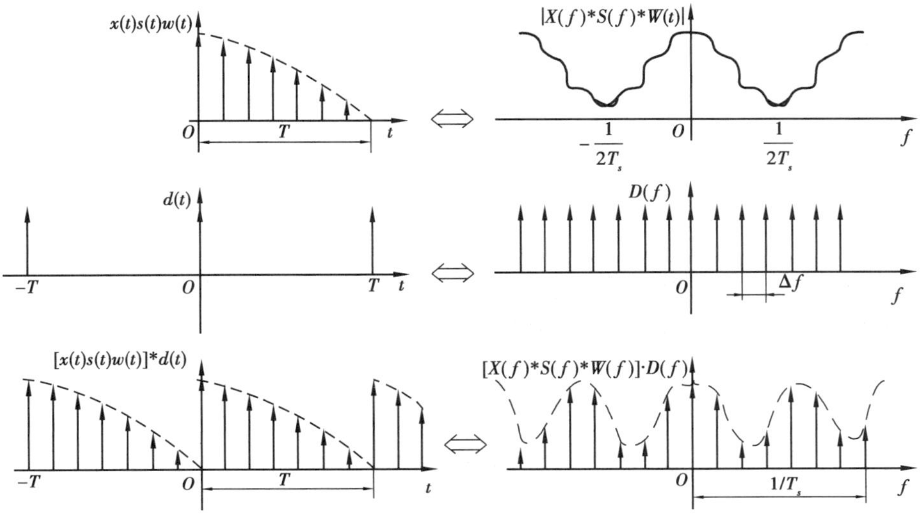

图 1.38　频域采样

减小栅栏效应可用提高采样间隔 Δf 也就是提高频率分辨力的方法来解决。间隔小,频率分辨力高,被“挡住”或丢失的频率成分就会越少。但是,由 $\Delta f=\frac{f_s}{N}=\frac{1}{T_sN}=1/T$ 可知,减小频率采样间隔 Δf,就必须增加采样点数,使计算工作量增加。解决此项矛盾可以采用如下方法:在满足采样定理的前提下,采用频率细化技术(Zoom),亦可用把时域序列变换成频谱序列的方法。

在分析简谐信号时,需要了解某待定频率 f_0 的谱值,希望 DFT 谱线落在 f_0 上,减小 Δf 不一定会使谱线落在频率 f_0 上。从 DFT 的原理看,谱线落在 f_0 处的条件是 $f_0/\Delta f=$ 整数。考虑到 Δf 与分析长度 T 的关系是 $\Delta f=1/T$,信号周期 $T_0=1/f_0$,即得当 $T/T_0=$ 整数时,便可以满足分析谱线落在简谐信号的频率 f_0 上,才能获得准确的频谱。这个结论适用于所有的周期信号。

复习思考题

1. 以下信号,哪个是周期信号?哪个是准周期信号?哪个是瞬变信号?它们的频谱各具有哪些特征?

(1) $\cos 2\pi f_0 t\cdot e^{-|\pi t|}$

(2) $\sin 2\pi f_0 t+4\sin f_0 t$

(3) $\cos 2\pi f_0 t+2\cos 3\pi f_0 t$

2. 求指数函数 $x(t)=Ae^{-at}(a>0,t\geqslant 0)$ 的频谱。
3. 求符号函数(见图 1.39(a))和单位阶跃函数(见图 1.39(b))的频谱。

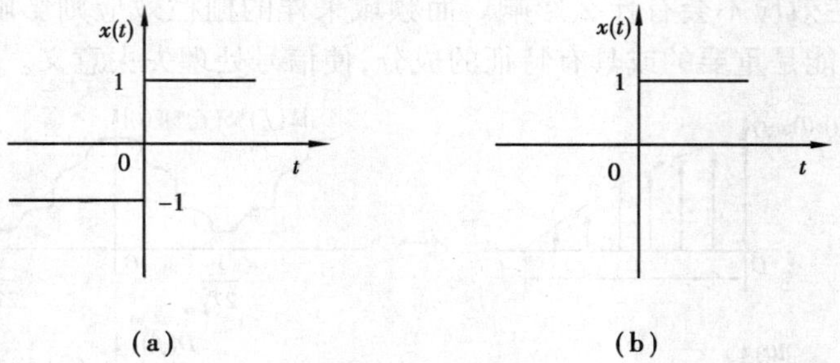

图 1.39　题 1.4 图

4. 什么是窗函数？描述窗函数的各项频域指标各说明什么问题？
5. 求被截断的余弦函数 $\cos w_0 t$(见图 1.40)的傅里叶变换。

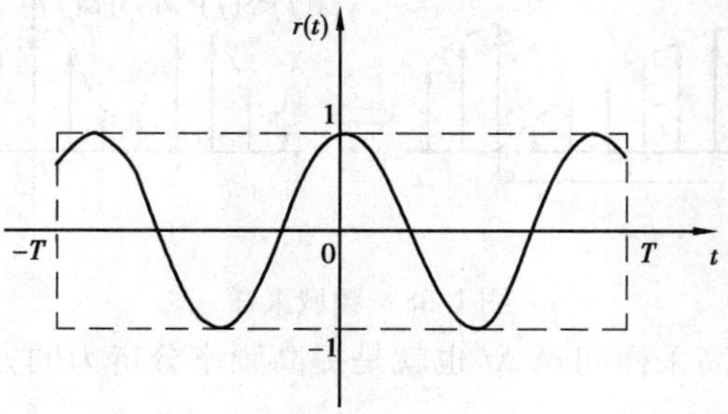

图 1.40　题 1.5 图

6. 求指数函数 $x(t)=Ae^{-at}(a>0,t\geqslant 0)$ 的频谱。
7. 求 $h(t)$ 的自相关函数

$$h(t)=\begin{cases}e^{-at} & (t\geqslant 0,a>0)\\ 0 & (t<0)\end{cases}$$

8. 什么是泄漏？为什么产生泄漏？窗函数为什么能减少泄漏？
9. 什么是“栅栏效应”？如何减少“栅栏效应”的影响？
10. 数字信号处理的一般步骤是什么？有哪些问题值得注意？
11. 自功率谱和幅值谱有什么区别,又有什么联系？
12. 举例说明相关分析有什么主要用途？

第 2 章

测试装置动态特性分析与性能测试

为了准确获取被测量的量值及其变化,必须考虑测量装置的基本特性。这些基本特性包括静态与动态特性、负载特性、抗干扰特性等。由于在实际工作中,大量被测量是动态参数,因此本章重点讨论动态特性的数学描述方法和典型测试系统的动态特性。测试系统对动态信号测量的任务不仅是精确地测量被测信号幅值大小,还包括测量动态信号随时间变化过程的波形,这就要求测试系统能够迅速、准确、无失真地再现被测信号随时间变化的波形,也就是要求测试系统具有良好的动态特性。本章还讨论了测试系统不失真的条件,以及测试系统的动态性能指标测试和改善测试系统动态性能指标的途径。

2.1 测试系统及其主要性质

通常,把外界对系统的作用称之为系统的输入或激励,而将系统对输入的反映称为系统的输出或响应,如图 2.1 所示。图中:$x(t)$表示测试系统随时间而变化的输入,$y(t)$表示测试系统随时间而变化的输出。理想测试系统应该具有单值的、确定的输入-输出关系,即对应于每一输入量,都应只有单一的输出量与之对应,以输出与输入成线性关系为最佳。知道其中的一个量就可以确定另外一个量。实际测试系统往往无法在较大范围内满足这种要求,而只能在较小的工作范围内和在一定误差允许范围内满足这种要求。

图 2.1 测试系统方框图

当系统的输入 $x(t)$ 和输出 $y(t)$ 之间的关系可用常系数线性微分方程式(2.1)来描述时则称该系统为定常线性系统或时不变线性系统。

$$a_n \frac{\mathrm{d}^n y(t)}{\mathrm{d}t^n} + a_{n-1} \frac{\mathrm{d}^{n-1} y(t)}{\mathrm{d}t^{n-1}} + \cdots + a_1 \frac{\mathrm{d}y(t)}{\mathrm{d}t} + a_0 y(t) =$$

$$b_m \frac{\mathrm{d}^m x(t)}{\mathrm{d}t^m} + b_{m-1} \frac{\mathrm{d}^{m-1} x(t)}{\mathrm{d}t^{m-1}} + \cdots + b_1 \frac{\mathrm{d}x(t)}{\mathrm{d}t} + b_0 x(t) \tag{2.1}$$

式中：$a_n, a_{n-1}, \cdots, a_0$ 和 $b_m, b_{m-1}, \cdots, b_0$ 均为与系统结构有关的常数。

对于测试系统，其结构及其所用元器件的参数决定了系数 $a_n, a_{n-1}, \cdots, a_0$ 和 $b_m, b_{m-1}, \cdots, b_0$ 的大小及其量纲。由于一个实际的物理系统中的各元器件的物理参数并非能保持常数，如电子元件中的电阻、电容、半导体器件的特性等都会受温度的影响，这些都会导致系统微分方程参数 $a_n, a_{n-1}, \cdots, a_0$ 和 $b_m, b_{m-1}, \cdots, b_0$ 的时变性，所以理想的定常线性系统是不存在的。在工程实际中，常把具有足够的精确度多数常见物理系统的参数 $a_n, a_{n-1}, \cdots, a_0$ 和 $b_m, b_{m-1}, \cdots, b_0$ 当作时不变的常数，而把一些时变线性系统当作定常线性系统来处理。本章以下的讨论仅限于定常线性系统。

若以 $x(t) \rightarrow y(t)$ 表示定常线性系统输入与输出之间的对应关系，则定常线性系统具有以下主要性质。

(1)叠加原理。当几个输入同时作用于线性系统时，则其响应等于各个输入单独作用于该系统的响应之和，即

若
$$x_1(t) \rightarrow y_1(t)$$
$$x_2(t) \rightarrow y_2(t)$$
则
$$[x_1(t) \pm x_2(t)] \rightarrow [y_1(t) \pm y_2(t)] \tag{2.2}$$

叠加原理表明，对于线性系统，一个输入的存在并不影响另一个输入的响应，各个输入产生的响应是互不影响的。因此，对于一个复杂的输入，就可以将其分解成一系列简单的输入之和，系统对复杂激励的响应就等于这些简单输入的响应之和。

(2)比例特性。若线性系统的输入扩大 k 倍，则其响应也将扩大 k 倍，即对于任意常数 k 必有：

$$kx(t) \rightarrow ky(t) \tag{2.3}$$

(3)微分特性。线性系统对输入导数的响应等于对该输入响应的导数，即

$$\frac{\mathrm{d}x(t)}{\mathrm{d}t} \rightarrow \frac{\mathrm{d}y(t)}{\mathrm{d}t} \tag{2.4}$$

(4)积分特性。若线性系统的初始状态为零(即当输入为零时，其响应也为零)，则对于输入积分的响应等于对该输入响应的积分。即

$$\int_0^t x(t)\,\mathrm{d}t \rightarrow \int_0^t y(t)\,\mathrm{d}t \tag{2.5}$$

(5)频率保持性。若线性系统的输入为某一频率的简谐信号，则其稳态响应必是同一频率的简谐信号。

线性系统的频率保持性在测试工作中具有非常重要的作用。因为在实际测试中，测试得到的信号常常会受到其他信号或噪声的干扰，这时依据频率保持特性可以认定测得信号中只有与输入信号相同的频率成分才是真正由输入引起的输出。同样，在故障诊断中，根据测试信号的主要频率成分，在排除干扰信号的基础上，依据频率保持特性推出输入信号也应包含该频率成分，通过寻找产生该频率成分的原因，就可以诊断出故障的原因。

2.2　测试系统的静态特性

在式(2.1)描述的线性系统中,当系统的输入 $x(t)=x_0$(常数),即输入信号的幅值不随时间变化或其随时间变化的周期远远大于测试时间时,式(2.1)变成

$$y=\frac{b_0}{a_0}x=Sx \tag{2.6}$$

理想线性系统其输出与输入之间是呈单调、线性比例的关系,即输入、输出关系是一条理想的直线,斜率 $S=\frac{b_0}{a_0}$为常数。

但实际测试系统并非是理想定常线性系统,输入、输出曲线并不是理想的直线,式(2.6)实际上变成

$$y=S_1x+S_2x^2+S_3x^3+\cdots=(S_1+S_2x+S_3x^2+\cdots)x$$

测试系统的静态持性就是在静态测量情况下描述实际测试装置与理想定常线性系统的接近程度。下面用定量指标来研究实际测试系统的静态特性。

1)**非线性度**

非线性度是指测试系统的输入、输出关系保持常值线性比例关系的程度。在静态测量中,通常用实验测定的方法求得系统的输入输出关系曲线,称之为定度(标定)曲线。定度曲线偏离其拟合直线的程度即为非线性度,如图 2.2 所示。在系统的标称输出范围(全量程)A 内,定度曲线与该拟合直线的最大偏差 B 与 A 的百分比,即:

$$\text{非线性度}=\frac{B}{A}\times 100\% \tag{2.7}$$

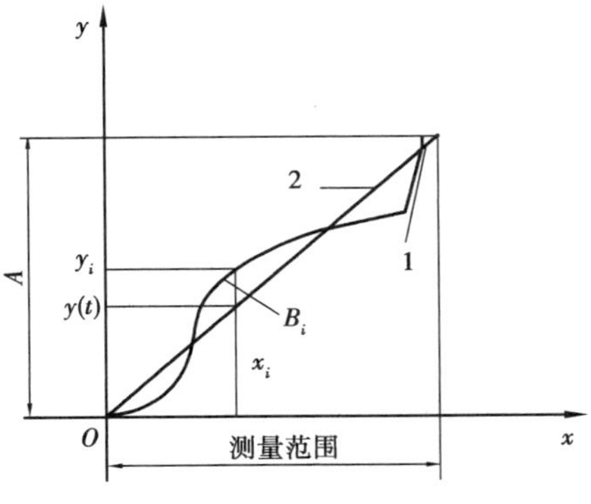

图 2.2　非线性误差图

1—定度曲线;2—拟合直线

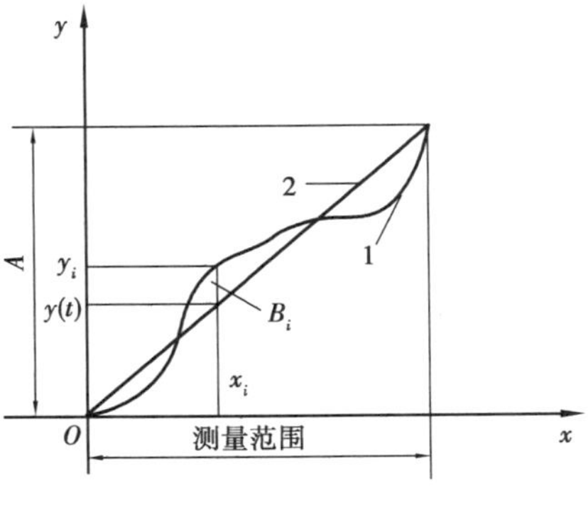

图 2.3　端基直线

1—定度曲线;2—端基直线

测试系统的非线性度是无量纲的,通常用百分数来表示,它是测试系统的一个非常重要的精度指标。至于拟合直线的确定,目前国内外还没有统一的标准。常用的主要有两种:端基直线和独立直线。

(1)端基直线是指连线测量范围上下限点的直线,如图 2.3 所示。显然用端基直线代替

实际的输入、输出曲线,虽然求解过程比较简单,但其非线性度较差。

(2)独立直线是指使输入与输出曲线上各点的线性误差 B_i 的平方和最小, 即 $\sum B_i^2$ 最小的直线。

2)**灵敏度**

灵敏度表征的是测试系统对输入信号变化的一种反应能力。若系统的输入有一个增量 Δx,引起输出产生相应增量 Δy,则定义灵敏度 S 为

$$S = \frac{\Delta y}{\Delta x} \tag{2.8}$$

对于定常线性系统,其灵敏度恒为常数。但是,实际的测试系统并非是定常线性系统,因此其灵敏度也不为常数。通常在工作频率范围内的幅频特性曲线以最平坦为好,对具有代表性的频率点进行标定。对于具有低通特性的测试系统,一般在静态下作标定。

灵敏度的量纲取决于输入和输出的量纲。当输入与输出的量纲相同时,则灵敏度是个无量纲的数,常称之为"放大倍数"。

3)**分辨力**

分辨力是指测试系统所能检测出来输入量的最小变化量,通常是以最小单位输出量所对应的输入量来表示。分辨力与灵敏度有密切的关系,即为灵敏度的倒数。

一个测试系统的分辨力越高,表示它所能检测出输入量的最小变化量值越小。对于数字测试系统,其输出显示系统的最后一位所代表的输入量即为该系统的分辨力;对于模拟测试系统,是用其输出指示标尺最小分度值的一半所代表的输入量来表示其分辨力。分辨力也称为灵敏阀或灵敏限。

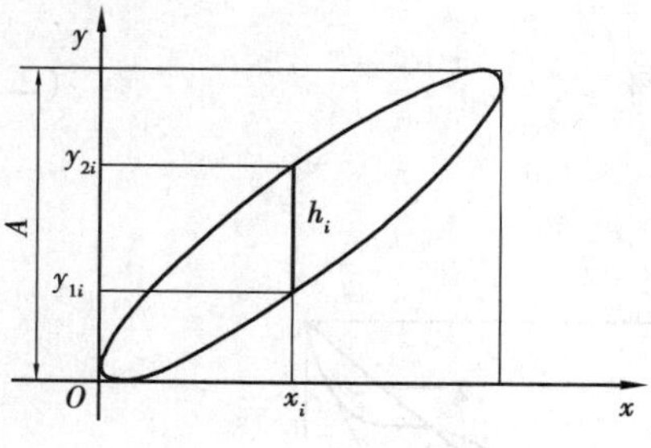

图 2.4　回程误差

4)**回程误差**

由于仪器仪表中磁性材料的磁滞、弹性材料的迟滞现象,以及机械结构中的摩擦和游隙等原因,反映在测试过程中输入量在递增过程中的定度曲线与输入量在递减过程中的定度曲线往往不重合,如图 2.4 所示。

对应于同一输入量的两条定度曲线之差的最大值 $|h_i|_{max}$ 与标称的输出范围 A 之比称为回程误差,即

$$回程误差 = \frac{|h_i|_{max}}{A} \times 100\% \tag{2.9}$$

5)**漂移**

漂移是指测试系统在输入不变的条件下,输出随时间而变化的趋势。在规定的条件下,当输入不变时在规定时间内输出的变化,称为点漂。在测试系统测试范围最低值处的点漂,称为零点漂移,简称零漂。

产生漂移的原因有两个方面:一是仪器自身结构参数的变化,另一个是周围环境的变化(如温度、湿度等)对输出的影响。最常见的漂移是温漂,即由于周围的温度变化而引起输出的变化,进一步引起测试系统的零敏度和零位发生漂移,即灵敏度漂移和零点漂移。

以上是描述测试系统静态特性的常用指标。在选择或者设计一个测试系统时,要根据被

测对象的情况、精度要求、测试环境等因素经济合理地选取各项指标。

2.3　测试系统动态特性的数学描述

在实际测试工作中,大量被测量是动态参数,这种被测信号是随时间变化而变化的。测试系统对动态信号测量的任务不仅要精确地测量被测信号幅值的大小,还包括记录动态信号随时间变化过程的波形,这就要求测试系统能够迅速、准确、无失真地再现被测信号随时间变化的波形,也就是要求测试系统具有良好的动态特性。

测试系统的动态特性是指测试系统对激励(输入)的响应(输出)特性。一个动态特性良好的测试系统,其输出量随时间变化的规律将能同时再现输入量随时间变化的规律。但是,实际上测试系统除了具有理想的比例特性环节外,还有阻尼、惯性环节,输出信号将不会与输入信号具有完全相同的时间函数,这种输出量与输入量之间的差异就是所谓的动态误差。而且动态误差越大,测试系统的动态性能越差。

从理论上讲,由式(2.1)可以计算出测试系统的输出与输入的关系,但是对于一个复杂的系统和复杂的输入信号,求解式(2.1)也不是一件容易的事情。因此,在信息论与工程控制中,通常采用一些足以反映系统动态特性的函数,将系统的输出与输入联系起来。这些函数有传递函数、频率响应函数和脉冲响应函数等。

2.3.1　传递函数

在工程上,为了计算方便,通常采用拉普拉斯变换来研究线性微分方程。

如果 $y(t)$ 是时间变量 t 的函数,且当 $t \leqslant 0$ 时,$y(t)=0$,则它的拉氏变换 $Y(s)$ 的定义为:

$$Y(s) = \int_0^{\infty} y(t)\mathrm{e}^{-st}\mathrm{d}t \tag{2.10}$$

式中:s 是复变量,$s=\beta+\mathrm{j}w$,$\beta>0$。

对于式(2.1)作拉氏变换,并认为输入 $x(t)$ 和输出 $y(t)$ 及它们的各阶时间导数的初始值($t=0$)为零,则得

$$Y(s)(a_n s^n + a_{n-1}s^{n-1} + \cdots + a_1 s + a_0) = X(s)(b_m s^m + b_{m-1}s^{m-1} + \cdots + b_1 s + b_0)$$

或者:

$$\frac{Y(s)}{X(s)} = \frac{b_m s^m + b_{m-1}s^{m-1} + \cdots + b_1 s + b_0}{a_n s^n + a_{n-1}s^{n-1} + \cdots + a_1 s + a_0} \tag{2.11}$$

式(2.11)等号右边是一个与输入 $x(t)$ 无关的表达式,它联系了输出与输入的关系,是一个描述测试系统传递信息特性的函数。则定义在初始值均为零时,输出 $y(t)$ 的拉氏变换 $Y(s)$ 和输入 $x(t)$ 的拉氏变换 $X(s)$ 之比为传递函数,并记为 $H(s)$,且

$$H(s) = \frac{Y(s)}{X(s)} \tag{2.12}$$

由式(2.12)可见,引入传递函数概念之后。在 $Y(s)$、$X(s)$ 和 $H(s)$ 三者中,知道任意两个,第三个便可以容易求得。这为了解一个复杂系统的传递信息特性创造了方便条件,这时不必了解复杂系统的结构与具体内容,只要给系统一个已知激励信号,测得系统对激励信号的响应,

则系统的特性就可以确定,即

$$H(s) = \frac{L[y(t)]}{L[x(t)]} = \frac{Y(s)}{X(s)}$$

2.3.2 频率响应函数

ω 频率响应函数是在频率域中描述系统特性,而传递函数是在复数域中来描述系统的特性,比在时域中用微分方程来描述系统特性有很多优点。许多实际工程系统中,难以建立微分方程和得到传递函数,而且传递函数的物理概念也难以理解。与传递函数相比较,频率响应函数有着明确的物理概念,容易通过实验来建立,也极易由它求出传递函数等优点。因此频率响应函数就成为实验研究系统的重要工具。

1)幅频特性、相频特性和频率响应函数

根据定常线性系统的频率保持特性,系统在简谐信号 $x(t)=X_0\sin\omega t$ 的激励下,产生的稳态输出也是简谐信号,$y(t)=Y_0\sin(\omega t+\varphi)$。此时的输入和输出为同频率的简谐信号,但是幅值和相位角并不相同,其幅值比 $A=\frac{Y_0}{X_0}$和相位差 φ 都随频率 ω 而变,是 ω 的函数。

任何一个复数 $z=a+\mathrm{j}b$,可以表达为 $z=|z|\mathrm{e}^{\mathrm{j}\theta}$,其中 $|z|=\sqrt{a^2+b^2}$,$\theta=\arctan\left(\frac{b}{a}\right)$。现用 $A(\omega)$ 为模,$\varphi(\omega)$ 为幅角来构成一个复数 $H(\mathrm{j}\omega)$

$$H(\mathrm{j}\omega) = A(\omega)\mathrm{e}^{\mathrm{j}\varphi(\omega)}$$

$H(\mathrm{j}\omega)$ 表示系统的频率特性。也称为系统的频率响应函数,它是激励频率 ω 的函数。$A(\omega)=\frac{Y_0(\omega)}{X_0(\omega)}$,是系统在简谐信号的激励下,其稳态输出信号和输入信号的幅值之比,记为 $A(\omega)$,称为系统的幅频特性,$A(\omega)=|H(\mathrm{j}\omega)|$,是 $H(\mathrm{j}\omega)$ 的模。$\varphi(\omega)$ 是稳态输出对输入的相位差,称为系统的相频特性,记为 $\varphi(\omega)$。

2)频率响应函数的求法

(1)在系统的传递函数 $H(s)$ 已知的情况下,可令 $H(s)$ 中 $s=\mathrm{j}\omega$,便可求得频率响应函数 $H(\omega)$。例如,设系统的传递函数为式(2.11),令 $s=\mathrm{j}\omega$ 代入,便得该系统的频率响应函数$H(\omega)$

$$H(\omega) = \frac{b_m(\mathrm{j}\omega)^m + b_{m-1}(\mathrm{j}\omega)^{m-1} + \cdots + b_1(\mathrm{j}\omega) + b_0}{a_n(\mathrm{j}\omega)^n + a_{n-1}(\mathrm{j}\omega)^{n-1} + \cdots + a_1(\mathrm{j}\omega) + a_0} \tag{2.13}$$

频率响应函数 $H(\omega)$,若研究在 $t=0$ 时刻将激励信号接入稳定常系数线性系统时,令 $s=\mathrm{j}\omega$,代入拉普拉斯变换中,实际上就是将拉普拉斯变换变成傅里叶变换。同时考虑到系统在初始条件均为零时,有 $H(s)$ 等于 $Y(s)$ 和 $X(s)$ 之比的关系,因而系统的频率响应函数 $H(\omega)$ 就成为输出 $y(t)$ 的傅里叶变换 $Y(\omega)$ 和输入 $x(t)$ 的傅里叶变换 $X(\omega)$ 之比,即

$$H(\omega) = \frac{Y(\omega)}{X(\omega)} \tag{2.14}$$

这一结论在工程上有着广泛的用途。

(2)用频率响应函数来描述系统特性的最大特点是它可以通过实验来求得频率响应函数,原理比较简单。依次用不同频率 ω_i 的简谐信号去激励被测系统,同时测出激励和系统稳

态响应的幅值 X_{oi}，Y_{oi} 和相位差 φ_i。这样对于某个 ω_i，便有一组 $\frac{Y_{oi}}{X_{oi}}=A_i$ 和 φ_i，全部的 $A_i—\omega_i$ 和 $\varphi_i—\omega_i$，$i=1,2\cdots$，便可表达系统的频率响应函数。

(3)也可在初始条件全为零的情况下，同时测得输入 $x(t)$ 和 $y(t)$，由傅里叶变换 $X(\omega)$ 和 $Y(\omega)$ 求得频率响应函数 $H(\omega)=\frac{Y(\omega)}{X(\omega)}$。

应该指出，频率响应函数是描述系统的简谐输入和其稳态输出的关系。因此在测量系统频率响应函数时，应该在系统响应达到稳态时才能测量。另外，任何复杂输入信号，都可分解为简谐信号的叠加，因而在任何复杂信号输入下，系统频率特性也是适用的。

2.3.3　脉冲响应函数

由式(2.12)可知，系统的传递函数为

$$H(s)=\frac{Y(s)}{X(s)}$$

若装置的输入为单位脉冲 $\delta(t)$，则 $X(s)=L[\delta(t)]=1$，因此装置的输出 $y(t)_\delta$ 的拉普拉斯变换必将是 $H(s)$，也即是 $y(t)_\delta=L^{-1}[H(s)]$，并可以记为 $h(t)$，常称它为装置的脉冲响应函数或权函数。脉冲函数可视为系统特性的时域描述。

至此，系统特性的时域、频域和复数域可分别用脉冲响应函数 $h(t)$、频域响应函数 $H(\omega)$ 和传递函数 $H(s)$ 来描述。三者存在一一对应的关系。$h(t)$ 和传递函数 $H(s)$ 是一对拉普拉斯变换对；$h(t)$ 和频率响应函数 $H(\omega)$ 又是一对傅里叶变换对。

2.4　典型测试系统的动态特性分析

测试系统的种类和形式很多，在工程上它们一般可以简化为一阶或二阶系统，对于高阶系统也都可以分解为若干个一阶环节或二阶环节组成的系统。因此，分析一阶和二阶系统的信息传输特性，就可以了解低阶系统的动态特性，同时为分析复杂高阶系统动态特性奠定基础。

2.4.1　测试系统的频率特性

1)一阶系统的频率特性

一阶系统的输入、输出关系用一阶微分方程描述。图 2.5 所示的两种系统为力学与电学系统，它们均属于一阶系统，均可用一阶微分方程来描述。

一阶微分方程的一般形式为

$$a_1\frac{\mathrm{d}y(t)}{\mathrm{d}t}+a_0y(t)=b_0x(t)\tag{2.15}$$

将式(2.15)改写为

$$\tau\frac{\mathrm{d}y(t)}{\mathrm{d}t}+y(t)=Sx(t)$$

式中：$\tau=\frac{a_1}{a_0}$ 为时间常数；$S=\frac{b_0}{a_0}$ 为系统灵敏度。在线性系统中，S 为常数。在分析系统动

态特性时，为方便起见，可令 $S=1$，并以这种归一化系统作为研究对象。这时有

$$\tau \frac{\mathrm{d}y(t)}{\mathrm{d}t} + y(t) = x(t)$$

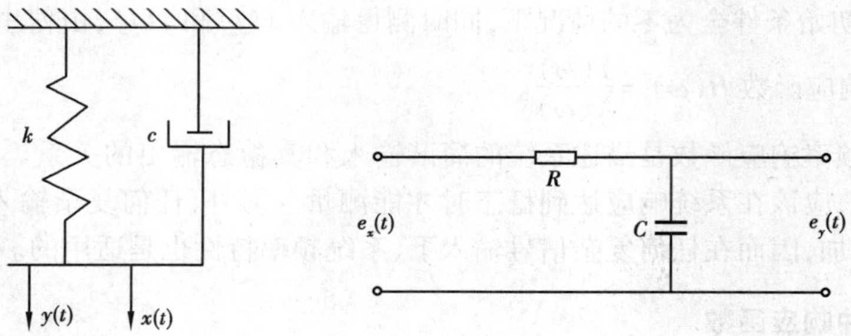

$$c\frac{\mathrm{d}y(t)}{\mathrm{d}t} + ky(t) = kx(t) \qquad CR\frac{\mathrm{de}_y(t)}{\mathrm{d}t} + \mathrm{e}_y(t) = \mathrm{e}_x(t)$$

图 2.5　一阶系统

(a)零质量的单自由度振动系统　(b)RC 积分电路

这类一阶系统的传递函数、频率特性、幅频特性、相频特性分别为

$$H(s) = \frac{1}{\tau s + 1} \tag{2.16}$$

$$H(\omega) = \frac{1}{\tau(\mathrm{j}\omega) + 1} \tag{2.17}$$

$$A(\omega) = \frac{1}{\sqrt{1 + (\omega\tau)^2}} \tag{2.18}$$

$$\varphi(\omega) = -\arctan(\omega\tau) \tag{2.19}$$

图 2.6 所示为一阶系统的频率响应特性曲线。从式(2.18)、(2.19)和图 2.6 可以看出，时间常数越小，频响特性越好。当 $\omega\tau \ll 1$ 时，$A(\omega) \approx 1$，表明系统输出与输入为线性关系；$\varphi(\omega)$很小，$\tan\varphi \approx \varphi$，$\varphi(\omega) \approx \tau\omega$，相位差与频率成线性关系。

这时，输出 $y(t)$ 真实地反映输入 $x(t)$ 的变化规律，测试基本上是无失真的。

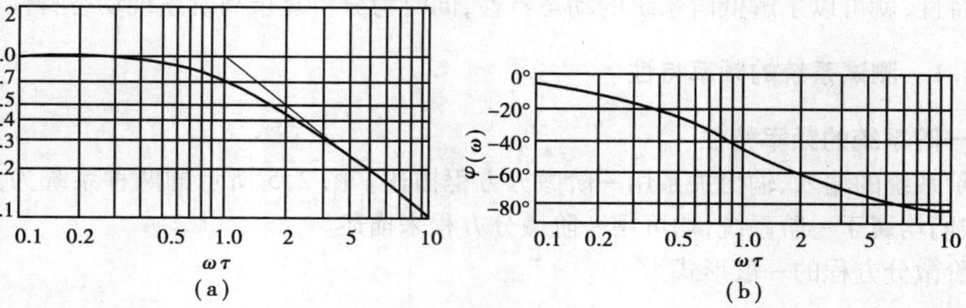

图 2.6　一阶系统的频率特性

(a)幅频特性　(b)相频特性

2)二阶系统的频率特性

二阶系统的输入、输出关系用二阶微分方程来描述，图 2.7 所示的两种系统均属二阶系统。典型二阶系统的微分方程通式为

$$a_2\frac{\mathrm{d}^2 y(t)}{\mathrm{d}t^2}+a_1\frac{\mathrm{d}y(t)}{\mathrm{d}t}+a_0 y(t)=a_0 x(t) \tag{2.20}$$

二阶系统的传递函数、频率特性、幅频特性和相频特性分别为

$$H(s)=\frac{\omega_n^2}{s^2+2\zeta\omega_n s+\omega_n^2} \tag{2.21}$$

$$H(\omega)=\frac{1}{\left[1-\left(\frac{\omega}{\omega_n}\right)^2\right]+2j\zeta\left(\frac{\omega}{\omega_n}\right)} \tag{2.22}$$

$$A(\omega)=\frac{1}{\sqrt{\left[1-\left(\frac{\omega}{\omega_n}\right)^2\right]^2+4\zeta^2\left(\frac{\omega}{\omega_n}\right)^2}} \tag{2.23}$$

$$\varphi(\omega)=-\arctan\frac{2\zeta\left(\frac{\omega}{\omega_n}\right)}{1-\left(\frac{\omega}{\omega_n}\right)^2} \tag{2.24}$$

式中：$\omega_n=\sqrt{a_0/a_2}$——系统的固有角频率；

$\zeta=a_1/2\sqrt{a_0 a_2}$——系统的阻尼比。

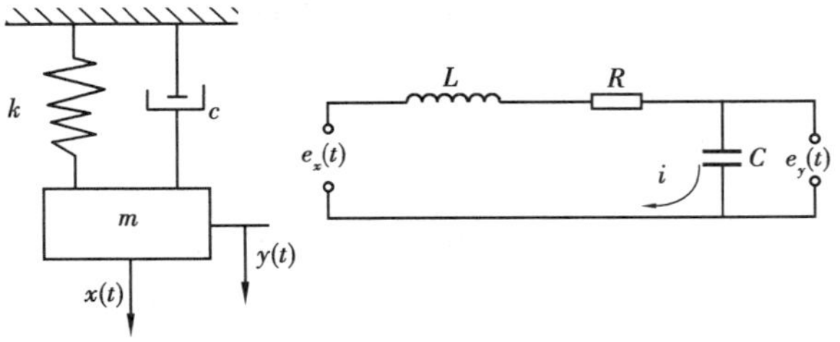

(a)　　　　(b)

$$m\frac{\mathrm{d}^2 y(t)}{\mathrm{d}t^2}+c\frac{\mathrm{d}y(t)}{\mathrm{d}t}+ky(t)=x(t) \qquad LC\frac{\mathrm{d}^2 e_y(t)}{\mathrm{d}t^2}+RC\frac{\mathrm{d}e_y(t)}{\mathrm{d}t^2}+e_y(t)=e_x(t)$$

图 2.7　二阶系统

(a)弹簧-质量-阻尼系统　(b)*RLC* 电路系统

图 2.8 为二阶系统的频率响应特性。由式(2.24)、(2.25)和图 2.8 可见，系统的频响特性好坏主要取决于系统的固有频率 ω_n 和阻尼比 ζ。

当 $\zeta<1$，$\omega\ll\omega_n$ 时，二阶系统有如下特点：

(1)$A(\omega)\approx1$，幅频特性平直，输出与输入之间为线性关系；

(2)$\varphi(\omega)$很小，$\varphi(\omega)$与 ω 为线性关系。

此时，系统的输出 $y(t)$能真实准确地复现输入 $x(t)$的波形，这是测试系统应有的性能。

通过上面分析可见，为了得到精确的被测信号的幅值与波形，在系统设计时，一般必须使其阻尼比 $\zeta<1$，固有角频率 ω_n 至少应大于被测信号频率 ω 的 3 倍至 5 倍。如果被测信号为非周期信号，可将其分解为各次谐波，这时系统的固有角频率 ω_n 不低于输入信号谐波中最高频率 ω_{max}的 3 倍至 5 倍，这样系统才可以保证动态测试精度。阻尼比 ζ 是二阶系统设计中要考虑的另一个重要参数，$\zeta<1$，为欠阻尼；$\zeta=1$，为临界阻尼；$\zeta>1$ 为过阻尼。一般系统都工作于欠阻尼状态。

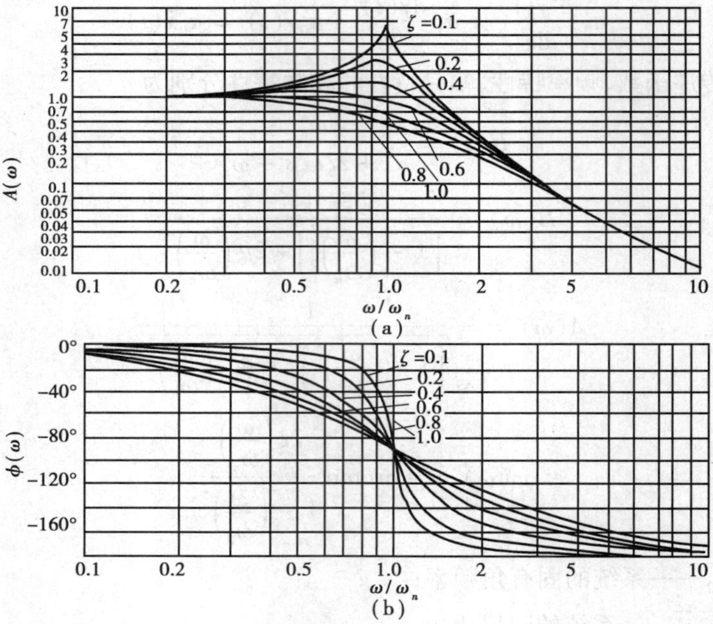

图 2.8　二阶系统的频率特性

(a)幅频特性　(b)相频特性

2.4.2　测试系统动态特性的指标与评价

测试系统的动态特性如何，一般用能反映其动态性能的指标进行评价。为了便于比较与评价，常常采用阶跃信号作为系统输入量，获得系统对阶跃响应的过渡过程曲线与在时域中描述系统动态特性的指标；采用正弦信号作为系统输入量，获得系统的频率响应特性与在频域中描述系统动态特性的指标。

1)评价系统动态特性的时域指标

(1)时间常数 τ

一阶系统可用单位阶跃响应(曲线)由零上升到稳态值的 63.2% 所需要的时间作为时间常数。τ 越小，响应速度越快，系统的动态特性越好。

(2)上升时间 t_r

上升时间是指输出指示值从最初稳定位的 5% 或 10% 变到最终稳定值的 95% 或 90% 所需要的时间。

(3)响应时间 t_s

响应时间是指从输入量开始起作用到输出指示值进入稳定值所规定的范围(稳定值的 95% 或 98%，其允许误差为 ±5% 或 ±2%)所需要的时间。

(4)超调量 c

超调量是指输出第一次达到稳态值后又超出稳定值而出现的最大偏差值，常用最终稳定值的百分比表示。

2)评价系统动态特性的频域指标

常用幅频特性与相频特性评价系统频域动态特性，一般希望幅频特性平直段长，相频特性

的相位差 $\varphi(\omega)$ 与频率 ω 成线性关系，其重要指标是频带宽度，简称带宽。带宽是指幅频特性误差为 ±5% 或 ±2%（或其他规定）的频率范围。对于对数幅频特性，带宽是指增益变化不超过某一规定分贝值的频率范围，一般规定在对数幅频特性曲线上衰减为 3 dB 以内。对相位还有要求的系统，应对相频特性提出要求。例如在工作频带范围内，相角应小于 5° 或 2° 或其他规定的数值。

2.5　信号失真及其实现不失真的条件

测量装置的输出应该如实反映输入的变化，只有这样测量的结果才是可信的，即所谓的不失真测量。由于测量装置静态、动态特性的影响，往往造成输出与输入之间存在差异，当这一差异越过了允许的范围，将使测量成为无效。所以了解产生失真的原因和明确不失真测量的条件是十分有意义的。

2.5.1　输出信号的失真

输出信号的失真，按其产生的原因不同，可分为以下三种：

1）非线性失真

非线性失真是由于测量装置的工作曲线非线性引起的。图 2.9 表示了工作曲线非线性情况下输入与输出波形之间的关系。显然，输出波形发生了畸变，已不再像输入一样是单一频率的正弦信号，而是复杂的周期信号。由频谱分析的理论可知，输出是一个由许多不同频率成分的谐波叠加而成的信号。

此例说明，非线性测量装置不能保证输入信号频率成分的不变性并引起非线性失真。

因此，要使输出不产生非线性失真就要求测量装置工作曲线是线性的，即线性测量系统。由于装置总的工作曲线与各环节的工作曲线有关，所以也要求各环节的工作曲线具有良好的线性。

2）幅频失真

幅频失真是由于测量装置对于输入 $x(t)$ 所包含的各谐波分量具有不同的幅值比或放大倍数而引起的一种失真。例如图 1.3 所示的周期方波信号，假定由于幅频特性不是一水平直线，使得 3 次谐波被放大了 2 倍，而其他各次谐波都被放大了 1 倍。不难想象，叠加后的波形，即输出 $y(t)$ 决不会是形同 $x(t)$ 的方波信号。

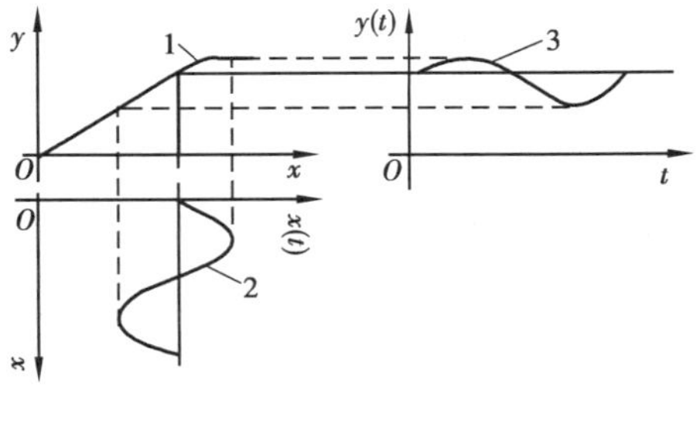

图 2.9　非线性失真
1—工作曲线；2—输入 $x(t)$ 的波形
3—输出 $y(t)$ 的波形

3）相频失真

相频失真是由于测量装置对于输入 $x(t)$ 所包含的各谐波分量引起不协调的相位移而引起的一种失真。同样地对于图 1.3 所示的周期方波信号，假定由于相频特性不是一斜直线，仅使 3 次谐波的相位移为 $-\pi/2$，而其余各次谐波的相位移都是零。不难想象，由于 3 次谐波在水平方向和其他谐波发生了位置上的相对变化。所以，叠加后的波形，即输出 $y(t)$ 也就不再是形同 $x(t)$ 的方波信号了。

2.5.2 不失真测量的条件

在图2.10所示情况下，输出 $y(t)$ 和输入 $x(t)$ 相比在时间上有一个滞后，幅度有所增加，但两者波形十分相似(非几何学中的“相似”)，精确的描述可用以下数学方程式表达，即

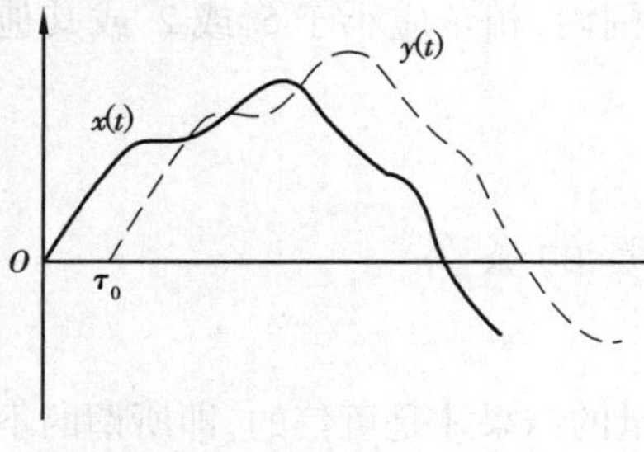

图2.10 不失真波形的比较

$$y(t) = A_0 x(t-\tau_0) \tag{2.25}$$

式中：τ_0——滞后时间；

A_0——信号增益。

式(2.25)表示输出信号波形相似于输入信号的波形，输出信号与输入信号相比，幅度扩大了 A_0 倍，时间上滞后 τ_0，换言之，将输入信号沿时间轴向右平移 τ_0，再将其幅值扩大 A_0 倍，则与输出信号完全重合，这种情形就是测试技术定义下的不失真测量。

对式(2.25)进行傅里叶变换，得

$$\begin{aligned} Y(\omega) &= \int_{-\infty}^{\infty} y(t)\mathrm{e}^{-\mathrm{j}\omega t}\mathrm{d}t = \int_{-\infty}^{\infty} A_0 x(t-\tau_0)\mathrm{e}^{-\mathrm{j}\omega t}\mathrm{d}t \\ &= \int_{-\infty}^{\infty} A_0 x(t-\tau_0)\mathrm{e}^{-\mathrm{j}\omega(t-\tau_0)}\mathrm{e}^{-\mathrm{j}\omega\tau_0}\mathrm{d}(t-\tau_0) = A_0\mathrm{e}^{-\mathrm{j}\omega\tau_0}X(\omega) \end{aligned}$$

进而可以写出装置的频率响应函数为

$$H(\omega) = \frac{Y(\omega)}{X(\omega)} = A_0\mathrm{e}^{-\mathrm{j}\omega\tau_0}$$

设 K 是装置的静态幅值比，则有：

$$|H(\omega)| = KA(\omega) = A_0$$

只有 K 和 $A(\omega)$ 均为常数时，才能保证 A_0 为常数，这样，信号不失真测量的充分必要条件为：

(1) $K = c_1$

(2) $A(\omega) = c_2$

(3) $\phi(\omega) = -\tau_0\omega$

其中，c_1, c_2, τ_0 均为常数。

条件(1)意味着装置的工作曲线是一条斜直线，测量装置将不会使输出信号产生非线性失真；条件(2)和条件(3)是保证不发生幅频失真和相频失真的条件。这三个条件的图线表示如图2.11所示。

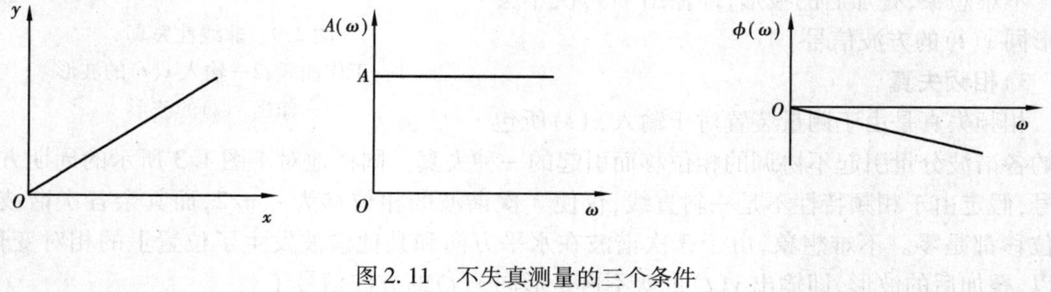

图2.11 不失真测量的三个条件

从前述知识可知，在工程实际中要实现理论上的不失真测量是不可能的，因为任何一个测量装置都不可能完全满足以上三个不失真测量条件所要求的静、动态特性。但是，应该弄清楚所设计或选用的装置在什么条件下，例如在多大的幅值、频率范围内，可以基本满足以上三个条件。因为只有了解了所使用装置的静、动态特性，才有把握完成具有足够精度的测量或工程意义上的不失真测量。

显然，测量装置是不能完成对任意频率的信号测量的。例如，当测量 $\omega \gg \omega_n$ 的信号时，因输出甚微，测量将毫无意义。换言之，一个装置只能测量某频率范围内的信号，这一频率范围称为该装置的工作频带。对于前面讨论的一阶装置，它的工作频带可以是 $0 \sim 1/\tau$，而对于二阶装置，它的工作频带一般是 $0 \sim 0.4\omega_n$。

应该指出，上述的不失真测量条件只适用于一般的测量目的。对于用于闭环控制系统中的测量装置，时间滞后可能会造成整个被控系统工作的不稳定，在这种情况下 $\phi(\omega)$ 应越小越好。

2.6　测试系统的动态性能指标测试

每一种测试系统研制成功之后，都要对其进行一系列实验，用实验获得的数据确定系统的性能指标，而且系统使用一个时期或经过修改之后，必须对其技术性能指标进行重新测定，重新确定其性能指标。

这种用实验方法确定系统性能指标的过程称为标定或校准。系统的标定分为静态标定和动态标定两种。静态标定的目的是确定其静态特性指标，如线性度、灵敏度、滞后、重复性等，总之是确定系统的准确度。系统的动态标定是调整与确定其动态特性与性能指标。

关于测试系统的动态特性指标与评价，在上节已经讨论过了，本节主要介绍其动态特性指标的实验测试方法。

2.6.1　时域测定法

1）一阶测试系统

以单位阶跃信号激励一阶测试系统，得到系统对该单位阶跃信号的响应，取输出值达到最终值（稳定值）的 63.2% 时所经历的时间作为时间常数 τ。但是这样确定的 τ 值仅取决于个别瞬时值，没有涉及响应全过程，准确性较差。

采用以下方法来确定时间常数 τ，可获得准确的结果。

一阶系统的单位阶跃响应为

$$y(t) = 1 - e^{-\frac{t}{\tau}}$$

上式改写为

$$1 - y(t) = e^{-\frac{t}{\tau}}$$

两边取对数，有

$$-\frac{t}{\tau} = \ln[1 - y(t)]$$

上式表明，$\ln[1 - y(t)]$ 与 t 成线性关系。因此可根据测得各时刻 t 对应的 $y(t)$ 值，做出

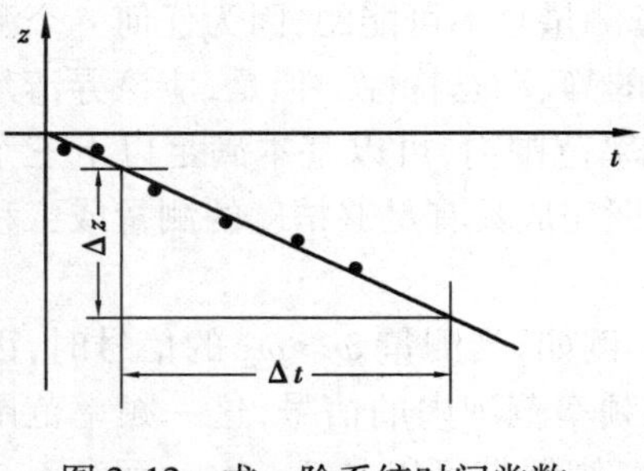

图 2.12　求一阶系统时间常数

$\ln[1-y(t)]$—t 曲线，如图 2.12 所示。根据曲线的斜率值确定时间常数 τ。显然，这种方法运用了全部测试数据，考虑了阶跃响应全过程，结果比较准确。

2）二阶系统

典型的欠阻尼二阶系统的单位阶跃响应函数，其阶跃响应是一个以角频率 $\omega_n\sqrt{1-\zeta^2}$ 作衰减振荡的函数。该角频率称为欠阻尼固有角频率，并记为 $\omega_d=\omega_n\sqrt{1-\zeta^2}$。按照求极值的通用方法，可求得各振荡峰值所对应的时间 $t=0,\pi/\omega_d,2\pi/\omega_d,\cdots$，求得最大超调量 M 和阻尼比 ζ 的关系式

$$M = e^{-\left(\frac{\zeta\pi}{\sqrt{1-\zeta^2}}\right)} \tag{2.26}$$

或者

$$\zeta = \sqrt{\frac{1}{\left(\frac{\pi}{\ln M}\right)^2+1}} \tag{2.27}$$

因此，测得 M 之后，便可求出阻尼比 ζ，如图 2.13、图 2.14 所示。

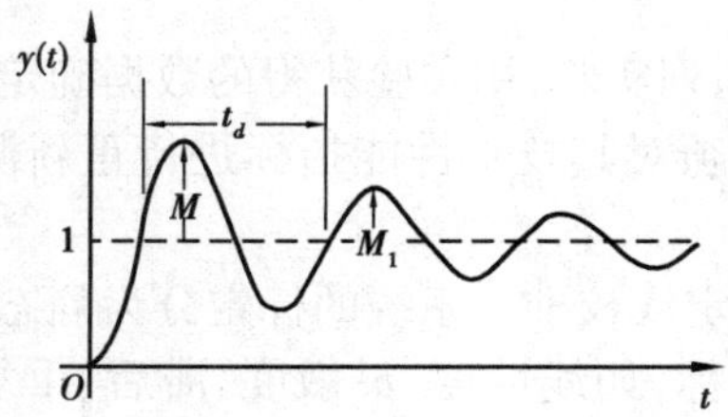

图 2.13　二阶系统（$\zeta<1$）的阶跃响应

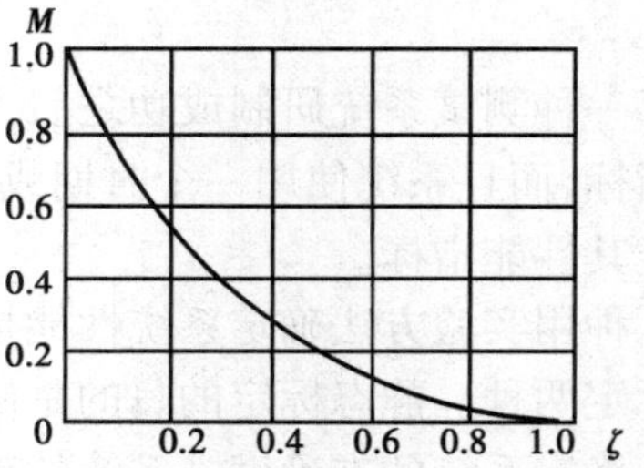

图 2.14　二阶系统（$\zeta<1$）的 $M-\zeta$ 关系图

如果测得阶跃响应有较长的过渡过程曲线，可利用任意两个超调量 M_i 和 M_{i+n} 来求阻尼比 ζ，这样确定的 ζ 较准确，其中 n 为该两个峰值相隔的周期数（整数）。设 M_i 峰值对应的时间为 t_i，则 M_{i+n} 峰值对应的时间为

$$t_{i+n} = t_i + \frac{2n\pi}{\omega_n\sqrt{1-\zeta^2}}$$

可得

$$\ln\frac{M_i}{M_{i+n}} = \frac{2n\pi}{\sqrt{1-\zeta^2}} \tag{2.28}$$

整理后可得

$$\zeta = \sqrt{\frac{\delta_n^2}{\delta_n^2+4\pi^2n^2}} \tag{2.29}$$

其中

$$\delta_n = \ln\frac{M_i}{M_{i+n}} \tag{2.30}$$

根据上两式，即可按实测得到的 M_i 和 M_{i+n} 经 δ_n 而求取 ζ。考虑到 $\zeta<0.3$ 时，以 1 代替 $\sqrt{1-\zeta^2}$ 进行近似计算不会产生过大的误差，则式（2.29）可简化为

$$\zeta \approx \frac{\ln \dfrac{M_i}{M_{i+n}}}{2\pi n} \tag{2.31}$$

若系统是准确的二阶系统,那么 M 值采用任意正整数所得的 ζ 值不会有差别。反之,若 n 取不同值,则获得不同的 ζ 值,这表明该系统不是线性二阶系统。

2.6.2　频域测定法

利用正弦信号激励,可以得到系统的幅频特性,如图 2.15、图 2.16 所示。然后根据此二特性曲线求得一阶系统时间常数 τ、二阶系统的固有频率 ω_n 和阻尼比 ζ。

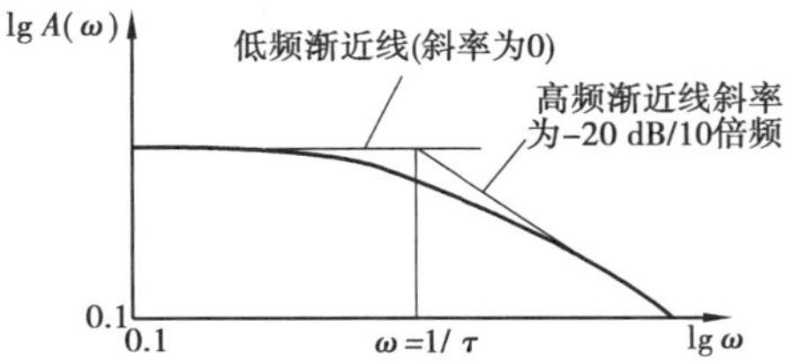

图 2.15　由一阶系统幅频特性求时间常数 τ

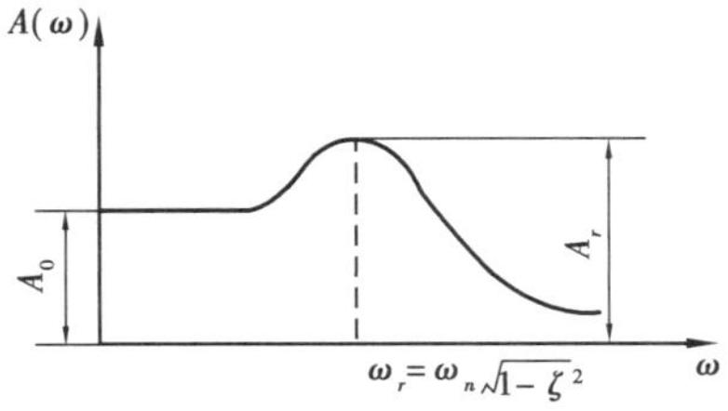

图 2.16　二阶系统($\zeta<1$)的幅频特性

对于一阶系统,由幅频特性渐近线(斜率为 0)与高频渐近线(斜率为 -20 dB/10 倍频)交点处,向下垂直作直线,此垂线与幅频特性相交处 $A(\omega)=0.707$,与横坐标相交点 $\omega=1/\tau$,由此可以得到 $\tau=1/\omega$ 值。

对于二阶系统,利用对二阶系统幅频特性式(2.24)求极值的方法,式(2.24)的一阶导数为 0,得

$$\omega_r = \omega_n \sqrt{1-2\zeta^2} \tag{2.32}$$

将式(2.32)代入式(2.24),得

$$A_r = \frac{1}{2\zeta\sqrt{1-\zeta^2}} \tag{2.33}$$

当 $\omega=0$ 时,$A(\omega)=A_0=1$。因此有

$$\frac{A_r}{A_0} = \frac{1}{2\zeta\sqrt{1-\zeta^2}} \tag{2.34}$$

由式(2.32)、式(2.34)和图 2.15、图 2.16 可以求得 ω_n 和 ζ。

2.7　改善测试系统动态性能指标的途径

在设计与组成测试系统时,首先应考虑系统的原理方案要正确、合理,必须多方考虑到系统的动态特性要求。一般情况下,测试系统由多个环节(分系统)组成,当这些环节为串联时,其传递函数为

$$H(s) = \prod_{i=1}^{n} H_i(s) \tag{2.35}$$

式中:$H_i(s)$ 是第 i 个环节的传递函数。

测试系统的对数幅频特性为

$$A(\omega) = \sum_{i=1}^{n} A_i(\omega) \tag{2.36}$$

式中:$A_i(\omega)$是第 i 个环节的对数幅频特性。

例如一个测试系统由三个环节组成,各环节的对数幅频特性,如图 2.17 所示。三个环节的幅频特性分别为 $A_1(\omega)$,$A_2(\omega)$和 $A_3(\omega)$,整个系统的对数幅频特性主要取决于频带最窄的 $A_1(\omega)$。要使整个测试系统具有良好的动态特性,即具有较宽的工作频带,设计系统时必须注意到每个环节的动态特性。

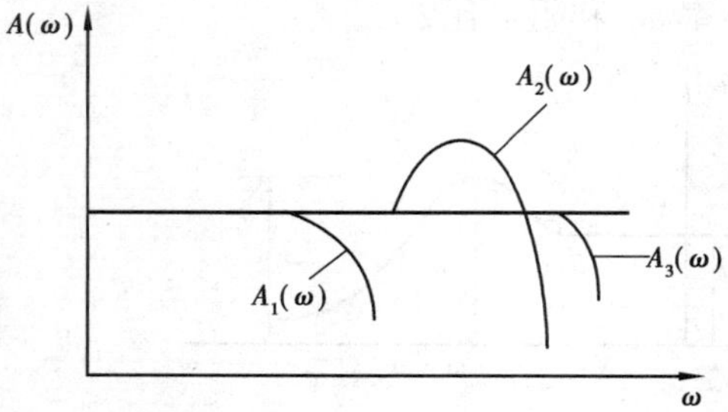

图 2.17　各环节的幅频特性

现代动态测试系统一般由传感器、信号调理电路与微机系统组成。通常信号调理电路与微机系统的动态响应特性要比传感器的动态响应特性高得多。因为传感器常常是机电系统,并且将非电量信号转换为电信号输出需要一个过程,所以其动态特性较后二者要差。因此,现代动态测试系统的动态特性,主要取决于传感器的动态特性。也可以说传感器是影响整个系统动态特性的关键环节,选用或设计传感器时要特别注意它的动态响应特性。

通过上面分析可知,影响整个系统动态特性的是工作频带最窄的环节。要想提高与改善整个系统的动态性能指标,主要的任务是找出影响工作频带最窄环节的动态特性产生的原因,采取有效措施,使其工作频带加宽。

复习思考题

1. 典型的测量系统有几个基本环节组成?其中哪个环节的繁简程度相差最大?

2. 对某线性装置输入简谐信号 $x(t) = a\sin(\omega t + \phi)$,若输出为 $y(t) = A\sin(\Omega t + \Phi)$ 请对幅值等各对应量作定性比较,并用不等式等数学语言描述它们之间的关系。

3. 传递函数和频响函数在描述装置特性时,其物理意义有何不同?

4. 对于二阶装置,为何要取阻尼比 $\zeta = 0.6 \sim 0.7$?

5. 解释下列概念:频率特性、频响函数和工作频带。

6. 一个优良的测量装置或系统,当测取一个理想的三角波时,也只能作到工程意义上的不失真测量,为什么?

7. 某次压力测量时,压电式传感器的灵敏度为 90.0 nc/MPa,将它与增益为 0.005 V/nc 的电荷放大器相连,其输出送到一台笔式记录仪的输入端,记录仪的灵敏度为 20 mm/V。试计算系统的总灵敏度。当压力变化 3.5 MPa 时,记录笔在记录纸上的偏移量为多少?

8. 某一阶装置测量频率为 100 Hz 的正弦信号,如要求幅值误差在 5% 以内时,常数应取多少?如用具有该时间常数的同一装置测量频率为 50 Hz 的正弦信号,试问此时的幅值误差和相角差分别为多少?

9. 设用一个时间常数为 $\tau = 0.1$ s 的一阶装置测量输入为 $x(t) = \sin 4t + 0.2\sin 40t$ 的信

号，试求其输出 $y(t)$ 的表达式。设静态灵敏度 $K=1$。

10. 设一力传感器为二阶环节。已知其固有频率为 800 Hz，阻尼比为 $\zeta=0.14$，当测频率为 400 Hz 变化的力参量时，其振幅比 $A(\omega)$ 和相角差 $\phi(\omega)$ 各为多少？若使该装置的阻尼比 $\zeta=0.7$，则 $A(\omega)$ 和 $\phi(\omega)$ 又为多少？

11. 对某二阶装置输入一单位阶跃信号后，测得其响应中产生了数值为 1.5 的第一个超调量峰值。同时测得其振荡周期为 6.28 s。若该装置的静态灵敏度 $K=3$，试求该装置的动态特性参数及其频率响应函数。

第 3 章 信号调理与记录

被测物理量经传感器后的输入信号通常是很微弱的或者是非电压信号,如电阻、电容、电感或电荷等电参量,这些微弱信号或非电压信号难以直接被显示或通过 A/D 转换器送入仪器或被计算机采集,而且有些信号本身还携带一些不期望有的信息或噪声。因此,经传感后的信号还需经过调理、放大、滤波等一系列的加工处理。本章将讨论信号调理中常见的一些环节:电桥、信号放大、隔离、调制与解调及滤波,并对常用的信号显示与记录仪器作简要介绍。

3.1 电　桥

电桥是将电阻、电感、电容等参量的变化转换为电压或电流输出的一种测量电路。其输出既可用指示仪表直接测量,也可以送入放大器进行放大。

由于桥式测量电路简单,并具有较高精确度和灵敏度,因此在测量装置中被广泛应用。按照其激励电压的性质,可分为直流和交流电桥;按照输出方式,可分为不平衡桥式电路和平衡桥式电路。

3.1.1 直流电桥

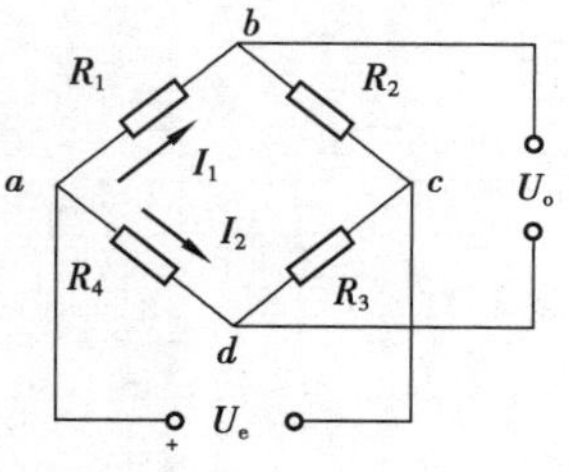

图 3.1　直流电桥

采用直流电源的电桥为直流电桥,其桥臂只能为电阻,如图 3.1 所示。电阻 R_1,R_2,R_3,R_4 作为四个桥臂,在 a,c 两端接入直流电源 U_e 作为激励电源,从另一对角点 b,d 两端输出电压 U_o。

1)直流电桥的平衡条件及测量连接方式

若在输出端 b,d 两点间的负载为无穷大,即接入的仪表或放大器的输入阻抗较大时,可以视为开路。这时电桥的电流为

$$I_1 = \frac{U_e}{R_1 + R_2}\ ;\ I_2 = \frac{U_e}{R_3 + R_4}$$

因此,电桥输出电压为

$$U_o = U_{ab} - U_{ad} = \left(\frac{R_1}{R_1 + R_2} - \frac{R_4}{R_3 + R_4}\right)U_e = \frac{R_1R_3 - R_2R_4}{(R_1 + R_2)(R_3 + R_4)}U_e \tag{3.1}$$

根据上式可知,当满足

$$R_1R_3 = R_2R_4 \tag{3.2}$$

条件时,电桥输出为“零”,式(3.2)称为电桥的平衡条件。

在测试过程中,根据电桥工作中桥臂电阻值变化情况可以分为半桥单臂、半桥双臂和全桥三种联接方式,如图3.2所示。

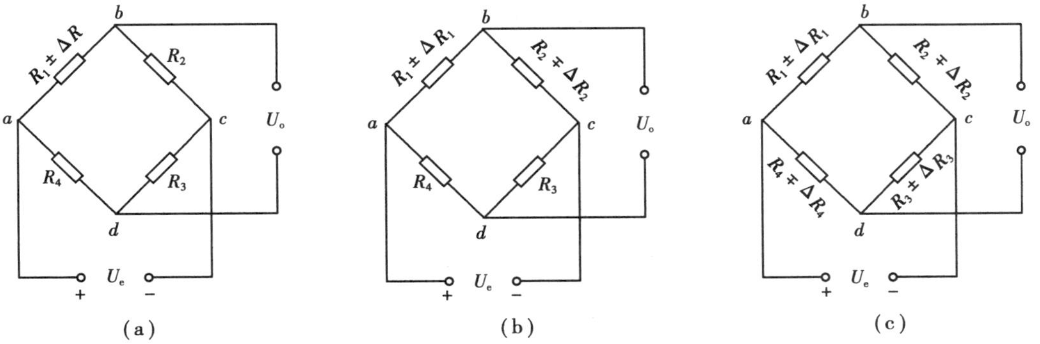

图3.2　直流电桥的连接方式

(a)半桥单臂　(b)半桥双臂　(c)全桥

图3.2(a)是单臂电桥连接形式,工作中只有一个桥臂电阻随被测量的变化而变化,设该电阻为R_1,产生的电阻变化量为ΔR,则根据式(3.1)可得输出电压

$$U_o = \left(\frac{R_1 + \Delta R}{R_1 + R_2} - \frac{R_4}{R_3 + R_4}\right)U_e$$

为了简化桥路,设计时往往取相邻两桥臂电阻相等,即$R_1 = R_2 = R_0$,$R_3 = R_4 = R_0'$。又若$R_0 = R_0'$,则上式变为

$$U_o = \frac{\Delta R}{4R_0 + 2\Delta R}U_e$$

一般$\Delta R \ll R_0$,所以上式可简化为

$$U_o \approx \frac{\Delta R}{4R_0}U_e \tag{3.3}$$

可见,电桥的输出电压U_o与激励电压U_e成正比,并且在U_e一定的条件下,与工作桥臂的阻值变化量$\frac{\Delta R}{R_0}$呈单调线性关系。

图3.2(b)为半桥接法。工作中有两个桥臂(一般为相邻桥臂)的阻值随被测量而变化,即$R_1 + \Delta R_1$、$R_2 + \Delta R_2$。根据式(3.1)可知,当$R_1 = R_2 = R_0$,$\Delta R_1 = -\Delta R_2 = \Delta R$和$R_3 = R_4 = R_0$时,电桥输出为

$$U_o = \frac{\Delta R}{2R_0}U_e \tag{3.4}$$

图3.2(c)为全桥接法。工作中四个桥臂阻值都随被测量发生变化,即$R_1 + \Delta R_1$,$R_2 + \Delta R_2$,$R_3 + \Delta R_3$,$R_4 + \Delta R_4$。根据式(3.1)可知,当$R_1 = R_2 = R_3 = R_4 = R$,$\Delta R_1 = -\Delta R_2 = \Delta R_3 = -\Delta R_4 = \Delta R$时,电桥输出

$$U_o = \frac{\Delta R}{R_0}U_e \tag{3.5}$$

从式(3.3)、(3.4)、(3.5)可以看出,电桥的输出 U_o 与激励电压电压 U_e 成正比,只是比例系数不同。若定义电桥的灵敏度为:

$$S = \frac{U_o}{\frac{\Delta R}{R_0}} \tag{3.6}$$

根据式(3.6)可知,单臂电桥的灵敏度为 $U_e/4$;半桥的灵敏度为 $U_e/2$;全桥的灵敏度为 U_e。显然,电桥接法不同,其输出电压也不相同,其中全桥接法可以获得最大的输出灵敏度,其灵敏度为半桥单臂接法的四倍。

2)电桥测量的误差及其补偿

对于电桥来说,误差主要来源于非线性误差和温度误差。

由式(3.3)可知,当采用半桥单臂接法时,其输出电压近似正比于$\frac{\Delta R}{R_0}$,这主要是因为输出电压的非线性造成的,减少非线性误差的办法是采用半桥双臂和全桥接法。见式(3.4)和式(3.5)。这时,不仅消除了非线性误差,而且输出灵敏度也成倍提高,这同时也利用了电桥的和差特性。

对于图3.2(c)所示的电桥,当 $R_1 = R_2 = R_3 = R_4 = R$,且 $\Delta R_1 \ll R_1$,$\Delta R_2 \ll R_2$,$\Delta R_3 \ll R_3$,$\Delta R_4 \ll R_4$ 时,由式(3.1)可得

$$U_o = \left(\frac{R_1 + \Delta R_1}{R_1 + \Delta R_1 + R_2 + \Delta R_2} - \frac{R_4 + \Delta R_4}{R_3 + \Delta R_3 + R_4 + \Delta R_4}\right)U_e$$
$$\approx \frac{1}{2}\left(\frac{\Delta R_1}{R} - \frac{\Delta R_4}{R}\right)U_e \tag{3.7}$$

或

$$U_o = \left(\frac{R_3 + \Delta R_3}{R_3 + \Delta R_3 + R_4 + \Delta R_4} - \frac{R_2 + \Delta R_2}{R_1 + \Delta R_1 + R_2 + \Delta R_2}\right)U_e$$
$$\approx \frac{1}{2}\left(\frac{\Delta R_3}{R} - \frac{\Delta R_2}{R}\right)U_e \tag{3.8}$$

综合式(3.7)和式(3.8),可以推导出下列公式

$$U_o = \frac{1}{4}\left(\frac{\Delta R_1}{R} - \frac{\Delta R_2}{R} + \frac{\Delta R_3}{R} - \frac{\Delta R_4}{R}\right)U_e \tag{3.9}$$

由式(3.9)可以看出:

(1)若相邻两桥臂(如图3.2(c)中的 R_1 和 R_2)电阻同向变化(即两电阻同时增大或同时减小),所产生的输出电压的变化将相互抵消;

(2)若相邻两桥臂电阻反向变化(即两电阻一个增大一个减小),所产生的输出电压的变化将相互迭加。

上述性质即为电桥的和差特性,很好地掌握该特性对构成实际的电桥测量电路具有重要意义,可以减少电桥的测量误差。例如用悬臂梁做敏感元件测力时,如图3.3所示,常在梁的上下表面各贴一个应变片,并将两个应变片接入电桥相邻的两个桥臂。当悬臂梁受载时,上应变片 R_1 产生正向 ΔR,下应变片 R_2 产生负向 ΔR,由电桥的和差特性可知,这时产生的电压输出相互迭加,电桥获得最大输出。

另一种误差是温度误差,这是由于温度变化而引起阻值变化不同造成的。即上述双臂电桥接法中 $\Delta R_1 \neq -\Delta R_2$,全桥接法中 $\Delta R_1 \neq -\Delta R_2$ 或者 $\Delta R_3 \neq -\Delta R_4$。减少温度误差的方法是

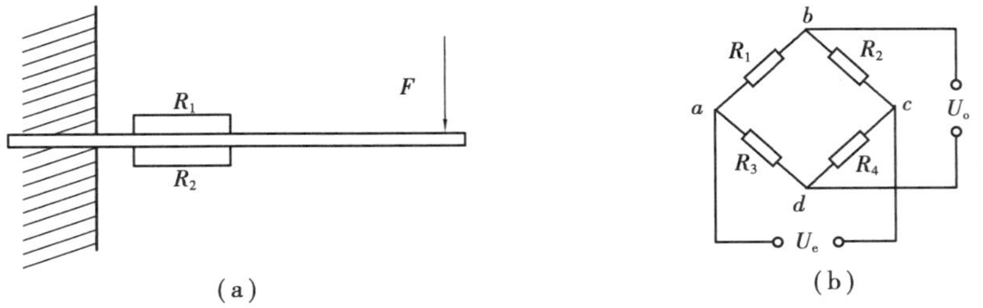

图3.3　悬臂梁测力的电桥接法

(a)用悬臂梁做敏感元件测力　(b)电桥

在贴应变片时，尽量使各应变片的温度一致。例如用柱形梁做敏感元件测力时，如图3.4所示，常沿着圆周间隔90°纵向贴4个应变片R_1，R_2，R_3，R_4作为工作片，与纵向应变片相同，再横向贴4个应变片R_5，R_6，R_7，R_8用作温度补偿。当柱形梁受载时，4个纵向应变片$R_1 \sim R_4$同向ΔR，这时应将$R_1 \sim R_4$先两两串连，然后再接入电桥的两个相对桥臂，这样它们产生的电压输出将相互迭加；反之，若将$R_1 \sim R_4$分别接入电桥的4个相邻桥臂，它们产生的电压输出会相互抵消，这时无论施加的力F有多大，输出电压均为零。电桥的温度补偿也正好利用了上述的和差特性。

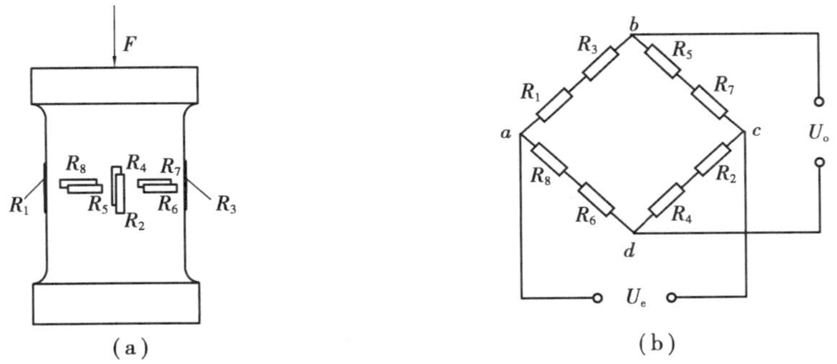

图3.4　柱形梁测力的电桥接法

(a)用柱形梁做敏感元件测力　(b)电桥

3)直流电桥的干扰

由以上可知，电桥输出为$\dfrac{\Delta R}{R_0}$与激励电压U_e的乘积，由于$\dfrac{\Delta R}{R_0}$是一个非常小的量，因此，电源电压不稳定所造成的干扰不可忽略。为了抑制干扰，通常采用如下措施：

(1)电桥的信号引线采用屏蔽电缆；

(2)屏蔽电缆的屏蔽金属网应该与电源至电桥的负接线端连接，并应该与放大器的机壳接地端隔离；

(3)放大器应该具有高共模抑制比。

3.1.2　交流电桥

由上述直流电桥知，在已知输入电压及电阻的情况下，电桥可以通过输出电压的变化测出电阻的变化值。当输入电源为交流电源时，上述等式仍旧成立。这时的电桥称为交流电桥。

而当四个桥臂为电容或电感时,则必须采用交流电桥。

把电容、电感写成矢量形式时,电桥平衡条件式(3.2)可改写为

$$\vec{Z}_1 \vec{Z}_3 = \vec{Z}_2 \vec{Z}_4 \tag{3.10}$$

写成复指数形式时有

$$\vec{Z}_1 = Z_1 e^{j\varphi_1} \quad \vec{Z}_2 = Z_2 e^{j\varphi_2}$$

$$\vec{Z}_3 = Z_3 e^{j\varphi_3} \quad \vec{Z}_4 = Z_4 e^{j\varphi_4}$$

$$Z_1 Z_3 e^{j(\varphi_1+\varphi_3)} = Z_2 Z_4 e^{j(\varphi_2+\varphi_4)} \tag{3.11}$$

此式成立的条件为等式两边阻抗的模相等、阻抗角相等,即

$$\begin{cases} Z_1 Z_3 = Z_2 Z_4 \\ \varphi_1 + \varphi_3 = \varphi_2 + \varphi_4 \end{cases} \tag{3.12}$$

式中:$Z_1 \sim Z_4$——阻抗的模;

$\varphi_1 \sim \varphi_4$——阻抗角。

因此,交流电桥需要两个旋钮调平衡,一个用于调整阻抗的模,另一个用于调整阻抗角。

交流电桥有不同的组合,常用的有电容、电感电桥,其相邻两臂接入电阻,而另外两臂接入相同性质的阻抗,如图3.5所示。

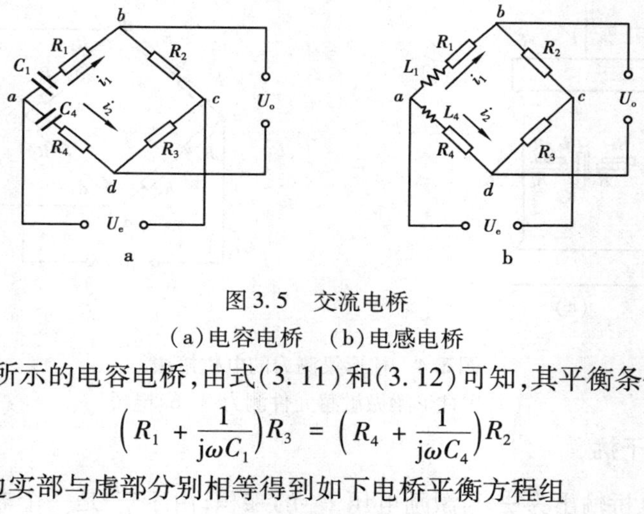

图3.5 交流电桥

(a)电容电桥 (b)电感电桥

对于图3.5(a)所示的电容电桥,由式(3.11)和(3.12)可知,其平衡条件为

$$\left(R_1 + \frac{1}{j\omega C_1}\right) R_3 = \left(R_4 + \frac{1}{j\omega C_4}\right) R_2$$

由上述等式两边实部与虚部分别相等得到如下电桥平衡方程组

$$\begin{cases} R_1 R_3 = R_2 R_4 \\ \dfrac{R_3}{C_1} = \dfrac{R_2}{C_4} \end{cases} \tag{3.13}$$

比较直流电桥平衡条件式(3.2)可知,式(3.13)的第一式与式(3.2)完全相同,这意味着图3.5(a)所示电容电桥的平衡条件除了电阻要满足要求外,电容也必须满足一定的要求。

对于图3.5(b)所示的电感电桥,其平衡条件为

$$(R_1 + j\omega L_1) R_3 = (R_4 + j\omega L_4) R_2$$

即

$$\begin{cases} R_1 R_3 = R_2 R_4 \\ L_1 R_3 = L_4 R_2 \end{cases} \tag{3.14}$$

图 3.6 为一种用于动态应变仪中的具有电阻、电容平衡调节环节的交流电阻电桥，其中电阻 R_1、R_2 和电位器 R_3 组成电阻平衡调节部分。通过开关 S 实现电阻平衡粗调与微调的切换，电容 C 是一个差动可变电容器，当旋转电容平衡旋钮时，电容器左右两部分的电容一边增加一边减少，使并联到相邻两臂的电容值改变，以实现电容平衡。

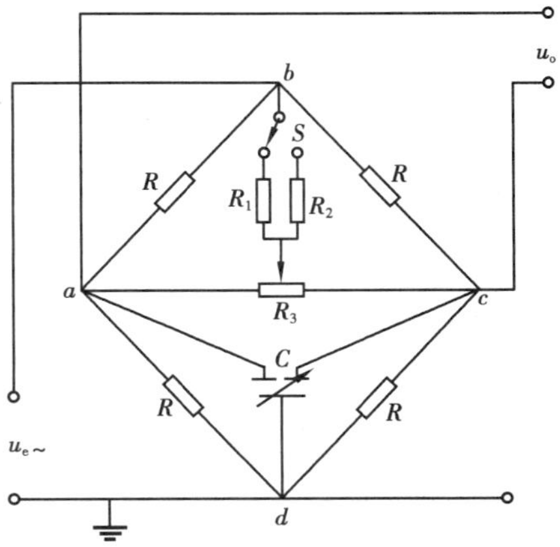

图 3.6　具有电阻电容平衡的交流电阻电桥

由交流电桥的平衡条件式（3.12）以及电容、电感电桥的平衡条件分析可以看出，这些平衡条件是只针对激励电源只有一个频率 ω 的情况下推出的。当激励电源有多个频率成分时，得不到平衡条件，即电桥是不平衡的。因此，交流电桥对激励电源要求具有良好的电压波形和频率稳定性。

采用交流电桥时，还要注意影响测量误差的一些参数，如：电桥中元件之间的互感影响；无感电阻的残余电抗；邻近交流电路对电桥的感应作用；泄露电阻以及元件之间、元件与地之间的分布电容等。

3.2　信号的放大与隔离

传感器输出的微弱电压、电流或电荷信号，其幅值或功率若不足以进行后续的转换处理，或不足以驱动指示器、记录器以及各种控制机构，则需对其进行放大处理。传感器所处的环境条件不同，对传感器的影响、测试要求就不同，所采用的放大电路的形式和性能指标要求也不尽相同。如对于数字测试系统要求放大电路增益能程控；对生物电信号以及强电、强电磁干扰环境下信号的放大，需要采用隔离放大技术，以保证人身及设备的安全并降低干扰的影响。

随着集成电路技术的发展，集成运算放大器的性能不断完善，价格不断降低，完全采用分立元件的信号放大电路已基本被淘汰。本节主要介绍测试系统中由集成运算放大器组成的一些典型放大电路。

3.2.1　基本放大器

反相与同相放大电路是集成运算放大器两种最基本的应用电路。许多集成运放的功能电路都是在反相和同相两种放大电路的基础上组合和演变而来的。

1）反相放大器

基本的反相放大器电路，如图 3.7（a）所示。其特点是输入信号和反馈信号均加在运放的反相输入端。根据理想运放的特性，其同相输入端电压与反相输入端电压近似相等，流入运放输入端的电流近似为零，可以得到反相放大器的电压增益为

$$A_{vf} = \frac{u_o}{u_i} = -\frac{R_2}{R_1} \tag{3.15}$$

式中：A_{vf} 为负值，表示输出 u_o 与输入 u_i 反相。

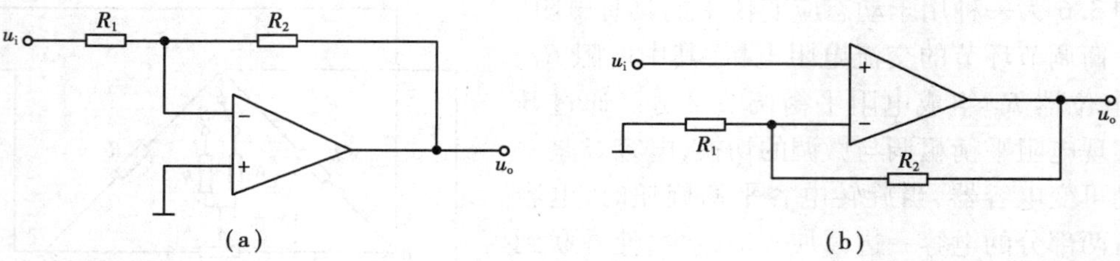

图 3.7　基本放大器

(a)反相放大器　(b)同相放大器

由于此时反相输入端电压趋于零(虚地),故对信号源而言,反相放大器的输入电阻近似为 R_1,而作为深度的电压负反馈,其输出电阻趋于零。在与传感器配合使用时,需注意阻抗匹配的问题。

2)同相放大器

图 3.7(b)所示为同相放大器电路,其特点是输入信号加在同相输入端,而反馈信号加在反相输入端。同样由理想运放特性,可以分析出同相放大器的增益为

$$A_{vf} = \frac{u_o}{u_i} = 1 + \frac{R_2}{R_1} \tag{3.16}$$

式中:A_{vf}为负值,表示输出 u_o 与输入 u_i 同相。

由于流入运放同相端的电流近似为零,故同相放大器的输入电阻为无限大,而输出电阻仍趋于零。值得注意的是,由于运放同相端与反相端电压近似相等,即引入了共模电压。因此需要高共模抑制比的运放才能保证精度。同时在使用中需注意其输入电压幅度不能超过其共模电压输入范围。

作为同相放大器的特例,若 $R_1 \to \infty$,$R_2 \to 0$,则构成了电压跟随器。其特点是对低频信号,其增益近似为1,同时具有极高的输入阻抗和低输出阻抗。因此,常在测试系统中用作阻抗变换器。

3.2.2　测量放大器

在许多测试场合,传感器输出的信号不仅很微弱,而且伴随有很大的共模电压(包括干扰电压),一般对这种信号需要采用具有很高共模抑制比、高增益、低噪声、高输入阻抗的放大器实现放大。习惯上将具有这种特点的放大器称为测量放大器,又称仪表放大器。

图 3.8 所示是目前广泛应用的三运放测量放大器电路。其中 A_1,A_2 为两个性能一致(主

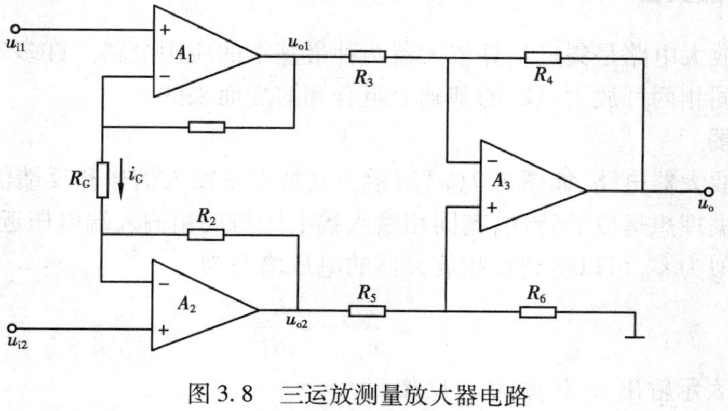

图 3.8　三运放测量放大器电路

要指输入阻抗、共模抑制比和开环增益)的通用集成运放,工作于同相放大方式,构成平衡对称的差动放大输入级;A_3 工作于差动放大方式,用来进一步抑制 A_1,A_2 的共模信号,并接成单端输出方式以适应接地负载的需要。

由电路结构分析可知

$$u_{o1} = \left(1 + \frac{R_1}{R_G}\right)u_{i1} - \frac{R_1}{R_G}u_{i2}$$

$$u_{o2} = \left(1 + \frac{R_2}{R_G}\right)u_{i2} - \frac{R_2}{R_G}u_{i1}$$

$$u_o = -\frac{R_4}{R_3}u_{o1} + \left(1 + \frac{R_4}{R_3}\right)\frac{R_6}{R_5 + R_6}u_{o2}$$

通常电路中 $R_1 = R_2$,$R_3 = R_5$,$R_4 = R_6$,则对差模输入电压 $u_{i1} - u_{i2}$,测量放大器的增益为

$$A_{vf} = \frac{u_o}{u_{i1} - u_{i2}} = -\frac{R_4}{R_3}\left(1 + \frac{2R_1}{R_G}\right) \tag{3.17}$$

测量放大器的共模抑制比主要取决于输入级运放 A_1,A_2 的对称性以及输出级运放 A_3 的共模抑制比和输出级外接电阻 R_3,R_5 及 R_4,R_6 的匹配精度($\pm 0.1\%$ 以内)。一般其共模抑制比可达 120 dB 以上。

此外,测量放大器电路还具有增益调节功能,调节 R_G 可以改变增益而不影响电路的对称性。而且由于输入级采用了对称的同相放大器,输入电阻可达数百兆欧以上。

目前,许多公司已开发出各种高质量的单片集成测量放大器,通常只需外接电阻 R_G 用于设定增益,外接元件少,使用灵活,能够处理几微伏到几伏的电压信号。

3.2.3　隔离放大器

隔离放大器应用于高共模电压环境下的小信号测量,是一种特殊的测量放大电路,其输入、输出和电源电路之间没有直接的电路耦合。隔离放大器由输入放大器、输出放大器、隔离器以及隔离电源等几部分组成,如图 3.9(a)所示。图中隔离电阻 R_{iso} 约为 10^{12} Ω,隔离电容 C_{iso} 的典型电容值为 20 pF。u_d 为输入端的差模电压,u_c 为对输入端公共地的输入级共模电压,u_{iso} 为隔离共模电压(隔离器两端或输入端与输出端两公共地之间能承受的共模电压),通常额定的隔离峰值电压高达 5 000 V。图 3.9(b)为隔离放大器的电路符号。

由于隔离放大器采用浮置式(浮置电源、浮置放大器输入端)设计,输入、输出端相互隔离,不存在公共地线的干扰,因此具有极高的共模抑制能力,能对信号进行安全准确的放大,有效防止高压信号对低压测试系统造成的破坏。

可用作输入、输出隔离的有光、超声波、无线电波和电磁等方式。在隔离放大电路中采用的隔离方式主要有电磁(变压器、电容)耦合和光电耦合,如图 3.10 所示。变压器耦合采用载波调制-解调技术,具有较高的线性度和隔离性能,共模抑制比高,技术较成熟。但通常带宽较窄,约数千赫兹以下(高性能的变压器耦合隔离放大器带宽可达 20 kHz 左右),且体积大,工艺复杂。电容耦合采用数字调制技术(电压-频率变换或电压-脉冲占空比变换),将输入信号以数字量的形式由电容耦合到输出端,可靠性好,带宽较宽,具有良好的频率特性。光电耦合结构简单、成本低廉、器件重量轻、频带宽,但光电耦合器是非线性器件,尤其在信号较大时,将出现较大的非线性误差。

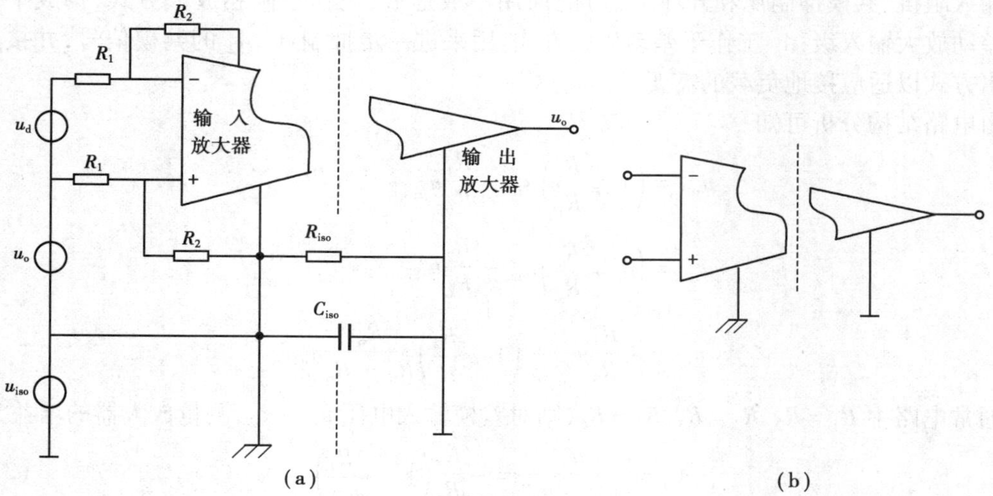

图 3.9 隔离放大器的基本组成及符号

(a)基本组成 (b)电路符号

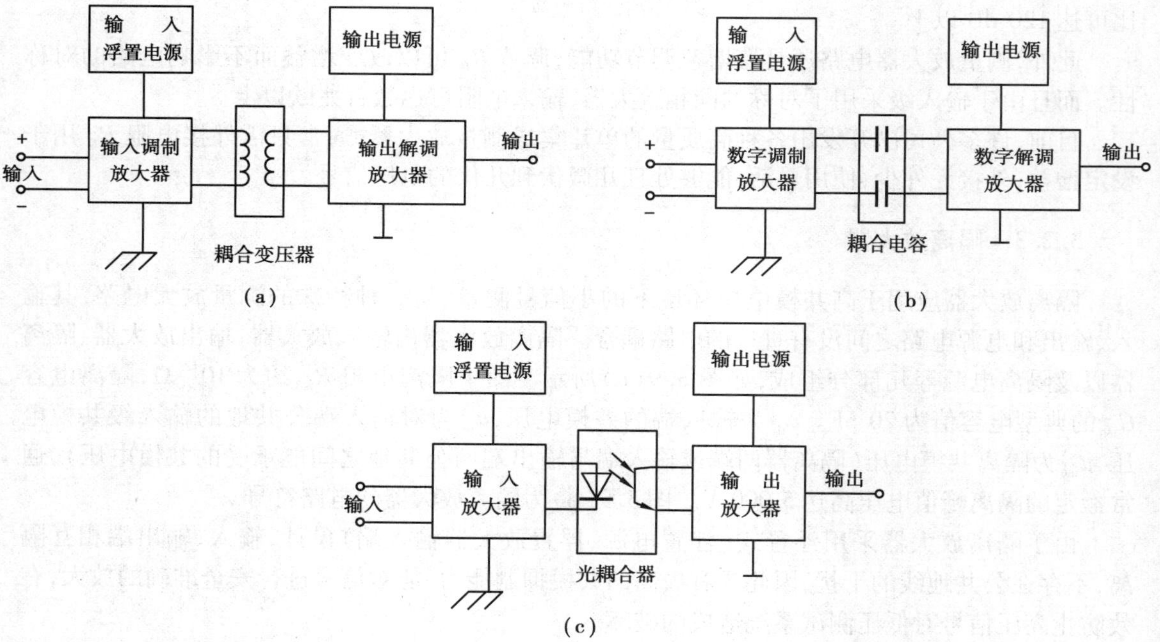

图 3.10 隔离放大器原理图

(a)变压器耦合 (b)电容耦合 (c)光电耦合

图 3.11 给出了模拟器件(AD)公司生产的新一代低成本、精密宽带三端隔离放大器 AD210 的原理框图。该器件采用变压器耦合,信号由变压器 $T1$ 耦合至输出端,全功率信号带宽高达 20 kHz。其内部包含了 DC-DC 电源变换模块,只留外部提供单个 +15 V 直流电源至 PWR 及 PWR COM 引脚,即可产生隔离放大器内部所需的输入及输出侧电源。并且内部产生的输入及输出电源可以引出供其他电路使用,十分方便。

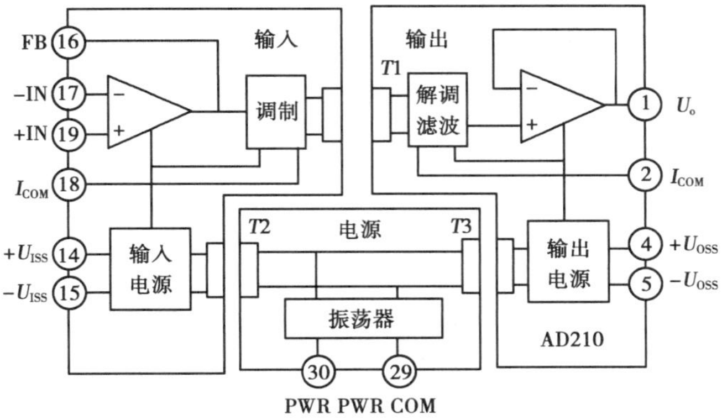

图3.11　AD210原理框图

3.3　调制与解调

当被测量信号比较弱时，为了实现信号的传输尤其是远距离传输，可以采用直流放大或调制与解调。由于信号传输过程中容易受到工频及其他信号的干扰，若采用直流放大则在传输过程中必须采取措施抑制干扰信号的影响。而在实际中，往往采用更有效的先调制而后交流放大，将信号从低频区推移到高频区，也可以提高电路的抗干扰能力和信号的信噪比。因此，调制就是使一个信号的某些参数在另一个信号的控制下而发生变化的过程。前一信号称为载

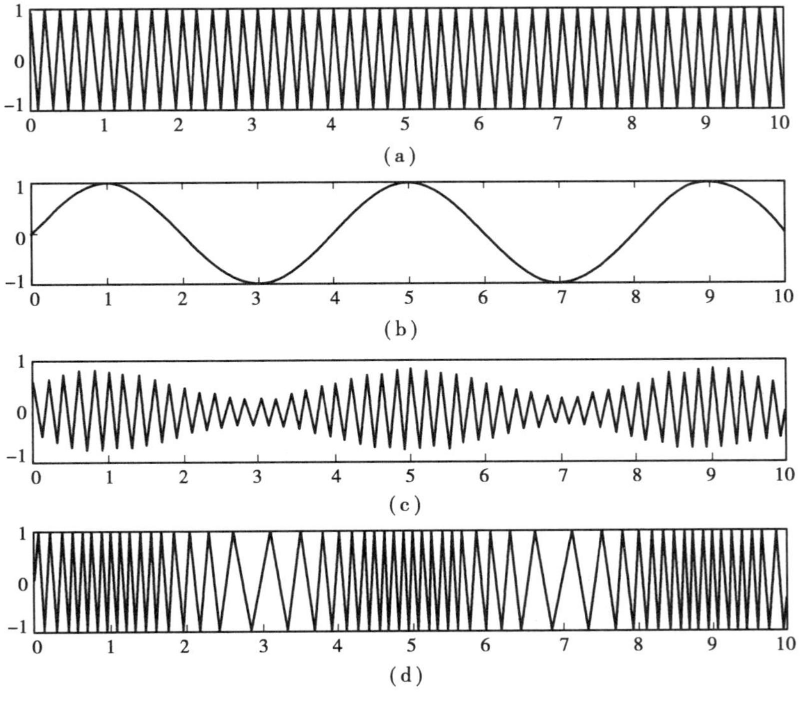

图3.12　载波、调制信号及调幅、调频波

(a)载波信号　(b)调制信号　(c)调幅波形　(d)调频波形

波，后一信号（控制信号）称为调制信号。

对应于信号的三要素：幅值、频率和相位，根据载波的幅值、频率和相位随调制信号而变化的过程，调制可以分为调幅、调频和调相。其波形分别称为调幅波、调频波和调相波。图 3.12 为载波、调制信号及调幅波、调频波。

3.3.1 幅值调制与解调

1）幅值调制的工作原理

调幅是将一个高频简谐信号（载波信号）与测试信号（调制信号）相乘，使载波信号的幅值随测试信号的变化而变化。假设调制信号为 $x(t)$，其最高频率成分为 f_m，载波信号为 $\cos 2\pi f_0 t$，其频率为 f_0，且 $f_0 \gg f_m$，则有调幅波：

$$x(t) \cdot \cos 2\pi f_0 t = \frac{1}{2}[x(t)e^{-j2\pi f_0 t} + x(t)e^{j2\pi f_0 t}] \tag{3.18}$$

如果 $x(t) \Leftrightarrow X(f)$，由傅里叶变换的卷积性质：两个信号的时域乘积对应于两个信号的频域卷积，即

$$x(t)y(t) \Leftrightarrow X(f) * Y(f)$$

而余弦函数的傅里叶变换有

$$\cos 2\pi f_0 t \Leftrightarrow \frac{1}{2}[\delta(f-f_0) + \delta(f+f_0)]$$

则利用傅里叶变换的频移性质，有

$$x(t) \cdot \cos 2\pi f_0 t \Leftrightarrow \frac{1}{2}[X(f) * \delta(f-f_0) + X(f) * \delta(f+f_0)] \tag{3.19}$$

所以，调幅使被测信号 $x(t)$ 的频谱由原点平移至载波频率 f_0 处，而幅值降低了一半，如图 3.13 所示。但 $x(t)$ 所包含的全部信息都完整地保存在调幅波中。载波频率 f_0 称为调幅波的

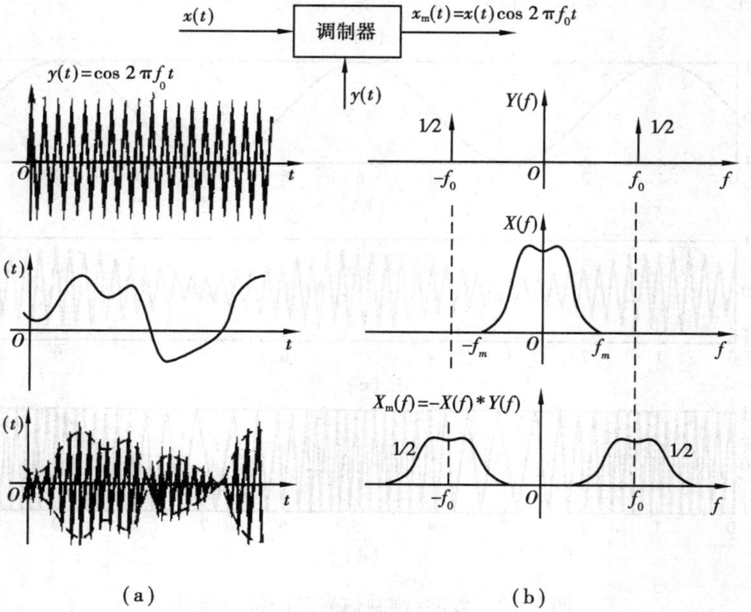

图 3.13 调幅过程

（a）时域波形 （b）频域谱图

中心频率，f_0+f_m 称为上旁频带，f_0-f_m 称为下旁频带。调幅以后，原信号 $x(t)$ 中所包含的全部信息均转移到以 f_0 为中心，宽度为 $2f_m$ 的频带范围之内，即将有用信号从低频区推移到高频区。因为信号中不包含直流分量，可以用中心频率为 f_0，通频带宽为 $\pm f_m$ 的窄带交流放大器放大，然后再通过解调从放大的调制波中取出有用的信号。所以调幅过程相当于频谱"搬移"过程。

由此可见，调幅的目的是为了便于缓变信号的放大和传送，而解调的目的是为了恢复被调制的信号。如在电话电缆、有线电视电缆中，由于不同的信号被调制到不同的频段，因此，在一根导线中可以传输多路信号。为了减小放大电路可能引起的失真，信号的频宽（$2f_m$）相对于中心频率（载波频率 f_0）应越小越好，实际载波频率通常至少数倍甚至数十倍于调制信号频率。

2）幅值调制信号的解调

若把调幅波再次与原载波信号相乘，则频域图形将再一次进行"搬移"，其结果如图 3.14 所示。当用一低通滤波器滤去频率大于 f_m 的成分时，则可以复现原信号的频谱。与原频谱的区别在于幅值为原来的一半，这可以通过放大来补偿，这一过程称为同步解调。同步是指解调时所乘的信号与调制时的载波信号具有相同的频率和相位。用等式表示为

$$x(t)\cdot\cos 2\pi f_0 t\cdot\cos 2\pi f_0 t=\frac{x(t)}{2}+\frac{1}{2}x(t)\cos 4\pi f_0 t \tag{3.20}$$

低通滤波器可将频率高于 f_m 的高频信号滤去，图 3.13 中高于低通滤波器截止频率 f_0 的频率成分将被滤去。

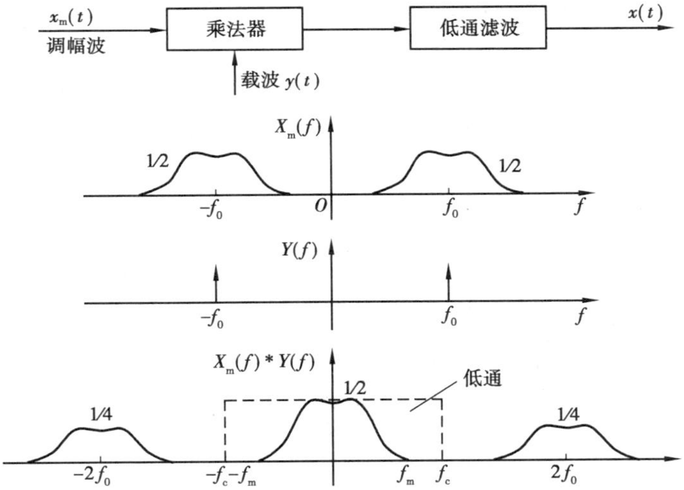

图 3.14　同步解调

最常见的解调方法是整流检波和相敏检波。

（1）整流检波

若把调制信号进行偏置，叠加一个直流分量，使偏置后的信号都具有正电压，那么调幅波的包络线将具有原调制信号的形状，如图 3.15 所示。把该调幅波进行简单的半波或全波整流、滤波，并减去所加的偏置电压，就可以恢复原调制信号。这种方法称作整流检波法，又称作包络分析法。

若所加的偏置电压未能使信号电压都为正，则从图 3.15（b）可以看出，只采用简单的整流

不能恢复原调制信号,这时需要采用相敏检波方法。

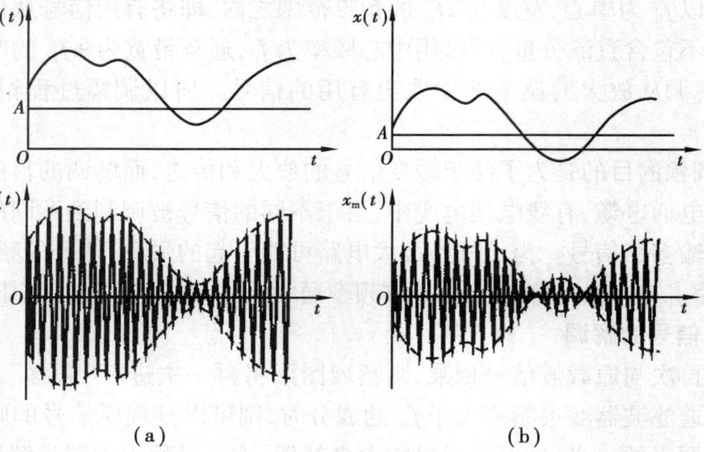

图 3.15　调制信号加偏置的调幅波

(a)偏置电压足够大　(b)偏置电压不足

(2)相敏检波

相敏检波过程不要求对原信号加偏置电压。从图 3.15 可见,当交变信号在其过零线时 +、- 符号发生突变,而其调幅波的相位在发生符号突变以后与载波比较有 180°的相位跳变。因此,利用载波信号与之比较,便既能反映出原信号的幅值又能反映其极性。

常见的相敏检波器结构及其输入输出关系如图 3.16 所示。它由四个特性相同的二极管 $D_1 \sim D_4$ 沿同一方向串联成一个桥式回路,桥臂上有附加电阻,用于桥路平衡。四个端点分别接在变压器 A 和 B 的次级线圈上,变压器 A 的输入信号为调幅波 $x_m(t)$,B 的输入信号为载波 $y(t)$,u_f 为输出。

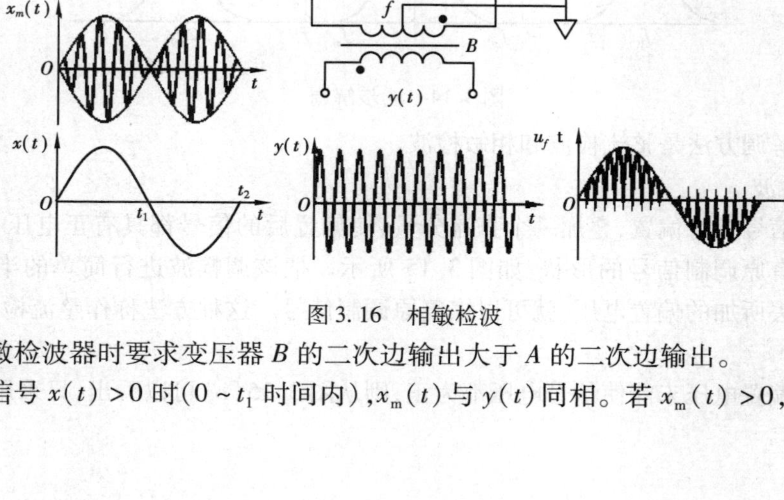

图 3.16　相敏检波

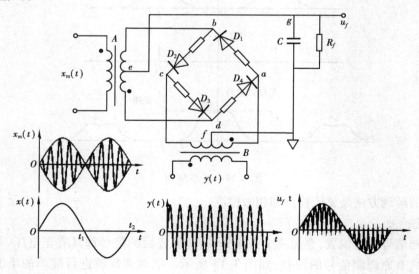

设计相敏检波器时要求变压器 B 的二次边输出大于 A 的二次边输出。

当调制信号 $x(t)>0$ 时($0 \sim t_1$ 时间内),$x_m(t)$ 与 $y(t)$ 同相。若 $x_m(t)>0$,$y(t)>0$,则二

极管 D_1,D_2 导通,形成两个电流回路:$f—a—D_1—b—e—g—f$ 及 $f—g—e—b—D_2—e—f$,其中回路1在负载电容 C 及电阻 R_f 上产生的输出为

$$u_{f1}(t) = \frac{y(t)}{2} + \frac{x_m(t)}{2}$$

回路2在负载电容 C 及电阻 R_f 上产生的输出为

$$u_{f2}(t) = -\frac{y(t)}{2} + \frac{x_m(t)}{2}$$

总输出:$u_f(t) = u_{f1}(t) + u_{f2}(t) = x_m(t)$

若 $x_m(t) < 0, y(t) < 0$,则二极管 D_3,D_4 导通,形成两个电流回路:$f—c—D_3—d—e—g—f$ 及 $f—g—e—d—D_4—a—f$,其回路1在负载电容 C 及电阻 R_f 上产生的输出为

$$u_{f1}(t) = \frac{y(t)}{2} + \frac{x_m(t)}{2}$$

回路2在负载及电阻 R_f 上产生的输出为

$$u_{f2}(t) = -\frac{y(t)}{2} + \frac{x_m(t)}{2}$$

总输出:$u_f(t) = u_{f1}(t) + u_{f2}(t) = x_m(t)$

由上述分析可知,$x(t) > 0$ 时,无论调制波是否为正,相敏检波器的输出波形均为正,即保持与调制信号极性相同。同时可知,这种电路相当于在 $0 \sim t_1$ 段对 $x_m(t)$ 全波整流,故解调后的频率比原调制波高一倍。

当调制信号 $x(t) < 0$ 时($t_1 \sim t_2$ 时间内),$x_m(t)$ 与 $y(t)$ 反相,同样可以分析得出:$x(t) < 0$ 时,不管调制波极性如何,相敏检波器的输出波形均为负,保持与 $x(t)$ 一致。同时,电路在 $t_1 \sim t_2$ 段相当于对 $x_m(t)$ 全波整流后反相,解调后的频率为原调制波的二倍。

综上所述,调幅波经相敏检波后,得到一随原调制信号的幅值与相位变化而变化的高频波,再经过适当频带的低通滤波,即可获得与调制信号一致的信号。

相敏滤波器输出波形的包络线即是所需要的信号,因此,必须把它和载波分离。由于被测信号的最高频率 $f_m \leqslant (0.1 \sim 0.2) f_0$(载波频率),所以应在相敏检波器的输出端再接一个低通滤器,并使其截止频率 f_c 介于 f_m 和 f_0 之间,这样,相敏滤波器的输出信号在通过滤波器后,载波成分将急剧衰减,把需要的低频成分留下来。

图3.17为动态电阻应变仪的方框图。电桥由振荡器供给等幅高频振荡电压(一般频率为10 kHz或15 kHz),被测量(应变)通过电阻应变片调制电桥输出,电桥输出为调幅波,经过放大,最后经相敏检波与低通滤波取出所测信号。

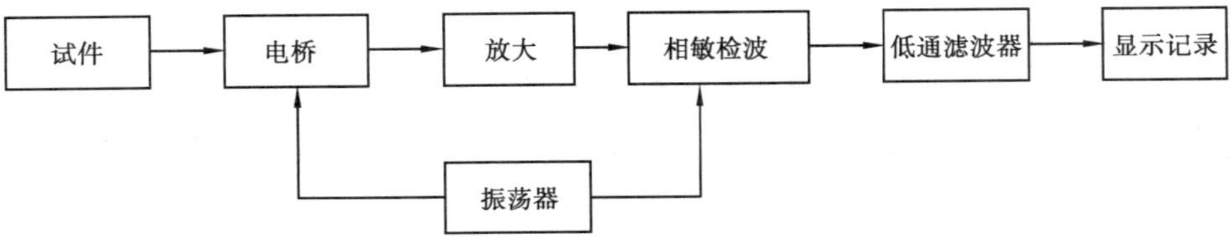

图3.17　动态电阻应变仪方框图

3.3.2 频率调制与解调

用调制信号去控制载波信号的频率或相位,使其随调制信号的变化而变化,这一过程称为频率调制或相位调制,简称调频或调相。由于调频和调相比较容易实现数字化,特别是调频信号在传输过程中不易受到干扰,所以在测量、通信和电子技术的许多领域中得到了越来越广泛的应用。

1)频率调制的基本原理

调频是利用信号电压的幅值控制一个振荡器,振荡器输出的是等幅波,但其振荡频率偏移量和信号电压成正比。信号电压为正值时调频波的频率升高,负值时则降低;信号电压为零时,调频波的频率就等于中心频率,如图 3.18 所示。

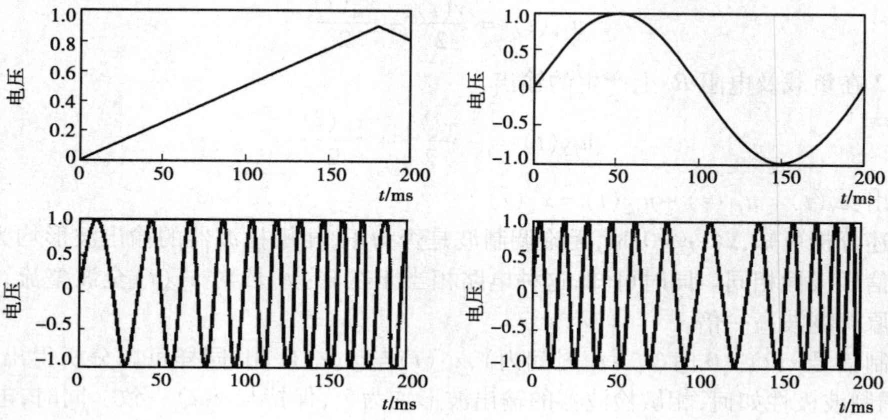

图 3.18　调频波与调制信号幅值得关系

调频波的瞬时频率为

$$f = f_0 + \Delta f$$

式中:f_0——载波频率;

Δf——频率偏移,与调制信号的幅值成正比。

设调制信号 $x(t)$ 是幅值为 X_0、频率为 f_m 的余弦波,其初始相位为零,则有

$$x(t) = X_0 \cos 2\pi f_m t$$

载波信号为

$$y(t) = Y_0 \cos(2\pi f_0 t + \phi_0), f_0 \gg f_m$$

调频时载波 Y_0 和初始相位角 ϕ_0 不变,瞬时频率 $f(t)$ 围绕着 f_0 随调制信号电压作线性变化,因此

$$f(t) = f_0 + k_f X_0 \cos 2\pi f_m t = f_0 + \Delta f_f \cos 2\pi f_m t \tag{3.21}$$

式中,Δf_f 是由调制信号幅值 X_0 决定的频率偏移,$\Delta f_f = k_f X_0$。k_f 为比例常数,其大小由具体的调频电路决定。

由式(3.21)可见,频率偏移与调制信号的幅值成正比,而与调制信号的频率无关,这是调频波的基本特征之一。

实现信号的调频和解调的方法甚多,这里主要介绍仪器中最常用的方法。

在测量系统中,常利用电抗元件组成调谐振荡器,以电抗元件(电感或电容)作为传感器

参量,以它感受被测量的变化,作为调制信号的输入,振荡器原有的振荡信号作为载波。当有调制信号输入时,振荡器输出的即为被调制后的调频波。当电容 C 和电感 L 并联组成振荡器的谐振回路时,电路的谐振频率为

$$f = \frac{1}{2\pi\sqrt{LC}} \tag{3.22}$$

若在电路中以电容为谐调参数,对上式进行微分,有

$$\frac{\partial f}{\partial C} = \left(-\frac{1}{2}\right)\left(\frac{1}{2\pi}\right)(LC)^{-\frac{3}{2}}L = \left(-\frac{1}{2}\right)\frac{f}{C}$$

所以,在 f_0 附近有频率偏移:

$$\Delta f = -\frac{f_0}{2}\frac{\Delta C}{C}$$

这种把被测量的变化直接转换为振荡频率变化的电路称为直接调频式测量电路,其输出也是等幅波。

2)**调频波的解调**

调频波是以正弦波频率的变化来反映被测信号的幅值变化的,因此,调频波的解调是先将调频波变换成调频调幅波,然后进行幅值检波。调频波的解调由鉴频器完成。鉴频器通常由线性变换电路与幅值检波电路组成,如图3.19所示。

图中调频波 u_f 经过变压器耦合,加于 L_2,C_2 组成的谐振回路上,在 L_2,C_2 并联振荡回路两端获得如图3.19(b)所示的电压-频率特性曲线。当等幅调频波 u_f 的频率等于回路的谐振频

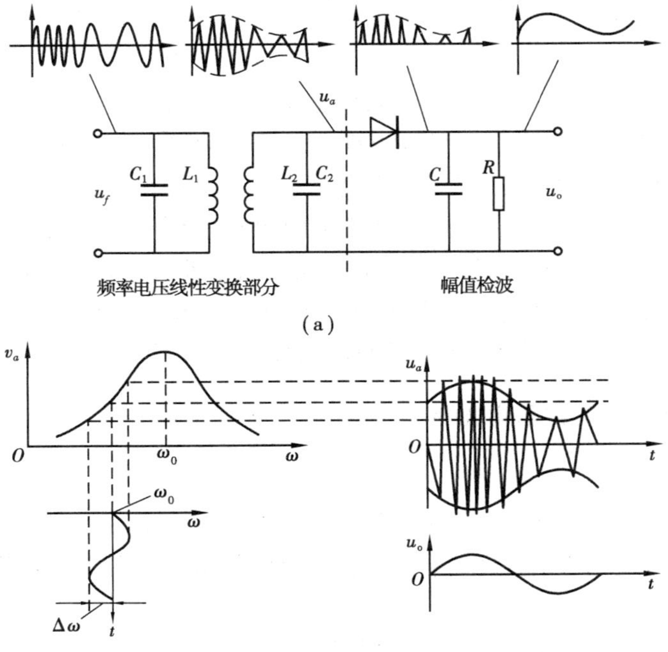

图3.19　调频波的解调

(a)鉴频器　(b)电压—频率特性曲线

率f_0时,线圈L_1,L_2中的耦合电流最大,二次边输出电压u_a也最大。u_f的频率偏离f_0,u_a也随之下降。通常利用特性曲线的亚谐振区近似直线的一段实现频率-电压变换。将u_a经过二极管进行半波整流,再经过配RC组成的滤波器滤波,滤波器的输出电压u_o与调制信号成正比,复现了被测量信号$x(t)$,至此解调完毕。

3.4 滤波器

通常被测信号是由多个频率分量组合而成的,而且在检测中得到的信号除包含有效信息外,还含有噪声和不希望得到的成分,从而导致真实信号的畸变和失真。所以希望采用适当的电路选择性地滤除不希望的成分或噪声。滤波和滤波器便是实现上述功能的手段和装置。

滤波是指让被测信号中的有效成分通过而将其中不需要的成分抑制或衰减掉的一种过程。根据滤波器的选频方式一般可将其分为:低通滤波器、高通滤波器、带通滤波器以及陷波或带阻滤波器四种类型,这四种滤波器的幅频特性,如图3.20所示。

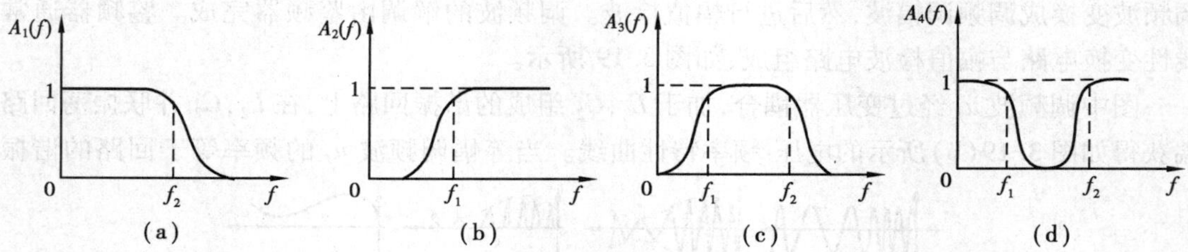

图3.20 四类滤波器的幅频特性

(a)低通滤波器 (b)高带滤波器 (c)带通滤波器 (d)带阻滤波器

由图3.20可知,低通滤波器允许在其截止频率以下的频率成分通过,而高于此频率的频率成分被衰减;高通滤波器允许在其截止频率以上的频率成分通过;带通滤波器只允许在其中心频率附近一定范围内的频率分量通过;而带阻可将选定频带上的频率成分衰减掉。

从滤波器的构成形式可将其分为两类,即有源滤波器和无源滤波器。有源滤波器通常使用运算放大器结构;无源滤波器由一定的RLC组合配置形式组成。

3.4.1 理想滤波器与实际滤波器

1)理想滤波器

从图3.20可见,四种滤波器在通带与阻带之间都存在一个过渡带,其幅频特性是一条斜线,在此频带内,信号受到不同程度的衰减。这个过渡带是滤波器所不希望的,但也是不可避免的。

理想滤波器是一个理想化的模型,在物理上不可能实现。但对其作深入了解,可对掌握滤波器的特性有非常大的帮助。

根据线性系统的不失真测试条件,理想测量系统的频率响应函数应是

$$H(f) = A_0 e^{-j2\pi f t_0}$$

式中：A_0，t_0 都是常数。若滤波器的频率响应满足下列条件：

$$H(f) = \begin{cases} A_0 e^{-j2\pi f t_0} & |f| < f_c \\ 0 & 其他 \end{cases} \tag{3.23}$$

则称为理想低通滤波器，式中 f_c 为滤波器的截止频率。图3.21(a)为理想低通滤波器的幅频特性图，图中频域图形以双边对称形式画出，相频图中直线斜率为 $-2\pi t_0$。

这种在频域为矩形窗函数的“理想”低通滤波器的时域脉冲响应函数是 sin $c\theta$ 函数。如果没有相角滞后，即 $t_0=0$，则

$$h(t) = 2Af_c \frac{\sin(2\pi f_c t)}{2\pi f_c t} \tag{3.24}$$

其图形如图3.21(b)所示。$h(t)$ 具有对称图形，时间 t 的范围从 $-\infty$ 到 ∞。

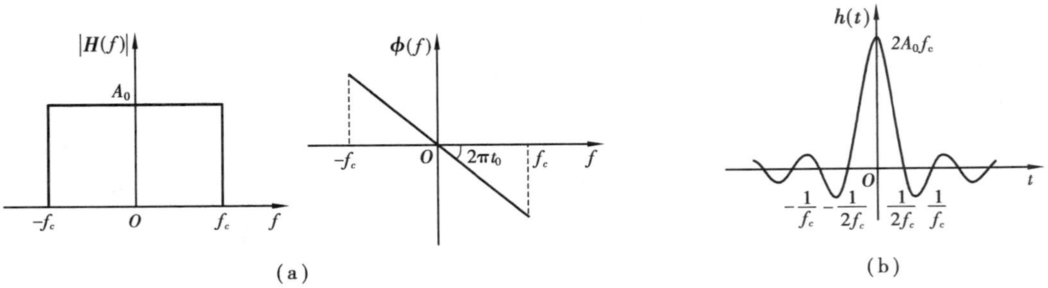

图3.21　理想低通滤波器

(a)幅、相频特性　(b)脉冲响应函数

但是，这种滤波器是不能实现的，对于负的 t 值，其 $h(t)$ 的值不等于零，这是不合理的。因为 $h(t)$ 是理想低通滤波器对脉冲的响应，而单位脉冲在 $t=0$ 时刻才作用于系统。任何现实的物理系统，响应只可能出现于作用到来之后，不可能出现于作用到来之前。同样，理想的高通、带通、带阻滤波器也不存在。讨论理想滤波器是为了进一步了解滤波器的传输特性，建立滤波器的通频带宽与达到比较稳定输出所需时间之间的关系。

2)实际滤波器

为了了解某一实际滤波器的特性，就需要通过一些参数指标来确定。图3.22为理想滤波器(虚线)和实际带通滤波器(实线)的幅频特性。

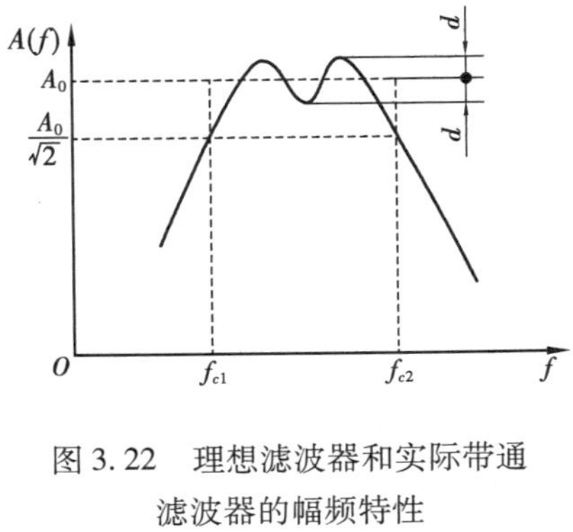

图3.22　理想滤波器和实际带通滤波器的幅频特性

对于理想滤波器，其特征参数为截止频率，在截止频率之间的幅频特性为常数 A_0，截止频率以外的幅频特性为零；对于实际滤波器，其特征参数则没有这么简单，其特性曲线没有明显的转折点，通带中幅频特性也不是常数，因此，需要下面所述的特性参数来描述实际滤波器的性能。

(1)截止频率。定义幅频特性值等于 $A_0/\sqrt{2}$ 所对应的频率称为滤波器的截止频率。若以 A_0 为参考值，则 $A_0/\sqrt{2}$ 对应于 -3 dB点，即相对于 A_0 衰减 -3 dB。

(2)带宽 B。通频带的宽度称为带宽 B，这里指上下两截止频率之间的频率范围，即 $B=f_{c2}-f_{c1}$，单位为Hz。带宽决定着滤波器分离信号中相邻频率成分的能力，即频率分辨力。

(3)品质因素 Q。定义中心频率 f_0 和带宽 B 之比为滤波器的品质因素,即 $Q=f_0/B$,其中心频率定义为上下截止频率积的平方根,即 $f_0=\sqrt{f_{c1}\cdot f_{c2}}$。$Q$ 值越高,滤波器的分辨力越好。

(4)纹波幅度 d。实际滤波器在通频带内可能出现纹波变化,其波动幅度 d 与幅频特性的稳定值 A_0 相比越小越好,一般应远小于 -3 dB,即 $d \ll A_0/\sqrt{2}$。

(5)倍频程选择性。实际滤波器至稳定状态需要一定的建立时间 T_e。因此,在上下截止频率外侧有一个过渡带,其幅频曲线的倾斜程度表明了幅频特性衰减的快慢,它决定着滤波器对带宽外频率成分衰阻的能力。通常用上截止频率 f_{c2} 与 $2f_{c2}$ 之间,或者下截止频率 f_{c1} 与 $f_{c1}/2$ 之间幅频特性的衰减量来表示,即频率变化一个倍频程时的衰减量,这就是倍频程选择性。很明显,衰减越快,滤波器选择越好。

(6)滤波器因素 λ。滤波器选择性的另一种表示方法,是用滤波器幅频特性的 -60 dB 带宽与 -3 dB 带宽的比值表示,即

$$\lambda=\frac{B_{-60\text{ dB}}}{B_{-3\text{ dB}}}$$

理想滤波器 $\lambda=1$,一般要求滤波器 $1<\lambda<5$。如果带阻衰减量达不到 -60 dB,则以标明衰减量(如 -40 dB)的带宽与 -3 dB 带宽之比表示其选择性。

3.4.2 RC 调谐式滤波器

在测试系统中,常用 RC 滤波器。RC 滤波器具有电路简单,抗干扰能力强,有较好的低频性能。

1)RC 低通滤波器

RC 低通滤波器的典型电路,如图 3.23 所示。设滤波器的输入电压为 u_x,输出电压为 u_y,其微分方程为

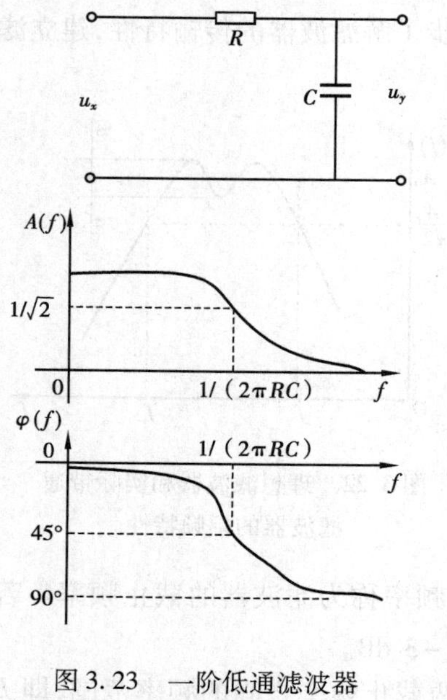

图 3.23 一阶低通滤波器及其幅、相频特性

$$RC\frac{\mathrm{d}u_y}{\mathrm{d}t}+u_y=u_x \tag{3.25}$$

令 $\tau=RC$,为时间常数。经拉氏变换得传递函数

$$H(s)=\frac{1}{\tau s+1} \tag{3.26}$$

这是一个典型的一阶系统。其截止频率为

$$f_{c2}=\frac{1}{2\pi RC} \tag{3.27}$$

当 $f \ll \frac{1}{2\pi RC}$,其幅频特性 $A(f)=1$,信号不受衰减地通过。

当 $f=\frac{1}{2\pi RC}$,$A(f)=\frac{1}{\sqrt{2}}$,也即幅值比稳定幅值降了 -3 dB。RC 值决定着上截止频率。改变 RC 值就可以改变滤波器的截止频率。

当 $f \gg \frac{1}{2\pi RC}$,输出 u_y 与输入 u_x 的积分成正比,即

$$u_y = \frac{1}{RC}\int u_x \, dt \tag{3.28}$$

其对高频成分的衰减率为 -20 dB/10 倍频程。如果要加大滤波器的衰减率,可以通过提高低通滤波器的阶数来实现。但数个一阶低通滤波器串联后,后一级的滤波电阻、电容对前一级电容起并联作用,产生负载作用。

2)*RC* 高通滤波器

RC 高通滤波器的典型电路,如图 3.24 所示。设滤波器的输入电压为 u_x,输出电压为 u_y,其微分方程为

$$u_y + \frac{1}{RC}\int u_y = u_x \tag{3.29}$$

同理,令 $\tau = RC$,其传递函数

$$H(s) = \frac{\tau s}{\tau s + 1} \tag{3.30}$$

其幅频特性和相频特性,如图 3.24 所示。

当 $f \ll \frac{1}{2\pi RC}$ 时,输出 u_y 与输入 u_x 的微分成正比,起着微分器的作用。

当 $f = \frac{1}{2\pi RC}$ 时,$A(f) = \frac{1}{\sqrt{2}}$,也即幅值比稳定幅值降了 -3 dB,也即为截止频率。*RC* 值决定着截止频率。改变 *RC* 值就可以改变滤波器的截止频率。

当 $f \gg \frac{1}{2\pi RC}$ 时,其幅频特性 $A(f) = 1$,信号不受衰减地通过。

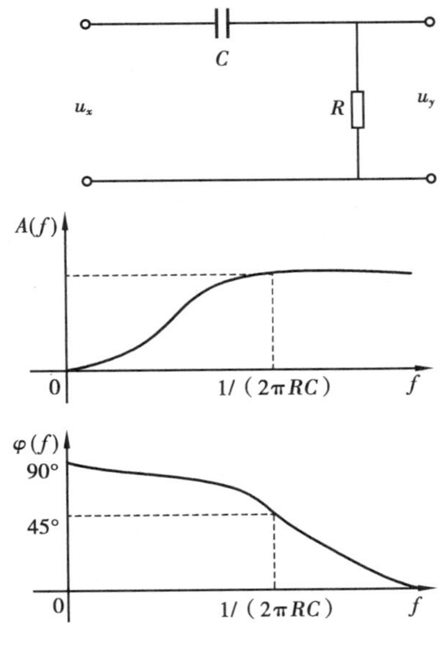

图 3.24　一阶高通滤波器及其幅、相频特性

3)带通滤波器

带通滤波器可以看成是低通和高通滤波器串联组成的。根据串联装置的传递函数特性 $H(s) = H_1(s)H_2(s)$;幅频特性 $A(f) = A_1(f)A_2(f)$;相频特性为 $\phi(f) = \phi_1(f) + \phi_2(f)$。串联所得的带通滤波器以原高通的截止频率为下截止频率,原低通的截止频率为上截止频率。但要注意当多级滤波器串联时,因为后一级成为前一级的"负载",而前一级又是后一级的信号源内阻,因此,两级间常采用运算放大器等进行隔离。实际的带通滤波器常常是有源的。

4)有源滤波器

有源滤波器是由元件 *RC* 和运算放大器组成。运算放大器就是有源器件,它在这里既可起级间隔离作用,又可起信号幅值的放大作用。

图 3.25 为一阶有源滤波器。图(a)是把 *RC* 无源低通滤波器接到运算放大器的同相输入端。这里运算放大器既起到隔离、放大作用,也提高了带负载的能力。其频率响应函数为 $H(j\omega) = u_y(j\omega)/u_x(j\omega) = K/(1 + j\omega RC)$,其中放大倍数 $K = 1 + (R_F/R_1)$;截止频率仍为 $f_{c2} = 1/(2\pi RC)$。图(b)是将高通网络接入运算放大器的负反馈支路,结果是仍获得低通滤波器的

作用。其频率响应函数仍为 $H(j\omega) = -K/(1 + j\omega R_F C)$;式中 $K = (R_F/R_1)$,截止频率为 $f_{c2} = 1/(2\pi R_F C)$。一阶有源滤波器虽然在隔离、增益性能方面优于无源滤波器,但仍存在着通带外高频成分衰减缓慢的弱点,改善的办法是提高滤波器的阶次。在此不再赘述。

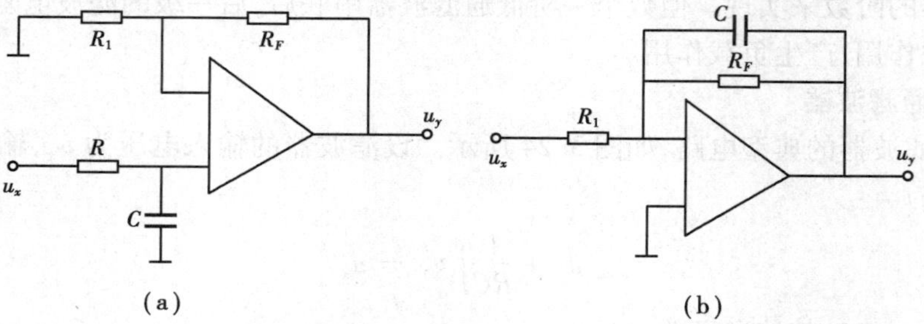

图 3.25　一阶有源滤波器

3.4.3　常用带通滤波器的类型

实际使用中,常常把多个带通滤波器组合起来使用。滤波器的串接使用可以加强滤波效果,使得带外的频率成分更大地衰减,获得较好的选择性,但同时相频特性会由此变差,相位变化会更剧烈,所以在使用中需慎重对待。若要对信号作频谱分析,即分析信号中由哪些频率成分组成,需要将滤波器并接使用。实际使用的滤波器种类很多,可归纳分为以下几类:

(1)如果按照带通滤波器的中心频率 f_0 的变化分类,可分为邻接式和连续式。所谓邻接式滤波器,是将一个频率范围分成若干个频带,并各备用一个带通滤波器在对应的频带内工作,则把这一组带通滤波器称为邻接式滤波器。也就是说邻接式滤波器在某一频率范围内是离散的工作。而连续式滤波器是在某一频率范围内连续工作。它的中心频率是可调的,可在指定的频率范围内连续变动。也可以说邻接式滤波器是有级变化,即滤波器的中心频率是有级变化;而连续式滤波器是无级变化。

(2)如果按照中心频率 f_0 和带宽 $B_{-3\text{ dB}}$ 的关系则可分为两大类,一类是恒带宽比滤波器;另一类是恒带宽滤波器。所谓恒带宽比滤波器是指一组带通滤波器的品质因素 Q 值等于常数。因为 $Q = f_0/B_{-3\text{ dB}}$,中心频率 f_0 提高,带宽 $B_{-3\text{ dB}}$ 也要提高,这样才能保证 Q 值是一固定值。从图 3.26(a)可看出恒带宽比的滤波器高频段分辨能力差,这是因为带宽增加造成的。对于恒带宽滤波器,顾名思义是带宽 $B_{-3\text{ dB}}$ 为一固定值,如图 3.26(b)所示。无论中心频率 f_0 多高,其带宽 $B_{-3\text{ dB}}$ 不变。也就是说,不论低频区还是高频区,它的分辨力一样。要想提高滤波器的分辨能力,带宽就要做得窄一些;要想覆盖整个频段,只有增多滤波器的数量,显然这是不合算的。为此,人们常采用跟踪带通滤波器。

(3)n 倍频程滤波器。若滤波器的下截止频率为 f_{c1},上截止频率为 f_{c2},只要满足 $f_{c2} = 2^n f_{c1}$,则称此滤波器为 n 倍频程滤波器。当 $n = 1$,则称为倍频程滤波器;当 $n = 1/2$,则称为 1/2 倍频程滤波器;当 $n = 1/3$,则称为 1/3 倍频程滤波器。最常用的是 $n = 1$ 和 $n = 1/3$ 倍频程滤波器。n 倍频程滤波器属于恒带宽比滤波器。

(4)跟踪带通滤波器。跟踪带通滤波器的中心频率 f_0 可随给定信号频率 f_x 的变化而变化。相应地也可分为恒带宽滤波器和恒带宽比滤波器。

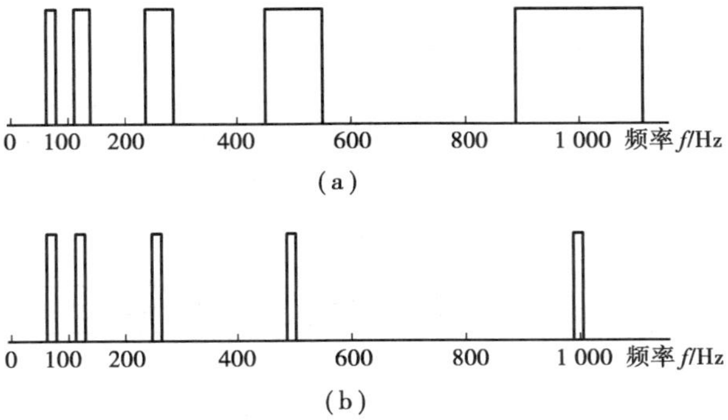

图 3.26　恒带宽比和恒带宽滤波器的特性对照图
(a)恒带宽比滤波器　(b)恒带宽滤波器

3.5　信号的显示与记录

测试信号的显示和记录是测试系统不可缺少的组成部分。信号显示与记录目的在于:

(1)测试人员通过显示仪器观察各路信号的大小或实时波形;

(2)及时掌握测试系统的动态信息,必要时对测试系统的参数做相应调整,如输出的信号过小或过大,可及时调节系统增益;信号中含噪声干扰时可通过滤波器降噪,等等;

(3)记录信号的重现;

(4)对信号进行后续的分析和处理。

传统的显示和信号记录装置包括万用表、阴极射线管示波器、X-Y 记录仪、模拟磁带记录仪等。近年来,随着计算机技术的飞速发展,记录与显示仪器从根本上发生了变化,数字式设备已经成为显示与记录装置的主流,数字式设备的广泛应用给信号的显示与记录方式赋予了新的内容。

3.5.1　信号的显示

示波器是测试最常用的显示仪器,有模拟示波器、数字示波器和数字存储示波器三种类型。

1)模拟示波器

模拟示波器以传统的阴极射线管示波器为代表,图 3.27 是一个典型通用的阴极射线管示波器的框图。该示波器的核心部分为阴极射线管,从阴极发射的电子束经水平和垂直两块偏转极板的作用,精确聚焦到荧光屏上。通常水平偏转极板施加锯齿波扫描信号,以控制电子束自左向右的运动,被测信号施加在垂直偏转极板上时,控制电子束在垂直方向上的运动,从而在荧光屏显示出信号的轨迹。调整锯齿波的频率可改变示波器的时基,以适应各种频率信号的测量。所以,这种示波器最常见工作方式是显示输入信号的时间历程,即显示 $x(t)$ 曲线。模拟示波器具有频带宽、动态响应好等优点,最高可达到 800 MHz 带宽,可记录到 1 ns 左右的快速瞬变偶发波形,适合于显示瞬态、高频及低频的各种信号,目前仍在许多场合使用。

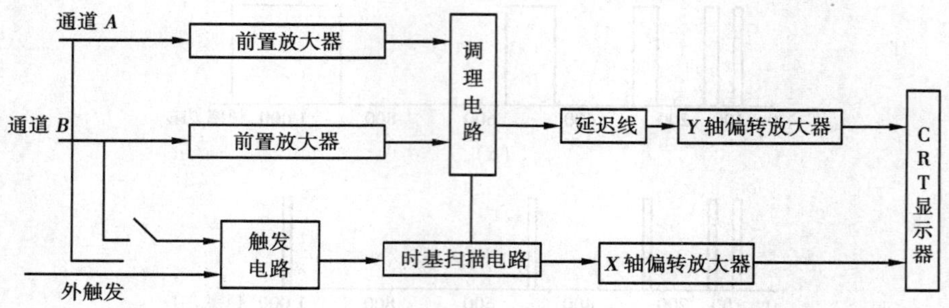

图 3.27　阴极射线管示波器原理图

2）数字示波器

数字示波器是随着数字电路与计算机技术的发展而发展起来的一种新型示波器，其基本原理框图，如图 3.28 所示。

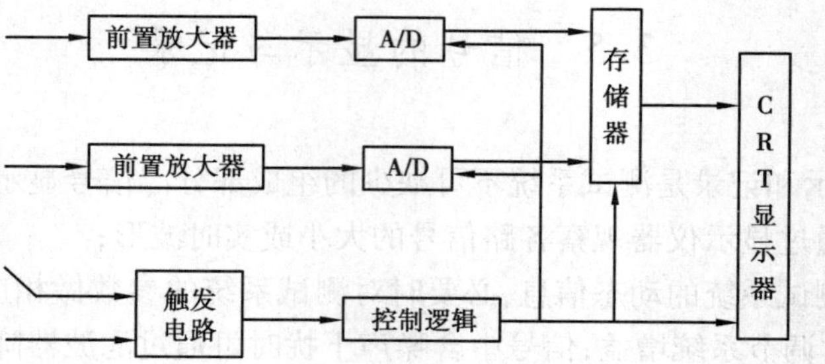

图 3.28　数字示波器原理框图

它用一个核心器件——A/D 转换器将被测模拟信号进行模数转换并存储，再以数字信号方式显示。与模拟示波器相比，数字示波器具有许多突出的优点。

(1)具有灵活的波形触发功能，可以进行负延迟(预触发)，便于观测触发的信号状况；

(2)具有数据存储与回放功能，便于观测单次过程和缓慢变化的信号，也便于进行后续数据处理；

(3)具有高分辨率的显示系统，便于对各类性质的信号进行观察，可看到更多的信号细节；

(4)便于程控，可实现自动测量；

(5)可进行数据通信。

目前，数字示波器的带宽已达到 1 GHz 以上，为防止波形失真，采样率可达到带宽的 5 倍到 10 倍。

例如美国惠普公司的 HP54600A 型数字示波器，其具备双通道、100 MHz 带宽。每通道拥有 2 MB 的内存，以用作长时间的信号采集，然后可平移和放大采集到的信号，以查看细节。同时还具有高分辨率显示系统，并有快速的波形显示和刷新功能。

3）数字存储示波器

数字存储示波器，其原理如图 3.29 所示。其具有与数字示波器一样的数据采集前端，即经 A/D 转换器将被测模拟信号进行模数转换并存储，与数字示波器不同之处在于其显示方式采用模拟方式，将已经存储的数字信号通过 D/A 转换器恢复为模拟信号，再将信号波形重现在阴极射线管或液晶显示屏上。

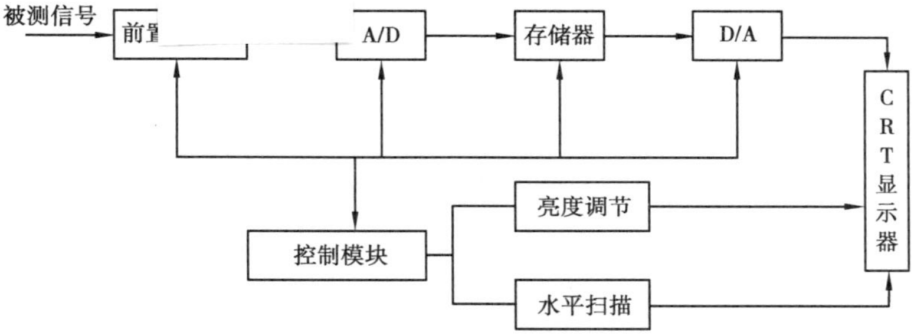

图 3.29　数字存储示波器原理框图

3.5.2　信号记录

传统的信号记录仪器包括光线示波器、X-Y 记录仪、模拟磁带记录仪等。光线示波器和 X-Y 记录仪将被测信号记录在纸质介质上,频率响应差、分辨率低、记录长度受物理载体限制、需要通过手工方式进行后续处理,使用时有诸多不便之处,已逐渐被淘汰。模拟磁带记录仪可以将多路信号以模拟量的形式同步地存储到磁带上,但输出只能是模拟量形式,与后续信号处理仪器的接口能力差,而且输入输出之间电平转换比较麻烦,因此目前很少使用。

近年来,信号的记录方式愈来愈趋向于两种途径:一种是数据采集仪器进行信号的记录,一种是以计算机内插 A/D 卡的形式进行信号记录。此外,有一些新型仪器前端可直接实现数据采集与记录。

1)数据采集仪器信号记录

用数据采集仪器进行信号记录有诸多优点:

(1)数据采集仪器均有良好的信号输入前端,包括前置放大器、抗混滤波器等;

(2)配置有高性能(具有高分辨率和采样速率)的 A/D 转换卡;

(3)有大容量存储器;

(4)配置有专用的数字信号分析与处理软件。

如奥地利 DEWETRON 公司生产的 DEWE-2010 多通道数据采集分析仪,包含了二个内部模块插槽,可以内置 16 路信号调理模块(如电桥输入模块、ICP 传感器输入模块、频率-电压转换模块、热电偶(热电阻)输入模块、计数模块等);另有 16 通道电压同步输入;外部还可以连接 DEWE-RACK 盒,用于扩展模拟输入通道(最多可扩展到 256 通道)。DEWE-2010 的采样频率范围在 0～100 kHz, 存储容量在 80 GB 以上,在采样速率为 5kHz 时 16 通道同时采集可连续记录数十小时的数据。系统提供有数据采集、记录、分析、输出及打印的专用软件 DEWE-Soft,同时也能运行所有的 Windows 软件(Excel,LabVIEW 等)。

2)计算机内插 A/D 卡数据采集与记录

计算机内插 A/D 卡进行数据采集与记录是一种经济易行的方式,它充分利用通用计算机的硬件资源(总线、机箱、电源、存储器及系统软件),借助于插入微机或工控机内的 A/D 卡与数据采集软件相结合,完成记录任务。这种方式下,信号的采集速度与 A/D 卡转换速率和计算机写外存的速度有关,信号记录长度与计算机外存储器有关。

3)仪器前端直接实现数据采集与记录

近年来一些新型仪器,如美国 dP 公司的多通道分析仪,这些仪器的前端含有 DSP 模块,可用以实现采集控制,可将通过适调和 A/D 转换的信号直接送入前端仪器中的海量存储器

(如 100 G 硬盘),实现存储。这些存取的信号可通过某些接口母线由计算机调出实现后续的信号处理与显示。

复习思考题

1. 以阻值 $R=120\ \Omega$、灵敏度 $K=2$ 的电阻丝应变片与阻值为 $120\ \Omega$ 的固定电阻组成电桥,供桥电压为 3 V,并假定负载电阻为无穷大,当应变片的应变为 $2\mu\varepsilon$ 和 $2\ 000\mu\varepsilon$ 时,分别求出单臂、双臂电桥的输出电压,并比较两种情况下的灵敏度(注:$\mu\varepsilon$—微应变,即 $10^{-6}\varepsilon$)。

2. 在使用电阻应变仪时,发现灵敏度不够,于是试图在工作电桥上增加电阻应变片数以提高灵敏度。试问,在下列情况下,是否可提高灵敏度?为什么?

(1)半桥双臂各串联一片。

(2)半桥双臂各并联一片。

3. 用电阻应变片接成全桥,测量某一构件的应变,已知其变化规律为 $\varepsilon(t)=A\cos 10t+B\cos 100t$,如果电桥激励电压是 $u_0=E\sin 10\ 000t$,求此电桥输出信号的频谱。

4. 已知调幅波 $x_\alpha(t)=(100+30\cos\Omega t+20\cos 3\Omega t)(\cos\omega_c t)$,其中 $f_c=10$ kHz,$f_\Omega=500$ Hz。试求:(1)$x_\alpha(t)$ 所包含的各分量的频率及幅值;(2)绘出调制信号与调幅波频谱。

5. 试从调幅原理说明,为什么某动态应变仪的电桥激励电压频率为 10 kHz。而工作频率为 0 ~ 1 500 Hz?

6. 图 3.30 为利用乘法器组成的调幅解调系统的方框图。设载波信号频率为 f_0 的正弦波,试求:

(1)各环节输出信号的时域波形;

(2)各环节输出的频谱图。

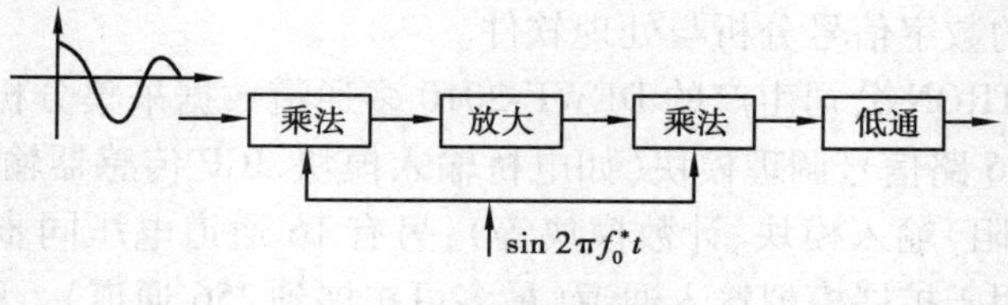

图 3.30　题 3.6

7. 一个信号具有 100 ~ 500 Hz 范围的频率成分,若对此信号进行调幅,试求:

(1)调幅波的带宽是多少?

(2)若载波频率为 10 kHz,在调幅波中将出现哪些频率成分?

8. 什么是滤波器的分辨力?与哪些因素有关?

9. 设一带通滤波器的下截止频率 f_{c1},上截止频率为 f_{c2},中心频率为 f_o,试指出下列记述中的正确与错误:

(1)倍频程滤波器 $f_{c2}=\sqrt{2}f_{c1}$。

(2)$f_o=\sqrt{f_{c1}f_{c2}}$

(3)滤波器的截止频率就是此通频带的幅值 −3 dB 处的频率。

(4)下限频率相同时,倍频程滤波器的中心频率是 1/3 倍频程滤波器的中心频率的 $\sqrt{2}$ 倍。

第 4 章 电阻式传感器

电阻式传感器是将被测量(如力、位移、速度、加速度、温度等)的变化转换成电阻元件阻值变化的传感器,通过电测技术对电阻值进行测量即可达到对上述被测量进行测量的目的。电阻式传感器主要分为变阻器式、电阻应变式、敏感电阻式等几大类,其中敏感电阻式传感器又包括了热敏电阻式、气敏电阻式、湿敏电阻式、磁敏电阻式、光敏电阻式等。本章主要讨论变阻器式和电阻应变式传感器,敏感电阻式传感器将在后续章节做详细介绍。

4.1 变阻器式传感器

4.1.1 工作原理

变阻器式传感器的传感元件是电位计,所以也被称为电位计式传感器。它可以将机械线位移、角位移等信号转换为与其成一定函数关系的电阻或电压信号输出。其工作原理如图 4.1所示,通过改变变阻器触点位置使其输出电阻或电压值随被测量的变化而变化。

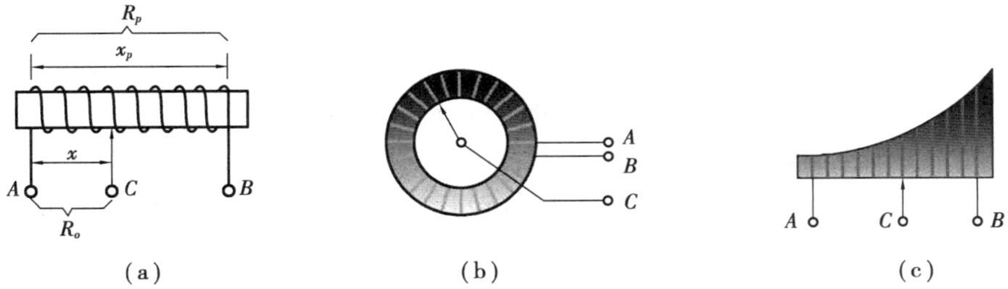

图 4.1 变阻器式传感器

(a)直线位移型 (b)角位移型 (c)非线性型

由于电阻丝的电阻值为

$$R = \rho \frac{l}{A} \tag{4.1}$$

式中:ρ——电阻率;

l——电阻丝长度；

A——电阻丝截面面积。

所以，当电阻丝的材料和直径一定时，其电阻值随着导线长度的变化而变化。

常见的变阻器式传感器有直线位移型、角位移型和非线性型等。如图 4.1(a)所示，即为直线位移型，触点 C 沿变阻器移动，若 A，C 点之间距离为 x，且线束绕制均匀，则 A，C 点之间的电阻值为

$$R_o = \frac{x}{x_p} R_p \tag{4.2}$$

传感器的灵敏度为

$$S = \frac{dR_o}{dx} = \frac{R_p}{x_p} = \text{const.（常数）} \tag{4.3}$$

由上式可知，直线位移型传感器的静态灵敏度理论上为常数，输出电阻 R_o 的变化与输入位移 x 的变化成线性比例关系。

角位移型传感器如图 4.1(b)所示，其阻值随电刷转角变化而变化。其中，A、B 两点之间的阻值为 R_p，则 A、C 两点之间的阻值为

$$R_o = \frac{\alpha}{2\pi} R_p \tag{4.4}$$

式中：α——电刷转角(rad)。

传感器的灵敏度为

$$S = \frac{dR_o}{d\alpha} = \frac{R_p}{2\pi} = \text{const.（常数）} \tag{4.5}$$

所以，角位移型传感器输出电阻 R_o 的变化与输入角位移 α 的变化成线性比例关系。

非线性型传感器也称为函数电位计，如图 4.1(c)所示。传感器自身的框架及绕线情况根据所要求的输出函数 $f(x)$ 来决定。例如，若输出函数 $f(x) = kx^2$，其中 x 为输入位移，则为使传感器输出电阻与函数 $f(x)$ 呈线性关系，传感器框架应做成直角三角形状；若要求输出函数 $f(x) = kx^3$，传感器则需要使用抛物线状的框架。

4.1.2 测量电路

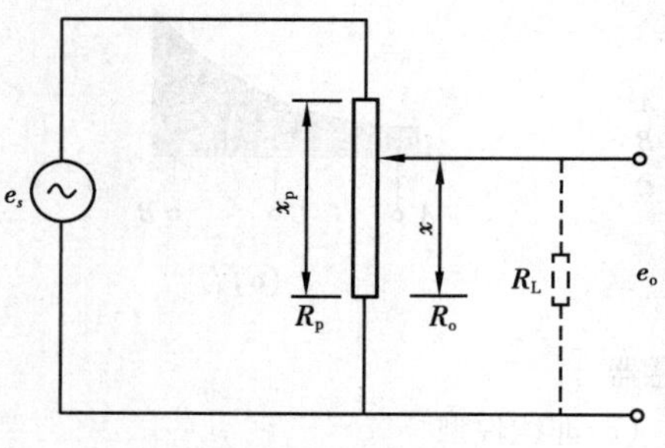

图 4.2 电阻分压式测量电路

变阻器式传感器一般采用后接电阻分压式测量电路，其工作原理如图 4.2 所示。

在电压 e_s 的作用下，传感器将位移 x 的变化信号转变为输出电压 e_o 的变化。由于负载 R_L 的接入，使其输出电压 e_o 与输入位移 x 的关系为

$$e_o = \frac{1}{\frac{x_p}{x} + \frac{R_p}{R_L}\left(1 - \frac{x}{x_p}\right)} e_s \tag{4.6}$$

由上式表明，变阻器式传感器在后接负载电阻后，其输出电压 e_o 与输入位移 x 呈非线性关系。只有当 R_p/R_L 趋于零时，输出电压 e_o 与输入位移 x 才呈线性关系。因此，为了改善测量电路

由于加载而引起的非线性关系，可适当增大负载 R_L 或减小电阻 R_p。但是，增大负载 R_L 会造成后接电路的输入阻抗增加，使干扰更容易进入；减小电阻 R_p 则会降低传感器的灵敏度。

同时，对于线绕型变阻器式传感器，由于结构上的限制，当触点在一个电阻丝直径 d 的范围内移动时，其不会使输出电压 e_o 产生变化，因此变阻器式传感器的位移分辨率 $i \geq d$。

变阻器式传感器的优点主要有结构简单，性能稳定，受温度、湿度、电磁干扰等环境因素的影响较小，输出信号较大，成本低，精度较高（可优于 0.1%）等；其主要缺点是存在摩擦和磨损，噪声较大，抗冲击、振动能力差，易受灰尘等因素的影响，要求大能量输入，动态特性差等。另外，由于太细的金属丝绕制困难，分辨率很难优于 0.02 mm。为了克服这些问题研制出了金属膜、合成膜、导电塑料（橡胶）等非绕线型变阻器式传感器。

变阻器式传感器主要用于各种自动化设备中的直线位移、角位移测量，可在测量仪器中作为位置反馈伺服元件进行位置、行程控制。

4.2　电阻应变式传感器

电阻应变式传感器是利用导体或半导体材料在受到应变作用时，其电阻值会发生相应变化的原理而工作的。电阻应变式传感器可分为金属电阻应变片和半导体应变片，其通常被制成电阻应变片，粘贴在构件表面上感受构件所受到的力、位移、加速度、扭矩等信号，然后再通过测量电路实现对被测量的转换。

4.2.1　工作原理

1）金属电阻应变片

金属电阻应变片的敏感元件是栅形的金属敏感栅，其常用结构形式有丝式、箔式和薄膜式等，如图 4.3 所示。金属丝式应变片的敏感栅一般是由直径为 0.025 mm 左右的高电阻率的合金丝（康铜或镍铬合金等）绕制而成。敏感栅利用特殊的黏接剂黏接在绝缘的传感器基底上，并在电阻丝的两端引出两根引线用以连接后续电路。

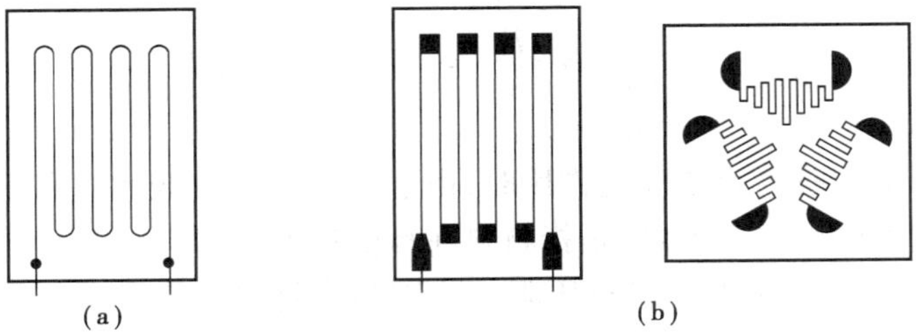

图 4.3　金属电阻应变片的结构
（a）丝式　（b）箔式

金属箔式应变片利用栅状金属箔片代替栅状金属丝，其中栅状金属箔片是利用照相制版或光刻腐蚀等方法，将电阻箔材在绝缘基底上制成各种形状的应变片，箔材厚度一般在 0.003 ~ 0.01 mm 内。箔式应变片适用于批量生产，具有线条均匀、尺寸精确、阻值一致性和散热性都较好、允许通过较大的电流及灵敏度较高等优点，目前已逐渐取代金属丝式应变片，市场占有率较高。

金属薄膜应变片采用真空蒸镀或溅射式阴极扩散等方法在薄的基底材料上制成一层金属电阻材料薄膜以形成应变片。这种应变片具有较高的灵敏系数，允许电流密度大，工作温度范围也较大。

由前可知，金属电阻应变片的敏感栅都是由金属导体制成，其工作原理是基于金属材料的应变效应。假设一根长度为 L、截面面积为 A、电阻率为 ρ 的金属导体，则其电阻为

$$R = \rho \frac{L}{A} \tag{4.7}$$

若其承受应变作用，则长度 L、截面面积 A、电阻率 ρ 都会因此而发生变化，从而使 R 产生相对变化为

$$\frac{\mathrm{d}R}{R} = \frac{\mathrm{d}L}{L} - \frac{\mathrm{d}A}{A} + \frac{\mathrm{d}\rho}{\rho} \tag{4.8}$$

若金属导体的截面半径为 r，则有 $A = \pi r^2$，即 $\mathrm{d}A = 2\pi r\mathrm{d}r$，从而阻值相对变化为

$$\frac{\mathrm{d}R}{R} = \frac{\mathrm{d}L}{L} - \frac{2\mathrm{d}r}{r} + \frac{\mathrm{d}\rho}{\rho} \tag{4.9}$$

根据材料力学理论，对于受拉压的圆杆，存在有

$$\frac{\mathrm{d}L}{L} = \varepsilon, \frac{\mathrm{d}r}{r} = -\mu \frac{\mathrm{d}L}{L} = -\mu\varepsilon, \frac{\mathrm{d}\rho}{\rho} = \lambda\sigma, \sigma = E\varepsilon \tag{4.10}$$

式中：ε——所承受的应变；

σ——轴向正应力；

μ——材料的泊松比；

λ——材料的压阻系数；

E——材料的弹性模量。

将上式代入式(4.8)，则可得到

$$\frac{\mathrm{d}R}{R} = (1 + 2\mu + \lambda E)\frac{\mathrm{d}L}{L} = (1 + 2\mu + \lambda E)\varepsilon \tag{4.11}$$

金属电阻应变片式传感器的灵敏度为

$$S = \frac{\frac{\mathrm{d}R}{R}}{\frac{\mathrm{d}L}{L}} = \frac{\frac{\mathrm{d}R}{R}}{\varepsilon} = (1 + 2\mu) + \lambda E \tag{4.12}$$

由上述可知，金属导体在承受应变作用时，由于材料具有应变效应和压阻效应的缘故，其自身的电阻值会发生变化。应变效应是指材料在承受应变时，其几何尺寸发生变化而导致电阻发生变化的现象(由 $1+2\mu$ 项引起)；压阻效应则是指材料在承受应变时，其自身电阻率发生变化而导致电阻发生变化的现象(由 λE 项引起)。对于金属导体而言，由于 λE 值很小，$1+2\mu \gg \lambda E$，所以 $S \approx 1+2\mu$。

金属电阻应变片的灵敏度较低(一般在 1.7~3.6 内)，但是其温度稳定性好、非线性误差小，一般用于测量精度要求较高的场合。

2)半导体应变片

半导体应变片的工作原理是基于半导体材料的压阻效应，其使用方法与金属电阻应变片

相同，即粘贴在被测物体上，随被测试件的应变其电阻发生相应变化。半导体应变片主要有体型、薄膜型、扩散型三种类型，分别如图4.4、4.5、4.6所示。体型半导体应变片的敏感栅大多是由P型单晶硅、锗等半导体材料经切型、切条、光刻腐蚀成型(一般为单根状)，然后压焊粘贴在基片上而制成；薄膜型半导体应变片是利用真空沉积技术将半导体材料沉积在带有绝缘层的试件上而制成；扩散型半导体应变片是将P型杂质扩散到N型硅单晶基底上，形成一层极薄的P型导电层，再通过超声波和热压焊法接上引线而制成。

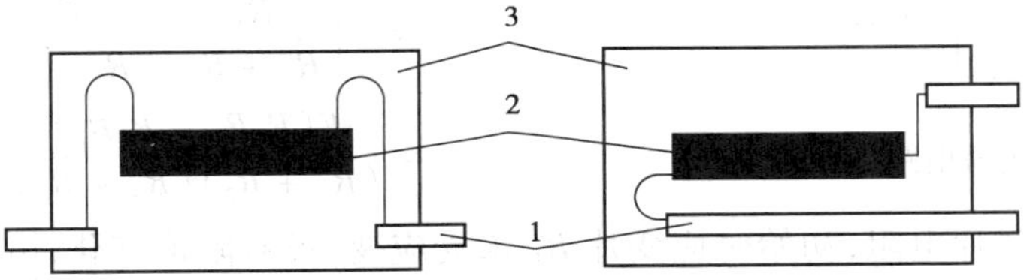

图4.4 体型半导体应变片的结构

1—引线；2—半导体片；3—基片

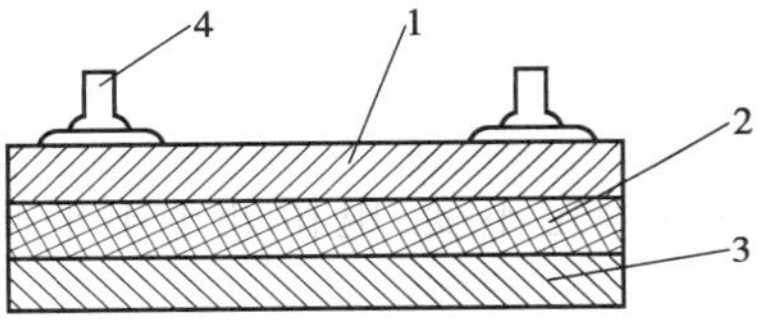

图4.5 薄膜型半导体应变片的结构

1—锗膜；2—绝缘层；3—金属箔基底；4—引线

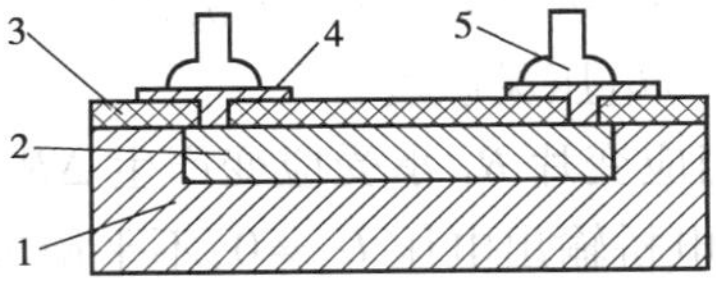

图4.6 扩散型半导体应变片的结构

1—N型硅；2—P型硅扩散层；

3—二氧化硅绝缘层；4—铝电极；5—引线

由半导体物理特性可知，半导体在受到压力、温度及光辐射等作用时，其电阻率会发生很大的变化。单晶半导体在外力作用下其电阻率发生变化的原因主要是由于外力的作用，而使半导体原子点阵排列规律发生变化，导致载流子迁移率及载流子浓度的变化，从而引起电阻率的变化。由前面分析，式(4.11)中$1+2\mu$项是由几何尺寸发生变化而引起的，λE项是由自身电阻率发生变化而引起的。对于半导体应变片而言，$\lambda E \gg 1+2\mu$，所以$S \approx \lambda E$。

上述分析表明，金属电阻应变片与半导体应变片的主要区别在于：前者是利用导体几何尺寸变化引起电阻变化；后者是利用半导体电阻率变化引起电阻变化。相比于金属电阻应变片，半导体应变片具有灵敏度高、横向效应小、机械滞后小及体积尺寸小等优点，但也存在温度稳定性差、灵敏度离散度大以及在较大应变情况下非线性误差大等缺点。

4.2.2 测量电路

金属应变片可以将应变片的应变转化为电阻的变化。为便于显示与记录应变的大小，电阻的变化需要转换为电压或电流的变化，因此金属应变片应该和电桥电路一起使用。同时，由于电桥电路输出的电压或电流很微弱，需要经过信号处理电路进行放大和滤波，使之成为与微机匹配的模拟量，然后再经A/D转换送入微机，实现对被测非电量的测量和控制。

用于测量应变变化而引起电阻变化的电桥电路通常有直流电桥和交流电桥两种。电桥电路的主要指标是桥路灵敏度、非线性误差和负载特性。

1）直流电桥电路

（1）平衡条件

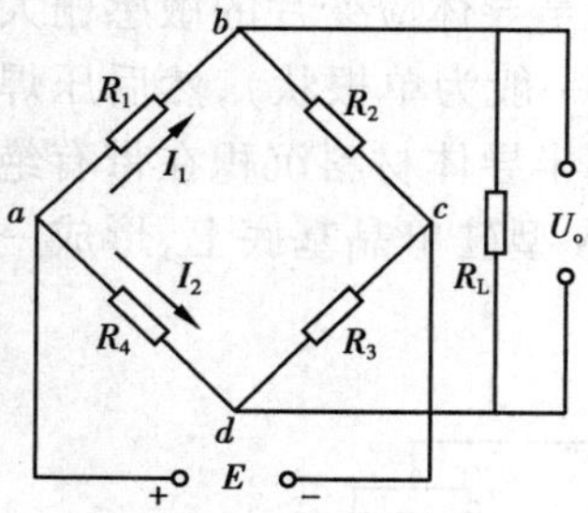

图 4.7　直流电桥电路

直流电桥电路的基本形式如图 4.7 所示，R_1, R_2, R_3, R_4 称为电桥的桥臂，R_L 为其负载（可以是测量仪表的内阻或其他负载）。

当 $R_L \to \infty$ 时，电桥的输出电压 U_o 为

$$U_o = E\left(\frac{R_1}{R_1+R_2} - \frac{R_4}{R_3+R_4}\right) = \frac{E(R_1R_3 - R_2R_4)}{(R_1+R_2)(R_3+R_4)} \tag{4.13}$$

如果 R_1 为应变片电阻，初始时应变片 R_1 未受应变，没有阻值变化，电桥处于平衡状态。此时，$U_o = 0$，则由式（4.13）可得到

$$R_1R_3 = R_2R_4 \text{或} \frac{R_1}{R_2} = \frac{R_4}{R_3} \tag{4.14}$$

式（4.14）即为电桥平衡条件。

（2）电压灵敏度

当应变片 R_1 承受应变产生 ΔR_1 的变化时，而其他桥臂固定不变，电桥处于不平衡状态。此时，电桥输出电压 $U_o \neq 0$，不平衡电桥输出电压为

$$U_o = E\left(\frac{R_1+\Delta R_1}{R_1+\Delta R_1+R_2} - \frac{R_4}{R_3+R_4}\right) = \frac{E\left(\frac{\Delta R_1}{R_1}\cdot\frac{R_3}{R_4}\right)}{\left(1+\frac{\Delta R_1}{R_1}+\frac{R_2}{R_1}\right)\left(1+\frac{R_3}{R_4}\right)} \tag{4.15}$$

假设 $n = \frac{R_2}{R_1} = \frac{R_3}{R_4}$，略去分母中的微量 $\frac{\Delta R_1}{R_1}$，则有

$$U_o \approx \frac{nE}{(1+n)^2}\frac{\Delta R_1}{R_1} = K_v\frac{\Delta R_1}{R_1} \tag{4.16}$$

式中：

$$K_v \approx \frac{nE}{(1+n)^2} \tag{4.17}$$

K_v 即为单臂工作应变片的电桥电压灵敏度。其定义为单位电阻值相对变化量引起电桥输出电压变化的大小。

分析式（4.17）可以得到：

①电桥的电压灵敏度正比于电桥供桥电压。供桥电压愈高，电压灵敏度愈高。但是，供桥电压的提高，受到两个方面的限制：一是应变片的允许温升，即应变片的允许功耗；二是应变片电阻的温度误差。所以，供桥电压应适当选择，一般取 3 ~ 6 V。

②电桥电压灵敏度是桥臂电阻比值 n 的函数，即和电桥各臂的初始比值有关。假设

$$\frac{dK_v}{dn} = \frac{1-n^2}{(1-n)^2} = 0 \tag{4.18}$$

则可求得 $n = 1$，即 $R_1 = R_2 = R_3 = R_4 = R$ 时，K_v 有最大值 $E/4$，此时

$$U_o \approx \frac{E}{4}\frac{\Delta R}{R} \tag{4.19}$$

由上面分析可知，当电源电压 E 和电阻相对变化 $\Delta R/R$ 一定时，电桥输出电压及其灵敏度也是定值，即电桥输出电压与应变片电阻相对变化成线性关系，且与电桥各桥臂阻值大小无关。

③非线性误差及其补偿方法

式(4.19)是一种理想化的线性关系，是假定应变片电阻的相对变化 $\Delta R/R$ 很小，而且可忽略的理想情况，实际中应按式(4.14)计算。为简便起见，假设

$$R_1 = R_2 = R_3 = R_4 = R \tag{4.20}$$

则由式(4.15)可得到

$$U_o = \frac{E}{4}\frac{\Delta R}{R}\frac{1}{1+\frac{1}{2}\frac{\Delta R}{R}} \tag{4.21}$$

比较式(4.19)和式(4.21)，可求得非线性误差为

$$\delta = \frac{U_{o理} - U_{o实}}{U_{o实}} = \frac{\frac{1}{1+n}\frac{\Delta R}{R}}{1+\frac{1}{1+n}\frac{\Delta R}{R}} \tag{4.22}$$

当 $\frac{1}{1+n}\frac{\Delta R}{R} \ll 1$ 时，则

$$\delta \approx \frac{1}{1+n}\frac{\Delta R}{R} = \frac{1}{1+n}K\varepsilon \tag{4.23}$$

此值为相对误差。

也可根据泰勒公式展开

$$\delta = \frac{\frac{1}{1+n}\frac{\Delta R}{R}}{1+\frac{1}{1+n}\frac{\Delta R}{R}}$$

$$= \frac{1}{1+n}\frac{\Delta R}{R}\left[1 - \frac{1}{1+n}\frac{\Delta R}{R} + \left(\frac{1}{1+n}\frac{\Delta R}{R}\right)^2 - \left(\frac{1}{1+n}\frac{\Delta R}{R}\right)^3 + \cdots\right] \tag{4.24}$$

则相对误差为

$$\delta \approx \frac{1}{1+n}\frac{\Delta R_1}{R_1} \times 100\% = \frac{1}{1+n}K\varepsilon \times 100\% \tag{4.25}$$

如果电桥为等臂电桥，即 $n=1$，则相对误差为

$$\delta = \frac{1}{1+n}\frac{\Delta R_1}{R_1} = \frac{1}{1+1}\frac{\Delta R_1}{R_1} = \frac{1}{2}\frac{\Delta R_1}{R_1} = \frac{1}{2}K\varepsilon \tag{4.26}$$

减小或消除非线性误差的方法有如下几种：

a. 采用差动电桥

采用差动电桥是常用的行之有效的方法，其主要有两种：半差动电桥和全差动电桥。

● 半差动电桥

在同一试件上分别粘贴两只应变片，一只感受拉力，一只感受压力，两者应变符号相反，大

小相等。测试时,将两只应变片分别接在电桥的相邻桥臂上,如图 4. 8 所示。

电桥输出电压为

$$U_o = E\left(\frac{R_1 + \Delta R_1}{R_1 + \Delta R_1 + R_2 - \Delta R_2} - \frac{R_3}{R_3 + R_4}\right) \tag{4.27}$$

假设

$$\Delta R_1 = \Delta R_2 = \Delta R, R_1 = R_2 = R, R_3 = R_4 = R \tag{4.28}$$

则得

$$U_o = \frac{1}{2}E\frac{\Delta R}{R} \tag{4.29}$$

由式(4. 29)可知,U_o 与 $\Delta R/R$ 成线性关系。

半差动电桥不仅能消除非线性误差,而且可使电压灵敏度比使用一只应变片时提高一倍,同时还可起到温度补偿作用。

• 全差动电桥

若在同一试件上分别粘贴 4 片应变片,其中两片受拉力,两片受压力,将两个应变符号相同的应变片接在相对桥臂上,则就构成了全差动电桥,如图 4. 9 所示。

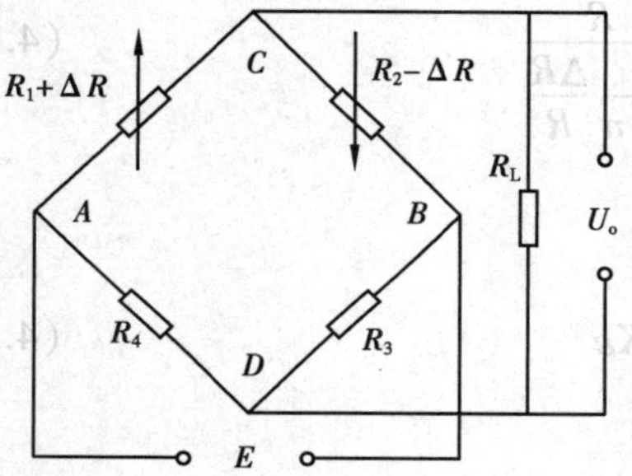

图 4. 8　半差动电桥电路

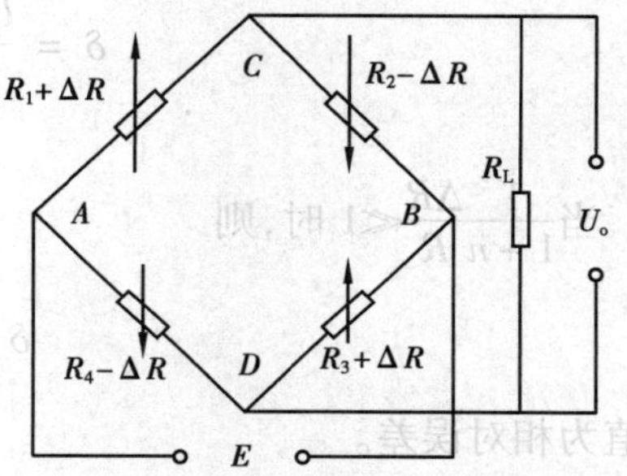

图 4. 9　全差动电桥电路

若采用等臂电桥且满足 $\Delta R_1 = \Delta R_2 = \Delta R_3 = \Delta R_4 = \Delta R$,则输出的电压为

$$U_o = E\frac{\Delta R}{R} \tag{4.30}$$

由此可见,采用全差动电桥的输出电压是用单只应变片工作电桥灵敏度的 4 倍,是半差动电桥的 2 倍。

b. 提高桥臂比

从式(4. 23)可以看出,提高桥臂比 R_2/R_1 可减小非线性误差。但是,从电压灵敏度考虑,提高桥臂比又会降低电压灵敏度。因此,为达到既减小非线性误差,又不降低电压灵敏度,必须适当提高供桥电压 E。

(3)采用高内阻的恒流源电桥

通过电桥各桥臂的电流不稳定,也是产生非线性误差的重要原因之一。因此,半导体应变片一般都采用恒流源供电,供电电流为 I,通过各臂的电流分别为 I_1 和 I_2,如图 4. 10 所示。

如果测量电路的输入阻抗较高,则有

$$\begin{cases} I_1(R_1 + R_2) = I_2(R_3 + R_4) \\ I = I_1 + I_2 \end{cases}$$

解方程组可得

$$\begin{cases} I_1 = \dfrac{R_3 + R_4}{R_1 + R_2 + R_3 + R_4} I \\ I_2 = \dfrac{R_1 + R_2}{R_1 + R_2 + R_3 + R_4} I \end{cases}$$

输出电压为

$$\begin{aligned} U_o &= I_1 R_1 - I_2 R_2 \\ &= \frac{R_1 R_4 - R_2 R_3}{R_1 + R_2 + R_3 + R_4} I \end{aligned} \tag{4.31}$$

若电桥初始处于平衡状态，即 $R_1R_4 = R_2R_3$，且 $R_1 = R_2 = R_3 = R_4 = R$。当第一桥臂电阻 R_1 变为 $R + \Delta R_1$ 时，电桥输出电压为

$$\begin{aligned} U_o &= \frac{R\Delta R}{4R + \Delta R} I \\ &= \frac{1}{4} I \frac{\Delta R}{R} \frac{1}{1 + \dfrac{1}{4}\dfrac{\Delta R}{R}} \end{aligned} \tag{4.32}$$

由上式可知，用恒流源供电输出电压分母中的 ΔR 被 $4R$ 除，而用恒压源供电输出的分母中的 ΔR 被 $2R$ 除。因此，采用恒流源电桥比恒压源电桥的非线性误差减小二分之一。

2）交流电桥电路

直流电桥的优点是易于获得稳定性直流电源，电桥平衡调节简单，连接导线的分布参数影响小。但其输出电压采用直流放大器，易产生零点漂移，故实际中多采用交流电桥电路。交流电桥连接导线的分布参数影响小，平衡调节、信号放大电路均与直流电桥明显不同。

（1）交流电桥的平衡条件

交流电桥结构与工作原理和直流电桥基本相同，如图 4.11 所示。不同的是输入、输出电压为交流。

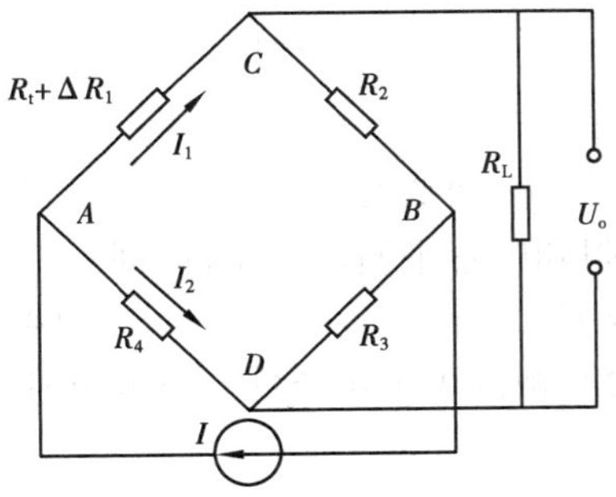

图 4.10　恒流源电桥电路

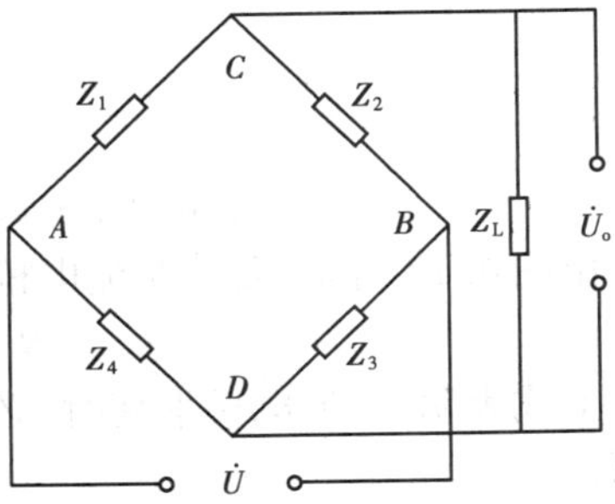

图 4.11　交流电桥电路

在一般情况下，其输出电压为

$$\begin{aligned} \dot{U}_o &= \dot{U}\left(\frac{Z_1}{Z_1 + Z_2} - \frac{Z_4}{Z_3 + Z_4}\right) \\ &= \dot{U} \cdot \frac{Z_1 Z_3 - Z_2 Z_4}{(Z_1 + Z_2)(Z_3 + Z_4)} \end{aligned} \tag{4.33}$$

式中 Z_1, Z_2, Z_3, Z_4 为电阻、电容、电感的复合阻抗。

由 $\dot{U} = 0$ 可求得交流电桥的平衡条件为

$$Z_1Z_3 = Z_2Z_4 \quad 或 \quad \frac{Z_1}{Z_2} = \frac{Z_4}{Z_3} \tag{4.34}$$

但是,各桥臂的阻抗为

$$Z_1 = R_1 + jx_1 = z_1 e^{j\phi 1} \qquad Z_2 = R_2 + jx_2 = z_2 e^{j\phi 2} \tag{4.35}$$

$$Z_3 = R_3 + jx_3 = z_3 e^{j\phi 3} \qquad Z_4 = R_4 + jx_4 = z_4 e^{j\phi 4} \tag{4.36}$$

其中,$R_1 \sim R_4$ 和 $x_1 \sim x_4$ 分别各为桥臂的电阻和电抗;$z_1 \sim z_4$ 和 $\phi_1 \sim \phi_4$ 为各复合阻抗的模值和相位。由此,可得到交流电桥平衡条件的另一种形式为

$$\begin{cases} z_1z_3 = z_2z_4 \\ \phi_1 + \phi_3 = \phi_2 + \phi_4 \end{cases} \tag{4.37}$$

或

$$\begin{cases} R_1R_3 - R_2R_4 = x_1x_3 - x_2x_4 \\ R_1x_3 + R_3x_1 = R_2x_4 + R_4x_2 \end{cases} \tag{4.38}$$

(2)交流电桥调平方法

电桥的调平就是确保试件在未受载、无应变的初始条件下,应变电桥满足平衡条件,即初始输出为零。在实际的应变测量中,由于各桥臂应变片的性能参数不可能完全对称,加之应变片引出导线的分布电容的阻抗与供桥电源的频率有关,严重影响着交流电桥的初始平衡和输出特性,如图 4.12(a)所示,因此必须使电桥平衡。

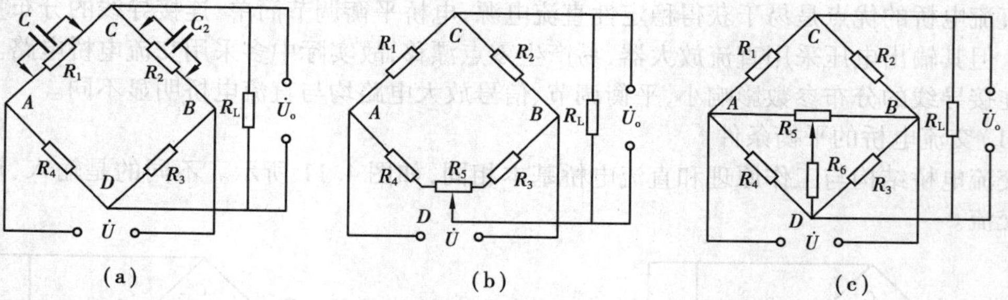

图 4.12 交流电桥电阻调平法

(a)交流电桥分布电容的影响 (b)串联电阻法 (c)并联电阻法

由图 4.12 可知,要使交流电桥平衡,必须同时满足电阻和电容平衡两个条件,即

$$R_1 = R_2 = R_3 = R_4, C_1 = C_2 \tag{4.39}$$

上式表明,交流电桥平衡时,必须同时满足电阻和电容平衡两个平衡条件。下面分别进行介绍:

①电阻调平法

a. 串联电阻法

如图 4.12(b)所示,R_5 由下式确定:

$$R_5 = \left[\Delta R_4 + \Delta R_1 \frac{R_4}{R_1}\right]_{\max} \tag{4.40}$$

式中 ΔR_1,ΔR_3 分别为桥臂 R_1 与 R_2,R_3 与 R_4 的偏差,且取绝对值 $|\Delta R_1|$,$|\Delta R_3|$。

b. 并联电阻法

如图 4.12(c)所示,通过调节电阻 R_5 改变 AD 与 BD 的阻值比,使电桥满足平衡条件。电阻 R_6 决定可调范围,R_6 越小,可调范围越大,但测量误差也越大。因此,要在保证精度的前提

下，使 R_6 选得小些。R_5，R_6 采用相同阻值，R_5 可按下式计算：

$$R_5 = \frac{R_4}{\left[\left|\frac{\Delta R_1}{R_1}\right| + \left|\frac{\Delta R_4}{R_4}\right|\right]_{max}} \tag{4.41}$$

②电容调平法

a. 差动电容法

如图4.13(a)所示，C_3 和 C_4 为差动电容。调节 C_3 和 C_4 时，由于电容大小相等、极性相反，以此调节电容平衡。

b. 阻容调平法

如图4.13(b)所示，该电路接入了"T"形 RC 阻容电路，可通过交替调节电容、电阻，使电路达到平衡状态。

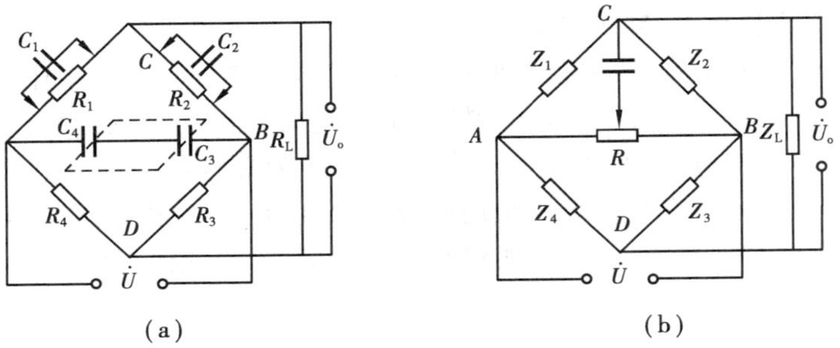

图4.13 交流电桥电容调平法电路

(a)差动电容法 (b)阻容调平法

3)交流电桥不平衡输出

(1)单臂交流电桥，其输出电压为

$$\dot{U}_o = \frac{1}{4}\dot{U}\frac{\Delta Z_1}{Z_1} \tag{4.42}$$

(2)半差动电桥，其输出电压为

$$\dot{U}_o = \frac{1}{2}\dot{U}\frac{\Delta Z}{Z} \tag{4.43}$$

(3)全差动电桥，其输出电压为

$$\dot{U}_o = \dot{U}\frac{\Delta Z}{Z} \tag{4.44}$$

4.3 工程应用

电阻应变式传感器具有体积小、动态响应快、测量精度高、使用简便等优点，可用来测量应变、力、位移、加速度、扭矩等信号，在机械、建筑、航空、船舶等许多工程领域得到了广泛应用。电阻应变片工程应用可分为以下两大类：

1)直接用来测量构件的应变或应力

例如，为了研究机械结构、桥梁、建筑等的某些构件在工作状态下的受力、变形情况，即可将不同形状的应变片粘贴在构件的指定部位处,测出构件的应力、应变、扭矩等参数,为结构设计、应力校核或构件破坏的预测等提供测试数据。图 4.14 所示为几个用电阻应变片直接测量构件应力、应变的例子。

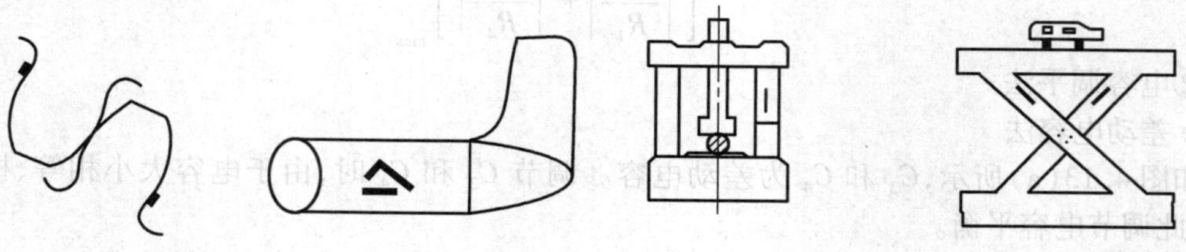

图 4.14 电阻应变片测量示例

(a)齿轮轮齿弯矩测量 (b)飞机机身应力测量 (c)立柱应力测量 (d)桥梁应力测量

2)作为传感器测量力、位移等参数

在这种情况下,电阻应变片一般与弹性元件一起构成各种类型的电阻应变式传感器。其中,弹性元件作为一次敏感元件,将被测量转换成与之成比例关系的应变;应变片则作为二次敏感元件,将应变转换成电阻值的变化。图 4.15 所示为几种电阻应变式传感器的原理示意图。需要指出的是,电阻应变片测出的是构件或弹性元件上某处的应变,而不是该处的应力、力或位移等。只有通过换算或标定,才能得到相应的应力、力或位移量。

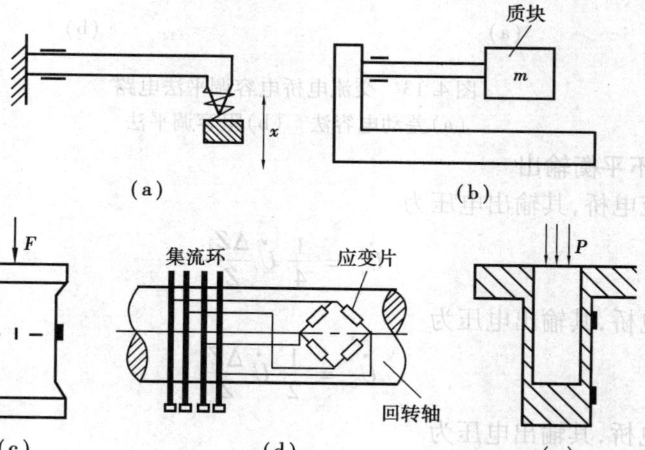

图 4.15 几种电阻应变式传感器的原理示意图

(a)位移传感器 (b)加速度传感器 (c)力传感器

(d)扭矩传感器 (e)压力传感器

电阻应变片必须被粘贴在构件或弹性元件上才能工作。粘合剂和粘合技术对测量结果有着直接影响。因此,粘合剂的选择,粘合前构件表面加工与清理、粘合的方法和粘合后的固化处理、防潮处理等都必须认真做好。温度的变化也会引起电阻应变片电阻值的变化,从而造成应变测量结果的误差。由温度变化所引起的电阻值变化与由应变所引起的电阻值变化通常具有同等数量级,因此在实际应用绝对不可掉以轻心。通常,可采取相应的温度补偿措施,以消除温度变化所造成的误差。

同时,电阻应变片用于动态测量时,应当考虑应变片本身的动态响应特性。其中,限制应变片上限测量频率的是所使用的电桥激励电源的频率和应变片的基长。一般上限测量频率应在电桥激励电源频率的1/10～1/5以下。基长越短，上限测量频率可以越高。一般情况下，基长为10 mm时，上限测量频率可达到25 kHz。

4.4　电阻式传感器在汽车上的应用

汽车上的电阻式传感器主要有翼片式空气流量计、节气门位置传感器、半导体压阻式进气压力传感器、加速踏板位置传感器、安全气囊中央碰撞传感器、可变电阻式液位传感器等。

4.4.1　翼片式空气流量计

空气流量计的作用是将吸入发动机的空气量转换成电信号送至ECU，其信号是用来确定基本喷油量的主要依据之一。空气流量计按照结构形式的不同可分为翼片式、卡门漩涡式、热线式和热膜式等；按照输出信号的不同，又可分为体积流量型和质量流量型。翼片式空气流量计属于体积流量型，在70年代较为流行，其主要由翼片、电位计和接线插头等三部分组成，如图4.16所示。

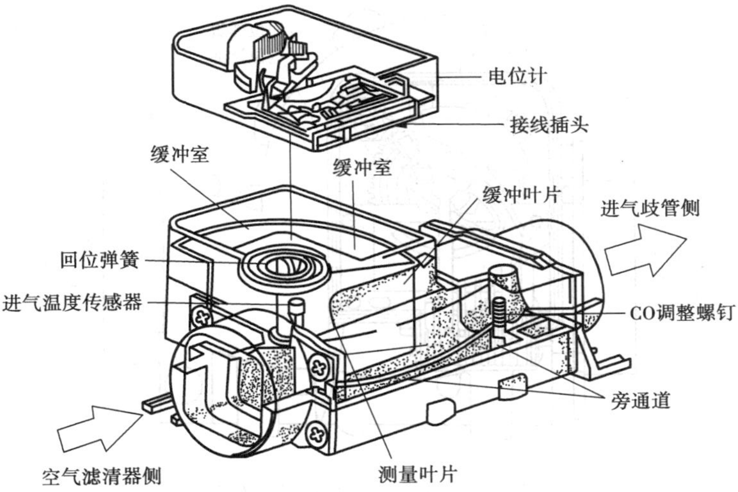

图4.16　翼片式空气流量计的结构

翼片部分的结构如图4.17所示，由测量叶片和缓冲叶片组成，两者铸成一体。叶片转轴安装在壳体上，转轴一端装有螺旋回位弹簧。当回位弹簧的弹力与吸入空气气流对测量叶片的推力平衡时，叶片即处于稳定位置。测量叶片随进气量的变化在空气主通道内发生偏转，缓冲叶片在缓冲室内与其同步偏转，缓冲室对叶片起阻尼作用。其设计目的在于，当发动机吸入空气量急剧变化和气流脉动时，减小翼片的脉动，使翼片运转平稳。

在空气流量计主空气道的下方设置有空气旁通通道，在旁通通道的一侧安置了可改变旁通空气量的CO（一氧化碳）调整螺钉，以便在小空气流量时对空气流量计的输出特性进行调节。发动机急速时的空燃比，因发动机、燃油喷射装置及系统的不同，会出现若干偏差，因此亦同样需要通过调整旁通通道面积，使空气流量计的输出与目标值一致。

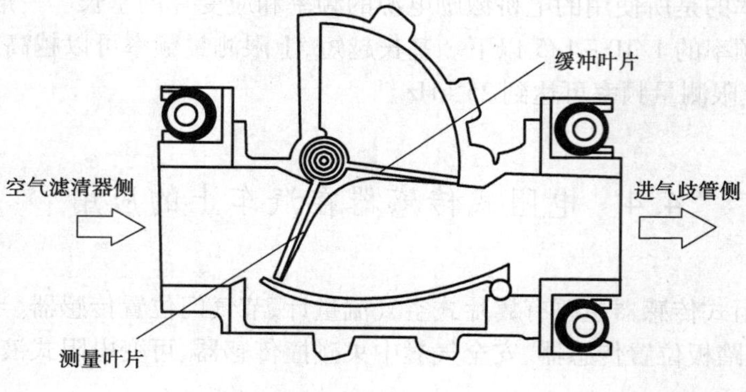

图 4.17 翼片式空气流量计的翼片部分

电位计安装在空气流量计壳体上方，内装有平衡配重、滑臂、回位弹簧、调整齿圈和印刷电路板等。如图 4.18 所示，螺旋回位弹簧的一端固定在翼片转轴上，另一端固定在调整齿圈上。调整齿圈用卡簧定位，其上有刻度标记。改变调整齿圈的固定位置，可调整回位弹簧的预紧力，使用中用以调整空气流量计的输出特性。翼片转轴上端固装着平衡配重和滑臂，随翼片一起动作，滑臂与印刷电路板上的镀膜电阻接触，并在其上滑动。

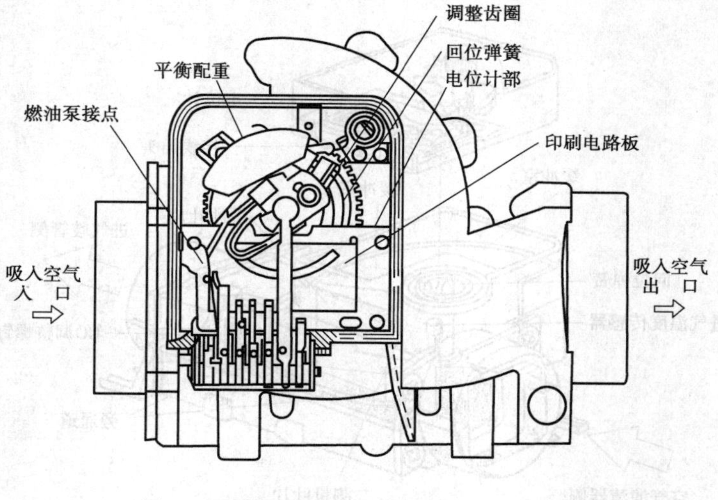

图 4.18 翼片式空气流量计的电位计部分

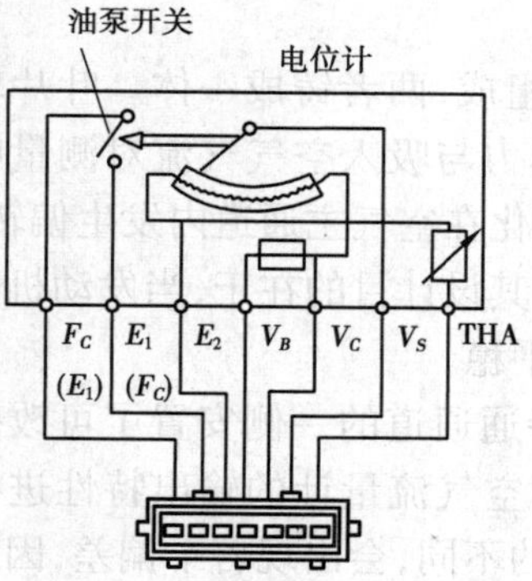

图 4.19 翼片式空气流量计电路原理

印刷电路板采用陶瓷基镀膜工艺制成，其电路如图 4.19所示。由可变电阻、燃油泵开关和进气温度传感器电路组成。可变电阻的中央抽头是与翼片转轴连动的滑臂，且通过接线插头将进气量信号输出。燃油泵开关触点亦受翼片转轴的控制。当翼片处于静止位置时，燃油泵控制触点被顶开，切断燃油泵电路；当翼片偏转时，触点闭合，接通燃油泵电路。进气温度传感器安装在空气流量计主空气道的进气口上。因为不同温度时的空气密度不同，因此不同温度下相同体积的空气具有不同的空气质量。翼片式空气流量计只能测进气量体积而不能测进气质量。

利用进气温度传感器,可对进气量信号进行修正,以提高进气量的测量精度。

翼片式空气流量计的工作原理如图 4.20 所示。当空气通过空气流量计主通道时,翼片将受到吸入空气气流的压力及回位弹簧的弹力作用。若空气流量增大,则气流压力增大,使翼片逆时针偏转 α 角,直到两力平衡为止。与此同时,电位计中的滑臂与翼片同轴旋转,使得滑片电阻输出电位 V_S 提高,即电压 U_O 减小。ECU 则根据空气流量计输出的 U_S/U_B 电压比信号,测量发动机的进气量。U_S/U_B 信号与空气流量成反比,且线性下降。当吸入的空气流量减小时,翼片转角 α 减小,U_S 电压值上升,则 U_S/U_B 的电压比值随之增大。

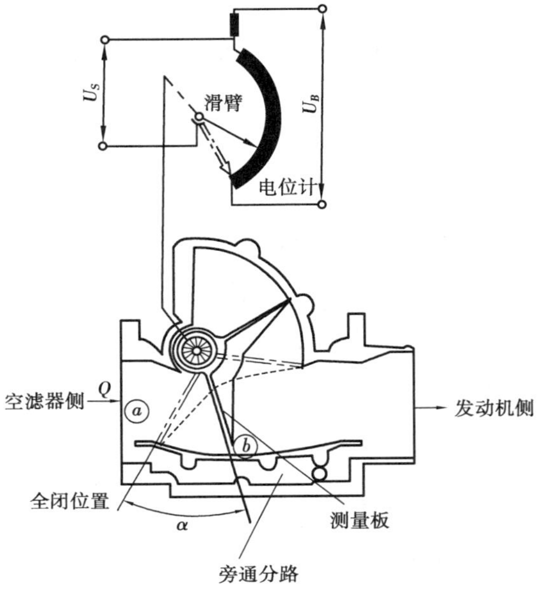

图 4.20　翼片式空气流量计的工作原理

利用 U_S/U_B 电压比作为空气流量计的输出,其目的在于:当加到电位计上的电源电压 U_B 发生变化时,因信号 U_S 与 U_B 成比例变化,所以作为空气流量计的输出信号 U_S/U_B 仍可保持不变,即不受电源电压的影响,以此保证空气流量计的测量精度。

4.4.2　节气门位置传感器

节气门位置传感器通常安装在节气门体上,可以将节气门开度、怠速工况、负荷大小、加减速等信号转换成电压信号送至 ECU,以便控制系统可以根据发动机的运行工况对其喷油量及点火提前角进行最优控制。节气门位置传感器有线性输出和开关量输出两种型式。线性输出型节气门位置传感器的结构与工作原理属于变阻器式传感器,如图 4.21(a)所示,在传感器上安装了一个与节气门轴联动的电刷(滑动触头)。

当转动节气门时,电刷触头在印刷电路基片上的滑片电阻上滑动,即可将节气门开度大小、变化速率等信号转变成电阻信号,再经测量电路转变成电压信号后输出给 ECU。传感器的电压信号输出特性如图 4.21(b)所示,节气门开度与传感器输出电压信号成正比。

节气门位置传感器与 ECU 的连接线路如图 4.22 所示。传感器上还设置了一个触点(开关),用于检测节气门全闭状态(即怠速工况),以便 ECU 对发动机怠速时的转速、喷油量及点火提前角进行控制。

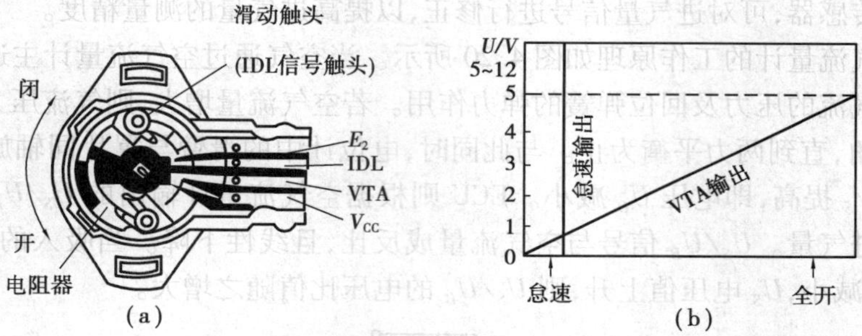

图 4.21　线性输出型节气门位置传感器结构与输出特性

(a)结构组成　(b)输出特性

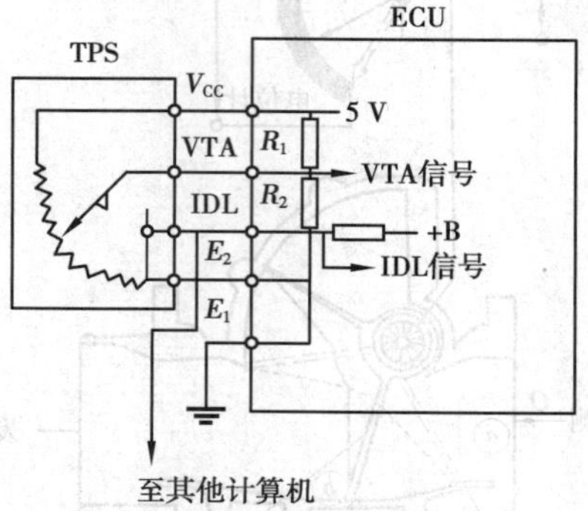

图 4.22　线性输出型节气门位置传感器与 ECU 的连接

4.4.3　半导体压阻式进气压力传感器

进气压力传感器是 D 型燃油喷射控制系统最重要的传感器之一,其作用也是测量进入发动机的空气量的多少。与空气流量计不同的是,进气压力传感器采用间接测量方式来测量发动机的进气量,即依据发动机的负荷变化测出进气歧管内绝对压力的相应值,进而测算发动机的进气量,因此也被称为进气歧管绝对压力传感器。进气压力传感器种类较多,就其信号产生的原理可分为半导体压阻式、电容式、膜盒传动的可变电感式和表面弹性波式等。其中,电容式和半导体压阻式进气压力传感器在目前发动机电子控制系统(D 型)中应用较为广泛。

半导体压阻式进气压力传感器是利用半导体的压阻效应来测量进气歧管绝对压力的,其结构如图 4.23 所示。它是由压力转换元件和把转换元件输出信号进行放大的混合集成电路等构成。压力转换元件是利用半导体的压阻效应制成的硅膜片。硅膜片约为 3 mm^2 的正方形,其一面是真空室,而另一面则导入进气歧管压力。其中部经光刻腐蚀形成直径约 2 mm,厚约 50 μm 的薄膜,薄膜周围安置有四个应变电阻,且以惠斯顿电桥方式连接而成。

由图 4.24 可知,当硅膜片受力变形时,其中应变电阻 R_2 和 R_4 受拉,其电阻值随应力增加而增加;而应变电阻 R_1 和 R_3 受压,电阻变化则相反,且随应力增加而减小。这样即会造成惠斯顿电桥失去平衡,有信号输出。此外,进气歧管绝对压力越大,硅膜片受力变形越大,输出的信号越强烈。该传感器的输出信号电压具有随进气歧管绝对压力的增大呈线性增大的特性。

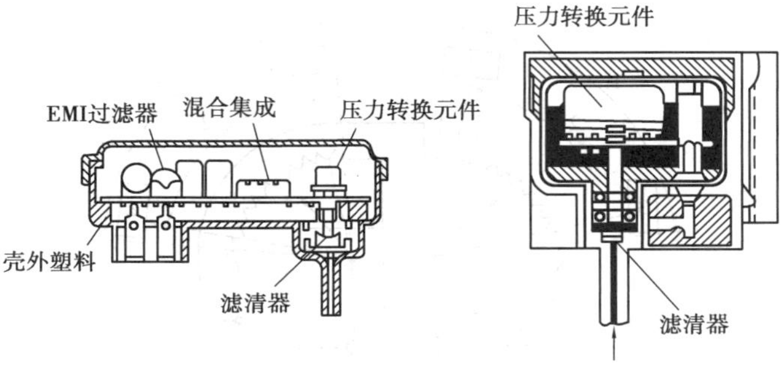

图 4.23　压阻式进气压力传感器的结构

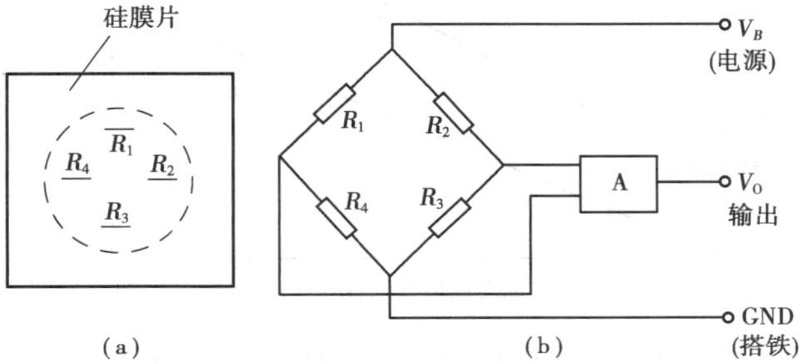

图 4.24　压阻式进气压力传感器的工作原理

由于输出信号较弱,所以需用混合集成电路进行放大后再输出。测量电路采用了差动电桥放大方式,可明显提高传感器灵敏度。该类传感器具有尺寸小、精度高、成本低、响应性好、通用性强和测量范围广等优点,是目前进气压力传感器中应用最广泛的传感器之一。

4.4.4　加速踏板位置传感器

加速踏板位置传感器用于电子油门控制系统中,其主要给 ECU 传递加速踏板的位置及变化情况等信号。ECU 根据加速踏板位置传感器的信号判断驾驶人员的意图,发出指令控制节气门电动机动作,带动节气门开度做相应变化,满足驾驶人员的要求。同时,节气门的开度通过节气门位置传感器反馈给 ECU,用于实现闭环控制,提高控制精度。加速踏板位置传感器属于线性输出传感器,结构与原理和节气门位置传感器相似,其电路与输出特性如图 4.25 所示。为了保证可靠性,该传感器被设计为输出特性不同的双重传感器,传感器的电阻值及输出电压值随着踏板位置的变化成正比变化,ECU 由此判断加速踏板的位置及变化情况。

4.4.5　安全气囊中央碰撞传感器

安全气囊系统中央碰撞传感器用于检测车辆发生事故后的撞击信号及程度,输送给 ECU,以便及时引爆安全气囊,对驾驶员、乘员及车内物品起到保护作用。中央碰撞传感器有应变电阻片的半导体型和机械型两种。半导体型传感器由应变电阻片和集成电路组成,如图 4.26 所示。在汽车发生碰撞事故时,重块在惯性力的作用下向前移动,从而带动叶片摆动,使应变电阻片阻值发生变化,再经集成电路处理后传给控制单元,用于判断是否需要引爆安全气囊。

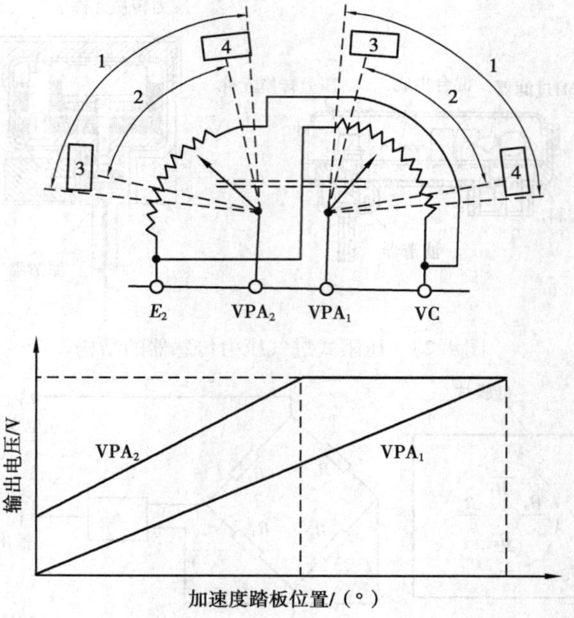

图 4.25　加速踏板位置传感器的电路与输出特性

1—传感器可调范围;2—控制使用范围;3—全闭;4—全开

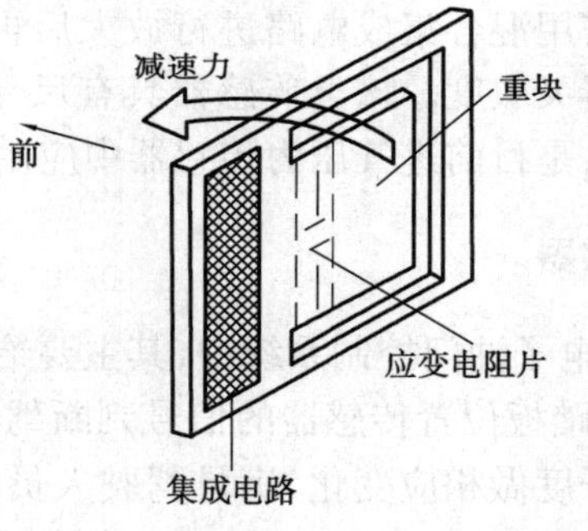

图 4.26　中央碰撞传感器

4.4.6　燃油液位传感器

燃油液位传感器是由浮子、内装滑动电阻的主体以及浮子臂构成,如图 4.27 所示。浮子可随液面位置上、下移动,浮子臂连接浮子和滑动电阻滑动臂,使其在电阻上滑动,从而改变搭铁与浮子之间的阻值。利用这一阻值变化来控制回路中电流的大小,并在仪表上显示出来。

燃油油量表的电路如图 4.28 所示。仪表部分与浮子部分串联,当油箱内装满燃油时,浮子升至最高位置,滑动臂向阻值低端方向滑动,通过回路中的电流增大,仪表部分的双金属片弯曲程度较大,指针偏向 F 侧。当油箱内的燃油量较少时,浮子降到较低位置,燃油表电路中的电流较小,仪表内的双金属片只是轻微弯曲,指针偏向 E 侧。

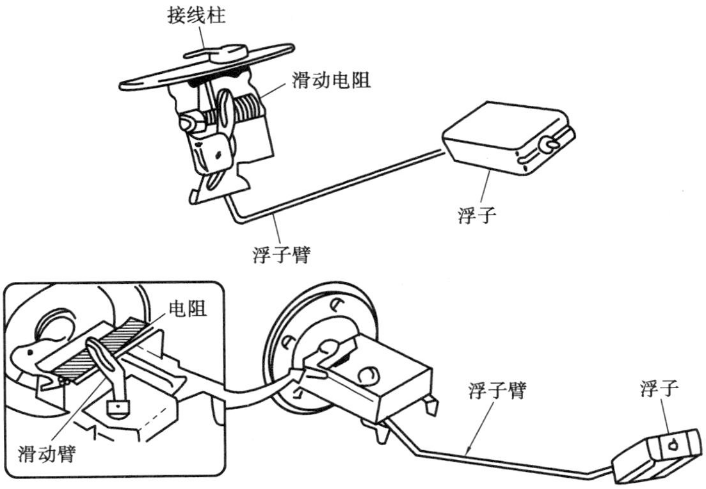

图 4.27　燃油液位传感器

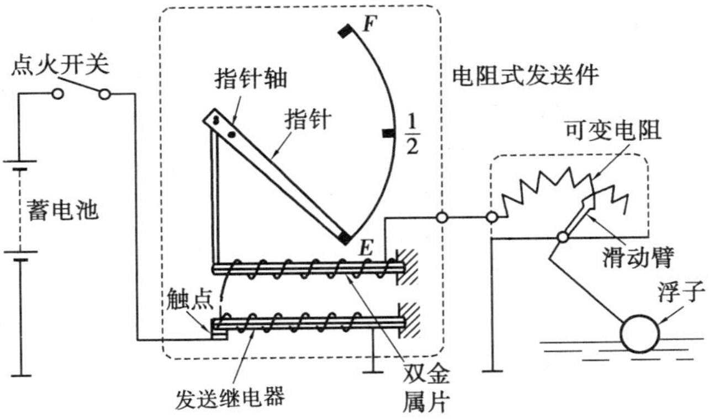

图 4.28　燃油油量表电路图

复习思考题

1. 试举出 5 种日常生活中的电阻式传感器,并分别说明它们的变换原理。

2. 请问电阻丝应变片与半导体应变片在工作原理上有何区别？各有哪些优缺点？

3. 根据图 4.2 电阻分压式测量电路,分析、计算出输出电压 e_o 与输入位移 x 的关系式。

4. 简述直流电桥电路非线性误差产生的原因及其常用的补偿方法。

5. 请问交流电桥调平方法主要有哪些？并请作简要介绍。

6. 请问电阻式传感器在实际工程应用中可以用来测量哪些参数信号？并请举出两个工程应用的实例。

7. 请问目前汽车上的电阻式传感器主要有哪些？

8. 简述翼片式空气流量计与安全气囊中央碰撞传感器的结构组成与工作原理。

第 5 章

变磁阻式传感器

变磁阻式传感器是利用被测量调制磁路的磁阻,导致线圈电感量或磁通量改变,实现对被测对象测量的一种传感器。变磁阻式传感器有多种形式,主要分为电感式和磁电式两种。电感式传感器是一种基于电磁感应原理将被测量(如位移、压力等)的变化转换成线圈电感参数(自感系数、互感系数、等效阻抗)变化的传感器,按变换方式的不同,可分为自感式、互感式和涡流式三种;磁电式传感器是把被测物理量转换为感应电动势的一种传感器,可分为动圈式、动铁式和磁阻式。变磁阻式传感器具有结构简单可靠、输出功率大、输入阻抗小、抗干扰能力强、分辨率高、稳定性好等优点。这类传感器应用很广,主要应用是作为位移传感器,凡能转换成位移变化的参数,如力、压力、压差、加速度、速度、振动、工件尺寸等均可测量。

5.1 自感式电感传感器

5.1.1 工作原理

1)自感式电感传感器

自感式电感传感器是将被测量的变化转换成线圈本身自感系数变化的传感器,其结构组成及输入输出特性如图 5.1 所示。

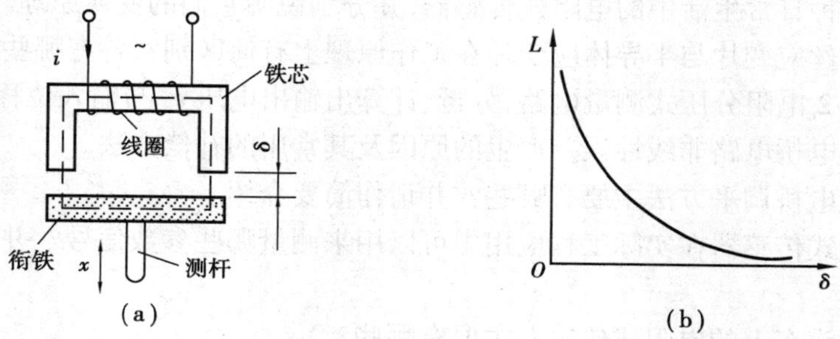

图 5.1 自感传感器原理

(a)结构组成 (b)输入输出特性

自感式电感传感器主要由线圈、铁芯和衔铁等组成，在铁芯和衔铁之间存有空气间隙 δ。由电工学可知，当线圈中通以交变电流 i 时，在线圈中将产生磁通量 ϕ_m，其大小与激励电流成正比，即

$$N\phi_m = Li \tag{5.1}$$

式中：N——线圈的匝数；

L——线圈的自感。

根据磁路欧姆定律，又有

$$\phi_m = \frac{Ni}{R_m} \tag{5.2}$$

式中：R_m——磁路的磁阻。

将式(5.2)代入式(5.1)，可以得到线圈的自感 L 为

$$L = \frac{N^2}{R_m} \tag{5.3}$$

如果空气间隙 δ 很小，而且不考虑磁路的铁损时，则磁路总的磁阻可以认为是由铁芯的磁阻和空气间隙的磁阻叠加而成。即

$$R_m = R_{m铁} + R_{m气} \tag{5.4}$$

因为铁芯的磁导率远高于空气的磁导率，其磁阻与空气间隙的磁阻相比较很小，计算时可以忽略不计，故有

$$R_m = R_{m铁} + R_{m气} \approx R_{m气} = \frac{2\delta}{\mu_0 A} \tag{5.5}$$

式中：A——磁路的导磁截面面积；

μ_0——空气的磁导率(约为 $4\pi \times 10^{-7}$ H/m)。

将式(5.5)代入式(5.3)，得到线圈的自感 L 为

$$L = \frac{N^2\mu_0 A}{2\delta} \tag{5.6}$$

由上式可知，自感 L 与空气间隙 δ 成反比，与导磁截面面积 A 成正比。当线圈的匝数 N、空气的磁导率 μ_0、导磁截面面积 A 一定时，空气间隙 δ 的改变与自感 L 成非线性关系，如图5.1所示。此时，传感器的灵敏度 S 为

$$S = \frac{\mathrm{d}L}{\mathrm{d}\delta} = -\frac{N^2\mu_0 A}{2\delta^2} \tag{5.7}$$

灵敏度 S 与空气间隙 δ 的平方成反比，不为常数，则说明传感器存在一定的非线性误差。为了限制传感器的非线性误差，通常规定传感器在初始空气间隙 δ_0 附近较小的范围 $\pm\Delta\delta$ 内工作，此时传感器的灵敏度为

$$S = -\frac{N^2\mu_0 A}{2\delta^2} = -\frac{N^2\mu_0 A}{2(\delta_0 + \Delta\delta)^2} = -\frac{N^2\mu_0 A}{2\delta_0^2(1 + \Delta\delta/\delta_0)^2} \tag{5.8}$$

当 $\Delta\delta \ll \delta_0$ 时，灵敏度可以近似为一个常数，传感器的输入输出特性近似保持线性关系。实际中，通常取 $\Delta\delta/\delta_0 \leqslant 0.1$。这种传感器适用于较小位移的测量，一般约为 0.001 ~ 1 mm。

自感式电感传感器除了上面所述的变空气间隙型外，还有变面积型、单螺线管型、差动螺线管型等，其结构组成分别如图 5.2 所示。变面积型传感器的自感 L 与 A_0 成线性关系，但是其灵敏度较低；单螺线管型传感器通过铁芯在线圈中运动改变磁阻，使线圈的自感发生变化，

其结构简单、制造容易,但是灵敏度低,适用于较大位移(如数毫米)的测量;差动螺线管型传感器较之于单螺线管型,具有灵敏度高、线性度好等优点,被用于电感测微计上,常用测量范围为 0 ~ 300 μm,最小分辨率为 0.5 μm。

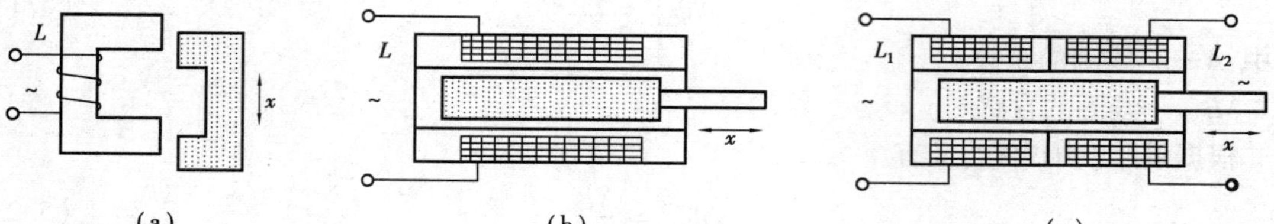

图 5.2　其他形式的自感式传感器

(a)变面积型　(b)单螺线管型　(c)差动螺线管型

2)差动式自感传感器

由于上述变空气间隙型传感器只有一个工作线圈,因此灵敏度低、线性度差、工作范围小,目前已经很少使用。取而代之的是变空气间隙型差动自感传感器,其结构组成、转换电路及特性曲线如图 5.3 所示。

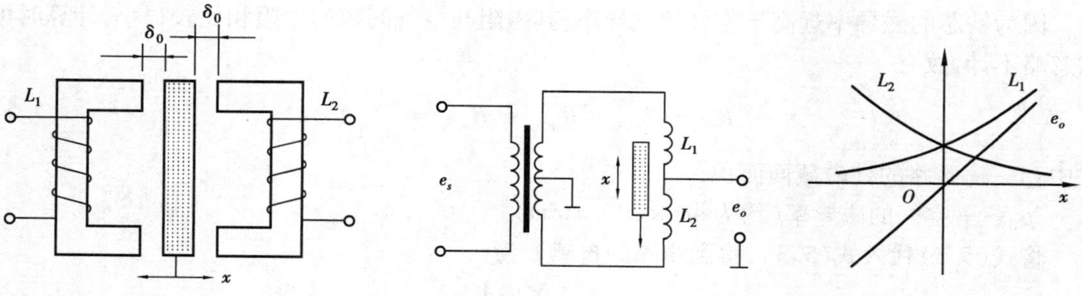

图 5.3　变空气间隙型差动自感传感器

(a)结构组成　(b)转换电路　(c)特性曲线

当铁芯移动时,可以使两个线圈的间隙分别按 $\delta_0+\Delta\delta$ 与 $\delta_0-\Delta\delta$ 变化,一个线圈的自感增加、一个线圈的自感减小,两个线圈自感的差值 $\Delta L=L_1-L_2$ 也随着发生变化,其值为

$$\Delta L = L_1 - L_2 = \frac{N^2\mu_0 A}{2\delta_1} - \frac{N^2\mu_0 A}{2\delta_2} = \frac{N^2\mu_0 A}{2(\delta_0-\Delta\delta)} - \frac{N^2\mu_0 A}{2(\delta_0+\Delta\delta)} \approx \frac{N^2\mu_0 A}{\delta_0}\cdot\frac{\Delta\delta}{\delta_0} \tag{5.9}$$

传感器的测量电路一般是将两个线圈分别接在交流电桥相邻的两个桥臂上,如图 5.3(b)所示,当输入 x(即 $\Delta\delta$)发生变化时,ΔL 与 x 成线性关系,同时电桥的输出 e_o 与 ΔL 成正比,因此电桥的输出与输入基本保持线性关系。这样不仅灵敏度可以提高一倍,而且可以大大改善传感器的非线性度,同时在一定程度上能够实现对由于环境条件变化、铁芯材料磁特性不均匀等所引起误差的补偿。

5.1.2　测量电路

自感式传感器将被测非电量的变化转换为电感量的变化,接入不同的测量电路,则可将电感量变化转换为电压(或电流)的幅值、频率或相位的变化。实际应用中的调频和调相电路较少，经常使用的有交流电桥电路、变压器电桥电路、紧耦合电桥电路、谐振电路和相敏检波电路等。

1）**交流电桥电路**

交流电桥电路是自感传感器的主要测量电路。为了提高灵敏度，改善线性度，电感线圈一般接成差动式，如图5.4所示。Z_1 与 Z_2 为工作臂，即线圈阻抗；R_1 与 R_2 为电桥的平衡臂。

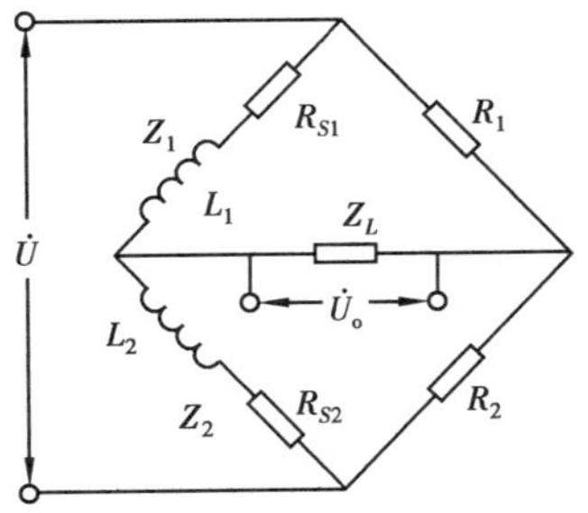

图5.4　交流电桥原理图

如前面所述，初始时，电桥平衡，则

$$\frac{Z_1}{Z_2}=\frac{R_1}{R_2} \tag{5.10}$$

假设

$Z_1=Z_2=Z=R_S+j\omega L, R_{S1}=R_{S2}=R_S$

$L_1=L_2=L, R_1=R_2=R$

$\dot{U}$ 为桥路电源，Z_L 为负载阻抗。

工作时，如果 $Z_1=Z+\Delta Z$，则 $Z_2=Z-\Delta Z$。

由等效发电机原理可求得

$$\dot{U}_o=\frac{\Delta Z}{Z}\dot{U}\frac{Z_L}{2Z_L+R+Z} \tag{5.11}$$

空载时，$Z_L\to\infty$，上式可写成

$$\dot{U}=\frac{\dot{U}}{2}\frac{\Delta Z}{Z}=\frac{\dot{U}}{2}\frac{\Delta R_S+j\omega\Delta L}{R_S+j\omega L} \tag{5.12}$$

其输出电压幅值为

$$U_o=\frac{U}{2}\frac{\sqrt{\Delta R_S^2+(\omega\Delta L)^2}}{\sqrt{R_S^2+(\omega L)^2}}\approx\frac{U}{2}\frac{\omega\Delta L}{\sqrt{R_S^2+(\omega L)^2}} \tag{5.13}$$

输出阻抗为

$$Z=\frac{\sqrt{(R+R_S)^2+(\omega L)^2}}{2} \tag{5.14}$$

式(5.12)经变换和整理后得

$$\dot{U}_o=\frac{\dot{U}}{2}\frac{1}{1+\frac{1}{Q^2}}\left[\frac{1}{Q^2}\frac{\Delta R_S}{R_S}+\frac{\Delta L}{L}+j\frac{1}{Q}\left(\frac{\Delta L}{L}-\frac{\Delta R_S}{R_S}\right)\right] \tag{5.15}$$

式中：$Q=\frac{\omega L}{R_S}$——电感线圈的品质因素。

由上式可以看出：

（1）桥路输出电压$\dot{U}_o$包含与电源同相和正交两个分量。在实际测量中，只希望有同相分量。从式中看出，如能使$\frac{\Delta L}{L}=\frac{\Delta R_S}{R_S}$，或 Q 值比较大，均能达到此目的。但在实际工作中，$\frac{\Delta R_S}{R_S}$一

般很小，故$\frac{\Delta R_S}{R_S}$不可能等于$\frac{\Delta L}{L}$。所以，要求线圈有较高的品质因素 Q。当 Q 很高时，则有

$$\dot{U}_o = \frac{\dot{U}}{2}\frac{\Delta L}{L} \tag{5.16}$$

（2）当 Q 值很低时，电感线圈的电感值远小于电阻值，电感线圈相当于纯电阻情况（$\Delta Z \approx \Delta R_S$），交流电桥即为电阻电桥，此时

$$\dot{U}_o = \frac{\dot{U}}{2}\frac{\Delta R_S}{R_S} \tag{5.17}$$

2）变压器电桥电路

如图 5.5 所示，Z_1，Z_2 为差动电感传感器的两线圈阻抗，另两臂为电源变压器的两个副边，每个副边的耦合电压为$\frac{\dot{U}}{2}$。当负载阻抗为无穷大时，流入工作臂的电流为

$$\dot{I} = \frac{\dot{U}}{Z_1 + Z_2} \tag{5.18}$$

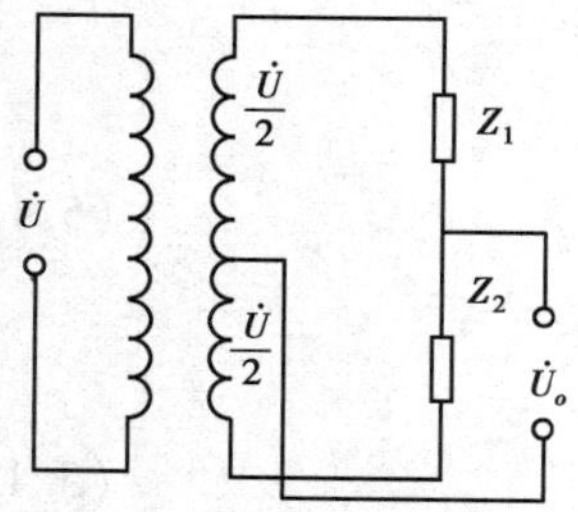

图 5.5　变压器电桥电路

则输出电压为

$$\dot{U}_o = \frac{\dot{U}}{Z_1 + Z_2}Z_1 - \frac{\dot{U}}{2} = \frac{2Z_1 - Z_1 - Z_2}{2(Z_1 + Z_2)}\dot{U} = \frac{\dot{U}}{2}\frac{Z_1 - Z_2}{Z_1 + Z_2} \tag{5.19}$$

初始时，电桥处于平衡状态，$Z_1 = Z_2 = Z = R_S + j\omega L$，$\dot{U}_o = 0$。

双臂工作时，自感传感器衔铁偏离中间零点，向一边移动，即

$$Z_1 = Z + \Delta Z \qquad Z_2 = Z - \Delta Z$$

则

$$\dot{U}_o = -\frac{\dot{U}}{2}\frac{Z + \Delta Z - Z + \Delta Z}{Z + \Delta Z + Z - \Delta Z} = \frac{\dot{U}}{2}\frac{\Delta Z}{Z} \tag{5.20}$$

同理，如果衔铁向反方向移动时，有

$$Z_1 = Z - \Delta Z \qquad Z_2 = Z + \Delta Z$$

则

$$\dot{U}_o = -\frac{\dot{U}}{2}\frac{\Delta Z}{Z} \tag{5.21}$$

由式（5.20）、（5.21）可知，当衔铁向不同方向移动时，产生的输出电压相差 180°，说明变压器电桥电路输出电压不仅能反映衔铁移动大小，而且能反映衔铁移动方向。但是，为了判别交流信号相位，需要接入专门的相敏检波电路。

变压器电桥电路的输出电压幅值与式（5.13）一样，为

$$U_o = \frac{U}{2}\frac{\sqrt{\Delta R_S^2 + (\omega\Delta L)^2}}{\sqrt{R_S^2 + (\omega L)^2}} \approx \frac{U}{2}\frac{\omega\Delta L}{\sqrt{R_S^2 + (\omega L)^2}} \tag{5.22}$$

输出阻抗为（由于变压器副边阻抗通常远小于电感阻抗，故将其略去）

$$Z = \frac{\sqrt{R_S^2 + (\omega L)^2}}{2} \tag{5.23}$$

由于传感器线圈阻抗 $Z = R + j\omega L$，其变化量为 $\Delta Z = \Delta R + j\omega\Delta L$，而通常线圈品质因素 $Q = \frac{\omega L}{R}$很高，故 $R \ll \omega L$，即 $\Delta R \ll \omega\Delta L$。若在式(5.20)和式(5.21)中考虑这些因素，则有

$$\dot{U}_o = \pm\frac{\dot{U}}{2}\frac{\Delta Z}{Z} \approx \pm\frac{\dot{U}}{2}\frac{\Delta L}{L} \tag{5.24}$$

使得输出空载电压$\dot{U}_o$与电感变化呈线性关系。

传感器的灵敏度 K_L 定义为电感值相对变化与引起这一变化的衔铁位移之比，即

$$K_L = \frac{\Delta L/L}{\Delta x} \tag{5.25}$$

而转换电路的灵敏度 K_C 定义为空载输出电压与电感相对变化之比，即

$$K_C = \frac{\dot{U}_o}{\Delta L/L} \tag{5.26}$$

由式(5.25)和式(5.26)可得出总的灵敏度为

$$K_Z = K_L \cdot K_C = \frac{\Delta L/L}{\Delta x} \cdot \frac{U_o}{\Delta L/L} = \frac{U_o}{\Delta x} \tag{5.27}$$

即为衔铁单位位移的输出电压。

由上述分析可知：

若采用差动变气隙厚度式自感传感器，其灵敏度为

$$K_L \approx \frac{2}{\delta_0} \tag{5.28}$$

而采用图5.5所示变压器电桥电路，其电桥灵敏度为

$$K_C = \frac{\dot{U}}{2} \tag{5.29}$$

则变压器电桥电路的总灵敏度为

$$K_Z = K_L \cdot K_C = \frac{2}{\delta_0} \cdot \frac{\dot{U}}{2} = \frac{\dot{U}}{\delta_0} \tag{5.30}$$

式(5.30)说明差动变气隙厚度式自感传感器的灵敏度由供桥电源电压和气隙厚度大小来决定。实际上它还与测量电路的形式有关。在工业生产中测定传感器的灵敏度，是把传感器接入测量电路后进行的，而且规定传感器的灵敏度单位为 mV/(μV)，即电源电压为 1 V，衔铁位移 1 mm 时，输出电压为若干 mV。

5.2 互感式电感传感器

5.2.1 工作原理

互感式传感器是依据电磁感应中的互感现象而工作的。如图5.6所示，当线圈 N_1 中通以

交变电流 i_1 时，在其周围将产生交变的磁通，而在其邻近线圈 N_2 上产生感应电动势 e_{12}，e_{12} 大小为

$$e_{12} = -M\frac{\mathrm{d}i_1}{\mathrm{d}t} \tag{5.31}$$

式中：M——比例系数，称为互感（H），其大小与两线圈相对位置、参数及周围介质的导磁能力等因素有关，表明两线圈之间的耦合程度。

互感式传感器就是利用互感现象将被测量转变为线圈互感的变化量。其工作原理实质上就相当于一个变压器，其一次侧线圈接入稳定交流电源，二次侧线圈感应产生输出电压。当被测参数使互感 M 变化时，二次侧线圈输出电压也产生相应变化。

如图 5.7 所示，在磁路中设有导磁能力与铁芯相差很大的空气间隙，此时互感 M 是下面一些参数的函数：

$$M = f(N_1, N_2, \mu_0, \mu, \delta, S) \tag{5.32}$$

式中：N_1，N_2——一、二次线圈的匝数；

μ_0，μ——真空（空气）的磁导率；

S——导磁截面面积。

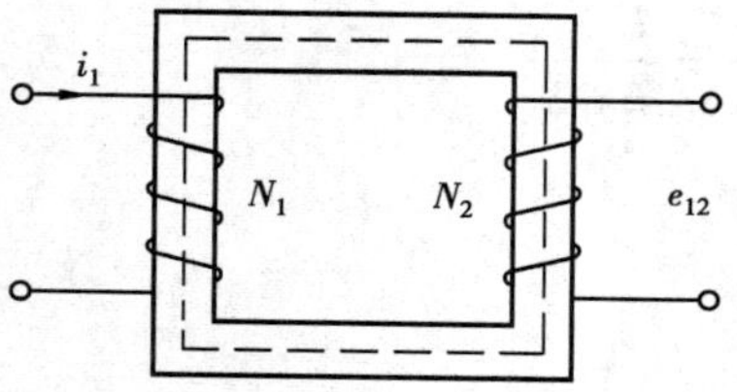

图 5.6　互感现象

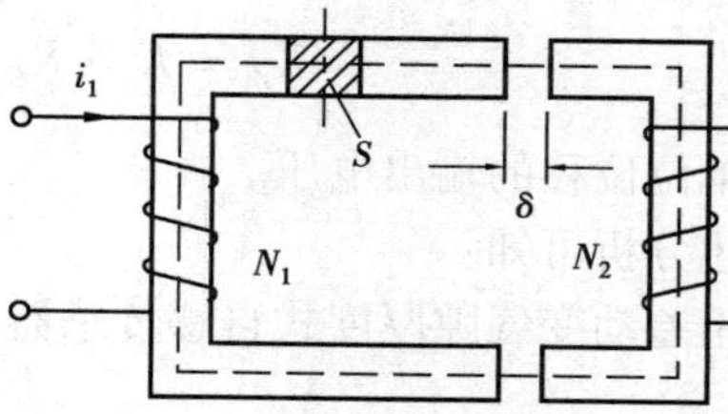

图 5.7　互感传感器原理

因此，互感式传感器只要被测量能改变上述参数中的任意一个（如空气间隙 δ），即可改变 M 的大小，感应电动势的数值也会发生改变。互感式传感器有很多种类型，其中最常用的是差动变压器式位移传感器，其工作原理如图 5.8 所示。

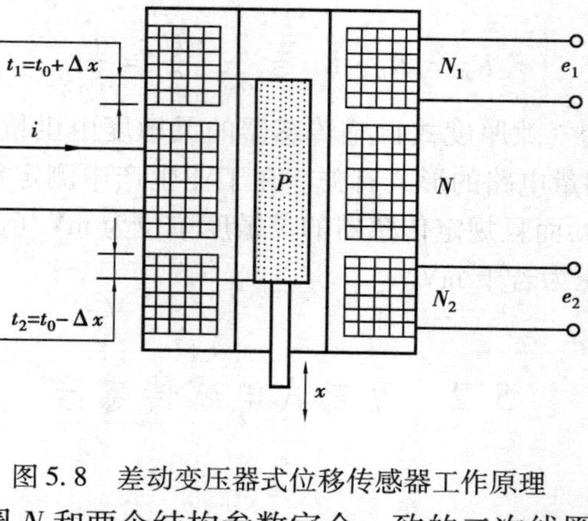

图 5.8　差动变压器式位移传感器工作原理

传感器由一个一次线圈 N 和两个结构参数完全一致的二次线圈 N_1，N_2 组成，N-N_1，N-N_2 构成两个变压器，由于它们的感应电动势 e_1，e_2 采用反串连接（同极性端连接到一起），构成差动连接方式，如图 5.9 所示。

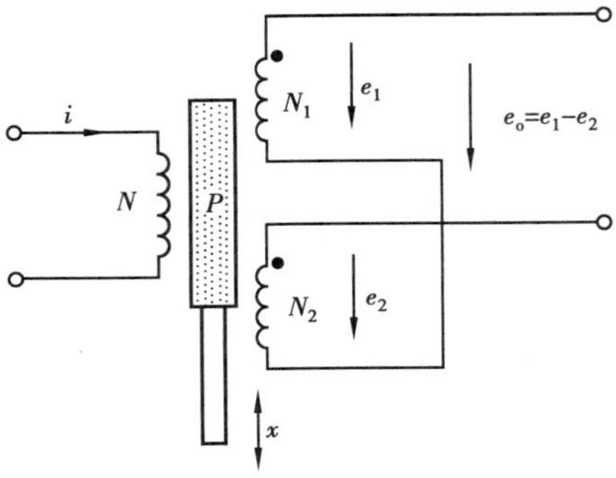

图5.9　反串连接

两个变压器的一、二次线圈之间的互感 M_1,M_2 与铁芯 P 的位置有关。如图5.8所示，当铁芯插入二次线圈的深度分别为 t_1,t_2 时，根据理论分析有

$$M_1 \propto t_1^2 \quad M_2 \propto t_2^2 \tag{5.33}$$

从而

$$e_1 = kt_1^2 \quad e_2 = kt_2^2 \tag{5.34}$$

反串连接后的 e_o 为

$$e_o = e_1 - e_2 = k(t_1^2 - t_2^2) \tag{5.35}$$

当铁芯处于中间位置，即铁芯插入二次线圈的深度都为 t_0 时，输出电压 e_o 为零；当铁芯向上移动 Δx 时，铁芯插入线圈 N_1,N_2 的深度分别为 $t_0+\Delta x$ 和 $t_0-\Delta x$，此时输出电压为

$$\begin{aligned} e_o &= e_1 - e_2 = k(t_1^2 - t_2^2) \\ &= k[(t_0+\Delta x)^2 - (t_0-\Delta x)^2] \\ &= 2kt_0 \cdot \Delta x = S \cdot \Delta x \end{aligned} \tag{5.36}$$

如果铁芯的移动方向相反，则输出的 e_o 取负值即可。由此可见，差动变压器式传感器在理论上就有理想的线性输入输出特性，其特性曲线如图5.10所示。但由于边缘效应、线圈结构参数不一致、铁芯特性不均匀等因素的影响，该传感器仍存在一定的非线性误差。

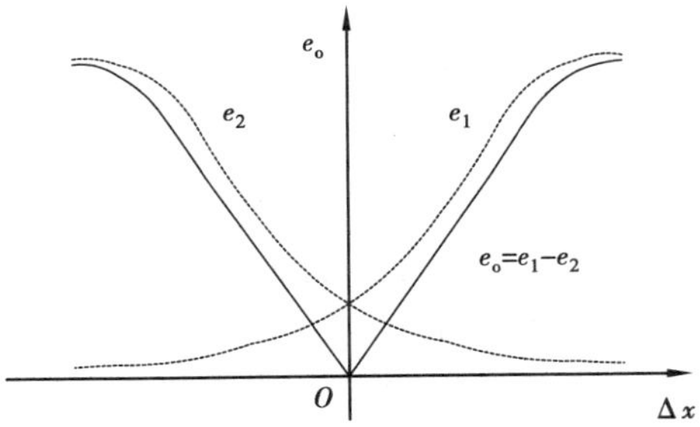

图5.10　输入输出特性曲线

差动变压器式传感器的输出电压是交流量，其幅值与铁芯位移成正比，输出电压如用交流电压表指示，输出值只能反映铁芯位移的大小，不能反映移动的方向。同时，由于两个二次线圈结构不对称，一次侧线圈铜损电阻、铁芯材料不均匀、线圈间分布电容等原因，交流电压输出

时存在一定的零点残余电压,因此即使铁芯处于中间位置,输出电压也不为零。所以,差动变压器式传感器的输出通常后接既能反映铁芯位移变化的大小、方向,又能补偿零点残余电压的差动直流输出电路(如相敏检波电路)。

差动变压器式传感器具有分辨率高(可达 0.1 μm)、线性范围大(可扩展到 ±100 mm)、稳定性好和使用方便等特点,被广泛应用于直线位移及可以转换为位移变化的压力、重量、液位等物理量的测量。

5.2.2 测量电路

差动变压器输出的是交流电压,若用交流模拟电压表测量,只能反映铁芯位移的大小,不能反映移动的方向。另外,测量值中还含有零点残余电压。为了达到既能辨别移动方向又能消除零点残余电压的目的,实际测量时,常常采用两种测量电路:差动整流电路和相敏检波电路。

1)差动整流电路

该电路是把差动变压器的两个次级电压分别整流,然后将它们的整流电压或电流的差值作为输出。现以电压输出型全波差动整流电路为例说明其工作原理,电路连接如图 5.11 所示。

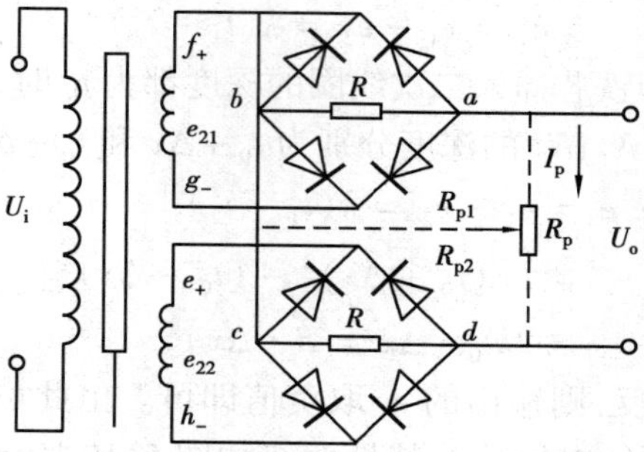

图 5.11　全波差动整流电路

由图 5.11 可知,无论两个次级线圈的输出瞬时电压极性如何,流经两个电阻 R 的电流总是从 a 到 b、从 d 到 c,故整流电路的输出电压为

$$U_o = U_{ab} - U_{dc} = \frac{e_{21}R}{2R_p + R} - \frac{e_{22}R}{2R_p + R} = \frac{R}{2R_p + R}(e_{21} - e_{22}) = k(e_{21} - e_{22}) \quad (5.37)$$

如果铁芯处于中间平衡位置时,$e_{21} = e_{22}$,则 $U_o = 0$;

如果存在零点残余电压,即铁芯处于中间平衡位置时,$e_{21} \neq e_{22}$,$U_o \neq 0$。

为了消除零点残余电压,则在输出端并接调零电阻 R_p(如图中虚线所示),此时

$$\begin{aligned} U_o &= \frac{e_{21}R}{2R_p + R} + I_p R_{p1} - \left(\frac{e_{22}R}{2R_p + R} - I_p R_{p2}\right) \\ &= \frac{e_{21}R}{2R_p + R}(e_{21} - e_{22}) - (R_{p1} - R_{p2}) \end{aligned} \quad (5.38)$$

当铁芯处于中间平衡时,如果 $e_{21} = e_{22}$,则电位器 R_p 的滑动触头置于 R_p 的中间位置,$R_{p1} = R_{p2}$,使 $U_o = 0$;如果 $e_{21} > e_{22}$,产生零点残余电压,使 $U_o > 0$,则将滑动触头上移,使 $R_{p1} < R_{p2}$,调

至 $U_o=0$，消除零点电压；如果 $e_{21}<e_{22}$，产生零位电压，使 $U_o<0$，则将滑动触头下移，使 $R_{p1}>R_{p2}$，调至 $U_o=0$，消除零点电压。

调零后，R_p 的滑动触头固定不动。因此，采用差动整流电路可以消除零点电压。

2）二极管差动相敏检波电路

图5.12为二极管全波差动相敏检波电路：$\dot{U}_1$为差动变压器输出电压，$\dot{U}_2$为参考电压，$\dot{U}_1$与$\dot{U}_2$同频率，$\dot{U}_2>\dot{U}_1$，$U_2\approx(3\sim5)U_1$，二极管 $D_1\sim D_4$ 性能相同，导通时 $R_{D1}=R_{D2}=R_{D3}=R_{D4}=R_D$，则

$$\dot{U}_1'=\dot{U}_1''=\frac{1}{2}\dot{U}_1,\dot{U}_2'=\dot{U}_2''=\frac{1}{2}\dot{U}_2 \tag{5.39}$$

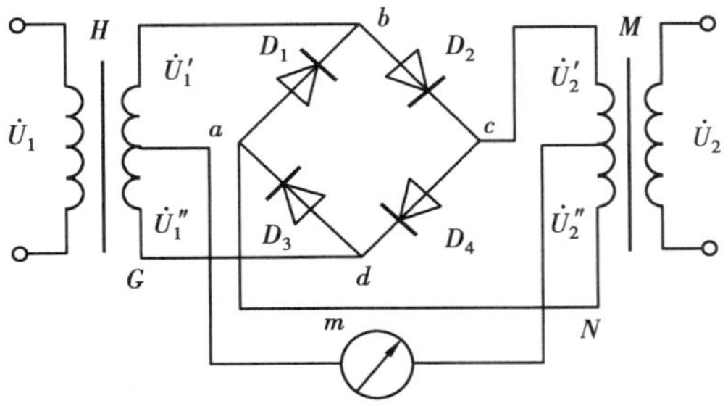

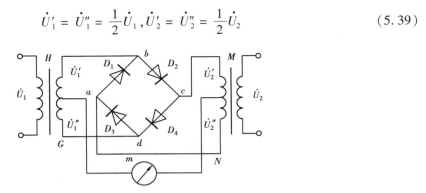

图5.12　相敏检波电路（$U_1=0$）

工作原理：

（1）当$\dot{U}_1=0$ 时，即铁芯处于中间平衡位置，此时只有$\dot{U}_2$作用。

在正半周时，D_3，D_4 处于正向偏置，电流 i_3 和 i_4 以不同方向流过电表 M，只要$\dot{U}_2'=\dot{U}_2''$，且 D_3，D_4 性能相同，通过电表 M 的电流 $I_m=0$，则输出为零。在负半周时，D_1，D_2 导通，i_1 和 i_2 相反，通过电表 M 的电流 $I_m=0$，所以输出为零。如果存在零位电压$\dot{U}_{10}$，则可调节 F 点，使$I_m=0$。

（2）当$\dot{U}_1\neq0$ 时，分两种情况来分析。

首先讨论$\dot{U}_1$与$\dot{U}_2$同相位情况：

在正半周时，电路中电压极性如图5.13所示，由于$\dot{U}_2>\dot{U}_1$，故仍以$\dot{U}_2$为基准进行讨论。D_3，D_4 仍然导通，但作用于 D_4 两端的信号是$\dot{U}_2+\dot{U}_1$，因此 i_4 较大，而作用于 D_3 两端的电压为$\dot{U}_2-\dot{U}_1$，所以 i_3 较小，则 I_m 为正。在负半周时，D_1，D_2 导通，此时在$\dot{U}_1$和$\dot{U}_2$作用下，i_1 增加而 i_2 减小，流过 M 的电流 I_m 为正。故在一周内流过 M 的电流 I_m 为正。

当$\dot{U}_1$与$\dot{U}_2$反相时，在$\dot{U}_2$为正半周、$\dot{U}_1$为负半周时，D_3，D_4 仍然导通，但 i_3 将增加而 i_4 减小，通过 M 的电流 I_m 是负的。而$\dot{U}_2$为负半周、$\dot{U}_1$为正半周时，i_2 将增加而 i_1 减小，通过 M 的电流 I_m 也是负的，故在一周内流过 M 的电流 I_m 是负的。

所以，上述相敏检波电路可以由流过电表的平均电流的大小和方向判别差动变压器的位移大小和方向。

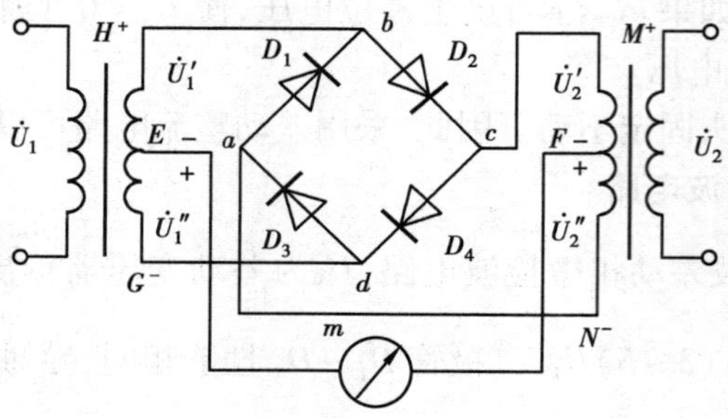

图 5.13　相敏检波电路($U_1 \neq 0$)

3)集成化的相敏检波电路

随着集成电路技术的发展,相继出现了各种性能的集成电路相敏检波器,例如 LZXI 单片相敏检波电路。LZXI 为全波相敏检波放大器,它与差动变压器的连接如图 5.14 所示。

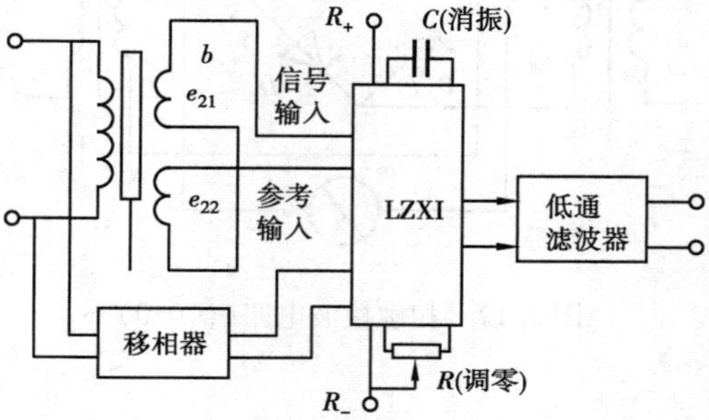

图 5.14　差动变压器与 LZXI 连接电路

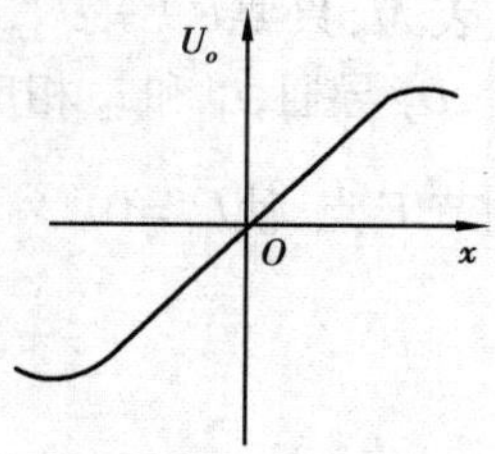

图 5.15　输出电压与位移量的关系

相敏检波电路要求参考电压和差动变压器次级电压同频率,相位相同或相反,因此需要在线路中接入移相电路。如果位移量很小,差动变压器输出端还要接入放大器,将放大后的信号输入到 LZXI 的输入端。

通过 LZXI 全波相敏检波输出的信号,还须经过低通滤波器,滤去调制时引入的高频信号,只让与 x 位移信号对应的直流电压信号通过。该输出电压信号 U_o 与位移量 x 的关系如图 5.15 所示。输出电压是通过零点的一条直线,$+x$ 位移则输出正电压;$-x$ 位移则输出负电压,电压的正负表明位移的方向。

5.3　电涡流式传感器

5.3.1　工作原理

电涡流式传感器是利用金属导体在交流磁场中的涡电流效应而工作的,图 5.16 为高频反射式涡电流传感器的涡流效应示意图,金属板置于一个线圈附近,相距为 δ。当线圈中通以高

频交变电流 i 时，线圈中便产生交变磁通 Φ_{m1}。当此交变磁通通过邻近的金属板时，金属板上便会感应出电流 i_e，且所感应出的电流在金属内呈环状闭合的体分布，故称为涡电流或涡流。根据楞次定律，所感应出的涡流也产生磁通 Φ_{m2}，其方向总是与 Φ_{m1} 相反，即抵抗原磁通 Φ_{m1} 的变化，这种现象被称为涡流效应。

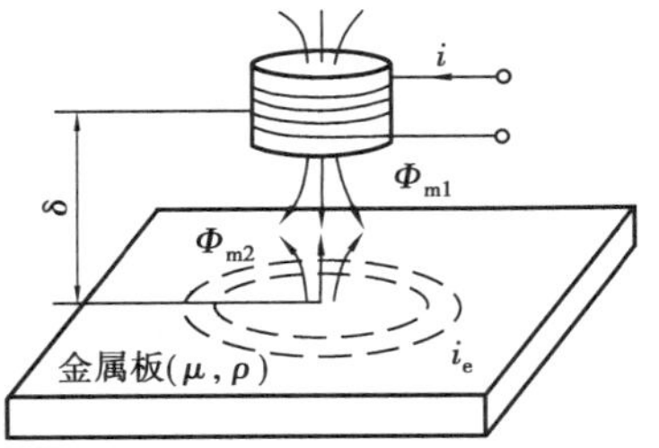

图5.16　高频反射式电涡流传感器涡流效应

高频线圈的等效阻抗 Z 与金属板的电阻率、磁导率、线圈的激磁频率及线圈与金属板的距离等有关，可近似用下面的函数表示：

$$Z = f(\delta, \omega, I, R, N, \mu, \rho) \tag{5.40}$$

式中：δ——线圈到金属板的距离；

ω——激励电流的频率；

I——激励电流的强度；

R——线圈半径；

N——线圈匝数；

μ——金属板的磁导率；

ρ——金属板的电阻率。

当改变其中的任一因素时，即可变化等效阻抗 Z，达到不同的变换目的。例如，变化 δ，可以作为位移或振动量测量；变化 μ 或 ρ，可以作为材质鉴别或探伤等。

5.3.2　测量电路

电涡流式传感器的测量电路主要有阻抗分压式调幅电路、调频电路等。调幅电路的原理示意图、谐振曲线及输出特性分别如图5.17和图5.18所示。

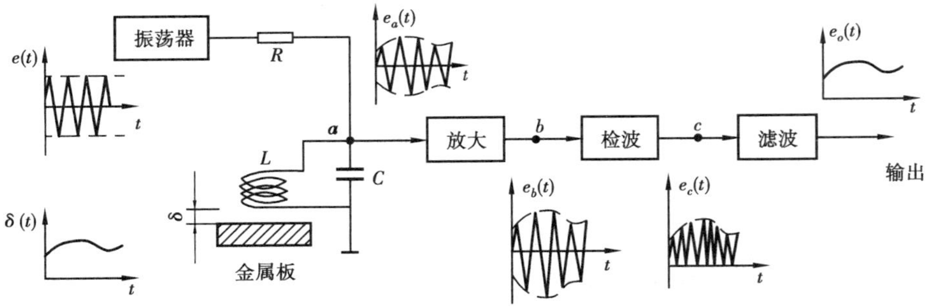

图5.17　调幅电路原理

传感器线圈 L 和固定电容 C 组成并联谐振回路，其谐振频率为

$$f_0 = \frac{1}{2\pi\sqrt{LC}} \tag{5.41}$$

电路中由振荡器提供稳定的高频信号电源。当谐振频率与电源频率相同时，谐振回路的交流阻抗最大，a 点的输出电压 $e_a(t)$ 的幅值也是最大。测量时，传感器线圈的阻抗随着间隙 δ 的变化而变化，谐振频率也相应变化，LC 回路失谐。此时，虽然输出电压 $e_a(t)$ 的频率仍为振荡器的工作频率，但是其幅值随 δ 的变化而变化，如图5.17所示。它相当于一个被 δ 调制的

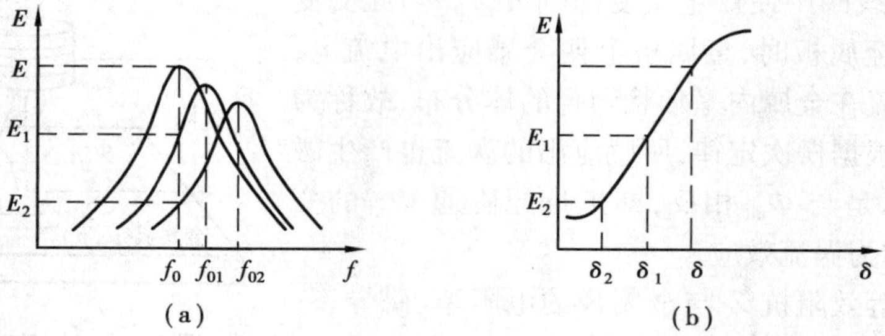

图 5.18　调幅电路谐振曲线及输出特性

(a)谐振曲线　(b)输出特性

调幅波,再经放大、检波、滤波等处理,即可在输出端得到关于间隙 δ 的动态变化信息。

分压调频电路的工作原理如图 5.19 所示,传感器线圈也是被接入 LC 振荡回路,与调幅法不同的是取回路的谐振频率作为输出量。当间隙 δ 发生变化时,将引起线圈电感变化,从而使振荡器的振荡频率发生变化,再通过鉴频器进行频率-电压转换,进而得到与 δ 成比例的输出电压。

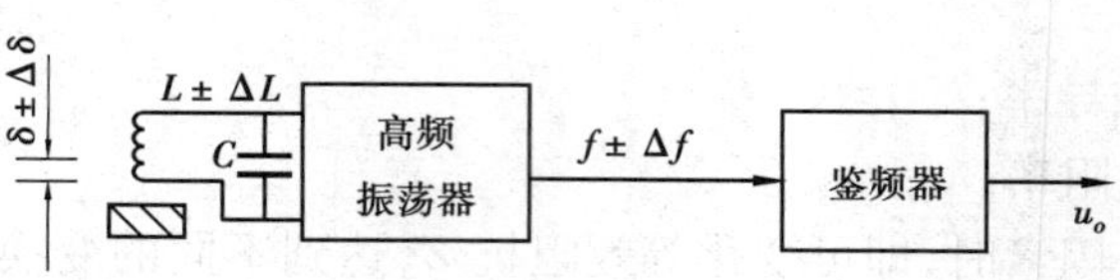

图 5.19　分压调频电路工作原理

实际中,电涡流式传感器主要用于动态非接触测量,测量范围视传感器的结构尺寸、线圈匝数、激励频率等因素而定,一般从 ±1 mm 到 ±10 mm 不等,最高分辨力可达 1 μm。此外,该传感器具有结构简单、使用方便、不受油污等介质的影响等特点。因此,近年来涡流式位移测量仪、涡流式测振仪、涡流式无损探伤仪、涡流式测厚仪等在机械、冶金等行业得到了日益广泛的应用。

5.4　磁电式传感器

磁电式传感器也称为电动力式传感器或电磁感应式传感器,其工作利用的是电磁感应原理。磁电式传感器一般是将速度转换成感应电动势输出,属于发电型传感器。

根据物理学中的法拉第电磁感应定律,当线圈在磁场中切割磁力线时,所感应出的感应电动势为

$$e = -N\frac{\mathrm{d}\Phi}{\mathrm{d}t} \tag{5.42}$$

式中:e——线圈上感应出的电动势;

N——线圈的匝数;

Φ——穿过线圈的磁通。

可见,线圈感应电动势的大小,取决于匝数和穿过线圈的磁通变化率。磁通变化率与磁场强度、磁路磁阻、线圈的运动速度有关,若改变其中一个因素,都会改变线圈的感应电动势。据

此,可以制成动圈式、动铁式和磁阻变化式三种磁电式传感器。

1)动圈式

动圈式又可分为线速度型与角速度型。图5.20(a)表示线速度型传感器工作原理。在永久磁铁产生的直流磁场内,放置一个可动线圈,当线圈在磁场中作直线运动时,它所产生的感应电动势

$$e = WBlv \sin \theta \tag{5.43}$$

式中:e——感应电动势;

W——线圈的匝数;

B——磁场的磁感应强度;

l——单匝线圈的平均长度;

v——线圈相对于磁场的运动速度(惯性速度);

θ——线圈运动方向与磁场方向的夹角。

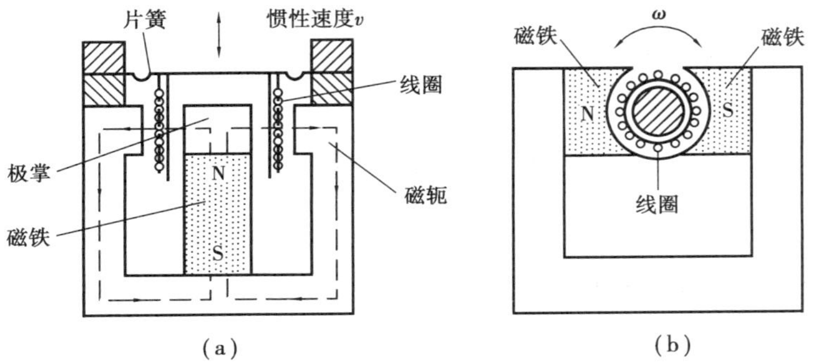

图5.20　动圈式磁电速度计

(a)线速度型　(b)角速度型

图5.20(b)为角速度型传感器工作原理。线圈在磁场中转动时产生的感应电动势

$$e = kWBA\omega \tag{5.44}$$

式中:A——线圈的平均环绕面积;

k——与线圈、磁场结构有关的系数,$k<1$。

2)动铁式

图5.21为动铁式磁电传感器结构原理图。传感器的壳体固定在被测速度的物体上,磁铁的惯性速度在大小上等于运动物体的速度,因此传感器的输出与被测速度成正比。

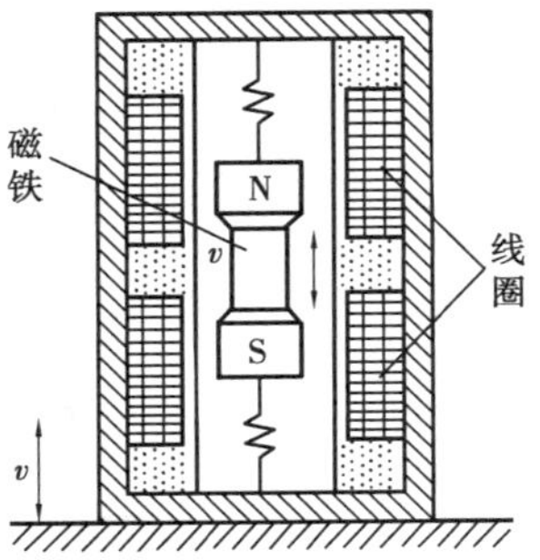

图5.21　动铁式磁电速度计

3)磁阻变化式

磁阻式传感器的线圈与磁铁彼此不作相对运动,由运动着的物体(导磁材料)来改变磁路的磁阻,而引起磁力线增强或减弱,使线圈产生感应电动势。其工作原理及应用如图5.22所示。此种传感器是由永久磁铁及缠绕其上的线圈组成。例如图5.22(a)可测旋转体频数,当齿轮旋转时,齿的凸凹引起磁阻变化,使磁通量变化,在线圈中感应出交流电动势,其频率等于齿轮的齿数和转速的乘积。

磁阻式传感器使用简便、结构简单,在不向场合下可用来测量转速、偏心虽、振动等。

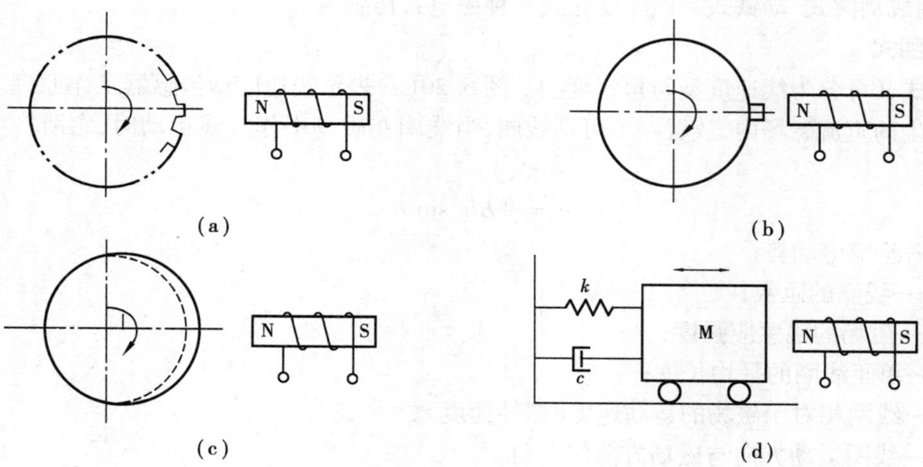

图 5.22 磁阻变化式磁电传感器

(a)频数或齿数测量 (b)转速测量 (c)偏心测量 (d)振动测量

5.5 工程应用

5.5.1 自感式传感器工程应用

自感式传感器一般用于接触测量,可用于静态和动态测量。它主要用于位移测量,也可用于尺寸、振动、力、荷重、转矩、应变、流量、液位和比重等非电量参数的测量。

1)差动式电感测厚仪

差动式电感仪由电桥式相敏检波测量电路组成,如图 5.23 所示。电感 L_1 和 L_2 为电感传感器的两个线圈,由 L_1,L_2 构成电桥的两相邻桥臂,另外两个桥臂是 C_1 和 C_2。桥路对角线输出端用 4 只二极管 $D_1 \sim D_4$ 和 4 只附加电阻 $R_1 \sim R_4$ 组成相敏检波电路,电流由电流表 M 指示。R_5 是调零电位器,R_6 用来调节电流表满刻度值。电桥电源由变压器 B 供电。变压器原边采用磁饱和交流稳压器,R_7 和 C_4,C_3 起滤波作用,SD 为指示灯。

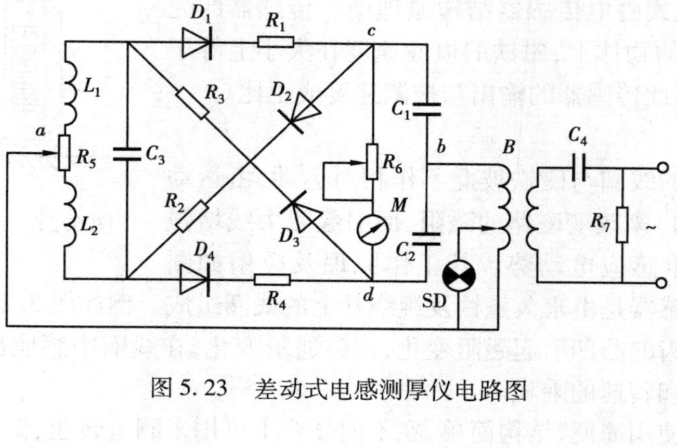

图 5.23 差动式电感测厚仪电路图

当电感传感器中的衔铁处于中间位置时，$L_1 = L_2$，电桥平衡，$U_c = U_d$，电流表 M 中无电流流过。

当试件的厚度发生变化时，$L_1 \neq L_2$，此时有两种情况：

(1)若 $L_1 > L_2$，不论电源电压极性是 a 点为正，b 点为负(D_1，D_4 导通)；或 a 点为负，b 点为正(D_2，D_3 导通)，d 点电位总是高于 c 点电位，M 的指针向一个方向偏转。

(2)若 $L_1 < L_2$，c 点电位总是高于 d 点，M 的指针向另一个方向偏转。

根据电流表的指针偏转方向和刻度就可以判定衔铁的位移方向，同时就可以知道被测件的厚度发生了多大变化。

2)电感测微仪

图 5.24 为电感测微仪典型方框图。它由电感式传感器、交流电路、交流放大器、相敏检波器、振荡器、稳压电源和显示器等组成，主要用于精密微小位移测量。

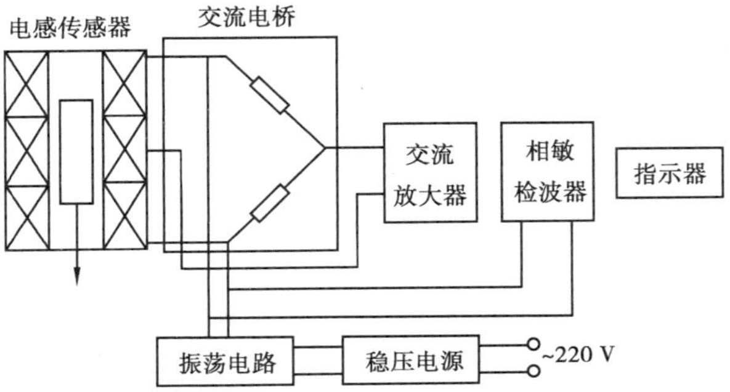

图 5.24　电感测微仪典型方框图

5.5.2　互感式传感器工程应用

差动变压器应用非常广泛，凡是与位移有关的物理量均可经过它转换成电量输出。常用于测量位移、振动、厚度、压力、压差、加速度和液位等参数。

1)差动变压器在动平衡技术中的应用

当旋转机械的转子存在动不平衡质量时，随着转速的增加而产生一个相应的离心惯性力，此力必然迫使转子向离心力方向产生径向向外的位移。采用差动变压器将这位移转换为电信号，通过交流放大、相敏检波输出电压信号，用以控制激光器的能量，用激光去切除动不平衡质量。随着动不平衡质量的不断减小，转子的径向位移减小，差动变压器的输出电压随之减小，激光能量减弱，切除量也随之减小。当动不平衡质量被完全切除后，差动变压器没有输出，激光停止切除，其工作原理如图 5.25 所示。

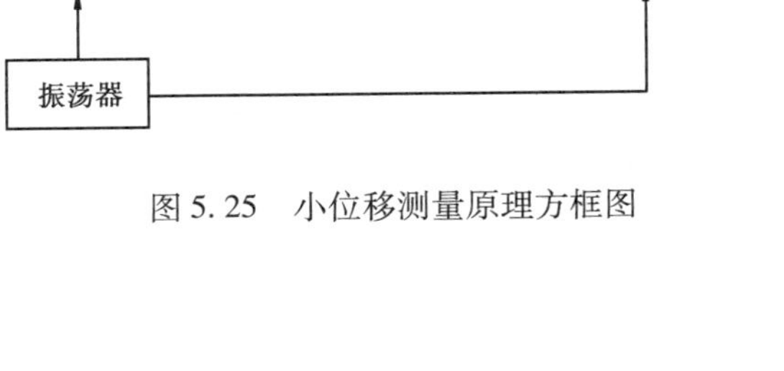

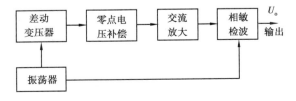

图 5.25　小位移测量原理方框图

2)差动变压器式加速度传感器

图5.26是差动变压器式加速度传感器结构原理和测量电路方框图。用于测定振动物体的频率和振幅时,为了得到精确的测量结果其激振频率必须是振动频率的10倍以上。可测量的振幅范围为0.1~5 mm,振动频率一般为0~150 Hz。

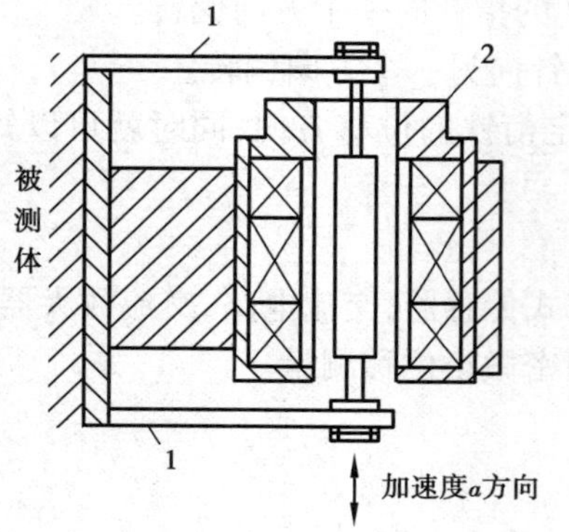

(a)

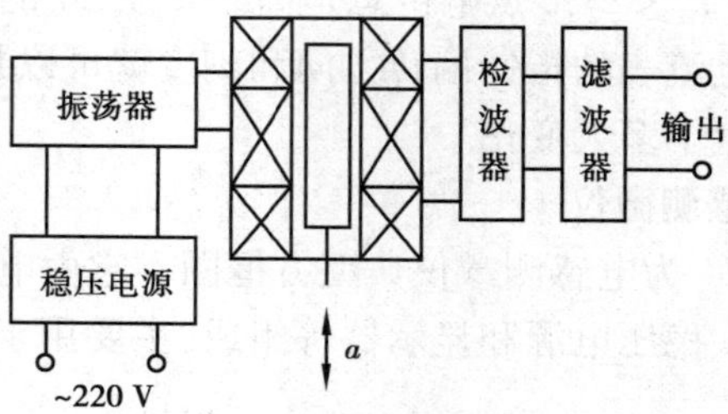

(b)

图5.26 差动变压器式加速度传感器
(a)结构示意图 (b)测量电路方框图

3)微压力变送器

将差动变压器和弹性敏感元件(膜片、膜盒和弹簧管等)相结合,可以组成各种形式的压力传感器。图5.27是微压力变送器的结构示意图,在被测压力为零时,膜盒在初始位置状态,此时固接在膜盒中心的衔铁位于差动变压器线圈的中间位置,因而输出电压为零。当被测压力由接头1传入膜盒2时,其自由端产生一个正比于被测压力的位移,并且带动衔铁6在差动变压器线圈5中移动,从而使差动变压器输出电压。经相敏检波、滤波后,其输出电压反映被测压力的数值。

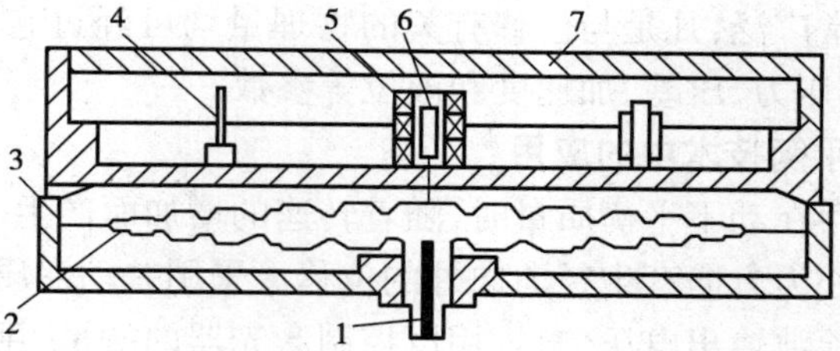

(a)

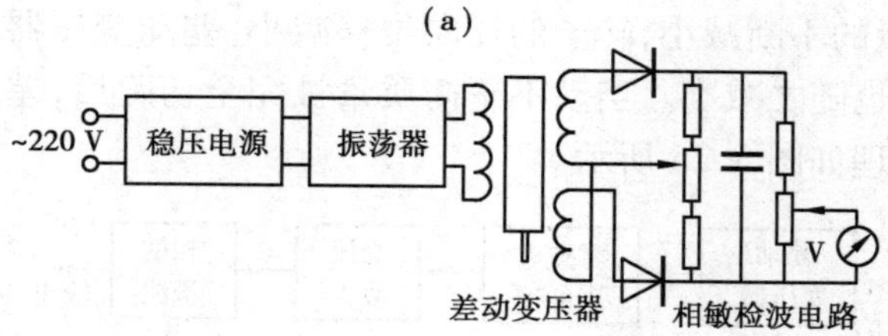

(b)

图5.27 微压力变送器
(a)结构图 (b)测量电路方框图
1—接头;2—膜盒;3—底座;4—线路板;5—差动变压器;6—衔铁;7—罩壳

微压力变送器测量线路包括直流稳压电源、振荡器、相敏检波和指示部分等。由于差动变压器输出电压比较大，所以线路中不需放大器。

这种微压力变送器经分挡可测量 $-4\times10^4\sim6\times10^4$ N/m^2 的压力，输出信号电压为 0 ~ 50 mV，精度为 1.5 级。

5.5.3　电涡流传感器工程应用

电涡流传感器可以进行接触测量，也可以实现非接触测量。电涡流传感器可测量的参数，根据其作用原理不同，可分为两大类：一类是以位移为基本量的机械参数测量，如位移、厚度、尺寸、振动、压力、转速、距离等；另一类是以被测体的电导率为基本量的物理性质参数的测量，如电导率、磁导率、温度、硬度、裂纹等。

1）位移测量

电涡流传感器根据其工作原理，测量的基本量是位移，所以它的基型就是一只位移传感器。在汽轮机运行中，需要用位移传感器来测量主轴的轴向位移。因为汽轮机在启动和运行中，如果汽轮机转子的轴向推力增大，使推力轴承过负荷，破坏油膜，便可导致推力轴承的轴瓦烧坏。此时，转子就要发生前后窜动，导致轴的轴向位移增大。这样，汽机内部运动部件与静止部件之间的轴向间隙将减小甚至消失，使动、静部件发生摩擦和碰撞，导致曲轴弯曲，造成严重的损坏事故。为了防止事故的产生，一般汽轮机上都设置了轴向位移的监视与保护装置。

图 5.28 为电涡流传感器用于汽轮机轴向位移的监视系统示意图。电涡流传感器装在机壳上，与转子轴端面保持一定的初始距离，当汽轮机转子轴向位移时，将改变转子端面与传感器之间的距离。这时传感器的输出值将产生相应的变化，仪表指示值表示转子轴向位移大小。当位移值超过允许值时，传感器的输出电压通过仪表的报警电路，可发出报警信号。在保护系统中，当位移值达到危险值时，可控制汽轮机停止运行。

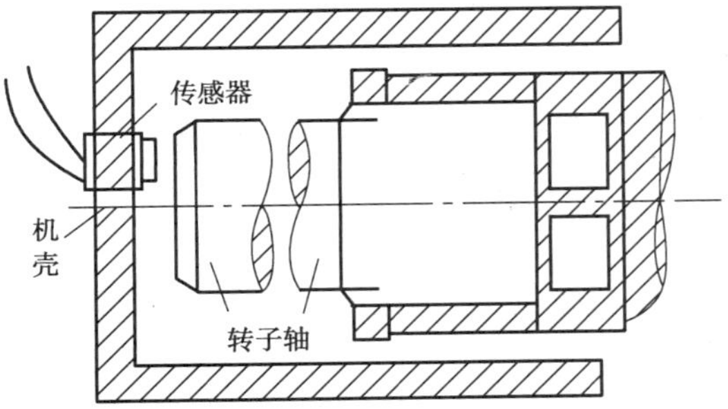

图 5.28　汽轮机转子轴向位移监视系统

图 5.29 为用电涡流传感器测量线膨胀系数的装置示意图。在装金属试件的石英管 4 的端部贴一片金属片 5，当炉温上升时，金属试件 3 轴向膨胀，推动石英管外移，使其端部与电涡流传感器 6 间的距离减小，由指示仪表可知道线膨胀系数值。如果炉子温度用热电偶测量，那么从某一变化温度范围内测得膨胀值，可算出每变化1 ℃的线膨胀值，这就是被测金属的线膨胀系数。如果把热电偶输出电压接至 X-Y 函数记录仪的 X 轴输入端，而把电涡流位移传感器的输出经过测量、放大了的电压值接入 X-Y 仪的 Y 轴输入端，这样在炉子升、降温过程中，就可自动记录下温度位移曲线。根据曲线的斜率就可得到被测材料的线膨胀系数。

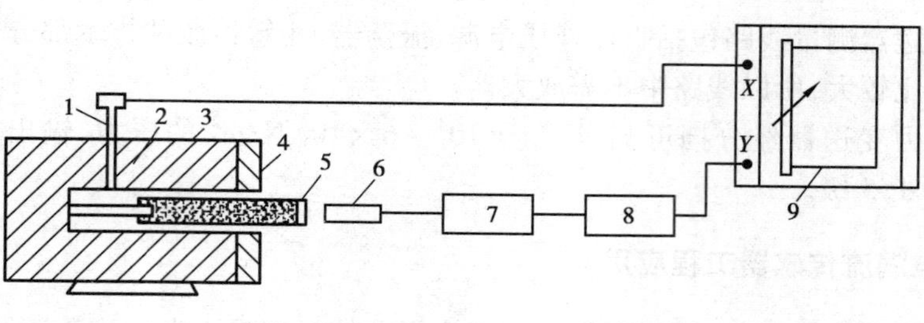

图 5.29　线膨胀系数测量原理图

1—热电偶；2—管形炉；3—金属试件；4—石英管；5—金属片；6—传感器；7—前置器；8—指示仪；9—X-Y 仪

2）厚度测量

在冶金工业中，希望在生产过程中用无接触法测量金属板的厚度、非金属板镀层厚度，以及导体表面非导体镀层厚度。

用电涡流传感器测厚度，最简单的方法是在金属板附近安装一个电涡流传感器。如果传感器到金属板底的距离 x_1 已知，当金属板厚度变化时，将使金属板与传感器之间的距离 x 改变，这就引起传感器输出信号相应变化，那么金属板的厚度则为 $t = x_1 - x$。然而在实际测量中，金属板会上下都变化，影响测量精度。为此，常在板的上、下两侧对称地放置两个特性相同的电涡流传感器来进行测量，如图 5.30 所示。传感器 L_1 和 L_2 与被测板上、下表面距离分别为 x_1 和 x_2（一般为 $x_1 = x_2 = x$），其输出电压分别为 U_1 和 U_2。若板材厚度 t 不变，被测板虽上下移动，但 $x_1 + x_2$ 为一定值 $2x_0$，所以两传感器输出电压之和 $U_1 + U_2$ 也总等于 $2U_o$。如果被测板厚变化了 Δt，那么 $x_1 + x_2 = 2x_0 \pm \Delta t$，因而传感器输出电压之和也变为 $U_1 + U_2 = 2U_o \pm \Delta U$，$\Delta U$ 即表示板厚变化量 Δt 的输出电压值。如果采用比较电压为 $2U_o$，那么传感器输出电压 U_2 与比较电压相减后即可得到偏差值 ΔU。此值可从指示仪表直接读出来。

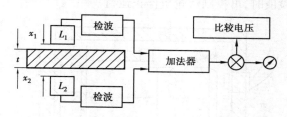

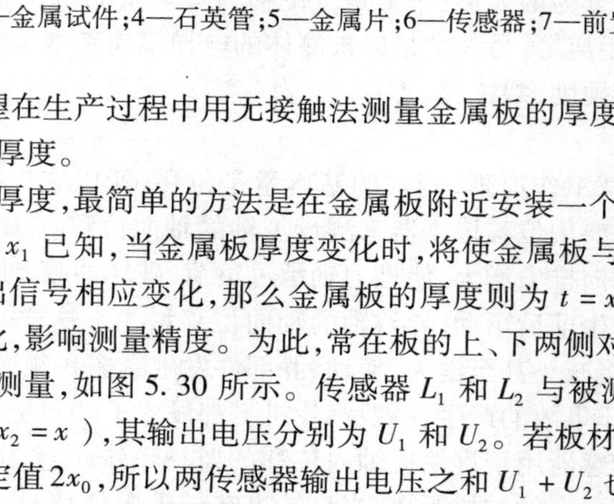

图 5.30　涡流测厚仪原理方框图

3）液位测量

用电涡流传感器测量液位的示意图，如图 5.31（a）所示。若被测液体为导电的金属溶液，则不需使用浮子。

目前在冶金工业中都是以连续铸造过程代替以前的钢锭造块，这样可大幅度节约能源，提高生产效率。在连续铸造中，关键是精确地测量槽模内的液位，并把液位控制在一定位置。图 5.31（b）是一种电涡流钢水液位计。由于传感器是在高温条件下测量的，因此传感器线圈采用空心水冷结构，并在线路中采用温度补偿，以保证测量钢水液位精度。

4）转速测量

在一个旋转体上开一条或数条槽或者做成齿轮状，旁边安装一个涡流传感器，如图 5.32（a），（b），（c）所示。当旋转体转动时，涡流传感器将周期地改变输出信号，此信号经放大、整

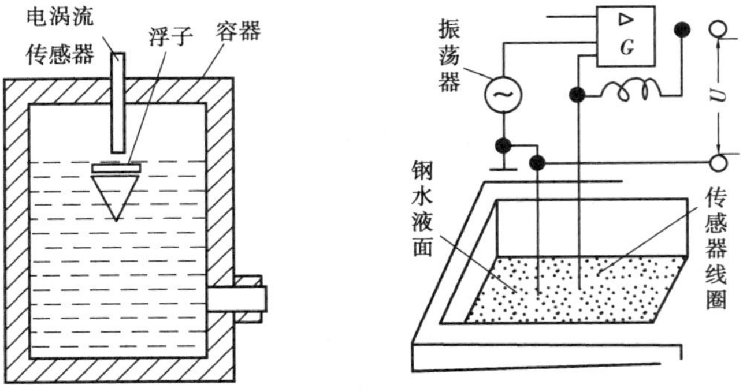

图 5.31　电涡流液位计原理

(a)一般液体　(b)钢水液体

形后,可用频率计指示出频率值,此值与槽数和转速的关系为

$$N = \frac{f}{n} \times 60 \tag{5.45}$$

式中:f——频率值,Hz;

n——旋转体的槽(齿)数;

N——被测轴的转速。

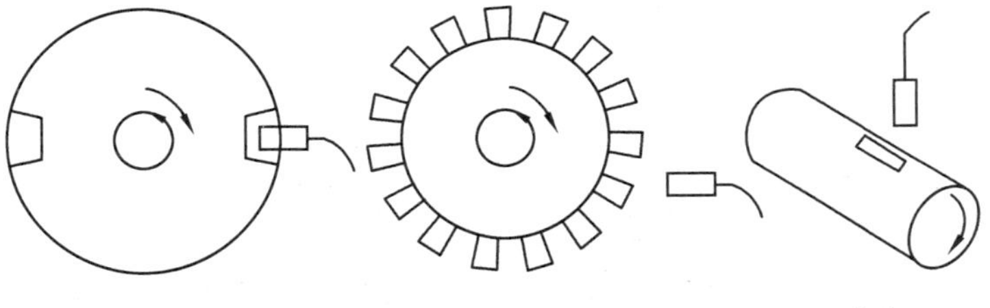

图 5.32　转速测量

在航空发动机等试验中,常需测得轴的振幅与转速的关系曲线,如果把转速计的频率值经过一个频率-电压转换装置接入 X-Y 函数记录仪的 X 轴输入端,而 Y 轴输入端接入与振幅对应的电压信号,这样利用 X-Y 函数记录仪便可直接绘出转速-振幅关系曲线。

与电涡流转速计相似,可以用电涡流传感器在生产自动线中对金属零件进行计数。

5)电导率及温度测量

电导率是利用电涡流传感器测金属材料物理性质的一个基本参数。由前述知,电涡流传感器的输出量与被测导体的电导率 ρ 有关(当磁导率 μ、激磁频率 f、传感器与被测体的距离 x 等参数都一定时),此为利用电涡流传感器测量金属导体电导率的基本原理。在检测中,电导率 ρ 的性能变化引起传感器等效阻抗的变化通常较小,因此在测量电路中必须用高增益放大器把信号放大。在电导率测量时一般用电桥电路作为测量电路。

导体的电阻率与温度有如下关系:

$$\rho = \rho_0 [1 + \alpha(T - T_0)] \tag{5.46}$$

式中:ρ——温度 T ℃时的电阻率;

ρ_0——T ℃时的电阻率；

α——给定温度范围内的电阻温度系数。

从上式可以看出，被测体温度改变时，电阻率发生变化，从而使传感器线圈的等效电抗改变，测量电路的输出（频率、电压等）也作相应变化，这样就可用输出值来表示所测量的温度值。

6）涡流探伤仪

在非破坏性检测领域里，涡流检测已被用来作为一种有效的探伤技术。例如，常用来测试列车轮对轴和钢轨的表面裂纹、热处理裂痕，以及焊接部位的探伤等。在检查时，使传感器与被测物体的距离不变，如有裂纹出现，将引起金属电导率、磁导率发生变化，将使传感器阻抗发生变化，测量电路的输出电压也随之改变，从而达到探伤的目的。

5.6 电感式传感器在汽车上的应用

汽车上的电感式传感器主要有可变电感式进气压力传感器、磁致伸缩式爆震传感器、车轮轮速传感器、曲轴位置传感器、减速传感器等。

5.6.1 可变电感式进气压力传感器

可变电感式进气压力传感器主要由膜盒、铁芯、感应线圈和电子电路等组成，图5.33所示为传感器的结构剖面图。

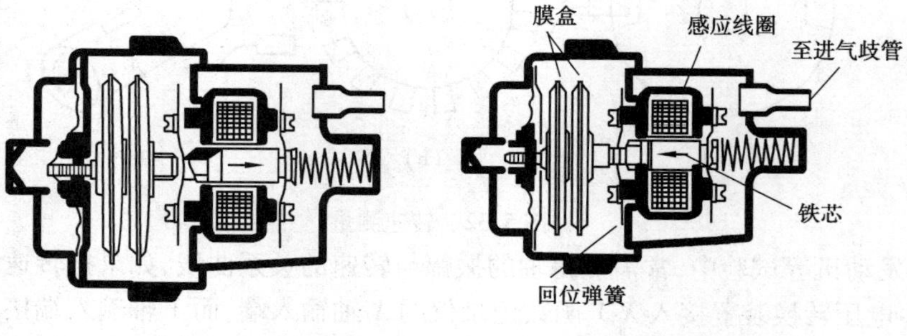

（a）　　（b）

图5.33　可变电感式进气压力传感器的结构

（a）进气歧管压力小时　（b）进气歧管压力大时

可变电感式进气压力传感器膜盒是由薄金属片焊接而成，其内部被抽成真空，外部与进气歧管相通，膜盒外表压力变化将使其产生膨胀和收缩的变化，置于感应线圈内部的铁芯与膜盒联动。感应线圈如图5.34所示，由两个绕组构成：一个与振荡电路相连，产生交流电压，在线圈周围产生磁场；另一个为感应绕组，用于产生信号电压。当进气歧管压力变化时，膜盒带动铁芯在磁场中移动，使感应线圈产生的信号电压随之变化，再将这个随进气歧管压力变化而变的电压信号送到电子电路，经过检波、整形和放大后，作为传感器的输出信号送至微机控制装置，用于间接判断进入发动机的空气量的多少。

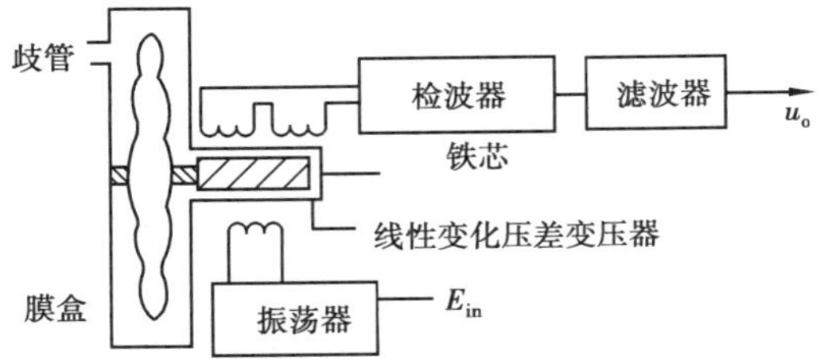

图5.34　可变电感式进气压力传感器基本原理

5.6.2　磁致伸缩式爆震传感器

爆震传感器用于检测发动机的爆震程度,以此实现发动机点火时刻的闭环控制过程,可有效地抑制发动机爆震现象的发生。此外,由于闭环控制系统可将发动机的燃烧过程控制在微爆状态,故能有效地提高发动机的工作性能。爆震传感器是点火闭环控制系统中不可缺少的反馈元件。

发动机爆震程度的检测方法通常有三种:汽缸压力法、发动机机体振动法及燃烧噪声法。其中汽缸压力法,精度最佳,但传感器本身存在着耐久性差和安装困难等难题;燃烧噪声法采用非接触式检测法,故耐久性很好,但精度和灵敏度偏低。目前,最常见的是用发动机机体振动法来判断爆震强度,以便对发动机的点火提前角进行反馈控制。采用发动机机体振动检测法的爆震传感器有磁致伸缩式和压电式两种类型。

磁致伸缩式爆震传感器通常安装在发动机的机体上,可将发动机的振动信号转换成电压信号以此检测发动机的爆震强度。磁致伸缩式爆震传感器的结构如图5.35(a)所示,主要由铁芯、永久磁铁及感应线圈等组成。当发动机振动时,磁芯受振偏移致使感应线圈内磁通量发生变化,感应线圈由此产生感应电动势。此外,感应电动势大小与发动机振动的频率有关,当传感器的固有振动频率与发动机发生爆震时的振动频率一致且产生谐振时,传感器将输出最大电压信号。爆震器的电压输出特性如图5.35(b)所示,ECU根据谐振点输出电压信号,即可判断出发动机的爆震强度。

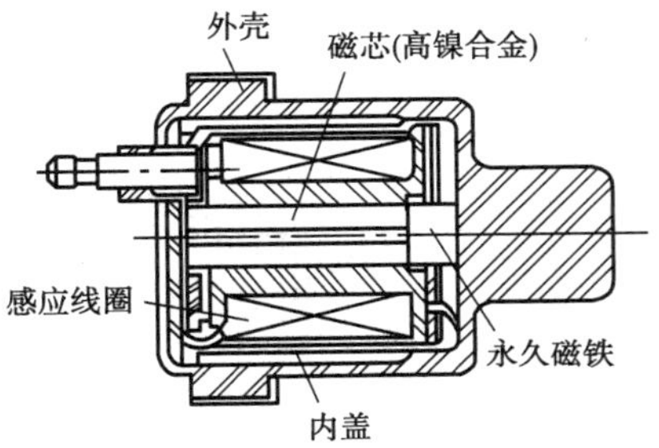

(a)

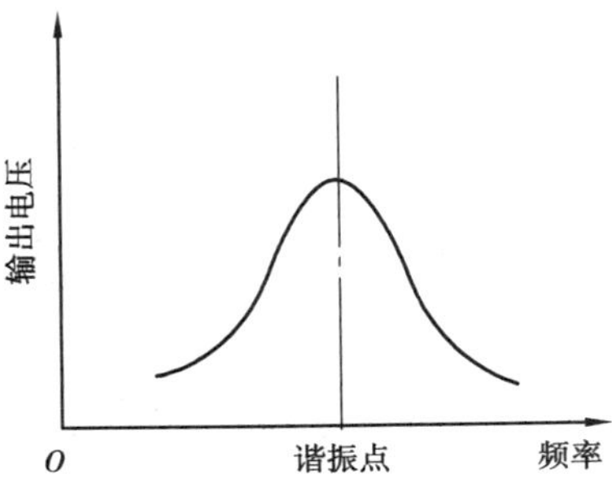

(b)

图5.35　磁致伸缩式爆震传感器结构与输出特性
(a)结构组成　(b)输出特性

5.6.3 车轮轮速传感器

轮速传感器用于检测车轮的转速，并将转速信号输入ECU。轮速传感器一般都安装在车轮处，但也有些驱动车轮的轮速传感器安装在主减速器或变速器中。轮速传感器主要有电磁感应式轮速传感器和霍尔效应式轮速传感器两种型式。

电磁感应式轮速传感器主要由感应触头和齿圈组成。安装在车轮处的轮速传感器的齿圈一般安装在随车轮一起转动的部件上，如半轴、轮毂、制动盘等，而感应触头则安装在车轮附近不随车轮转动的部件上，如半轴套管、转向节、制动底板等。感应触头主要由永磁体、磁极和线圈组成；齿圈是由磁阻较小的铁磁性材料制成，齿圈外周是细轮齿，其基本结构如图5.36所示。

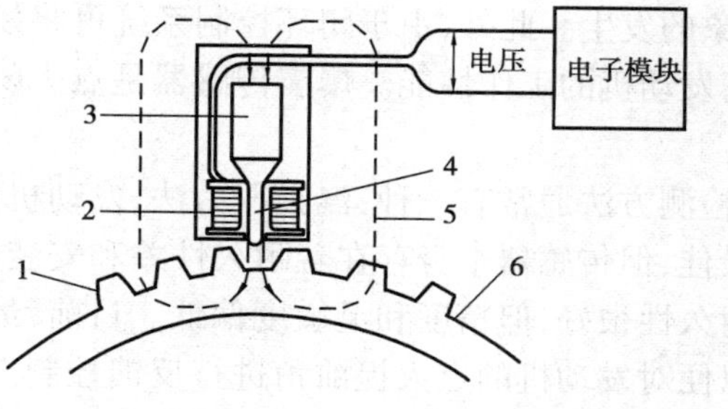

图5.36 电磁感应式轮速传感器基本结构

1—细轮齿；2—线圈；3—磁铁；4—磁极；5—磁通；6—齿圈（回转）

电磁感应式轮速传感器的工作原理如图5.37所示，当齿圈的齿隙与传感器的磁极端部相对时，磁极端部与齿圈之间的空气隙最大，传感器永磁性磁极所产生的磁力线不容易通过齿圈，感应线圈周围的磁场较弱；而当齿圈的齿顶与传感器的磁极端部相对的，磁极端部与齿圈之间的空气隙最小，传感器永磁性磁极所产生的磁力线容易通过齿圈，感应线圈周围的磁场较强。当齿圈随同车轮转动时，齿圈的齿顶和齿隙交替地与传感器磁极顶部相对，传感器感应线圈周围的磁场随之发生强弱交替变化，在感应线圈中就会感应出交变电压，其频率与齿圈的齿

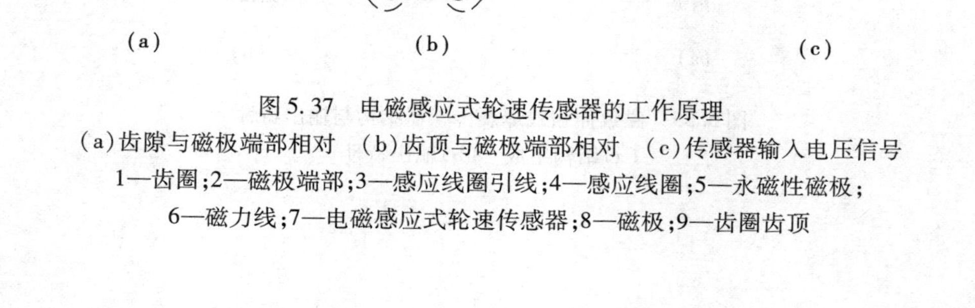

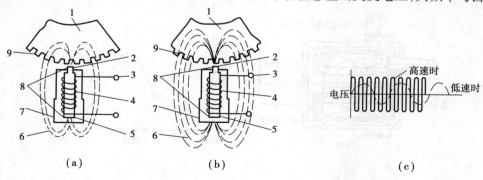

图5.37 电磁感应式轮速传感器的工作原理

(a)齿隙与磁极端部相对 (b)齿顶与磁极端部相对 (c)传感器输入电压信号

1—齿圈；2—磁极端部；3—感应线圈引线；4—感应线圈；5—永磁性磁极；

6—磁力线；7—电磁感应式轮速传感器；8—磁极；9—齿圈齿顶

数和转速成正比。因此，轮速传感器输出的交变电压频率将与相应车轮的转速成正比，ECU 由此可获得车轮的轮速信号。另外，车轮转速也会影响轮速传感器交变电压的幅值。

5.6.4　曲轴位置传感器

曲轴位置传感器是发动机控制系统中最重要的传感器之一。可提供发动机的曲轴转角位置、汽缸
行程的位置信号及转速信号，以此确定发动机的点火提前角和喷油正时。曲轴位置传感器又分为光电式、电磁式、霍尔式三大类型。由于电磁式、霍尔式传感器抗污能力强、高速时信号识别能力强，因此在汽车上得到广泛应用。此外，就其安装部位来看，有的安装在曲轴前端，有的安装在凸轮轴前端或分电器内以及飞轮上。车型不同，所采用的结构型式有所不同，所以也有曲轴位置传感器或凸轮轴位置传感器之说，两者的原理和结构形式基本相同，只是安装位置有所区别而已。

电磁式曲轴位置传感器的结构、原理与车轮轮速传感器相似，主要由永久磁铁、叶轮（转子）、电磁线圈及托架等组成，如图 5.38(a)所示。转子固定在分电器轴上，线圈被固定在分电器外壳上。永久磁铁的磁力线通过叶轮、托架等构成磁路。其工作原理如图 5.38(b)所示，当发动机工作时，分电器轴带动叶轮旋转，导致磁路的气隙发生变化，相应改变了磁路的磁阻，即转子的叶片转近托架时（位置 $A \to$ 位置 B），气隙变得越来越小，使得磁路的磁阻变小，磁通量相应增加；转子的叶片转离托架时（位置 $B \to$ 位置 C），气隙变得越来越大，使得磁路的磁阻变大，磁通量相应减小。由此在电磁线圈内感应出的感应电动势，即输出信号，如图 5.38(c)所示。当转子旋转时，可产生与齿数相等且大小和方向均周期变化的感应电动势，以此检测发动机的曲轴转角位置、汽缸的活塞行程位置及转速。

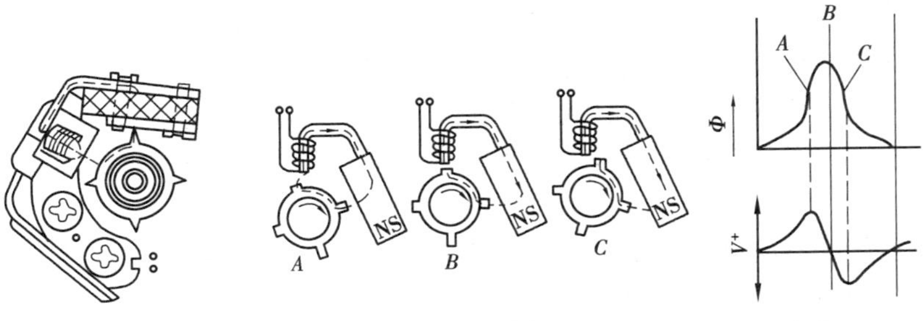

(a)　　(b)　　(c)

图 5.38　磁电式曲轴位置传感器结构与原理
(a)结构　(b)工作原理　(c)输出信号

5.6.5　减速传感器

减速传感器也称 G 传感器，是汽车制动防抱死系统（ABS）的一个主要传感器，用于测量汽车制动时的减速度，识别是否是雪路、冰路等易滑路面，提高汽车制动性能。减速传感器利用差动变压器原理获得减速度信号，其结构原理如图 5.39 所示。汽车正常行驶时，差动变压器线圈内的铁芯处于线圈的中部位置，当汽车制动减速时，铁芯受惯性力（惯性力与汽车加速度或减速度的大小成正比，方向相反）作用向前移动，从而使差动变压器线圈内的感应电流发生变化，以此作为输出信号来控制 ABS 的工作。铁芯产生的惯性力不同，其在线圈内所处的

位置随之不同,减速传感器输出信号也不同。

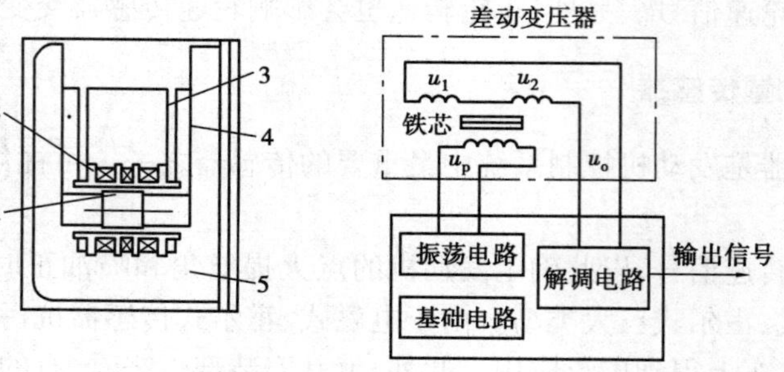

(a)　　(b)

图 5.39　差动变压器式减速传感器

(a)基本结构　(b)工作原理

1—铁芯;2—线圈;3—印制电路板;4—弹簧;5—变压器油

复习思考题

1. 简述变空气间隙型差动自感传感器的工作原理及其相对于变空气间隙型自感传感器的优点。

2. 简述电感式传感器(自感型)交流电桥测量电路和变压器电桥测量电路的工作原理。

3. 参见图 5.12,分析差动变压器式传感器理想与实际的输入输出特性。

4. 何为电涡流效应?电涡流式传感器可用于测量哪些参数信号?

5. 简述电涡流式传感器分压调频电路的工作原理。

6. 简述利用电涡流式传感器进行无接触法测量金属板厚度的基本原理。

7. 爆震传感器在发动机控制系统中起到什么作用?并请简述磁致伸缩式爆震传感器的工作原理。

8. 曲轴位置传感器能够提供给发动机 ECU 哪些信号?并请结合图 5.34,叙述电磁式曲轴位置传感器的结构组成与工作原理。

第6章 电容式传感器

电容式传感器是将被测量的变化转换成电容量变化的传感装置,其实际上是一个具有可变参数的电容器。电容式传感器具有结构简单、动态响应快、易实现非接触式测量等突出的优点,被广泛应用于压力、位移、加速度、液位、成分含量等测量之中。根据电容器变化的参数,电容式传感器可以分为极距变化型、面积变化型和介质变化型3种类型。

6.1 工作原理

由物理学可知,两个平行极板组成的电容器的电容量 C 为

$$C = \frac{\varepsilon\varepsilon_0 A}{\delta} \tag{6.1}$$

式中:ε_0——真空的介电常数,$\varepsilon_0 = 8.85 \times 10^{-12}$ F/m;

ε——极板间介质的相对介电系数,在空气中 $\varepsilon = 1$;

A——极板有效作用面积;

δ——极板间距。

由式(6.1)可以看出,当被测量使 ε、A、δ 发生变化时,均会引起电容量 C 的变化。如果保持其中的两个参数不变,而改变另一个参数,即可实现将被测参数的变化转换成电容量的变化。

6.1.1 极距变化型

由式(6.1)可知,当两极板的有效作用面积及极板间的介质保持不变时,电容量 C 随极板间距 δ 呈非线性的关系变化,其工作原理及输入输出特性曲线如图6.1所示。

当极距有一个微小的变化量 $\mathrm{d}\delta$ 时,传感器的电容值将相应产生一个变化量 $\mathrm{d}C$,其值为

$$\mathrm{d}C = -\frac{\varepsilon\varepsilon_0 A}{\delta^2}\mathrm{d}\delta \tag{6.2}$$

传感器的灵敏度为

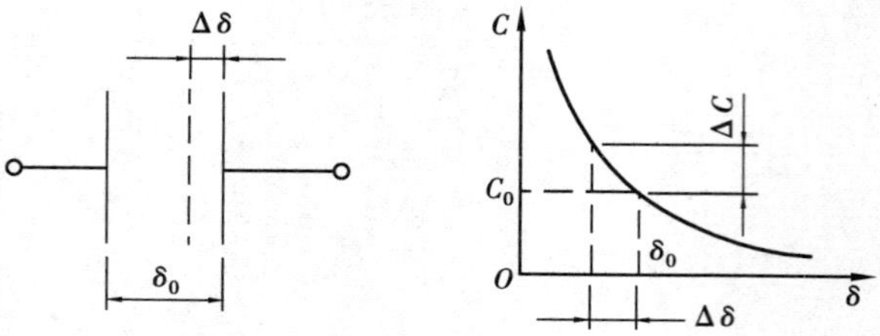

(a)　　　　　(b)

图 6.1　极距变化型电容传感器

(a)工作原理　(b)输入输出特性

$$S = \frac{\mathrm{d}C}{\mathrm{d}\delta} = -\frac{\varepsilon\varepsilon_0 A}{\delta^2} \tag{6.3}$$

由此可知,灵敏度 S 与极距的平方成反比,极距越小,灵敏度越高。极距的变化量越大,非线性误差就越明显。因此,为了限制非线性误差,一般规定极距在较小的变化范围内工作,以便使输入输出特性保持近似线性的变化关系。通常取极距变化范围 $\Delta\delta/\delta_0 \leqslant 0.1$。

在实际应用中,为了提高传感器的灵敏度、线性度及克服某些外界条件(如电源电压、环境温度等)的变化对测量精确度的影响,常常将传感器做成差动方式,如图 6.2 所示。

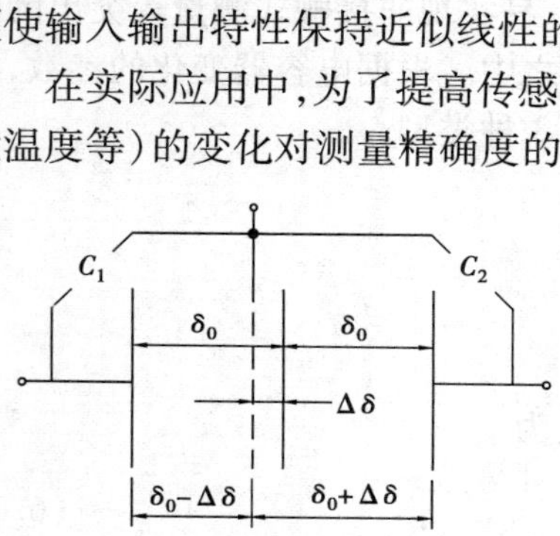

图 6.2　差动式极距变化型电容传感器

左右两个极板为固定极板,中间极板为活动极板。当被测量使活动极板移动一个间距 $\Delta\delta$ 时,由于活动极板与两个固定极板所形成的两个平板电容器的极距一个减小、一个增大,因此它们的电容量也是一个增大、一个减小。如果间距 $\Delta\delta$ 远小于 δ_0,则两个电容器变化量大小相等、符号相反。利用后接的转换电路(如电桥等)可以检出两电容器电容量的差值,该差值与活动极板的移动量 $\Delta\delta$ 有一一对应关系。

极距变化型电容传感器具有动态特性好、灵敏度和精度极高(可达 nm 级)等优点,适用于较小位移(1 nm ~ 1 μm)的精密测量。但是,该传感器存在原理上的非线性误差及受线路杂散电容(如电缆电容、分布电容等)的影响显著,为了改善这些问题需要配合使用的电子电路较为复杂。

6.1.2　面积变化型

面积变化型电容传感器在工作时,极距、介质保持不变,被测量的变化使两极板的有效作用面积发生变化。常见的几种面积变化型电容传感器的结构原理示意图如图 6.3 所示:

图 6.3(a)为平面线位移型电容传感器。当动板沿 x 方向移动时,覆盖面积变化,电容量也随之变化,其电容量为

$$C = \frac{\varepsilon\varepsilon_0 bx}{\delta} \tag{6.4}$$

式中:b——极板宽度。

传感器的灵敏度为

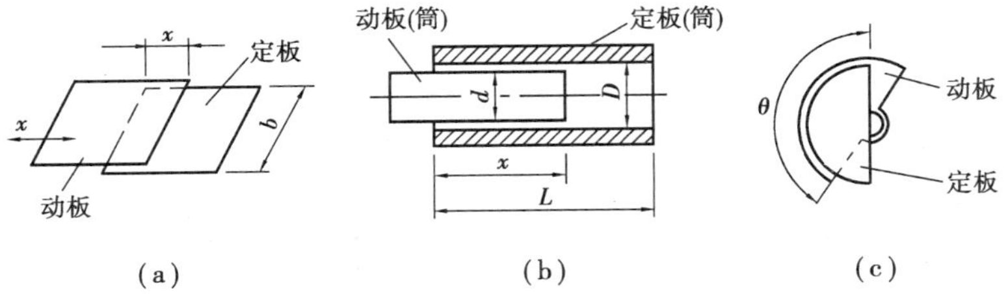

图6.3　面积变化型电容传感器
(a)平面线位移型　(b)圆柱线位移型　(c)角位移型

$$S = \frac{\mathrm{d}C}{\mathrm{d}x} = \frac{\varepsilon\varepsilon_0 b}{\delta} = \text{const.} \tag{6.5}$$

图6.3(b)为圆柱线位移型电容传感器。动板(筒)与定板(筒)相互覆盖,其电容量为

$$C = \frac{2\pi\varepsilon\varepsilon_0 x}{\ln(D/d)} \tag{6.6}$$

式中:D——圆孔直径;

d——圆柱直径。

传感器的灵敏度为

$$S = \frac{\mathrm{d}C}{\mathrm{d}x} = \frac{2\pi\varepsilon\varepsilon_0}{\ln(D/d)} = \text{const.} \tag{6.7}$$

图6.3(c)为角位移型电容传感器。当动板转动一个角度时,其与定板之间的有效覆盖面积将发生变化,从而导致电容量变化。覆盖面积为

$$A = \frac{\alpha r^2}{2} \tag{6.8}$$

式中:α——覆盖面积对应的中心角;

r——极板半径。

所以,电容量 C 为

$$C = \frac{\varepsilon\varepsilon_0 \alpha r^2}{2\delta} \tag{6.9}$$

传感器的灵敏度为

$$S = \frac{\mathrm{d}C}{\mathrm{d}\alpha} = \frac{\varepsilon\varepsilon_0 r^2}{2\delta} = \text{const.} \tag{6.10}$$

由上述可知,面积变化型电容传感器在理想情况下灵敏度为常数,输入输出成线性关系,不存在非线性误差。但是,实际应用中由于电场边缘效应的影响,其仍存在一定的非线性误差。同时,与极距变化型相比,灵敏度较低,通常使用于较大直线位移及角位移的测量。

6.1.3　介质变化型

介质变化型电容传感器的极距、有效作用面积保持不变,被测量的变化使电容极板间的介质情况发生变化,从而使介质的介电常数发生变化,引起电极间的电容量变化。介质变化型电容传感器主要用于两极板间介质的某些参数变化的测量,如介质厚度、介质湿度及液位等,如图6.4所示为测量液位(如储油罐的油面高度)的介质变化型电容传感器的测量原理示意图。

传感器的极板是两个同心的圆筒，其液面下面的部分为被测介质，设其相对介电常数为ε_x；液面上面的部分是空气，相对介电常数近似为1。传感器的总电容C等于上、下两部分电容C_1和C_2的和，即

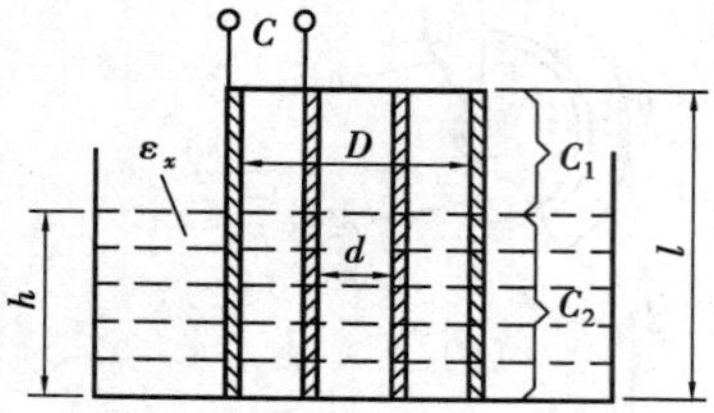

图6.4　介质变化型电容传感器

$$\begin{aligned}C &= C_1 + C_2 = \frac{2\pi\varepsilon_0(l-h)}{\ln(D/d)} + \frac{2\pi\varepsilon_x\varepsilon_0 h}{\ln(D/d)} \\ &= \frac{2\pi\varepsilon_0 l}{\ln(D/d)} + \frac{2\pi(\varepsilon_x - 1)\varepsilon_0}{\ln(D/d)} \cdot h \\ &= a + bh \end{aligned} \tag{6.11}$$

传感器的灵敏度为

$$S = \frac{\mathrm{d}C}{\mathrm{d}h} = b = \frac{2\pi(\varepsilon_x - 1)\varepsilon_0}{\ln(D/d)} \tag{6.12}$$

由此可见，这种传感器的灵敏度为常数，电容C理论上与液位h成线性关系，只要测出传感器电容C的大小，可得到液位h。

6.2　测量电路

电容式传感器将被测物理量转换为电容量的变化以后，还需要由后接的测量(转换)电路将电容量的变化进一步转化为电压、电流、频率的变化信号。常用的测量电路有下列几种：

6.2.1　电桥电路

这种测量电路通常将电容传感器作为电桥的一个部分，采用电阻、电感或电容组成交流电桥，使电容变化转换为电桥输出电压的变化。图6.5所示为一种由电感与电容组成的交流电桥测量电路，两个二次绕组电感L_1，L_2与差动电容传感器的两个电容C_1，C_2作为电桥的四个臂，由高频稳幅的交流电源e_s为电桥供电。电桥的输出为一调幅波，经放大、相敏检波、滤波等处理后，即可得到与被测量变化相对应的输出电压e_o，最后由仪表显示或记录。

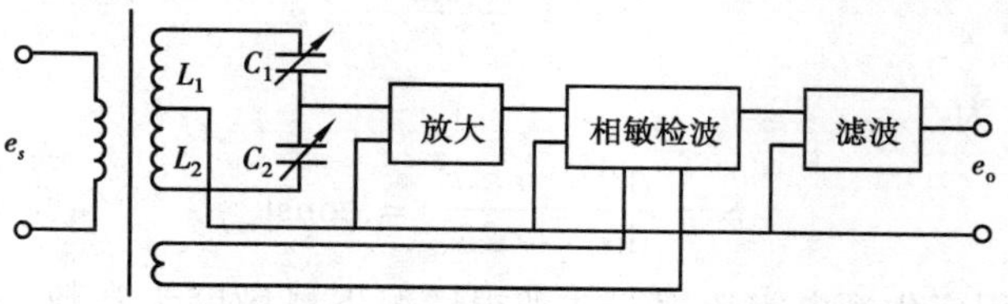

图6.5　交流电桥转换电路

6.2.2　调频电路

调频电路如图6.6所示，电容式传感器被接入调频振荡器的LC谐振回路中，当输入量使传感器的电容量发生变化时，振荡器的振荡频率发生变化。振荡频率的变化经过鉴频器转换成电压的变化，再经过放大后由记录或显示仪表指示。这种测量电路的抗干扰能力强、灵敏度很高，可以测量0.01 μm的位移变化量，但是其受电缆分布电容、温度变化的影响较大，输出电压与被测量之间的非线性关系一般需要依靠电路加以修正，因此电路较为复杂。

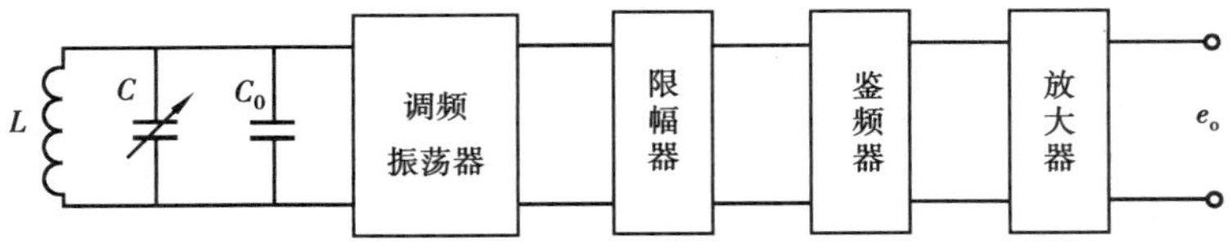

图6.6　调频电路

6.2.3　脉冲调宽电路

图6.7为脉冲调宽电路，也称为差动脉冲调制电路。C_1 和 C_2 为传感器的两个差动电容，线路由两个电压比较器 A_1 和 A_2，一个双稳态触发器FF和两个充放电回路 R_1，C_1 和 R_2，C_2 组成；U_r 为参考直流电压；双稳态触发器的两个输出端电压由比较器控制。当接触电源后，如触发器 Q 端（A 点）为高电平，$\overline{Q}$端（B 点）为低电平，则触发器通过 R_1 向 C_1 充电；当 F 点电位 U_F 上升到与参考电压 U_r 相等时，比较器 A_1 产生脉冲，使双稳态触发器翻转，Q 端变成低电平，$\overline{Q}$端变成高电平。此时，由电容 C_1 通过二极管迅速放电至零，而触发器由$\overline{Q}$端经 R_2 向 C_2 充电；当 G 点电位 U_G 充至 U_r 时，比较器 A_2 产生脉冲，使双稳态触发器再一次翻转，Q 端又变成高电平，$\overline{Q}$端又变成低电平，周而复始，循环上述过程，则在 A，B 两点分别输出宽度受 C_1，C_2 调制的矩形脉冲。

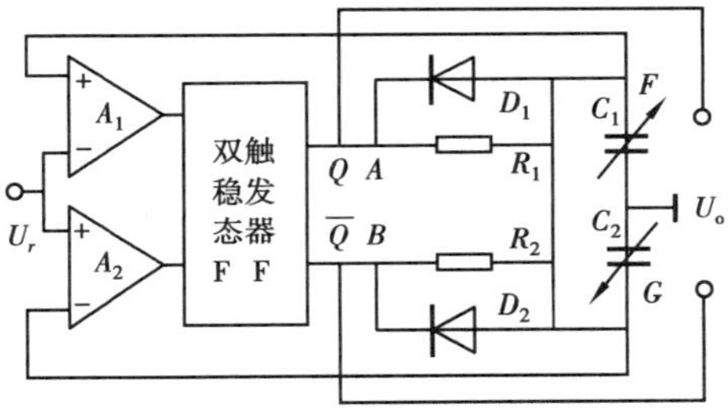

图6.7　脉冲调宽电路

当 $C_1=C_2$ 时，各点的电压波形如图6.8(a)所示，Q 端和$\overline{Q}$端两端的电平脉冲宽度相等，输出电压 U 的平均值为零；当 $C_1\neq C_2$ 时，C_1，C_2 充电时间常数发生改变，若 $C_1>C_2$，则各点电压波形如图6.8(b)所示，此时在 A，B 点各自产生一个宽度受 C_1，C_2 调制的矩形脉冲：

$$U_A=\frac{T_1}{T_1+T_2}U_1,U_B=\frac{T_2}{T_1+T_2}U_1 \tag{6.13}$$

Q 端点间的平均电压（经低通滤波器后）为

$$U_o=U_A-U_B=\frac{T_1}{T_1+T_2}U_1-\frac{T_2}{T_1+T_2}U_1=\frac{T_1-T_2}{T_1+T_2}U_1 \tag{6.14}$$

式中：U_A，U_B——A，B 点矩形脉冲的直流分量；

T_1，T_2——C_1，C_2 的充电时间；

U_1——触发器输出的高电位。

将 $T_1=R_1C_1\ln\frac{U_1}{U_1-U_r}$，$T_2=R_2C_2\ln\frac{U_1}{U_1-U_r}$代入式(6.14)可得

$$U_o = \frac{T_1 - T_2}{T_1 + T_2}U_1 = \frac{C_1 - C_2}{C_1 + C_2}U_1 \tag{6.15}$$

因此,输出直流电压与传感器两电容差值成正比。

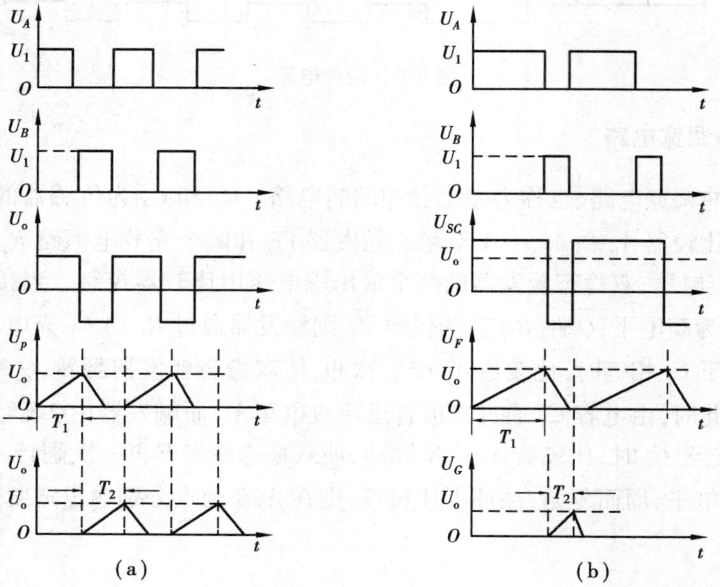

图 6.8　脉冲调宽电路各点电压波形图

对于变极距型电容式传感器:

$$C_1 = \frac{\varepsilon A}{d - \Delta d}, C_2 = \frac{\varepsilon A}{d + \Delta d}$$

则

$$U_o = \frac{C_1 - C_2}{C_1 + C_2}U_1 = \frac{\Delta d}{d}U_1 \tag{6.16}$$

由此可见,输出电压与极距变化呈线性。

对于变面积型电容式传感器:

$$C_1 = \frac{\varepsilon(A + \Delta A)}{d}, C_2 = \frac{\varepsilon(A - \Delta A)}{d}$$

则

$$U_o = \frac{C_1 - C_2}{C_1 + C_2}U_1 = \frac{\Delta A}{A}U_1 \tag{6.17}$$

输出电压也与面积变化呈线性关系。

因此,差动脉冲调宽电路,对电容传感器无线性要求,即能适用于任何差动式电容传感器并具有理论上的线性特性。其特点是:对电容传感器无线性要求;无须解调电路(因为电源频率不高);电源频率大小对输出电压无影响;对输出矩形波存度要求不高。

6.2.4　运算放大器电路

由前面所述已知,极距变化型电容传感器的极距变化与电容变化量成反比关系,传感器存在原理上的非线性。利用运算放大器的反相比例运算可以使转换电路的输出电压与极距之间的关系变成线性关系。如图 6.9 所示，输入阻抗采用固定电容 C_o，反馈阻抗采用电容传感器的电容 C。

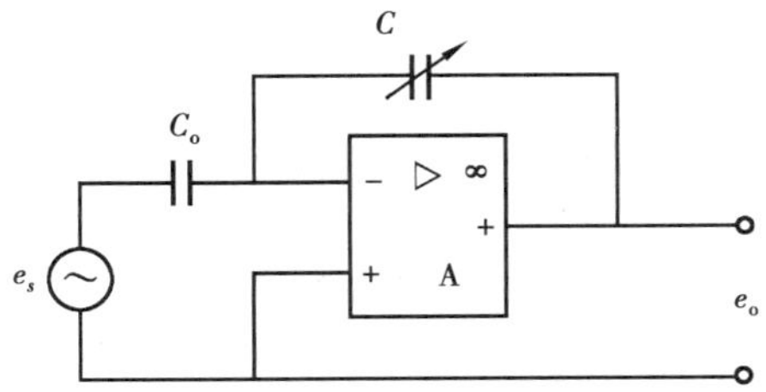

图 6.9　运算式电路

根据运算放大器的反相比例运算关系，输出电压 e_o 为

$$e_o = -\frac{z_f}{z_o}e_s = -\frac{C_o}{C}e_s \tag{6.18}$$

式中：e_s——高频稳幅交流电源；

z_o——C_o 的交流阻抗，为$\frac{1}{\mathrm{j}\omega C_o}$；

z_f——C 的交流阻抗，为$\frac{1}{\mathrm{j}\omega C}$。

将式(6.1)代入(6.18)，可以得到

$$e_o = -\frac{z_f}{z_o}e_s = -\frac{C_o}{C}e_s = -\frac{C_o e_s}{\varepsilon\varepsilon_0 A}\delta \tag{6.19}$$

由式(6.19)可知，在其他参数不变的情况下，电路输出电压 e_o 与电容传感器间隙 δ 成线性比例关系。与其他测量电路相比，运算式电路原理简单、灵敏度和精度最高，但一般需要使用“驱动电缆”技术来消除电缆电容的影响，电路较为复杂且调整困难。

除了上面介绍的四种测量电路外，电容式传感器的测量电路还有直流极化电路、谐振电路、脉冲电路等。

6.3　工程应用

6.3.1　电容法测泥料水分

泥料水分对工业陶瓷和生活陶瓷的生产影响较大。它决定着工艺设计中泥坯的放尺量。因为泥料水分太少，烧制时容易开裂；泥料水分太多，泥坯会变形。因此，泥料水分含量是保证产品质量的关键。电容传感器采用双针式结构，插入泥料之中，使泥料充满两极板之间。泥料水分合格时，电容传感器的电容量为

$$C_o = \frac{\varepsilon A}{d} = \frac{A\varepsilon_0}{d}\varepsilon_r \tag{6.20}$$

如果泥料水分改变，则泥料的介电常数也改变($\varepsilon_r \to \varepsilon_r \pm \Delta\varepsilon_r$)，电容传感器的电容量变为

$$C_x = \frac{A\varepsilon_0}{d}(\varepsilon_r \pm \Delta\varepsilon_r) = \frac{A\varepsilon_0\varepsilon_r}{d} \pm \frac{A\varepsilon_0}{d}\Delta\varepsilon_r = C_o \pm \Delta C \tag{6.21}$$

则

$$\Delta C = \frac{A\varepsilon_0}{d}\Delta\varepsilon_r, \frac{\Delta C}{C_o} = \pm\frac{\Delta\varepsilon_r}{\varepsilon_r} \tag{6.22}$$

由上式可知,电容相对变化与泥料介电常数相对变化呈线性关系,故仪表刻度均匀。然后采用脉冲电路,将其电容变化转换为电流

$$I_P = 2EfC_x \tag{6.23}$$

式中:f——转换开关频率,取 1 MHz。

6.3.2　电容测厚传感器在板材轧制中的应用

如图 6.10 所示,在板材上下两侧各置一块面积相等且与板材距离相等的电容极板,金属板材构成一极,这样形成两个并联的电容器 C_1,C_2,并接入如图(变压器电桥电路 CGQ86)所示的测量电路中,C_x 为电容传感器。

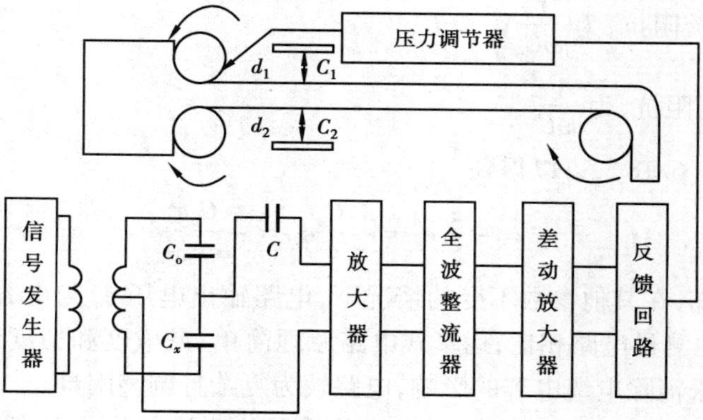

图 6.10　电容测厚传感器在板材轧制中的应用

当板材厚度合格时,电容传感器的电容量为

$$C_x = C_1 + C_2 = C_o \tag{6.24}$$

则变压器电桥输出电压$\dot{U}_o$为

$$\dot{U}_o = \frac{\dot{U}_1}{2}\frac{C_o - C_x}{C_o + C_x} = 0 \tag{6.25}$$

此时板材厚度合格,轧机正常工作。

当板材厚度增加 Δd,说明轧机压力变小。此时:

$$d_1 \to d_1 - \Delta d_1, d_2 \to d_2 - \Delta d_2 \tag{6.26}$$

则电容传感器的电容量为

$$C_x = C_1 + C_2 = \frac{\varepsilon_0 A}{d_1 - \Delta d_1} + \frac{\varepsilon_0 A}{d_2 - \Delta d_2} > C_o \tag{6.27}$$

输出电压为

$$\dot{U}_o = \frac{\dot{U}_1}{2}\frac{C_o - C_x}{C_o + C_x} < U_o \tag{6.28}$$

用此电压去调节轧机压力调节器，使轧机压力增大，板材逐渐变薄，$\dot{U}_o$逐渐变小，当板材厚度符合标准时，$C_x = C_o$，压力调节停止。

反之，当板材厚度减小 Δd，说明轧机压力变大，此时情况与上面相反。

6.3.3　电容式液位计

电容液位计是利用被测介质液面变化使电容传感器电容量变化的一种变介质型电容传感器。图6.11(a)是用于被测量为非导电物质时的电容传感器。当被测液面高度发生变化时，两电极之间的电介质有所变化，引起其电容量随之变化，设被测介质的介电常数为 ε_1，而液面以上部分的介质的介电常数为 ε_2，则其电容量为

$$C = \frac{2\pi\varepsilon_1 H}{\ln\frac{r_2}{r_1}} + \frac{2\pi\varepsilon_2(L-H)}{\ln\frac{r_2}{r_1}} = C_o + AH \tag{6.29}$$

$$C_o = \frac{2\pi\varepsilon_2 L}{\ln\frac{r_2}{r_1}}, A = \frac{2\pi(\varepsilon_1 - \varepsilon_2)}{\ln\frac{r_2}{r_1}}$$

式中：C_o——传感器在无液体介质 ε_1 时的初始电容值；

H——传感器插入液面的深度；

L——传感器的有效工作长度；

r_1, r_2——传感器内电极外径和外电极内径。

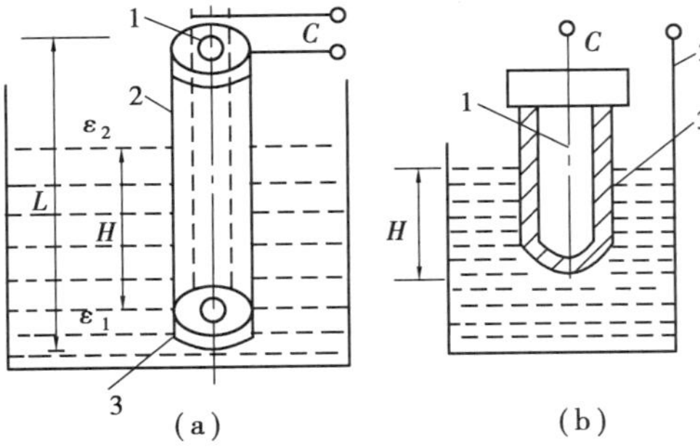

图6.11　电容液位传感器

由式(6.29)可见，输出电容与液位高度 H 呈线性关系。采用单电容脉冲调宽电路，可将液位高度 H 转换为电压输出。电容式液位计如图6.12所示，C_x 为电容传感器，C_r 为参比电容，且 $C_r > C_x$，$R_1 = R_2 = R$，C_x 与 R_1，T_1 及 C_r 与 R_2，T_2，构成充放电路。

工作原理如下：

(1)当水塔中的水位到达 x_1 时，即水快要用完时，电源接通 C_x，C_r 分别经 R_1，R_2，由电源 $-U_{CC}$充电，C_r 上充电电压为下正上负。由于 $C_x > C_r$，且此叫因水位低，C_x 比较小，故 C_x 上的电压很快上升到 U_r，使比较器 A_1 首先由高电平翻转为低电平。T_3 导通，绿灯亮，继电器激磁，接通抽水电动机，开始向水塔抽水。同时由于 T_3 集电极高电平，使 T_4 截止，黄灯不亮。

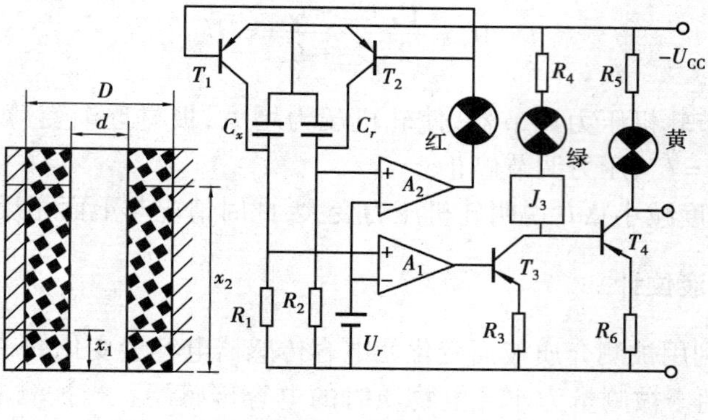

图 6. 12　电容式液位计

(2)在抽水的同时,C_r 继续充电。当水塔的水位到达 x_2 时,即快要抽满时,C_r 的电压上升到 U_r,使比较器 A_2 由高电平翻转为低电平,使 T_1,T_2 均导通,红灯亮,说明水塔里的水已加满。由于 T_1,T_2 均导通,C_x,C_r 上所充电压经开关管 T_1,T_2 迅速放电。因 $C_x < C_r$,故 U_1 迅速下降到 U_r,使比较器 A_1 首先由低电平翻转为高电平,T_3 截止,绿灯灭。J_3 失磁,断开电动机电源,抽水机停止抽水。同时,使 T_4 导通,黄灯亮,说明水塔能正常供水。另外,由于 U_1 下降到零,T_1 与 T_2 截止,红灯灭。

(3)当 C_r 放电使 U_2 下降到 U_r 时,比较器 A_2 由低电平翻转为高电平,T_1,T_2 截止,红灯灭,C_x,C_r 放电结束。由 $-U_{CC}$对其充电。

(4)当水塔中的水位下降到 x_1 时,C_x 上所充电压上升 U_r,又由高电平翻转为低电平,T_3 导通,抽水,重复上述过程。图 6. 11(b)所示结构适用于测量导电液体的液位。在液位变化时,相当于外电极 2 的面积在改变,它是一种变面积型电容传感器。由于外电极 2 随液面高度变化,所以其电容值为

$$C_x = \frac{2\pi\varepsilon H}{\ln\dfrac{r_2}{r_1}} + C_S \tag{6.30}$$

$$C_S = \frac{\varepsilon r_1^2}{4\delta}$$

式中:C_S——顶端非工作端电容;

ε——电极绝缘层的介电常数;

H——传感器插入液面的深度;

r_1,r_2——内电极 1 的外径和绝缘层 3 的外径;

δ——顶端绝缘层厚度。

6.3.4　电容式压力传感器

电容式压力传感器在结构上有单端式和差动式两种形式,因为差动式的灵敏度高,非线性误差较小,从而得到广泛应用。

图 6. 13 为一种小型差动式压力传感器。金属弹性膜片为动极板,镀金凹型玻璃圆片为定极板。当被测压力通过过滤器进入空腔时,如果弹性膜片两侧存在压力差,即 $p_1 \neq p_2$,则弹性

膜片受到压力差而向一侧产生位移，该位移使两个电容一增一减。电容量的变化经测量电路转换成与压力或压力差相对应的电流或电压的变化输出。

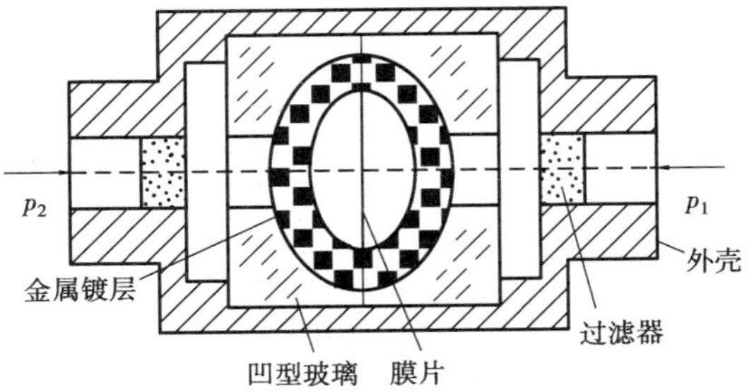

图6.13　差动式压力传感器

6.3.5　电容式振动、位移测量仪

DWY-3振动、位移测量仪是一种基于电容、调频原理的非接触式测量仪器，其既是测振仪，又是电子测微仪，主要用来测量旋转轴的回转精度和摆振、往复机构的运动特性和定位精度、机械构件的相对振动和相对变形、工件尺寸和平直度以及用于某些特殊测量等。原理如图6.14所示，其传感器是一片金属板，作为定极板，而以被测构件为动极板组成电容传感器。测量时，首先要调整好传感器与被测工件间的原始间隙 d_o，当轴旋转时因轴承间隙等原因使转轴产生径向位移和振动 $\pm\Delta d$，相应地产生一个电容变化 ΔC。DWY-3振动、位移测量仪可以直接指示出 Δd 的大小，配有记录和图形显示仪器时，可将 Δd 的大小记录下来，并在图像上显示出其变化的情况。

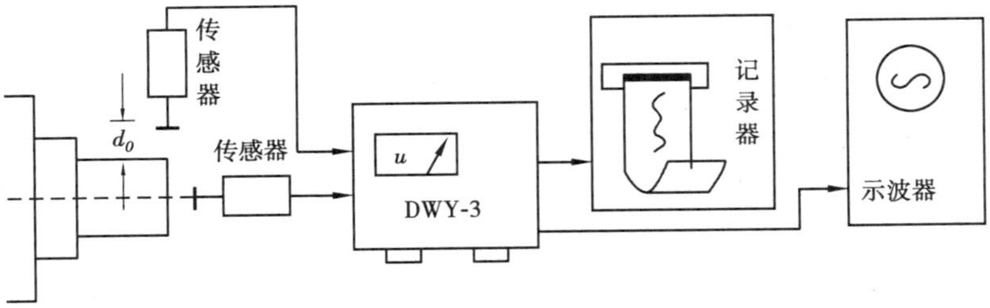

图6.14　测量旋转轴的回转精度和摆振示意图

6.4　电容式传感器在汽车上的应用

汽车上的电容式传感器主要有电容式进气压力传感器、电容式燃油性质传感器等。

6.4.1　电容式进气压力传感器

电容式进气压力传感器主要是利用传感器的电容效应来测量进气歧管绝对压力的。其结构原理如图6.15所示，主要是由氧化铝膜片及厚膜电极等构成。压力转换元件是由可产生电容效应的厚膜电极构成，电极被附在氧化铝膜片上。当发动机进气歧管绝对压力变化时，可使氧化铝膜片产生变形,导致传感器电极的电容产生相应变化,引起与其相关的振荡电路的振荡频率发生相应变化。ECU 根据传感器输出信号的频率便可感知进气歧管的绝对压力。其信号频率和进气歧管绝对压力值成正比,该频率一般在 80 ~ 120 Hz 范围内变化。

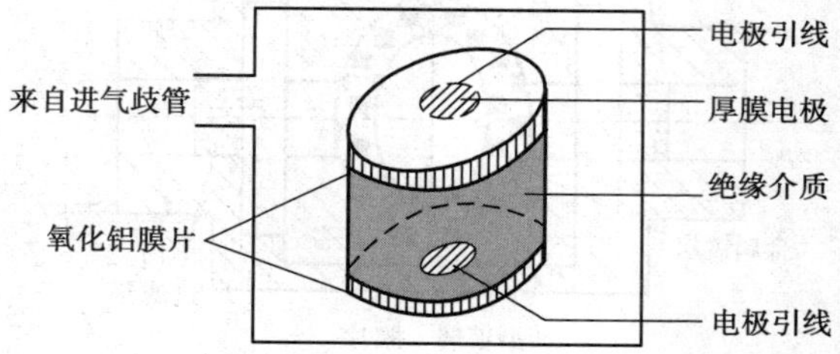

图 6.15　电容式进气压力传感器的结构示意图

6.4.2　电容式燃油性质传感器

为了节省燃油和净化排放的尾气,人们正在研究压缩天然气、甲醇等代用燃料。其中的甲醇是液体,在市场上可以购到,在车辆上的用法与汽油相近,因此甲醇处于最有可能成为代用燃料的位置上,但要等到甲醇加油站的全部建成,则需要相当长的时间。而在此期间,则要求甲醇与汽油以任何比率混合的燃料都能正常行车,为此期望出现能够测量甲醇与汽油所占比例的传感器。另一方面,因为汽油也是含氧燃料,加之劣质汽油可能出现在市场上,所以汽油性质多变。而现代汽油车上为满足环境保护要求,同时又兼顾车辆性能,趋向于对发动机采用高水平控制技术,但若因汽油性质的变化超过控制系统的容许范围,尤其会引起发动机的低温、中温区的工作性能劣化。为了改善这一问题,也要求使用燃油性质传感器,检测汽油的重质成分与轻质成分,以实现发动机的反馈控制。

从电气的角度来看,构成汽油的碳氢类是无极性的,它们的介电常数大致为同样数值,例如将汽油中的主要成分之一的乙烷与二甲苯进行比较后可知:其分子结构分别为直链式与环状式,其介电常数分别为:正乙烷——1.890(20 ℃);二甲苯——2.374(20 ℃)。

作为碳氢混合物的汽油,其介电常数近于各分子的介电常数的平均值。与此相比,甲醇是有极性物质,其介电常数为:甲醇——32.35(20 ℃)。

汽油的成分变化时,介电常数的变化很小;而甲醇成分变化时,介电常数的变化比较大,所以静电电容式燃油性质传感器不受汽油组成的影响,能够很好地反应甲醇成分的变化情况。同时,混合燃油的介电常数与温度有关,因为汽油、甲醇与温度的关系不同,所以介电常数与温度的关系随混合浓度的不同而变化。但是,对于一定温度来说,不同甲醇浓度下的介电常数变化趋势大致为一固定值,所以可用温度传感器进行温度修正。

传感器的电极为同心、圆筒形结构,如图 6.16 所示。与平板形电极相比,采用圆筒形电极不仅易于形成燃油管道,而且在同样大小的空间上电极面积增大,电极之间的距离加宽,从而在杂质附在电极上时不会受到很大影响,可以按甲醇浓度测得静电电容。正是因为这一原因,传感器的压力损耗在燃油的工作流量范围上不存在问题。

传感器的测量电路方框图如图 6.17 所示,为了将与甲醇混合浓度对应的静电电容 C_s 变换成电信号,利用了 LC 型振荡器,其振荡频率设定在 20 MHz 附近。

由于利用了 LC 型电路,所以电极被无直流成分的正弦波旁路,这样不仅可以把介电损耗

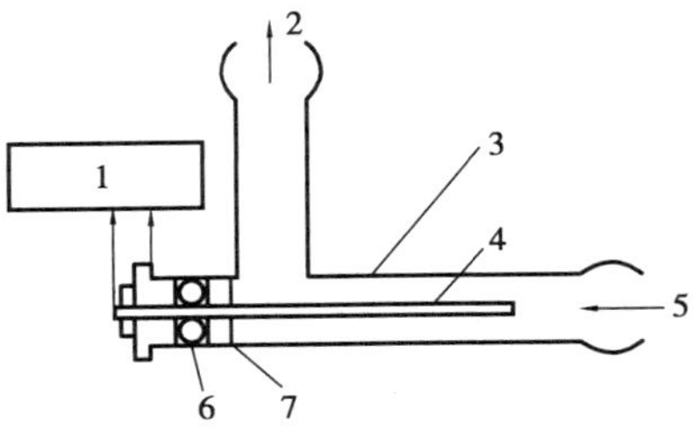

图 6.16　传感器电极的结构

1—E 振荡器；2—燃油出口；3—外侧电极；4—中心电极；
5—燃油进口；6—O 形圈；7—绝缘件

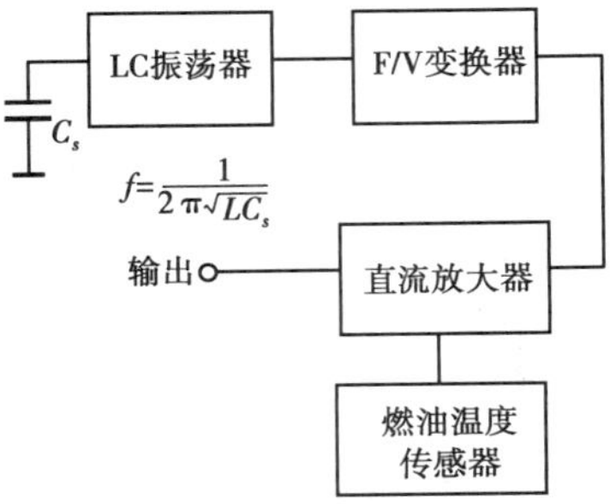

图 6.17　传感器电极的结构

控制在最小限度，而且可以控制甲醇引起的电腐蚀。另外，为了减少燃油温度对输出电压的影响，采用了燃油温度传感器作为修正信号。

复习思考题

1. 根据电容器的变化参数，电容式传感器可以分为哪几种类型？并请分别举出两个应用实例。

2. 简述利用差动式极距变化型电容传感器测量极板位移量的基本原理。

3. 参照图 6.3，分别推导图示三种面积变化型电容传感器的灵敏度。

4. 何为介质变化型电容传感器？其主要被用于什么场合？

5. 脉冲调宽电路有何特点？并请简述其工作原理。

6. 简述极距变化型电容传感器的运算放大器测量电路的基本原理。

7. 分析利用电容式传感器测量泥料中水分的基本方法与原理。

8. 汽车上电容式燃油性质传感器有何作用？并请叙述其结构组成与工作原理。

第7章 压电式传感器

压电式传感器是一种利用了某些物质所具有的压电效应，既可以把机械能（力、压力等）转换成电能（电荷、电压等），也可以将电能转换成机械能的可逆能量转换器。压电式传感器具有体积小、重量轻、测量精度和灵敏度高、动态频率范围宽等优点，被广泛应用于压力、应力、加速度等参数的测量中。用做加速度传感器时，可测频率范围从0.1 Hz～20 kHz，可测振动加速度按其不同的结构可达10^{-2}～10^{5} m·s^{-2}；用作测力传感器时，其灵敏度可达10^{-3} N。

7.1 压电效应

某些物质，如石英、钛酸钡等，当受到外力作用时，不仅其几何尺寸发生变化，而且其内部会出现极化现象，在某些表面上出现电荷，形成电场；当外力去除时，物质回到原来的状态，这种性质即为压电效应。压电效应是可逆的，即如果将这类物质置于外电场中，其几何尺寸也会发生变化，这种现象被称为逆压电效应或电致伸缩效应。

具有明显压电效应的材料称为压电材料。常见的压电材料可分为压电晶体（如天然石英、人造石英、酒石酸钾钠等）、压电陶瓷（钛酸钡、锆钛酸铅、铌酸锂等）和有机压电薄膜三类。下面以石英晶体（SiO_2）为例，介绍压电效应。

天然石英晶体为六角形晶柱，两端为一对称的棱锥，如图7.1所示，其中的六棱柱是石英晶体的基本组织。石英晶体上有三条特征曲线：z轴与石英晶体的上、下锥顶连线重合，光线沿此方向入射时不产生双折射现象，因此也被称为光轴，沿此方向加力不产生压电电荷；x轴与石英晶体横截面的对角线重合，是晶体中在应力作用下产生最强电荷的方向，因此也被称为电轴；y轴依据右手坐标系规则确定，沿此方向受力时变形最小，机械强度最大，因此也被称为机械轴。

压电传感器上的压电晶片一般是在石英晶体上平行于y-z平面的方向，沿着轴线切下的一个平行六面体切片，使其晶面分别平行于x,y,z轴，如图7.1(a)，(b)所示。

晶片在正常状态下不呈现电性，但是当其受到沿不同方向的作用力时会产生不同的极化作用，如图7.2所示。

纵向压电效应——沿x轴方向作用力，在y-z平面上产生电荷，拉、压时所产生的电荷极性

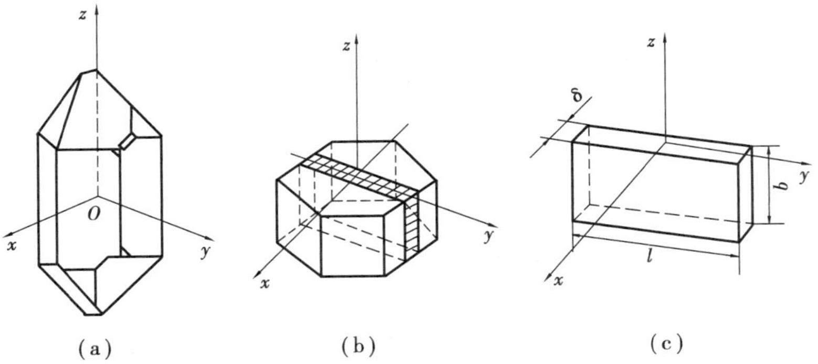

图7.1　石英晶体

(a)石英晶体外观　(b)石英晶片的切割　(c)石英晶片

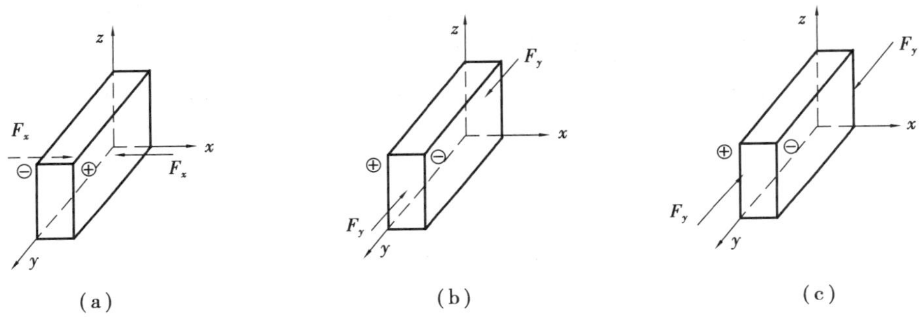

图7.2　压电效应

(a)纵向压电效应　(b)横向压电效应　(c)切向压电效应

相反；

横向压电效应——沿 y 轴方向作用力，在 y-z 平面上产生电荷，极性与沿 x 轴方向作用力相反；

切向压电效应——沿 y-z 平面或 x-z 平面施加剪力，在 y-z 平面上产生电荷；

逆压电效应——将压电晶片置于电场中，晶片沿 x 轴方向产生几何变形。

实验证明，压电效应与逆压电效应都是线性关系，即晶体表面出现电荷的多少和形变的大小成正比，当形变改变符号时，电荷也改变符号。同样，晶体在外电场的作用下，形变的大小与电场强度成正比；当电场反向时，形变改变符号。

由上述可知，虽然压电晶体沿 x 轴、y 轴作用力或沿 y-z 平面、x-z 平面作用剪力时都会在 y-z 平面上产生电荷，但它们的电荷灵敏度（单位力产生的电荷量）不同，其中以纵向压电效应得电荷灵敏度最高，且与切片的几何尺寸无关，所以一般压电传感器均使晶片沿此方向感受被测力，即多利用纵向压电效应。若沿 y 轴方向施加力时，产生的电荷量则与切片的几何尺寸有关；若压电晶体受到多个方向的作用力时，晶体内部将产生一个复杂的应力场，会同时出现纵向、横向和切向压电效应，压电晶体的表面会积聚电荷。

7.2 工作特性

7.2.1 等效电路

如图 7.3 所示,在压电晶片的两个工作表面(y-z 平面)上进行金属蒸镀,形成金属膜并引出两根引线作为电极,即构成了基本的压电传感器。

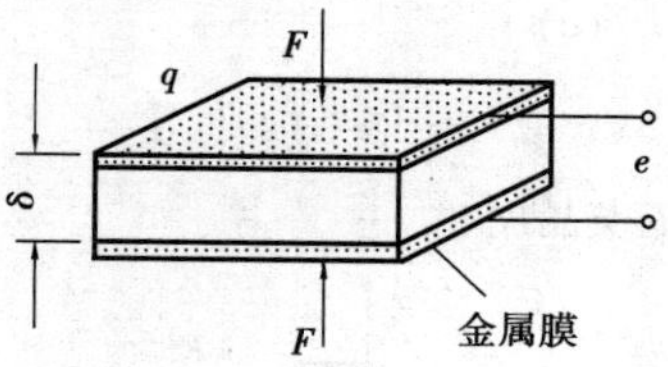

图 7.3 压电传感器

在外力作用下,压电传感器的两个工作表面上积聚极性相反、数量相等的电荷,形成了电场。如果施加在晶片上的外力不变,积聚在极板上的电荷无内部泄漏,外电路负载无穷大,那么在外力作用期间,电荷量将始终保持不变。因此,压电传感器可以看作是一个电荷发生器或电容器,其工作表面上产生的电荷 q 和传感器的固有电容 C_a 分别为

$$q = DF \tag{7.1}$$

$$C_a = \frac{\varepsilon\varepsilon_0 A}{\delta} \tag{7.2}$$

式中:D ——压电系数,与压电材料及切片方向有关;

F ——外部作用力;

ε ——压电材料的相对介电常数,石英晶体的 ε 为 4.5 F/m;

ε_0 ——真空的介电常数;

δ ——压电晶片的厚度;

A ——极板面积。

根据电荷、电压与电容的关系,传感器的开路电压 e 为

$$e = \frac{q}{C_a} \tag{7.3}$$

据上所述,压电传感器的等效电路可以有以下几种表示方法,其示意图分别如图 7.4 所示。

等效电路一:一个电荷源与一个电容器的并联,如图 7.4(a)所示;

等效电路二:一个电压源与一个电容器的串联,如图 7.4(b)所示;

等效电路三:由于实际工作中压电传感器不是开路工作的,它需要通过电缆与后面的前置放大电路相联,因此等效电路应该考虑到传感器固有电阻 R_a、传感器固有电容 C_a、电缆电容 C_c、放大器的输入电阻 R_i、放大器的输入电容 C_i 的影响,如图 7.4(c)所示;

等效电路四:将所有的电阻、所有的电容合并,得到简化的完整等效电路,如图 7.4(d)所示,其中 $R = R_a \parallel R_i$,$C = C_a \parallel C_c \parallel C_i = C_a + C_c + C_i$。

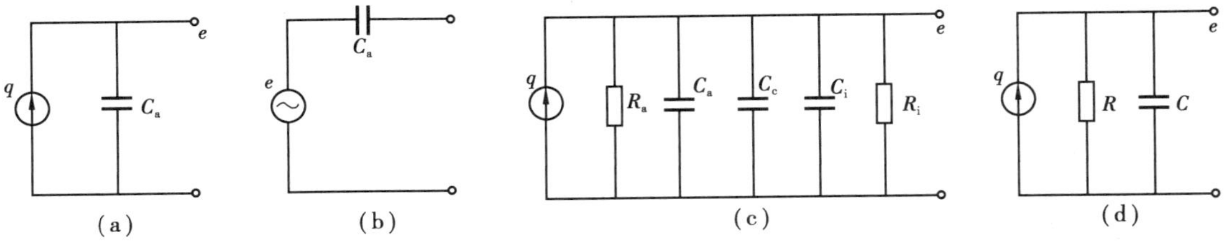

图 7.4 压电传感器的等效电路

(a)等效电路一 (b)等效电路二 (c)等效电路三 (d)等效电路四

7.2.2 灵敏度

传感器后接的前置放大电路对传感器产生的电荷或电压信号进行进一步的转换、放大等处理。压电式传感器根据前置放大电路的输出与传感器上的电荷、电压之间的关系，有以下两种灵敏度表示方式：

(1)电荷灵敏度 S_q

电荷灵敏度 S_q，即单位作用力所产生的电荷量为

$$S_q = \frac{q}{F} = D \tag{7.4}$$

(2)电压灵敏度 S_e

电压灵敏度 S_e，即单位作用力所形成的电压为

$$S_e = \frac{e}{F} \tag{7.5}$$

由于 $q = C_e$，因此结合式(7.4)和式(7.5)可以得到

$$S_q = CS_e = (C_a + C_c + C_i)S_e \tag{7.6}$$

由此可见，电荷灵敏度 S_q 仅与压电材料有关，传感器制成后其值基本上保持不变，由厂家提供所标定的结果。而电压灵敏度 S_e 除了与 S_q 有关外，还与传感器的内、外电路特性有关。例如，传感器在使用过程中更换电缆，则电缆电容 C_i 发生变化，电压灵敏度也就随之发生变化。

实际压电传感器中，通常由两个或两个以上的压电晶片串联或并联而成，如图 7.5 所示。并联时，两晶片负极集中在中间极板上，正电极在两侧的电极上，此时电容量大、输出电荷量大、时间常数大，易于测量缓变信号，适宜于以电荷量输出的场合；串联时，正电荷集中在上极板上，负电荷集中在负极板上，此时电容量小、输出电压大，适用于以电压作为输出信号。

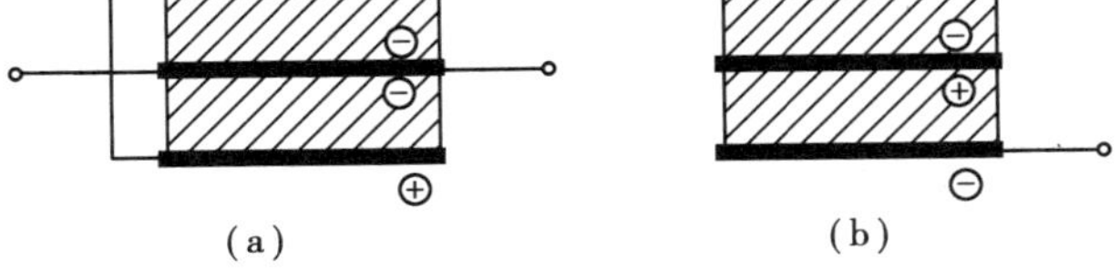

图 7.5 压电晶片的串、并联

(a)并联 (b)串联

7.2.3 频率特性

由图7.4(d)可知,压电式传感器可以等效为一个电荷源 q、一个电阻 R 和一个电容 C 的并联电路。由于 RC 回路存在着放电效应,放电时间常数 $\tau = RC$,所以对不同频率的输入力变化(即电荷变化)有着不同的响应特性。设作用在单压电晶片上的作用力为 $f(t) = F_m \sin \omega t$ 时,则压电式传感器上的电荷响应、电压响应分别为

$$q(t) = DF_m \sin \omega t \tag{7.7}$$

$$e(t) = \frac{D\omega RF_m}{\sqrt{1+(\omega RC)^2}} \sin\left[\omega t + \frac{\pi}{2} - \arctan(\omega RC)\right] \tag{7.8}$$

由上两式可知,压电式传感器的响应与输入力信号的频率 ω 及传感器的放电时间常数 τ 有关。为了实现不失真测试,传感器的放电时间常数 τ 越大越好。由于后接电荷、电压放大器时的输出分别正比于 $q(t)$,$e(t)$,所以对不同频率的输入力信号应后接不同的前置放大器。

7.3 测量电路

由于压电式传感器的输出电信号是很微弱的电荷,而且传感器本身具有很大的内阻,因此输出能量很小。为此,通常把传感器信号先输到高输入阻抗的前置放大器,经过阻抗变化后,再进行一般的放大、检波电路将信号输给指示仪表或记录仪器。前置放大器电路的主要用途为:一是将传感器的高阻抗输出变换为低阻抗输出;二是放大传感器输出的微弱电信号。其形式主要有用电阻反馈的电压放大器和带电容反馈的电荷放大器。

7.3.1 电压放大器

电压放大器为开环放大器,如图7.6所示,设其开环放大倍数为 K,由于其输入阻抗极高(设为∞),若不考虑放大器的相移,则放大器的输出电压等于传感器电压的 K 倍,即

$$e_o(t) = -K \cdot e(t) = -\frac{KD\omega RF_m}{\sqrt{1+(\omega RC)^2}} \sin\left[\omega t + \frac{\pi}{2} - \arctan(\omega RC)\right] \tag{7.9}$$

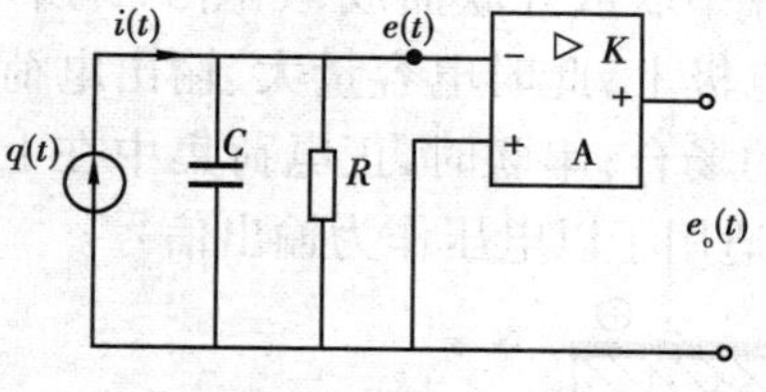

图7.6 电压放大器

当 $\omega \to 0$ 时,$e_o(t) \to 0$,因此在对静态或低频力信号进行测试时,不能用电压放大器作为前置放大器,其根本原因是 RC 回路的放电效应比较明显,信号产生明显失真。

当 $\omega \gg \frac{1}{RC}$ 时,$e_o(t) \approx \frac{KDF_m}{C} \sin \omega t$,输出为与输入 $f(t) = F_m \sin \omega t$ 同频、同相位的正弦信号,但幅值相差 $\frac{KD}{C}$ 倍。所以,压电传感器与电压放大器串联后的幅频特性为常数,相频特性约为零,满足不失真测试条件。

电压放大器的结构简单,易于实现,成本较低,适用于对变化较快的高频参数的动态测量,但是对于低频或静态参数,由于放电效应的影响,测试失真较大。为了减小失真,需要适当增加放电时间常数,但可能会导致干扰增强及电压灵敏度下降。

7.3.2 电荷放大器

为了使系统能够对低频甚至静态参数进行不失真测试,可以采用电荷放大器,图 7.7 所示为采用闭环负反馈运算放大器作为压电传感器的前置放大器的电荷放大器(图中 C_f 为反馈电容)。

电荷放大器是一个高增益带电容反馈的运算放大器,当略去传感器本身的漏电阻及电荷放大器输入电阻时,电荷量 q 为

$$q(t) \approx Ce(t) + C_f[e(t) - e_o(t)] \tag{7.10}$$

考虑到 $e_o(t) = -Ke(t)$,上式可以整理为

$$e_o(t) = \frac{-Kq(t)}{C + (K+1)C_f} \tag{7.11}$$

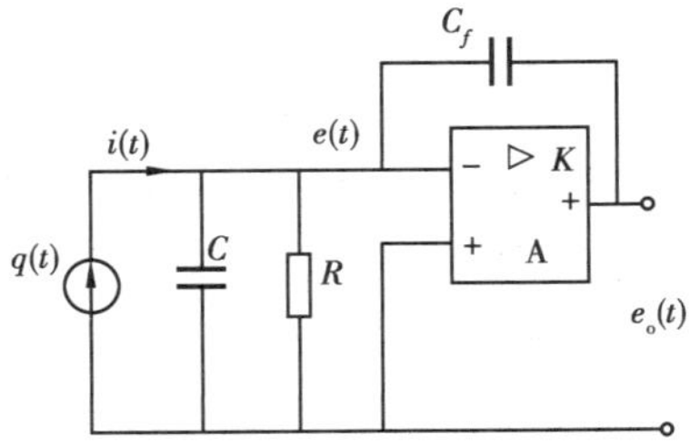

图 7.7　电荷放大器

如果放大器开环增益足够大(可达 $10^4 \sim 10^5$),则 $(K+1)C_f \gg C$, $K+1 \approx K$。上式可以简化为

$$e_o(t) \approx -\frac{q(t)}{C_f} = -\frac{D}{C_f}f(t) \tag{7.12}$$

由上式可知,当放大器的开环增益倍数足够大、输入阻抗足够高时,电荷放大器的输出电压正比于传感器上的电荷和作用于传感器上的力,与电路参数、被测力的频率基本无关。压电式传感器配接电荷放大器可以实现对高频、低频乃至静态参数的不失真测试,且输出基本不受电缆电容变化的影响,但是电荷放大器的成本比电压放大器要高出许多。

7.4 工程应用

7.4.1 压电式测力传感器

压电式测力传感器由石英晶片、绝缘套、电极、上盖及底座等组成。其中又分为测单向力、双向力和三向力传感器。

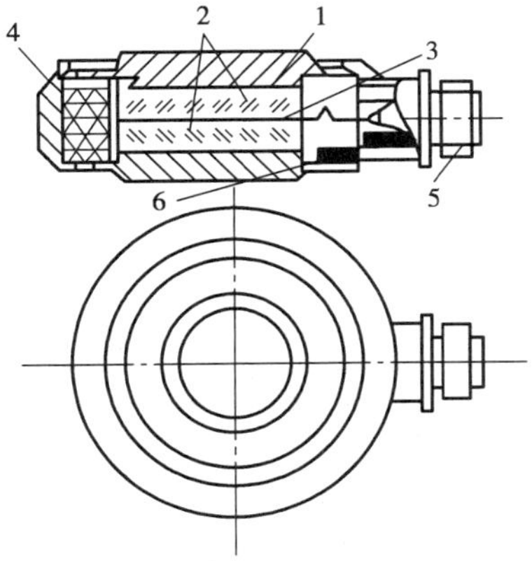

图 7.8　单向压电石英力传感器
1—传力上盖;2—石英晶片;3—电极;4—底座;
5—电极引出插头;6—绝缘材料

1)单向力传感器

单向压电石英力传感器的两片压电晶片沿电轴方向叠在一起,采用并联接法,中间为片形电极(负极),收集负电荷。底座与传力盖形成正极,绝缘套使正、负极隔离,如图 7.8 所示。

被测力 F 通过上盖使压电晶片沿电轴方向受压力作用,使晶片产生电荷,负电荷由片形电极(负极)输出,正电荷与上盖和底座连接。这种单向力传感器有以下特点:

(1)体积小,重量轻(仅 10 g);

(2)固有频率高(约 50 ~ 60 kHz);

(3)可检测高达 5 000 N(变化频率少于 20

kHz)的动态力；

(4)分辨率高，可达 10^{-3} N。

2)双向力传感器

双向力传感器基本上有两种组合：其一是测量垂直分力和切向分力，即 F_z 与 F_x(或 F_y)；其二是测量互相垂直的两个切向分力，即 F_x 与 F_y。无论哪一种组合，传感器的结构形式相似。图 7.9 所示为双向压电石英力传感器的结构，两组石英晶片分别测量两个分力。下面一组(两片)采用 xy 切型，通过力-电转换，测量轴向力 F_x；上面一组(两片)采用 yx 切型，晶片的厚度方向为 y 轴方向，在平行于 x 轴的剪切应力 T(在 xy 平面内)的作用下，产生厚度剪切变形。所谓厚度剪切变形，是指晶体受剪切应力的面与产生电荷的面不共面，如图 7.10 所示。这一组石英片通过力-电转换，测量 F_x。

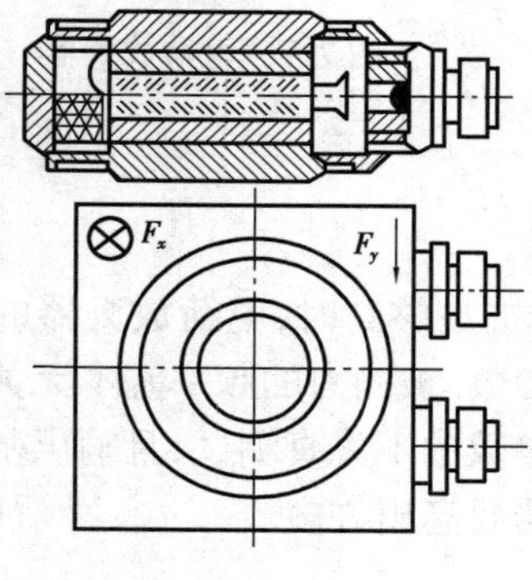

图 7.9　双向压电石英力传感器

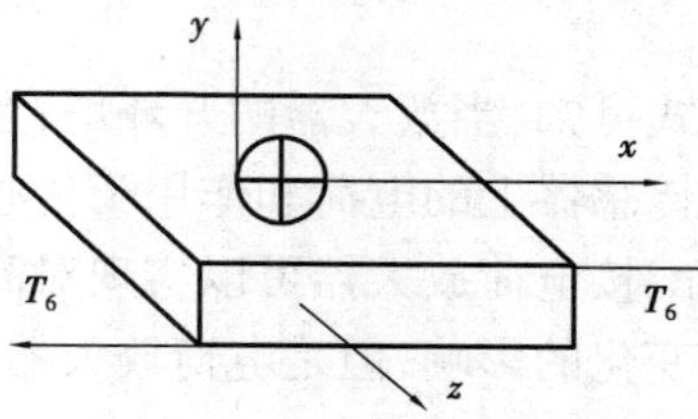

图 7.10　厚度剪切的 yx 切型

3)三向力传感器

三向力传感器的结构，如图 7.11 所示。它可以对空间任一个或三个力同时进行测量。传感器有三组石英晶片，三组输出的极性相同。其中一组根据厚度变形的纵向压电效应，即通过产生 x 方向的纵向压电效应，选择 xy 切型晶片，通过力-电转换，测量轴向力 F_x；另外两组采用厚度剪切变形的 yx 切型晶片，通过压电常数实现力-电转换，这两组相同切型的石英晶片通过一定的安装工艺，使其分别感受 F_x 与 F_y。

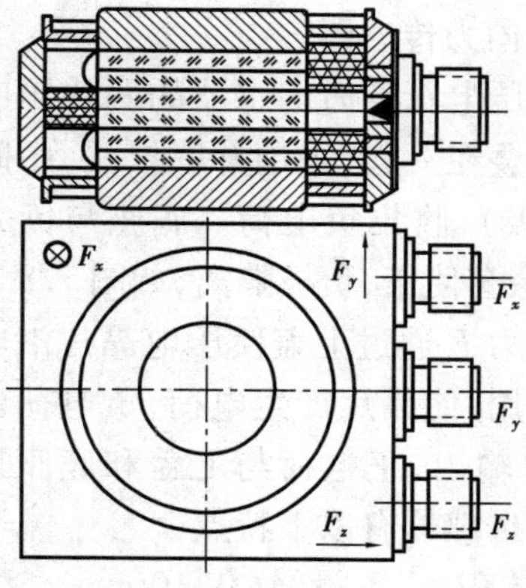

图 7.11　三向压电石英力传感器

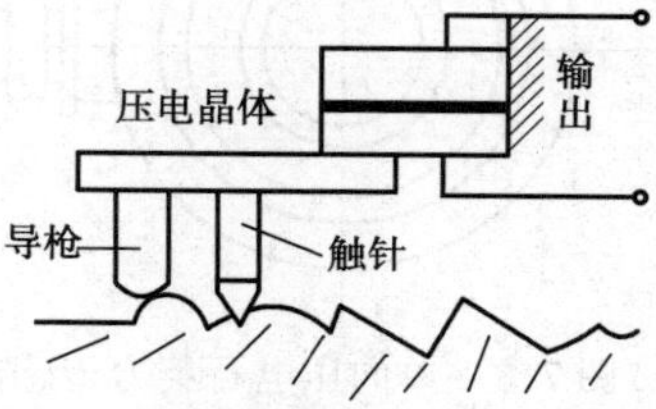

图 7.12　表面粗糙度测量

7.4.2 测表面粗糙度

如图 7.12 所示，传感器由驱动器拖动其触针在工件表面以恒速滑行，工件表面的起伏不平使触针上下移动，使压电晶片产生变形，压电晶片表面就会出现电荷，由引线输出的电信号与触针上下移动量成正比。

7.4.3 压电引爆

原理如图 7.13 所示，平时两根线是开路的，没有电流流过，也不产生短路打火，故电雷管不爆炸。当用一个力 F 撞击压电晶体，压电晶体便产生电荷，从而使两根线发生短路放电而产生火花，导致电雷管爆炸。

7.4.4 煤气灶电子点火装置

原理如图 7.14 所示，当使用者将开关往里压时，打开气阀，再旋转开关，使弹簧往左压。这时弹簧有一个很大的力，撞击压电晶体，使压电晶体产生电荷，经高压线至燃烧盘产生高压放电，产生火花，导致燃烧盘的煤气点火燃烧。

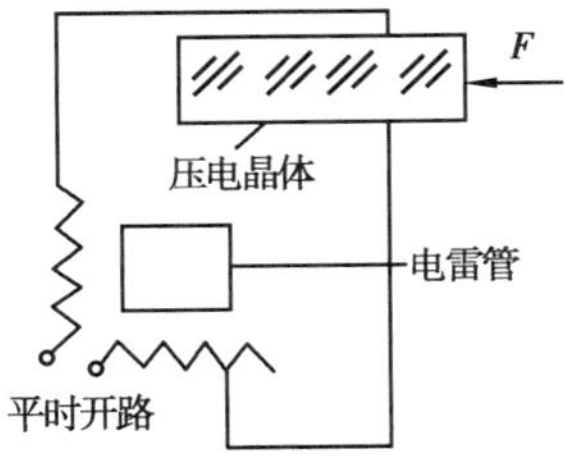

图 7.13 压电引爆

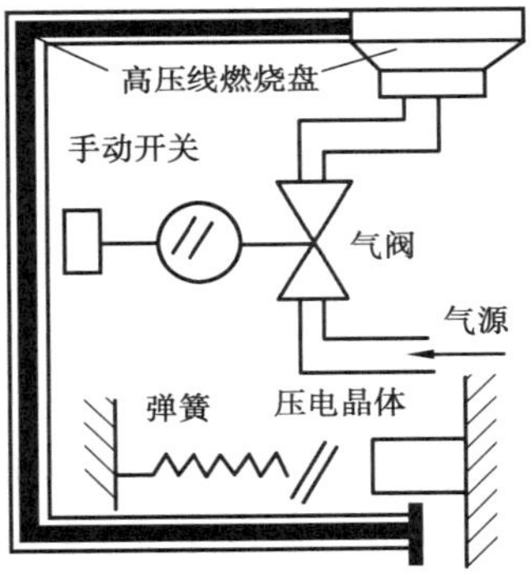

图 7.14 煤气灶点火装置

7.4.5 汽轮发电机工况检测系统

振动的监控、检测是压电传感器应用的典型例子。众所周知，振动存在于所有具有动力设备的各种工程设备和装置中，并成为这些工程设备的工作故障源以及工作情况监测信号源。目前，对这种振动的监控、检测，多数采用压电加速度传感器。图 7.15 所示为发电厂汽轮发电机工作（振动）情况监测系统示意图。

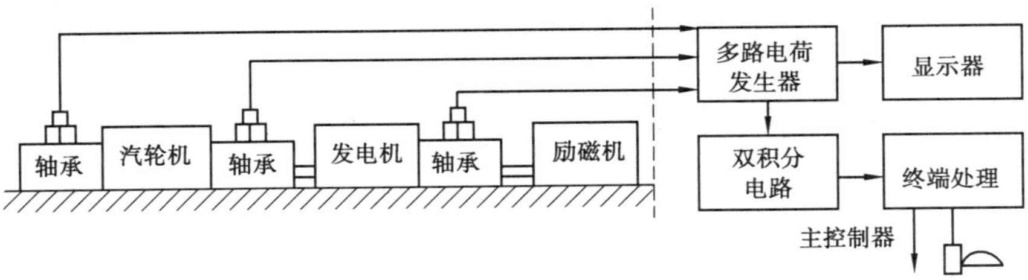

图 7.15 汽轮发电机工况监测系统

压电加速度传感器一般分布在轴承等高速旋转的要害部位，并用螺栓刚性固定在振动体上。假如采用如图 7.16 所示压缩型加速度传感器，则当传感器受振动体的振动加速时，质量块产生惯性力 F 作用于压电元件上，从而产生电荷 q 输出。通常，这种传感器输出的 q 与输入的加速度成正比，因此就不难求出加速度 a。传感器的电荷灵敏度 K_q 为

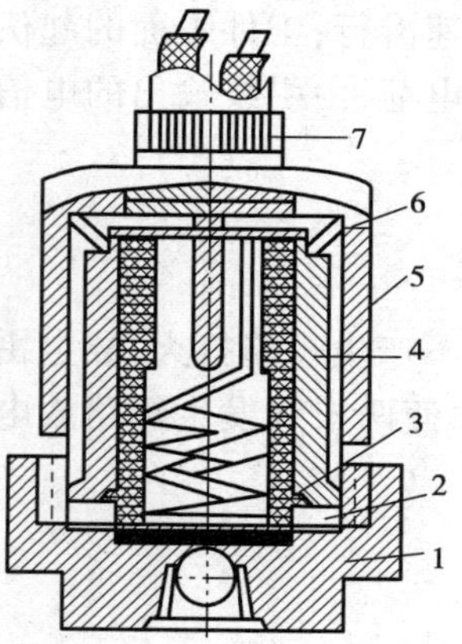

图 7.16　压缩型加速度传感器

$$K_q = \frac{a}{q} = \frac{d_{11}F}{a} = \frac{d_{11}ma}{a} = d_{11}m(\mathrm{C \cdot s^2/m}) \quad (7.13)$$

式中：d_{11}——压电常数；

a——被测加速度；

m——传感器中质量块的质量。

由公式(7.13)可见，通过选用较大的质量 m 和压电常数 d_{11} 能够提高灵敏度。但质量增大将引起传感器固有频率下降，频宽减小，且体积与重量增加。通常多采用较大压电常数的材料或多个压电片组合来提高灵敏度。

7.4.6　压电式料位测量系统

压电式料位测量系统原理电路如图 7.17 所示，系统由振荡器、整流器、电压比较器及驱动器组成。振荡器是由运算放大器 IC_1 和外围 RC 组成的一种常用自激方波振荡器。压电传感器接在运算放大器的反馈回路中。振荡器的振荡频率是压电晶体的自振频率，振荡信号经 C_2 耦合到整流器。

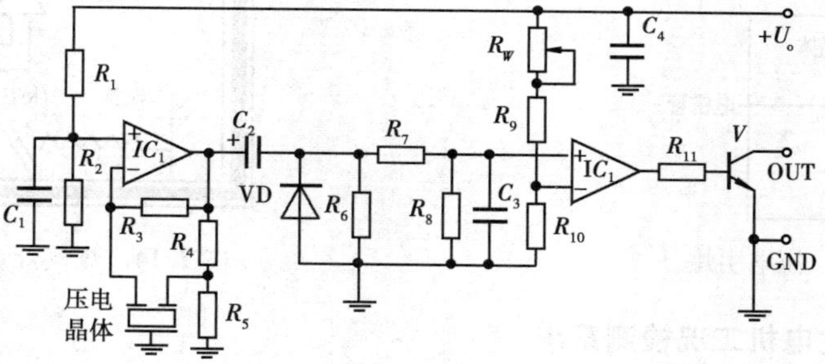

图 7.17　压电式料位测量系统原理电路

进入整流器的振荡信号经整流器整流，经 R_7，R_8 分压及 C_3 滤波后，得到一个稳定的直流电压加在由 IC_2 构成的电压比较器的同相端。在电压比较器的反相端加有 R_9，R_{10}和 R_W 分压的参考电压。压电晶片作为物料的传感器被贴在一个壳体上。

当没有物料接触到压电晶体片时，振荡器正常振荡，经调整 R_W 使电压比较器同相输入端的电压大于参考电压，故电压比较器输出为高电平，该高电平使晶体管 V 导通。若在输出端与电源 $+U_s$ 间接入负载，负载中将有电流流过。

当物料升高到接触压电晶体片时，则振荡器停振，电压比较器同相端相对于参考电压变为低电平，电压比较器输出低电平，V 截止，负载中无电流流过。显然，可以从系统输出端输出的电压或负载的动作上得知料位的变化情况。该系统实际上可以起到料位开关的作用。

该系统可方便地做成常闭型和常开型两种形式。常闭型是在振荡器起振时，让驱动器导通；常开型是在振荡器起振时，让驱动器截止。

其他还有压电式压力传感器、压电式加速度传感器及测微重物的压电晶体生物传感器等。

7.5　压电式传感器在汽车上的应用

汽车上使用的压电式传感器主要有压电式爆震传感器、压电式载荷传感器、燃油压力传感器、燃烧压力传感器等。

7.5.1　压电式爆震传感器

压电式爆震传感器分为非共振型和共振型两种形式。

1）非共振型压电式爆震传感器

非共振型压电式爆震传感器根据加速度信号来判断发动机的爆震强度。其结构如图7.18所示，该传感器主要由同极性相向对接的两个压电元件及由一根螺钉固定于壳体上的配重构成。发动机工作时，配重首先将加速度信号转换成作用于压电元件上的压力信号，而两个压力元件再将压力信号转换成电压信号由两元件的中央输出。当发动机振动时，安装在发动机缸体上的爆震传感器内部配重因受振动影响而产生加速度信号，因此在压电元件上就会受到加速时惯性力的作用，而产生电压信号。

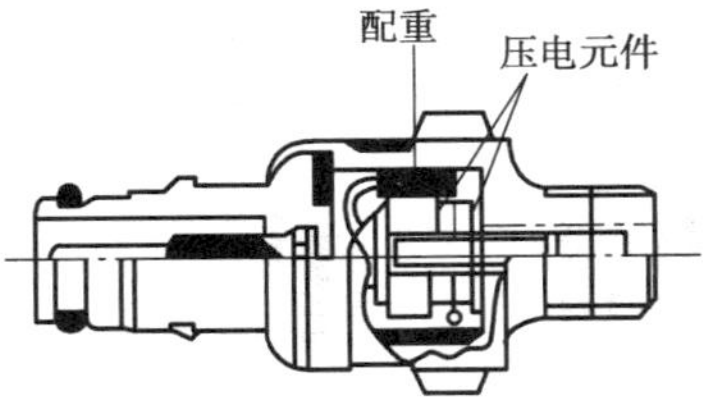

图7.18　非共振型压电式爆震传感器的结构

非共振型压电式爆震传感器输出特性如图7.19所示。其特点是具有平缓的输出特性，即使位于爆震发生时的频域及其附近，传感器的输出电压信号也不会很大。因此，必须将反映发动机振动频率的输出电压信号送至能识别爆震信号的滤波器中，通过滤波处理后便可判别是否有爆震信号产生及爆震强度。

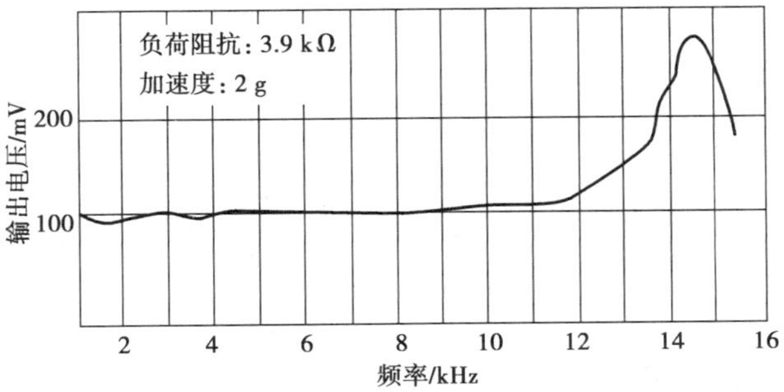

图7.19　非共振型压电式爆震传感器输出频压特性

传感器的检测频率范围设计成由零至数十千赫兹，可检测具有很宽频带的发动机振动频率。当用于不同发动机上时，只须将滤波器的过滤频率调整即可使用，而不需更换传感器，此为非共振型压电式爆震传感器的突出优点。

2）共振型压电式爆震传感器

共振型压电式爆震传感器的特点是：爆震时利用发动机振动频率与传感器本身固有频率一致的特点，通过产生共振来检测爆震强度。相比而言，该传感器在爆震时的输出电压比非共振(无爆震)时的输出电压高得多,因此无需使用滤波器,即可判别有无爆震产生。

共振型压电式爆震传感器的结构如图 7.20 所示,压电元件紧密地贴合在振荡片上,振荡片固定在传感器的基座上。振荡片随发动机振动而振荡,且波及压电元件,使其变形而产生电压信号。当发动机爆震时的振动频率与振荡片的固有频率相符合时,振荡片产生共振,此时压电元件将产生最大的电压信号,如图 7.21 所示。

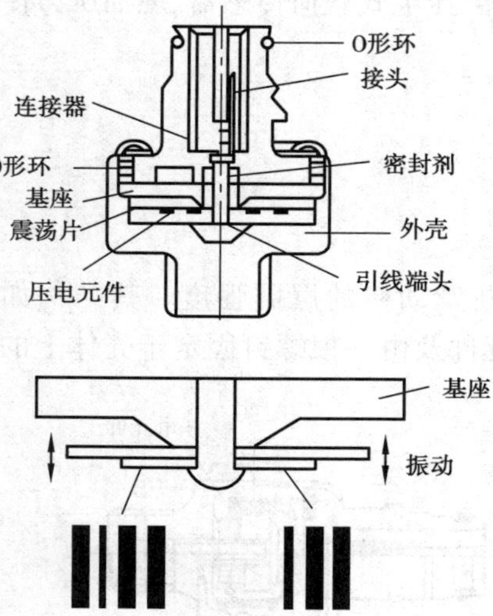

图 7.20　共振型压电式爆震传感器结构

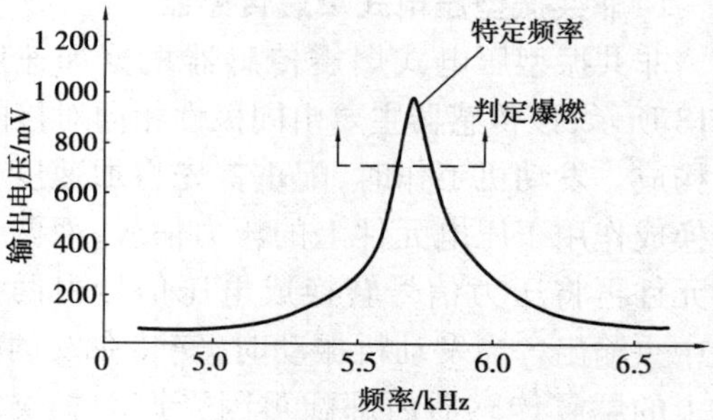

图 7.21　共振型压电式爆震传感器输出电压与频率的关系

爆震传感器输出信号一般是随发动机振动频率变化而变化的电压脉冲信号,并且信号的频率与发动机振动频率一致,其电压幅值与振动频率有关。对于共振型而言,发动机爆震(共振)时,输出电压最大;而对非共振型而言,当发动机产生爆震时,传感器输出电压并无明显增大,爆震是否发生必须借助滤波器检出的传感器输出信号来判别爆震强度。共振型和非共振型输出波形的比较如图 7.22 所示。

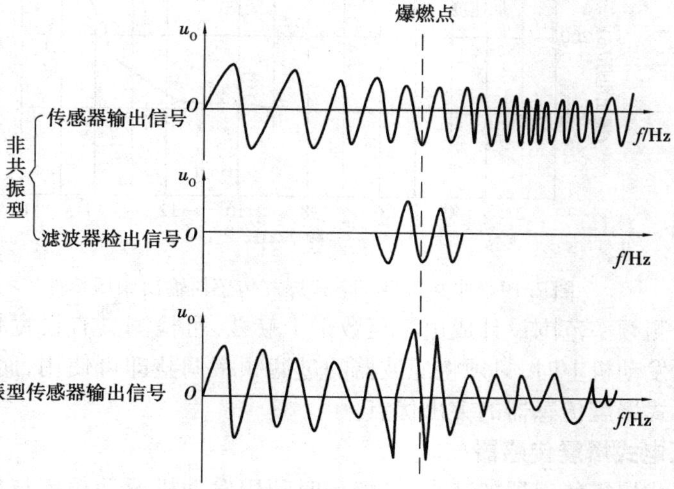

图 7.22　共振、非共振型爆震传感器的输出特性比较

7.5.2　压电式电控悬架载荷传感器

利用压电效应根据载荷或载荷的变化率输出信号的部件即是压电式载荷传感器。压电式载荷传感器的结构如图7.23所示，采用压电载荷传感器的基本电路如图7.24所示。

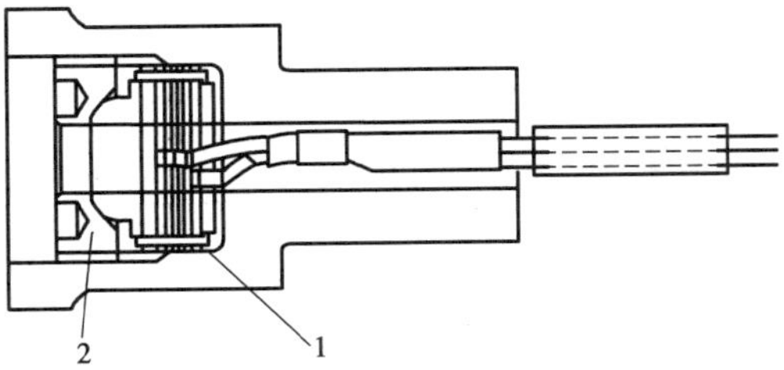

图7.23　压电载荷传感器的结构
1—压电元件;2—螺钉

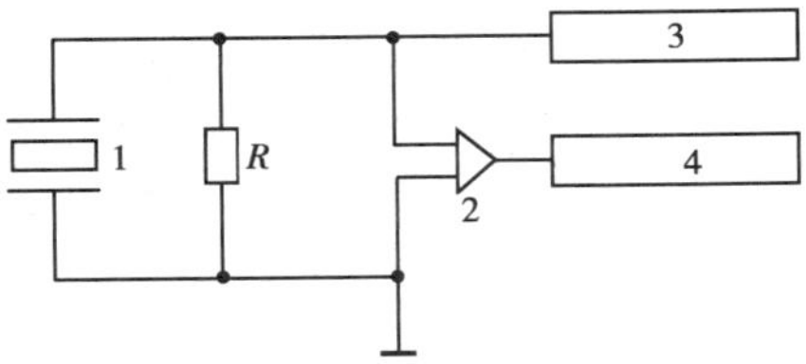

图7.24　采用压电载荷传感器的基本电路
1—传感器;2—积分放大器;
3—载荷变化率信号;4—载荷信号

丰田公司开发的电子控制悬架系统减振器拉杆内即设有压电载荷传感器，用来测定衰减力以检测路面的凸凹状态。传感器需要将临近路面的凸起及小台阶瞬间检测出来，才能及时将衰减力急剧增加的信息用于衰减力转换的判定。

7.5.3　燃油压力传感器

在直喷发动机上，为了控制高压燃油泵，利用燃油压力传感器测取燃油压力，以便修正供油量。燃油压力传感器安装在供油管上，如图7.25所示。

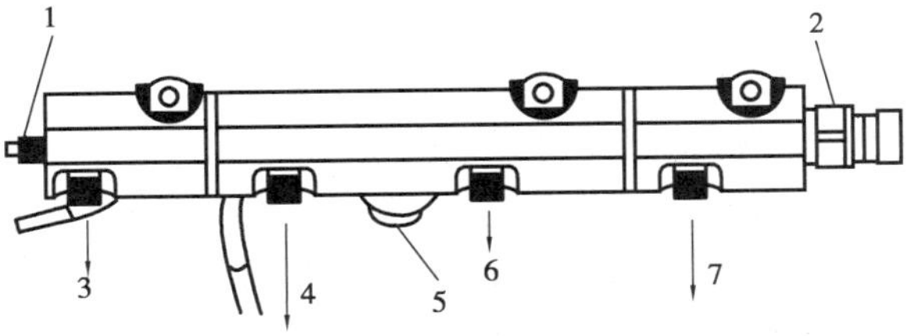

图7.25　安装在供油管上的燃油压力传感器
1—燃油入口;2—燃油压力传感器;3—至4号喷油器;4—至3号喷油器;
5—安装用圆毂;6—至2号喷油器;7—至1号喷油器

燃油压力传感器的结构如图7.26所示，通过金属膜片将燃油压力变换成硅油压力。根据压电效应，利用半导体压力传感器测出硅油的压力。

燃油压力传感器上所用压力传感元件的工作原理如图7.27所示，膜片薄层区上的扩散电阻成桥式连接。当应力加到膜片上时，电阻发生变化，利用压电效应测出压力。测出压力之后，采用反馈控制法，控制油泵的泵油量，以达到燃油压力的目标值(8～13 MPa)。

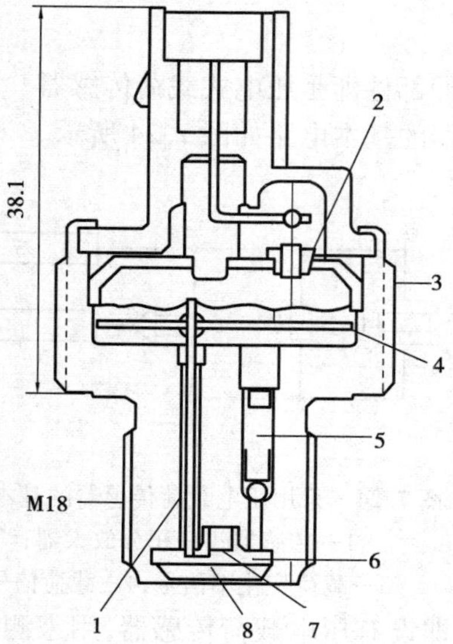

图 7.26　燃油压力传感器结构
1—密封件;2—穿心电容与屏蔽板;3—本体;
4—HIC;5—油封螺钉与钢球;6—硅油;
7—传感器元件;8—不锈钢膜片

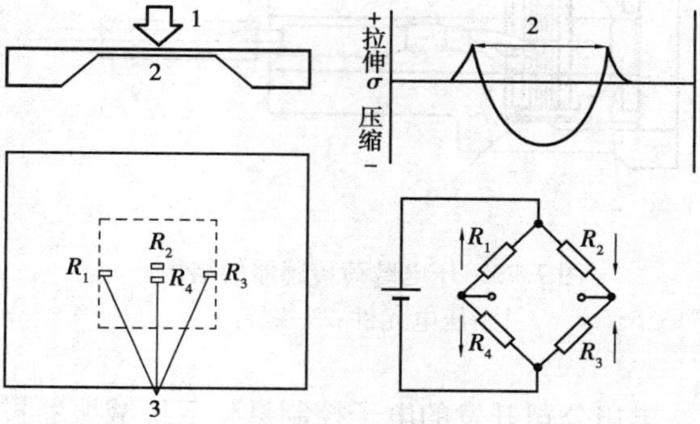

图 7.27　压力传感器工作原理
1—压力;2—膜片;3—扩散电阻(成桥式连接)

复习思考题

1. 何为压电效应? 压电式传感器具有哪些优点?

2. 试画出压电式传感器的等效电路,并分别说明各参数的含义。

3. 提高压电式传感器的输出信号能量的常用方法有哪些? 并请分别简要说明之。

4. 压电式传感器的测量电路主要有哪两种? 并请分析它们的优缺点。

5. 绘制出四种作用在石英晶体切片上的不同受力方向,并分别在图中标出晶体切片上产生电荷的符号。

6. 设计并绘制出两种利用压电式传感器测量液体压力的可行性方案原理图。

7. 简述共振型压电式爆震传感器与非共振型压电式爆震传感器的区别。

8. 简述汽车上燃油压力传感器的作用与工作原理。

第8章 磁敏式传感器

磁敏式传感器是通过磁电作用将磁信号转换为电信号的传感器。传统的磁敏传感器(如电磁感应式传感器)大多结构复杂,功耗大,操作不便。而采用半导体材料制成的磁敏传感器,它具有结构简单、体积小、重量轻;功耗低、安全可靠、寿命长;对被测量敏感、响应快;易于实现集成化等优点。基于以上特点使得发展和应用半导体制成的磁敏传感器已成为测试技术的重要发展方向。本章主要介绍半导体磁敏式传感器,按结构不同可分为体型和结型两大类,体型包括磁敏电阻和霍尔传感器,结型包括磁敏二极管和磁敏三极管等。

8.1 磁敏电阻

8.1.1 磁阻效应

磁敏电阻是利用磁阻效应制成的一种磁敏元件。将一载流导体置于外磁场中,除了产生霍尔效应外,其电阻也会随磁场变化,这种现象称为磁阻效应。

在没有外加磁场时,磁阻元件的电流密度矢量,如图8.1(a)所示。当磁场垂直作用在磁阻元件表面上时,由于霍尔效应,使得电流密度矢量偏移电场方向某个霍尔角 θ 时,如图8.1(b)所示。这使电流流通的距离变长,导致元件两端金属电极间的电阻值增大。电极间的距离越大,电阻的增长比例就越大,所以在磁阻元件的结构中,大多数是把基片切成薄片,然后用光刻的方法插入金属电极和金属边界。

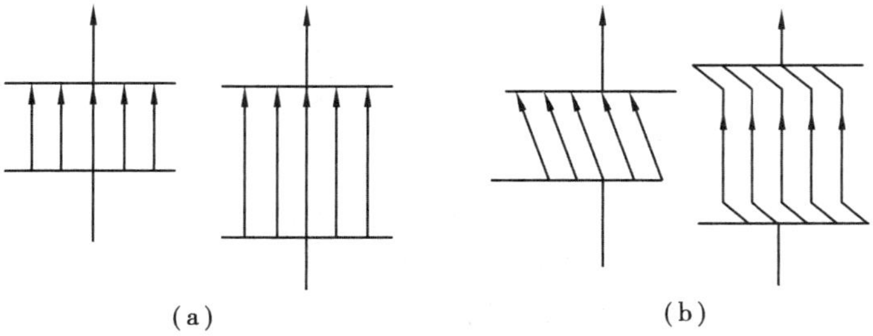

(a) (b)

图8.1 磁阻元件工作原理图

(a)无磁场时 (b)有磁场时

当温度恒定时，在弱磁场范围内，磁阻与磁感应强度平方成正比。对于只有电子参与导电的最简单情况，理论推出磁阻效应的表达式为：

$$\rho_B = \rho_0(1 + 0.273\mu^2 B^2) \tag{8.1}$$

式中：B——磁场强度；

μ——电子迁移率；

ρ_0——零磁场下的电阻率；

ρ_B——是磁感应强度为 B 时的电阻率。

设电阻率的变化为 $\Delta\rho = \rho_B - \rho_0$，则电阻率的相对变化为

$$\frac{\Delta\rho}{\rho_0} = 0.273\mu^2 B^2 = k(\mu B)^2 \tag{8.2}$$

由式可知，磁场一定，迁移率高的材料磁阻效应明显。InSb（锑化铟）和 InAs（砷化铟）等半导体的载流子迁移率都很高，更适合于制作磁敏电阻。

8.1.2 磁敏电阻分类

磁敏电阻主要分为半导体磁敏电阻和金属薄膜型磁敏电阻两大类。半导体磁敏电阻适用于较强永久磁体的各种传感器中，其具有原始信号强、灵敏度高、后续处理电路简单等特点。金属薄膜型磁敏电阻是将坡莫合金沉积在衬底上形成薄膜，经光刻制成各种型号的芯片。由于坡莫合金材料是各向异性，在外加磁场下，与以通电电流平行和垂直的两个方向所体现的电阻率不同，导致芯片的交流电阻变化。金属薄膜电阻对弱磁场很敏感，但电阻变化率较小。该器件温度系数比半导体低一个数量级，成本低，易于实现批量生产和集成化处理。

8.1.3 磁敏电阻结构

磁敏电阻通常用两种方法来制作：一种是在较长的元件基片上用真空镀膜法制成，如图 8.2(a)所示的许多短路电极（光栅状）的元件；另一种是在结晶过程中有方向性地析出金属而制成的磁敏电阻，如图 8.2(b)所示。磁敏电阻大多制成圆盘结构，中心和边缘各有一电极，如图 8.2(c)所示。磁敏电阻的符号如图 8.2(d)所示。

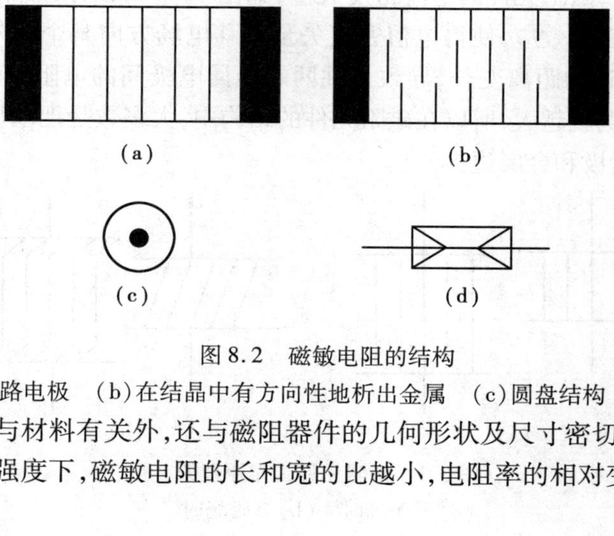

图 8.2 磁敏电阻的结构

(a)短路电极 (b)在结晶中有方向性地析出金属 (c)圆盘结构 (d)符号

磁阻效应除了与材料有关外，还与磁阻器件的几何形状及尺寸密切相关。

在恒定磁感应强度下，磁敏电阻的长和宽的比越小，电阻率的相对变化越大。若考虑到形

状影响时,电阻率的相对变化与磁感应强度和迁移率的关系可用下式近似表示:

$$\frac{\Delta\rho}{\rho_0} = k(\mu B)^2[L - f(l/b)] \tag{8.3}$$

式中:$f(l/b)$ ——形状效应系数;

L——磁阻器件的长度;

b——磁阻器件的宽度。

8.1.4　磁敏电阻的基本特征

1)B-R 特性

由无磁场时的电阻 R_0 和磁感应强度 B 时的电阻 R_B 来表示。R_0 随元件形状不同而异,约为数十欧至数千欧,R_B 随磁感应强度变化而变化。图 8.3 为磁敏电阻的 B-R 特性曲线。在 0.1 T 以下的弱磁场中,曲线呈现平方特性,而超过 0.1 T 后呈现线性变化。

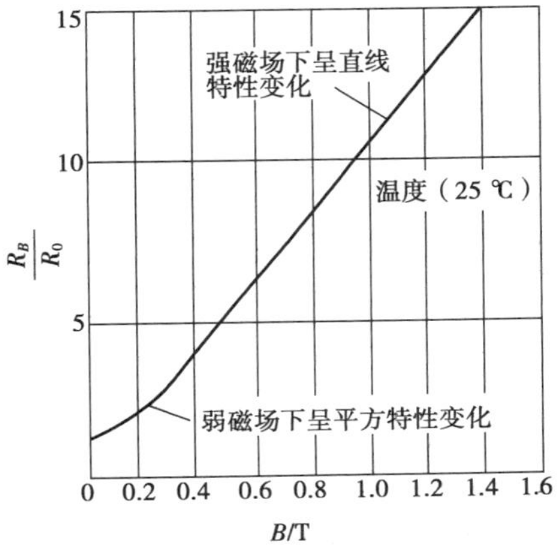

图 8.3　磁敏电阻 B-R 特性

2)灵敏度 K

磁敏电阻的灵敏度 K 可由下式表示:

$$K = \frac{R_3}{R_0} \tag{8.4}$$

式中:R_3 ——磁感应强度为 0.3 T 时 R_B 的值;

R_0 ——无磁场时的电阻值。

一般情况下,磁敏电阻的灵敏度 $K \geqslant 2.7$。

3)温度系数

磁敏电阻的温度系数约为 $-2\%/℃$,这个值较大。为补偿磁敏电阻的温度特性,可采用两个元件串联成对使用,用差动方式工作。

8.2　霍尔式传感器

霍尔式传感器是基于霍尔效应的一种传感器。1879 年美国物理学家霍尔首先在金属材料中发现了霍尔效应,但由于金属材料的霍尔效应太弱而没有得过应用。随着半导体技术的发展,开始用半导体材料制成霍尔元件,由于它的霍尔效应显著而得到了应用和发展。霍尔传感器广泛用于电磁、压力、加速度、振动等方面的测量。

8.2.1　霍尔效应及霍尔元件

置于磁场中的静止载流导体,当它的电流方向与磁场方向不一致时,载流导体上平行于电流和磁场方向上的两个面之间产生电动势,这种现象称为霍尔效应,该电动势称为霍尔电动势。利用霍尔效应制成的元件称为霍尔传感器。

如图 8.4 所示,在长、宽、高分别为 L,W,H 的半导体薄片的相对两侧 a,b 通以控制电流,在薄片垂直方向加以磁场 B。设图中的材料是 N 型半导体,导电的载流子是电子。在图示方向磁场的作用下,电子将受到一个由 c 侧指向 d 侧方向的力的作用,这个力就是洛仑兹力。洛仑兹力用 F_L 表示,大小为

$$F_L = qvB \tag{8.5}$$

式中:q——电子电荷量;

v——载流子的运动速度;

B——磁感应强度。

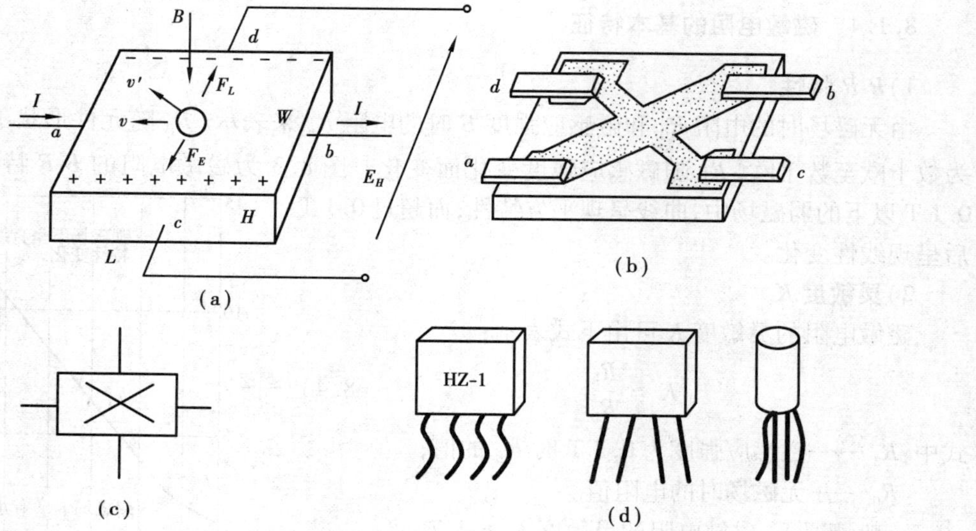

图 8.4　霍尔效应与霍尔元件

(a)霍尔效应　(b)霍尔元件结构　(c)霍尔元件符号　(d)霍尔元件外形

在洛仑兹力的作用下,电子向 d 侧偏转,使该侧形成负电荷的积累,c 侧则形成正电荷的积累。这样,c,d 两端面因电荷积累而建立了一个电场 E_H,称为霍尔电场。该电场对电子的作用力与洛仑兹力的方向相反,即阻止电荷的继续积累。当电场力($F_H = qE_H$)与洛仑兹力大小相等时,达到动态平衡。此时

$$qE_H = qvB$$

所以霍尔电场的强度为

$$E_H = vB \tag{8.6}$$

在 c 与 d 两侧面间建立的电动势差称为霍尔电势,用 U_H 表示:

$$U_H = E_H W \text{ 或 } vBW \tag{8.7}$$

当材料中的电子浓度为 n 时,$v = I/(nqHW)$,代入式(8.7)得

$$U_H = vBW = \frac{1}{nqH}IB \tag{8.8}$$

设 $R_H = \frac{1}{nq}$——霍尔系数,得

$$U_H = \frac{R_H}{H}IB \tag{8.9}$$

设 $K_H = \frac{R_H}{H}$——霍尔灵敏度,则

$$U_H = \frac{R_H}{H} IB = K_H IB \tag{8.10}$$

式(8.10)中，R_H 为霍尔系数，由材料性质所决定的一个常数，反映了材料霍尔效应的强弱；K_H 为霍尔灵敏度，表示霍尔元件在单位控制电流和单位磁感应强度时产生的霍尔电势的大小。

通过以上分析，可以看出霍尔电势与材料的关系如下：

(1) 霍尔电势 U_H 的大小与材料的性质有关。一般说来，金属材料 n 较大，导致 R_H 和 K_H 变小，故不宜做霍尔元件。因材料电阻率 ρ 与载流子浓度 n 和迁移率 μ 有关，$R_H = \rho\mu$，而电子的迁移率 μ 比空穴大，所以霍尔元件一般采用 N 型半导体材料。

(2) 霍尔电势 U_H 的大小与元件的尺寸关系很大，所以制造霍尔元件时要考虑以下几点。

①根据式(8.10)，H 愈小，K_H 愈大，霍尔灵敏度愈高，所以霍尔元件的厚度都比较薄。但 H 太小，会使元件的输入、输出电阻增加，因此，也不宜太薄。

②元件的长宽比对 U_H 也有影响。L/W 加大时，控制电极对霍尔电势影响减小。但如果 L/W 过大，载流子在偏转过程中的损失将加大，使 U_H 下降，通常要对式(8.10)加以形状效应修正为

$$U_H = K_H IB f(L/W) \tag{8.11}$$

式(8.11)中，$f(L/W)$ 为形状修正系数，其修正值见表 8.1。通常取 $L/W = 2$。

表 8.1　形状修正系数

L/W	0.5	1.0	1.5	2.0	2.5	3.0	4.0
$f(L/W)$	0.370	0.675	0.841	0.923	0.967	0.984	0.996

(3) 霍尔电势 U_H 的大小与控制电流及磁场强度有关。根据式(8.10)，U_H 正比于 I 及 B。当控制电流恒定时，B 愈大，U_H 愈大。当磁场改变方向时，U_H 也改变方向。同样，当霍尔灵敏度 K_H 及磁感应强度 B 恒定时，增加控制 I，也可以提高霍尔电势的输出。但电流不宜过大，否则会烧坏霍尔元件。

8.2.2　霍尔元件结构和主要参数

霍尔元件是一种四端型器件，如图 8.5 所示，它由霍尔片、4 根引线和壳体组成。霍尔片是一块矩形半导体单晶薄片，尺寸一般为 4 mm×2 mm×0.1 mm。通常 A，B 两个红色引线为控制电流 I，C，D 两个绿色引线为霍尔电势 U_H 输出线。

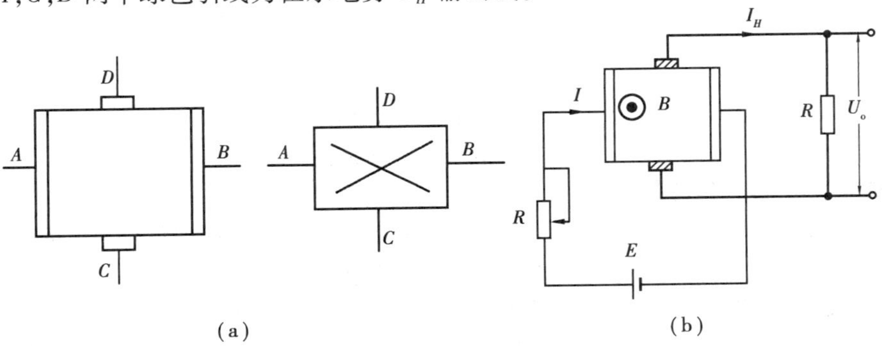

图 8.5　霍尔元件
(a) 符号　(b) 电路

其主要特征参数：

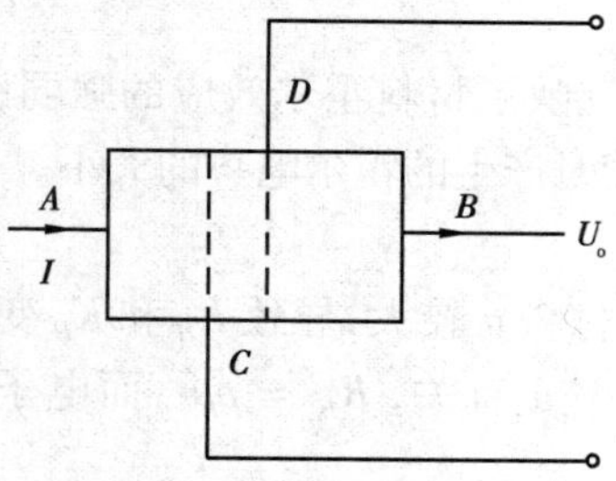

图 8.6　霍尔元件的不等位电势

(1)额定控制电流 I　使霍尔片温升 10 ℃所施加的控制电流值。

(2)输入电阻 R_i　指控制电极间的电阻值。

(3)输出电阻 R_o　指霍尔电势输出极之间的电阻值。

(4)最大磁感应强度 B_m　磁感应强度超过 B_m 时，霍尔电势的非线性误差明显增大，数值一般小于零点几特斯拉。

(5)不等位电势　在额定控制电流下，当外加磁场为零时，霍尔输出端之间的开路电压称为不等位电势。它是由于4个电极的几何尺寸不对称引起的，如图 8.6 所示。使用时多采用电桥法来补偿不等位电势引起的误差。

(6)霍尔电势温度系数　指在磁感应强度及控制电流一定的情况下，温度变化 1 ℃时相应霍尔电势变化的百分数。它与霍尔元件的材料有关，一般为 0.1%/℃左右。在要求较高场合，应选择低温漂的霍尔元件。

8.2.3　霍尔集成传感器

将霍尔敏感元件、放大器、温度补偿电路及稳压电源等集成于一个芯片上构成霍尔集成传感器。有些霍尔传感器的外形与 DIP 封装的集成电路相同，故也称集成霍尔传感器。霍尔集成传感器分为线性型霍尔传感器和开关型霍尔传感器。

1)霍尔线性集成传感器

该线性型传感器的输出电压与外加磁场强度在一定范围内呈线性关系，其广泛用于位置、力、重量、厚度、速度、磁场、电流等测量、控制。该传感器有单端输出和双端输出(差动输出)两种电路，如图 8.7 所示。

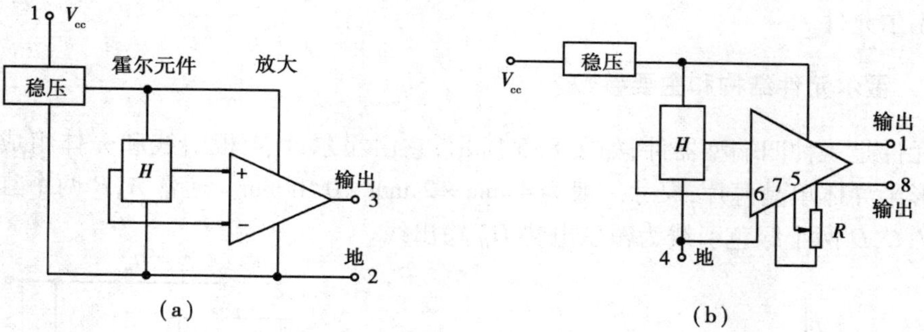

图 8.7　线性霍尔传感器结构图

(a)单端输出　(b)双端输出

2)开关型霍尔集成传感器

开关型霍尔集成传感器由霍尔元件、放大器、施密特整形电路和开路输出等部分组成，其内部结构框图如图 8.8 所示。当有磁场作用在霍尔开关集成传感器上时，根据霍尔效应原理，霍尔元件输出霍尔电势 U_H，该电压经放大器放大后，送至施密特整形电路。当放大后的霍尔电势大于“开启”阈值时，施密特电路翻转，输出高电平，使晶体管导通，整个电路处于开状态。当磁场减弱时，霍尔元件输出的 U_H 电压很小，经放大器放大后其值仍小于施密特的“关闭” 阈值时,施密特整形器又翻转,输出低电平,使晶体管截止,电路处于关状态。这样,一次磁场强度的变化,就使传感器完成一次开关动作。

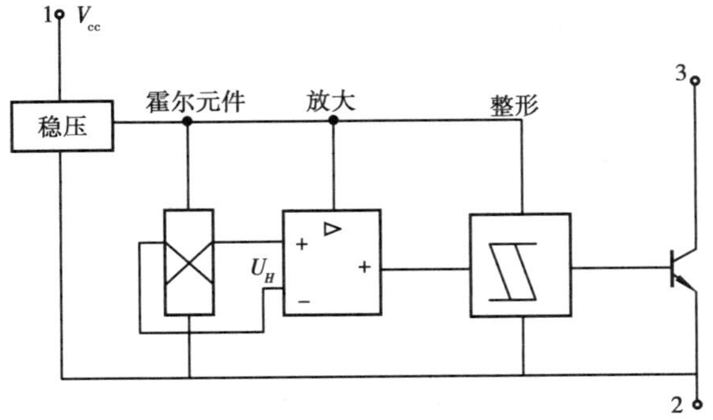

图 8.8　霍尔开关集成传感器内部结构框图

开关型霍尔集成传感器的工作特性如图 8.9 所示。从工作曲线上看,工作特性有一定的迟滞,这对开关动作的可靠性是非常有利的。图中的 B_{OP} 为工作点“开”的磁感应强度。B_{RP} 为释放点“关”的磁感应强度。当外加磁感应强度高于 B_{OP} 时,输出电平由高变低,传感器处于开状态。当外加磁感应强度低于 B_{RP} 时,输出电平由低变高,传感器处于关状态。

另外还有一种“锁定型”传感器,当磁场强度超过工作点时,其输出才导通。而在磁场撤销后,其输出状态保持不变,必须施加反向磁场并使之超过释放点,才能使其关断,其工作特性如图 8.10 所示。

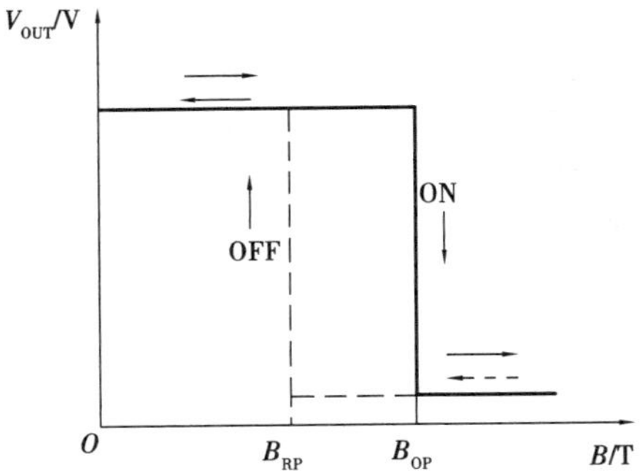

图 8.9　工作特性

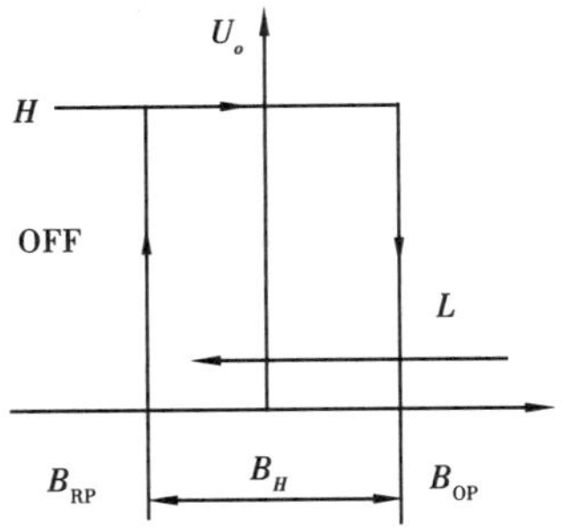

图 8.10　磁场撤销后工作特性

8.3　磁敏二极管

8.3.1　磁敏二极管的结构

磁敏二极管是 PN 结型的磁电转换元件,有硅磁敏二极管和锗磁敏二极管两种,结构如图 8.11 所示。在高纯度锗半导体的两端用合金法制成高掺杂的 P 型和 N 型两个区域,在 P,N 之间有一个较长的本征区 I,本征区 I 的一面磨成光滑的复合表面(为 I 区),另一面打毛,成为高复合区(r 区),因为电子空穴对易于在粗糙表面复合而消失。当通以正向电流后就会在 P,

I,N 结之间形成电流。由此可知,磁敏二极管是 PIN 型的。

与普通二极管的区别:普通二极管的 PN 结的基区很短,以避免载流子在基区复合,磁敏二极管的 PN 结却有很长的基区,大于载流子的扩散长度,但基区是由接近本征半导体的高阻材料构成的。

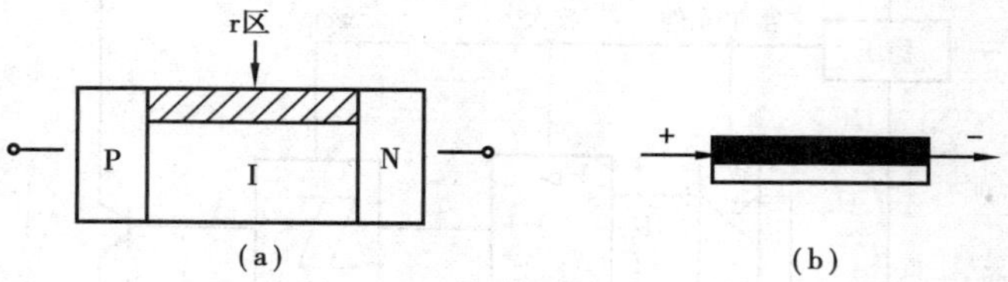

图 8.11　磁敏二极管结构示意图

(a)结构　(b)符号

8.3.2　磁敏二极管工作原理

(1)在没有外加磁场的情况下,外加正偏压时,大部分的空穴和电子分别流入 N 区和 P 区而产生电流,只有很少部分载流子在 r 区复合,如图 8.12(a)所示。此时 I 区有恒定的阻值,器件呈稳定状态。

(2)若给磁敏二极管外加一个磁场 H^+,在正向磁场的作用下,空穴和电子受洛仑兹力的作用偏向 r 区,如图 8.12(b)所示。由于空穴和电子在 r 区的复合速率大,因此载流子复合掉的数量比在没有磁场时大得多,从而使 I 区中的载流子数量减少,回路中的电流减小。

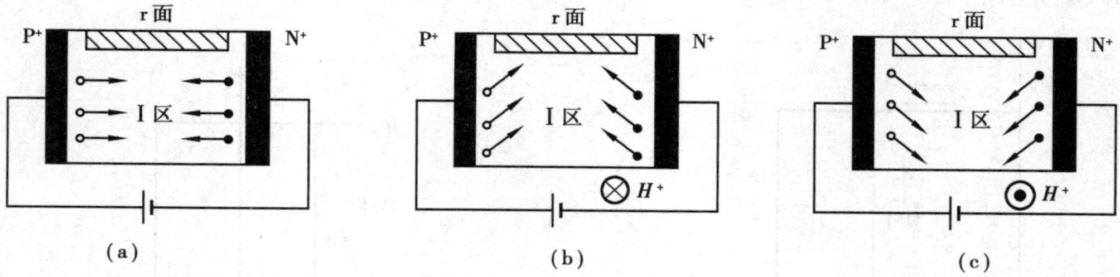

图 8.12　磁敏二极管工作原理示意图

(a)无磁场　(b)加正向磁场　(c)加反向磁场

(3)当在磁敏二极管上加一个反向磁场 H^- 时,载流子在洛仑兹力的作用下,均偏离复合区 r,如图 8.12(c)所示。其偏离 r 区的结果与加正向磁场时的情况恰好相反,此时磁敏二极管正向电流增大。

当磁敏二极管在磁场强度变化时,其电流发生变化,由此实现磁电转换。且 I 区和 r 区的复合能力之差越大,磁敏二极管的灵敏度越高。

8.3.3　磁敏二极管主要特性

(1)磁电特性　指在给定条件下,磁敏二极管的输出电压变化量与外加磁场间的变化关系。图 8.13 给出了磁敏二极管单个使用和互补使用时的磁电特性曲线。由图可知,单个使用时,正向磁灵敏度大于反向;互补使用时,正、反向磁灵敏度曲线对称,且在弱磁场下有较好的线性。

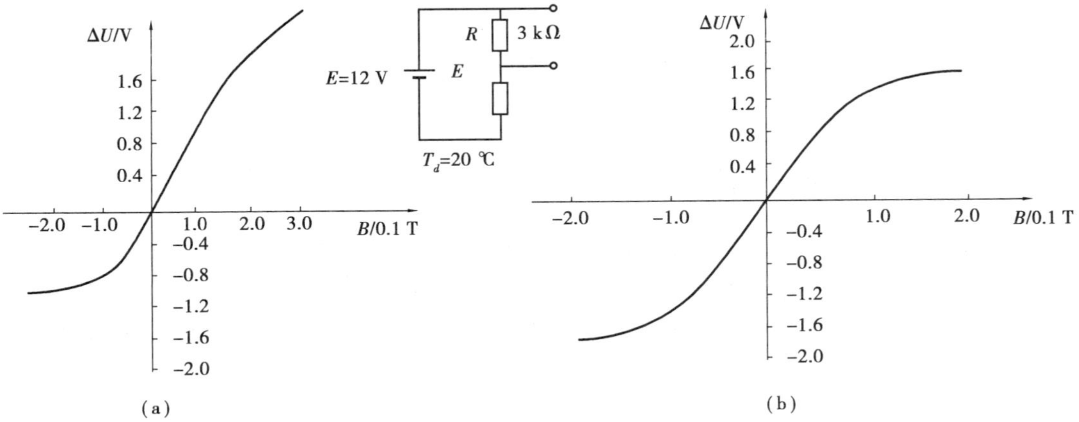

图 8.13　磁敏二极管的磁电特性曲线

(a)单个使用时　(b)互补使用时

(2)伏安特性　指在给定磁场的情况下，磁敏二极管两端正向偏压和通过它的电流的关系曲线。如图 8.14 所示，不同种类的磁敏二极管伏安特性也不同。

(3)温度特性　是指在标准测试条件下，输出电压变化量(或无磁场作用时输出电压)随温度变化的规律，如图 8.15 所示。

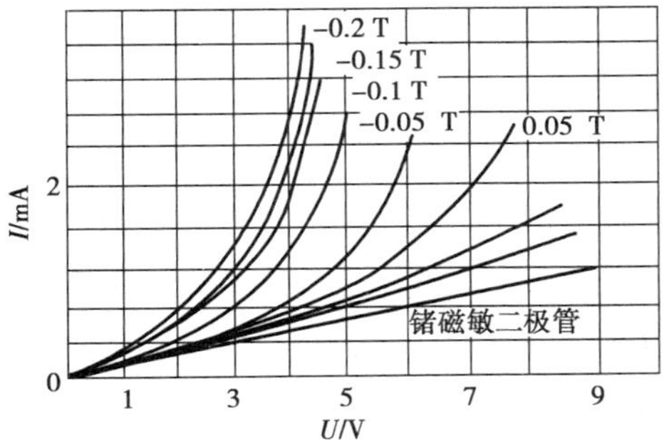

图 8.14　磁敏二极管伏安特性曲线

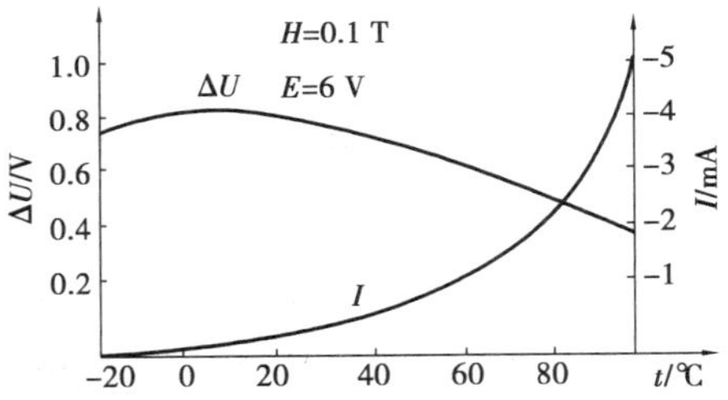

图 8.15　磁敏二极管温度特性曲线(单个使用时)

一般情况下，磁敏二极管受温度的影响较大。反映磁敏二极管的温度特性好坏，也可用温度系数来表示。硅磁敏二极管在标准测试条件下，μ_0 的温度系数小于 +20 mV/℃，$\Delta\mu$ 的温度系数小于 0.6%/℃。而锗磁敏二极管 μ_0 的温度系数小于 −60 mV/℃，$\Delta\mu$ 的温度系数小于 1.5%/℃。所以，规定硅管的使用温度为 −40 ~ +85 ℃，而锗管则规定为 −40 ~ +65 ℃。

(4)频率特性　硅磁敏二极管的响应时间几乎等于注入载流子漂移过程中被复合并达到动态平衡的时间。所以，频率响应时间与载流子的有效寿命相当。硅管的响应时间小于 1 μs，即响应频率高达 1 MHz。锗磁敏二极管的响应频率小于 10 kHz，如图 8.16 所示。

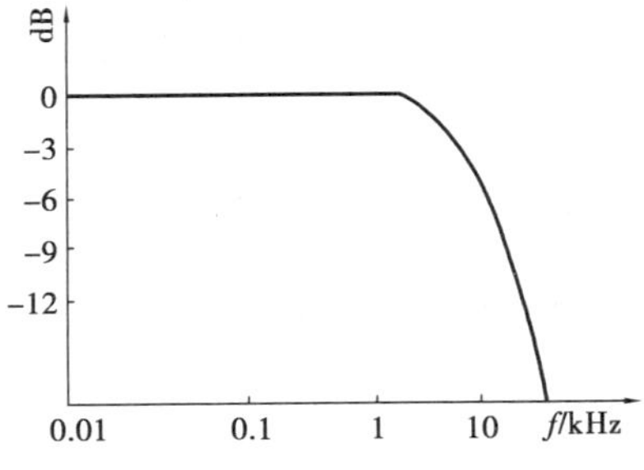

图 8.16　锗磁敏二极管频率特性

8.4 磁敏晶体管

8.4.1 磁敏晶体管的结构

磁敏晶体管的结构和符号如图 8.17 所示。NPN 型磁敏晶体管是在弱 P 型近本征半导体上,用合金法或扩散法形成 3 个极——发射极、基极极、集电极所形成的半导体元件。其最大特点是基区较长,在长基区的侧面制成一个复合率很高的高复合区 r。在 r 区的对面保持光滑的无复合的镜面,长基区分为输运基区和复合基区两部分。

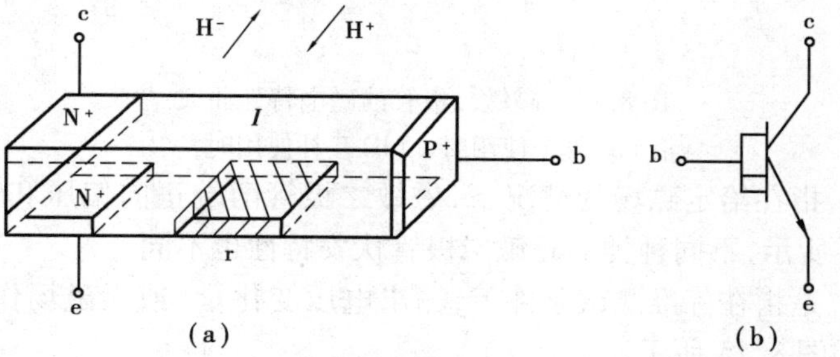

图 8.17　磁敏晶体管的结构与符号

(a)结构(NPN)　(b)符号

8.4.2 磁敏晶体管工作原理

(1)当不受磁场作用时,如图 8.18(a)所示,由于磁敏晶体管的基区宽度大于载流子的有效扩散长度,因而注入的载流子除少部分输入到集电极 c 外,大部分通过 e-I-b 而形成基极电流。显而易见,基极电流大于集电极电流。所以,电流放大系数 $\beta = I_c/I_b < 1$。

(2)当受到正向磁场 H^+ 作用时,如图 8.18(b)所示,由于受到洛伦兹力作用,载流子向发射极一侧偏转,从而使集电极电流明显下降。

(3)当受到反向磁场 H^- 作用时,如图 8.18(c)所示,载流子在洛伦兹力的作用下,向集电极一侧偏转,使集电极电流增大。

由此看出,磁敏晶体管工作原理和磁敏二极管完全相同。在正向或反向磁场作用下,会引起集电极电流的减少或增加。因此,可以用磁场方向控制集电极电流的增加或减少,用磁场的强弱控制集电极电流的增加或减少的变化量。

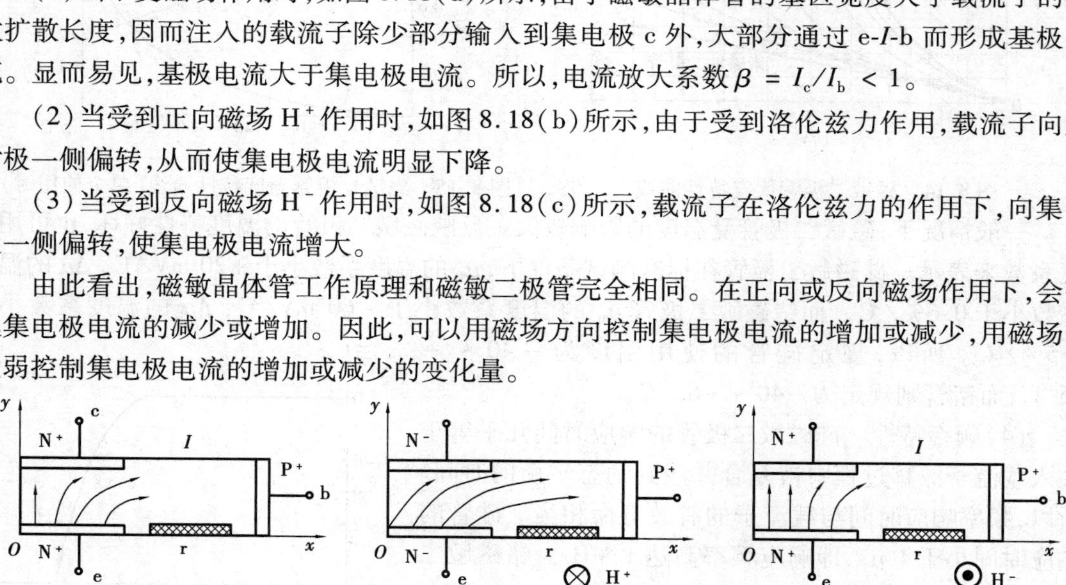

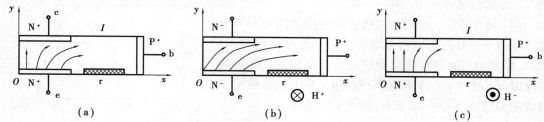

图 8.18　磁敏晶体管工作原理示意图

(a)无磁场　(b)加正向磁场　(c)加反向磁场

8.4.3　磁敏晶体管的主要特性

1)磁电特性

磁电特性是磁敏晶体管最重要的工作特性之一。例如,国产 NPN 型 3BCM 锗磁敏晶体管的磁电特性曲线如图 8.19 所示。在弱磁场作用下,曲线接近一条直线。

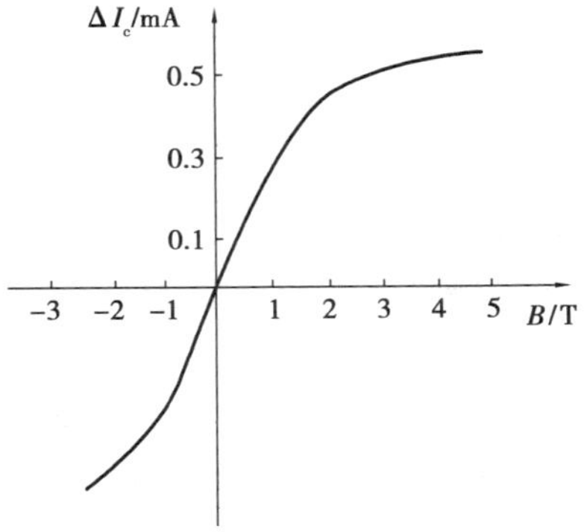

图 8.19　3BCM 的磁电特性

2)伏安特性

磁敏晶体管的伏安特性类似普通晶体管的伏安特性曲线。如图 8.20(a)所示为不受磁场作用时磁敏晶体管的伏安特性曲线。图 8.20(b)给出了磁敏晶体管在基极恒流条件下(I_b = 3 mA)集电极电流变化的特性曲线。

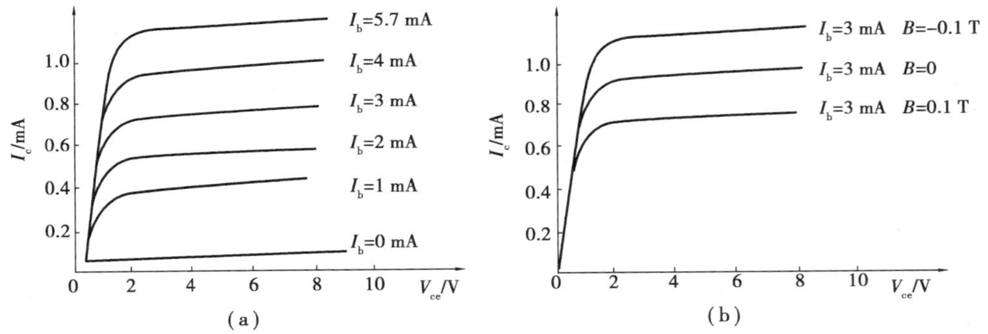

图 8.20　磁敏晶体管伏安特性曲线

3)温度特性

磁敏晶体管对温度同样敏感。3ACM,3BCM 磁敏晶体管的温度系数为 0.8%/℃;3CCM 磁敏晶体管的温度系数为 -0.6%/℃。3BCM 磁敏晶体管的温度特性曲线如图 8.21 所示。

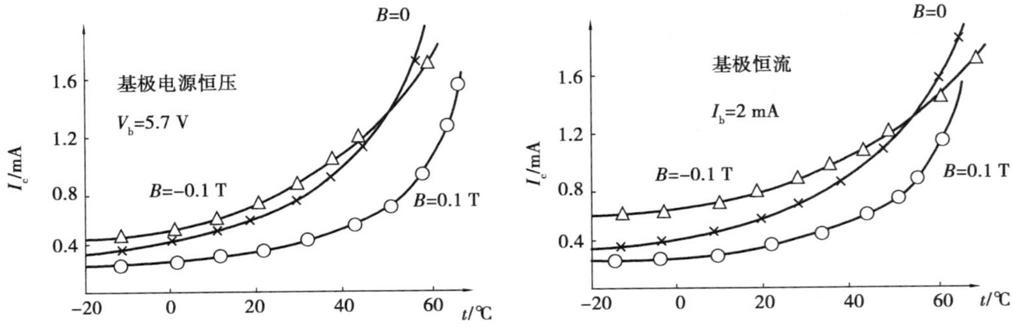

图 8.21　3BCM 磁敏晶体管的温度特性曲线

8.5 工程应用

8.5.1 霍尔式传感器的应用

1)磁场测量

磁场测量的方法很多,其中应用比较普遍的是以霍尔元件做探头的特斯拉计(或高斯计、磁强计),Ge 和 GaAs 霍尔元件的霍尔电动势温度系数小,线性范围大,适用于做测量磁场的探头。把探头放在待测磁场中,探头的磁敏感面要与磁场方向垂直。控制电流,由恒流源(或恒压源)供给,用电表或电位差计来测量霍尔电动势。根据 $U_H = K_H IB$,若控制电流 I 不变,则霍尔输出电动势 U_H 正比于磁场 B,故可以利用它来测量磁场。利用霍尔元件测量弱磁场的能力,可以构成磁罗盘,在宇航和人造卫星中得到应用。

2)电流测量

由霍尔元件构成的电流传感器具有测量为非接触式、测量精度高、不必切断电路电流、测量的频率范围广(从零到几千赫兹)、本身几乎不消耗电路功率等特点。根据安培定律,在载流导体周围将产生一正比于该电流的磁场。用霍尔元件来测量这一磁场,可得到一正比于该磁场的霍尔电动势。通过测量霍尔电动势的大小来间接测量电流的大小,这就是霍尔钳形电流表的基本测量原理,如图 8.22 所示。

3)霍尔转速表

在被测转速的转轴上安装一个齿盘,也可选取机械系统中的一个齿轮,将线性型霍尔器件及磁路系统靠近齿盘。齿盘的转动使磁路的磁阻随气隙的改变而周期性地变化,霍尔器件输出的微小脉冲信号经隔直、放大、整形后就可以确定被测物的转速,如图 8.23 所示。转速计算公式为

$$n = 60\frac{f}{z} \tag{8.12}$$

式中:f——输出脉冲数;

z——齿盘的齿数;

n——转速(r/min)。

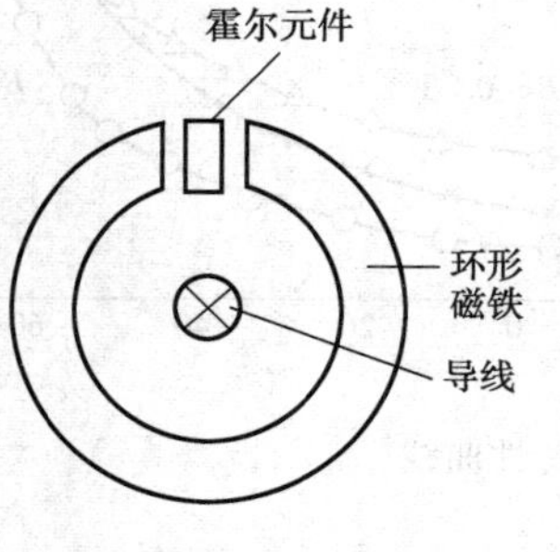

图 8.22 用霍尔元件测量电流

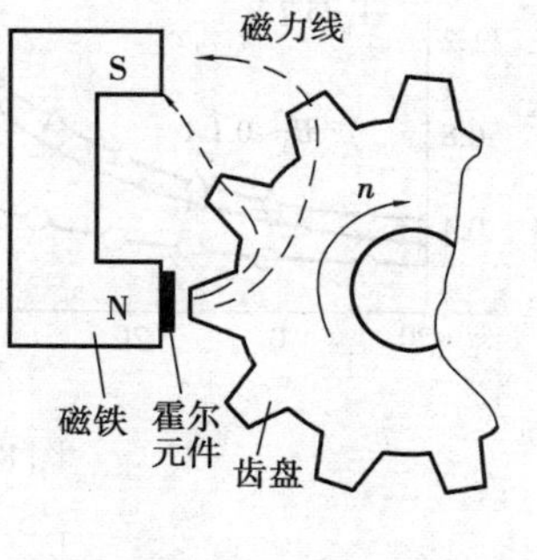

图 8.23 霍尔转速表

4)**接近开关**

当霍尔元件通以恒定的控制电流,且有磁体近距离接近霍尔元件然后再离开时,元件的霍尔输出将发生显著变化,将输出一个脉冲霍尔电势。利用这种特性可进行无触点发信,这种情况下,对霍尔元件本身的线性和温度稳定性等要求不高,只要有足够大的输出即可。另外,作用于霍尔元件的磁感应强度变化值,仅与磁体和元件的相对位置有关,与相对运动速度无关,这就使发信装置的结构既简单又可靠。霍尔无触点发信可广泛用于精确定位、导磁产品计数、转速测量、接近开关和其他周期性信号的发信。

8.5.2　磁敏二极管的应用

1)**流量测量**

图8.24所示为磁敏二极管涡流流量计示意图,磁敏二极管用环氧树脂封装在导流头内,由导磁体同涡轮上的针形磁铁构成磁回路。磁敏二极管是不动的,当装在涡轮上的磁铁随涡轮旋转到一定位置时,磁敏二极管输出一个脉冲信号。经运算放大器放大后送到频率计,指示出流量值。这种流量计所测最小流量为0.5 m^3/日,涡流转速60~2 700 r/min范围内都可以使用。

2)**磁敏二极管漏磁探伤**

利用磁敏二极管可以检测弱磁场的变化这一特性,可以制成漏磁探伤仪。图8.25(a)所示为漏磁探伤原理图,钢棒被磁化部分与铁芯构成闭合磁路。由激磁线圈感应的磁通 ϕ 通过棒材局部表面,若没有缺陷存在,探头附近则没有泄漏磁通,因而探头没有信号输出。如果棒材有局部缺陷。那么,缺陷处的泄漏磁通将作用于探头上,使其产生信号输出,如图8.25(b)所示。所以,根据信号的有、无可以判定钢棒有无缺陷。

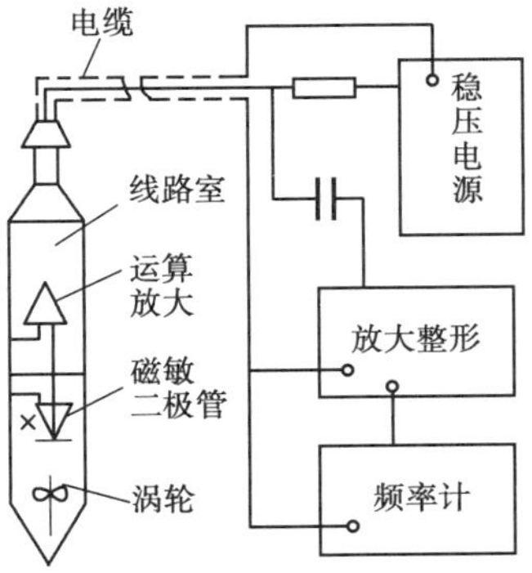

图8.24　磁敏二极管涡流流量计

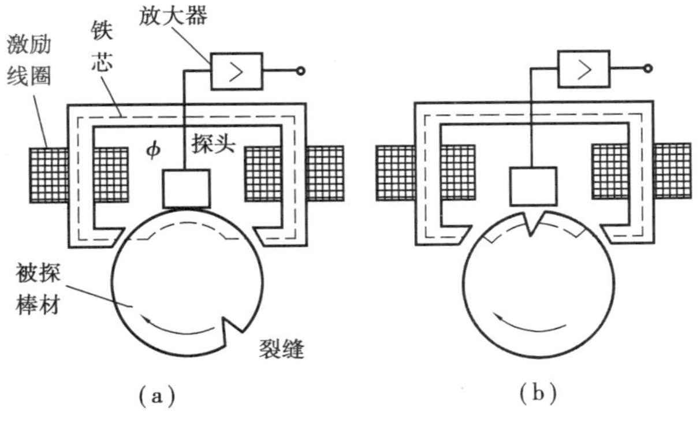

图8.25　漏磁探伤原理图

8.6　磁敏式传感器在汽车上的应用

8.6.1　磁敏式转速传感器

在轿车上,曲轴位置传感器、轮速传感器、车速传感器等多用磁敏式,下面以常见的磁敏式曲轴位置传感器为例,介绍其具体应用。

曲轴位置传感器由在永久磁铁周围绕有线圈的传感器、信号盘组成,如图 8.26 所示。采用的是电磁式工作原理,当信号盘在永久磁铁附近旋转时,通过线圈的磁力线发生变化,在线圈中就会产生相应的感应电压,如图 8.27 所示。

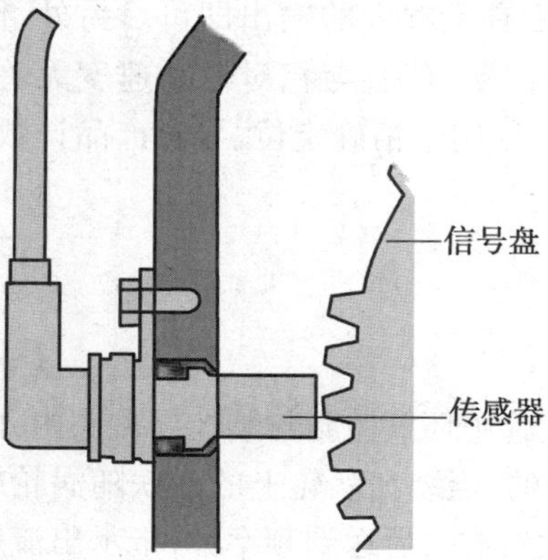

图 8.26　曲轴位置传感器组成

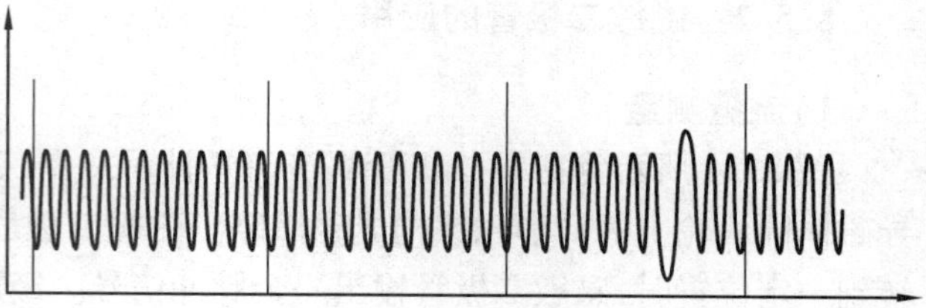

图 8.27　曲轴位置传感器输出信号

发动机控制单元根据曲轴位置传感器输送来的信号计算出发动机当前转速和活塞距第一缸上止点位置,为点火控制和喷油控制提供基准信号。基于磁敏式的转速传感器、轮速传感器与曲轴位置传感器工作原理与组成元件完全相同,不同点在于信号盘的齿数与齿形上。

8.6.2　霍尔式传感器

霍尔式传感器在轿车上多用在轮速传感器、曲轴位置传感器、凸轮轴位置传感器上,下面介绍基于霍尔效应原理的凸轮轴位置传感器组成及作用。

图 8.28　凸轮轴位置传感器

凸轮轴位置传感器如图 8.28 所示,由霍尔元件和信号轮组成,其中霍尔元件由永久磁铁、导瓷板和霍尔集成电路等组成。霍尔传感器输出信号波形如图 8.29 所示。发动机控制单元根据霍尔传感器输送来的信号进行分析计算,判别活塞位置,并与曲轴位置传感器比较,即霍尔传感器主要提供判缸信号,当曲轴位置传感器失效时,代替曲轴位置传感器工作。

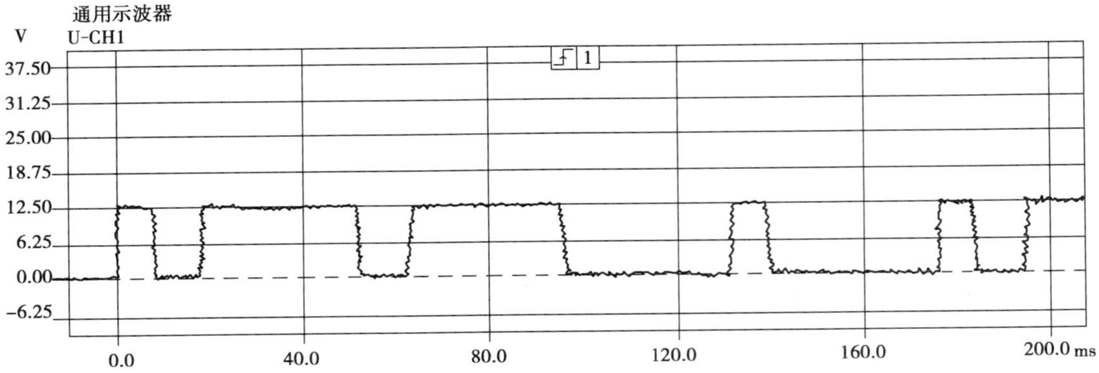

图 8.29　霍尔传感器输出信号波形

复习思考题

1. 磁敏二极管和磁敏晶体管有何特点？适用于什么场合？

2. 分析霍尔效应产生的原因。一个霍尔元件在一定得电流控制下，其霍尔电动势与哪些因素有关？

3. 霍尔集成传感器有哪几种类型？其工作特点是什么？

4. 思考有哪些可以用霍尔传感器检测的物理量以及霍尔传感器的应用领域。

5. 影响霍尔元件输出零点的因素有哪些？如何补偿？

第9章 光电式传感器

光电传感器是基于光电效应将光信号转换成为电信号的一种传感器件。光电传感器具有响应快、结构简单、使用方便等优点，可以实现非接触测量，而且有较高的可靠性，因此在自动检测、计算机和控制系统中得到广泛的应用。

9.1 光电效应

光具有波粒二象性。光的粒子学说认为光是由一群光子组成的，每一个光子具有一定的能量，光子的能量 $E = \mathrm{h}f$，其中 h 为普朗克常数，$\mathrm{h} = 6.626 \times 10^{-34}$ Js，f 为光的频率。因此，光的频率越高，光子的能量越大。光照射在物体上会产生一系列的物理或化学效应。例如光合效应、光热效应、光电效应等。光电式传感器的理论基础是光电效应，即光照射在某一物体上，可以看作物体受到一连串能量为 hf 的光子所袭击，被照射物体的材料吸收了光子的能量而发生相应电效应的物理现象。根据产生电效应的不同，光电效应分为三类：外光电效应、内光电效应及光生伏特效应。

(1)外光电效应

在光线的作用下，物体内的电子逸出物体表面向外发射的物理现象称为外光电效应，也称为光电发射效应。逸出来的电子称为光电子。外光电效应可用爱因斯坦光电方程来描述

$$\frac{1}{2}mv^2 = \mathrm{h}f - W \tag{9.1}$$

式中：v——电子逸出物体表面时的初速度；

m——电子质量；

W——金属材料的逸出功。

根据爱因斯坦的假设：一个光子的能量只能给一个电子，因此单个的光子把全部能量传给物体中的一个自由电子，使自由电子的能量增加为 hf，这些能量一部分用于克服逸出功 W，另一部分作为电子逸出时的初动能$\frac{1}{2}mv^2$。由于逸出功与材料的性质有关，当材料选定后，要使金属表面有电子逸出，入射光的频率 f 有一最低的限度。当 hf 小于 W 时，即使光通量很大，也

不可能有电子逸出，这个最低限度的频率称为红限频率。当 hf 大于 W 时，光通量越大，逸出的电子数目也越多，光电流也就越大。

根据外光电效应制成的光电元器件有光电管、光电倍增管、关电摄像管等。

(2)内光电效应

在光电作用下，使物体导电能力发生变化的现象称为内光电效应，也称为光电导效应。根据内光电效应制成的光电元器件有光敏电阻、光敏二极管、光敏晶体管和光敏晶闸管等。

(3)光生伏特效应

在光线作用下，物体产生一定方向电动势的现象称为光生伏特效应。基于光生伏特效应的光电元器件是光电池。

9.2 光电管及光电倍增管

9.2.1 光电管

光电管的外形如图9.1所示，光电阴极 K 和光电阳极 A 封装在真空玻璃管内。当入射光线穿过光窗照到光电阴极上时，光子的能量传递给阴极表面的电子，当电子获得的能量足够大时，就有可能克服金属表面对电子的束缚，而逸出金属表面形成电子发射，这种电子称为光电子。当光电管阳极加上适当电压时，从阴极表面逸出的电子被具有正电压的阳极所吸收，在光电管中形成电流，称为光电流 I_ϕ。光电流 I_ϕ 正比于光电子数，而光电子数又正比于光通量。如果在外电路中串入一只适当阻值的电阻，则电路中的电流便转换为电阻上的电压。该电流或电压的变化与光成一定函数关系，从而实现了光电转换。

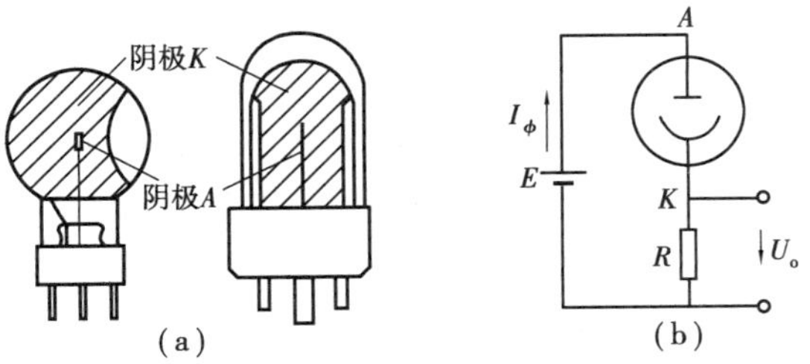

图9.1 光电管

(a)光电管的结构 (b)符号及测量电路

由于材料的逸出功不同，所以不同材料的光电阴极对不同频率的入射光有不同的灵敏度。目前，紫外光电管在工业检测中多用于紫外线测量、火焰监测，可见光较难引起光电子的发射。

9.2.2 光电倍增管

光电管的灵敏度较低，在微光测量中通常采用光电倍增管。光电倍增管由真空管壳内的光电阴极、阳极以及位于期间的若干倍增电极构成，工作时在各电极之间加上规定的电压。当光或辐射照射阴极时，阴极发射光电子，光电子在电场作用下加速逐级轰击发射倍增电极，在末级倍增电极形成数量为光电子的 $10^6 \sim 10^8$ 倍的次级电子。众多的次级电子最后为阳极收集,在阳极电路中产生可观的输出电流,如图 9.2 所示。通常光电倍增管的灵敏度比光电管要高出几万倍,在微光下就可以产生较大的电流。例如,可用来探测高能射线产生的辉光等。由于光电倍增管有如此高的灵敏度,因此,使用时应注意避免强光照射而损坏光电阴极。但由于光电倍增管是玻璃真空器件,体积大,易破碎,工作电压高达上千伏,所以目前已逐渐被新型半导体光敏元件所取代。

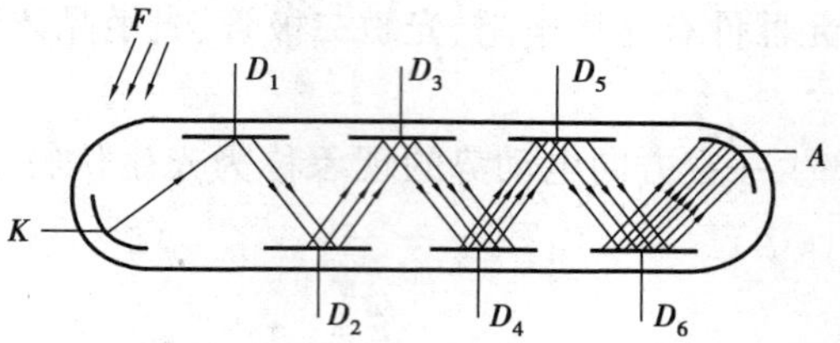

图 9.2 光电倍增管

9.3 光敏电阻

光敏电阻是一种利用内光电效应(光导效应)制成的光电元件。它具有精度高、体积小、性能稳定、价格低等特点,所以被广泛应用在自动化技术中作为开关式光电信号传感元件。

9.3.1 光敏电阻的结构与材料

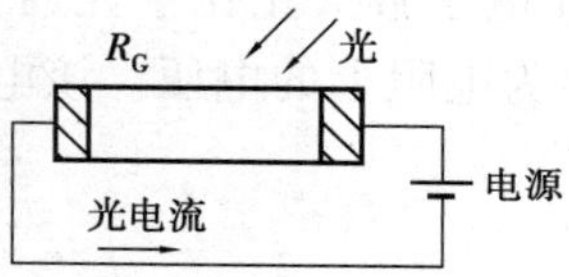

图 9.3 光敏电阻工作原理图

光敏电阻由一块两边带有金属电极的光电半导体组成,使用时在它的两电极上施加直流或交流工作电压,如图 9.3 所示。在无光照射时,光敏电阻 R_G 呈高阻,回路中仅有微弱的电流(称为暗电流)通过。在有光照射时,光敏材料吸收光能,使电阻率变小,R_G 呈低阻态,从而在回路中有较强的电流(称为亮电流)通过。光照越强,阻值越小,亮电流越大。如果将该亮电流取出,经放大后即可作为其他电路的控制电流。当光照射停止时,光敏电阻又逐渐恢复原有的高阻状态。

制作光敏电阻材料的种类很多,如金属的硫化物、硒化物和锑化物等半导体材料。目前生产的光敏电阻主要是硫化镉,为提高其光灵敏度,在硫化镉中再掺入铜、银等杂质。光敏电阻的结构如图 9.4 所示。通常采用涂敷、喷涂等方法在陶瓷基片上涂上栅状光导电体膜经烧结而成。为防止受潮,光敏电阻采用两种封闭方法:①金属外壳,顶部有透明玻璃窗口的密封结构;②没有外壳,但在其表面涂上一层防潮树脂。

9.3.2 光敏电阻的主要参数

1)暗电阻

光敏电阻置于室温、全暗条件下,经一段时间稳定后测得的阻值称为暗电阻。这时在给定的工作电压下测得的电流称为暗电流。

2)亮电阻

光敏电阻置于室温和一定光照条件下测得的稳定电阻值称为亮电阻。此时在给定的工作

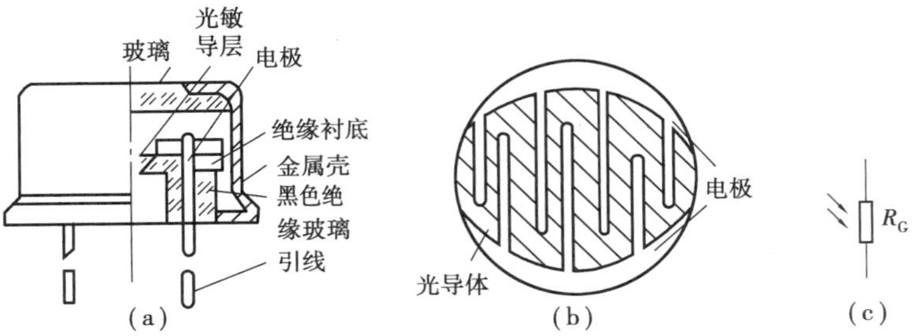

图 9.4　光敏电阻的结构图

(a)结构图　(b)电极形状　(c)图形符号

电压下测得的电流称为亮电流。

3)**光电流**

亮电流和暗电流之间的差称为光电流 I_ϕ。

光敏电阻的暗电阻越大,而亮电阻越小,则性能越好。也就是说,暗电流要小,光电流要大,这样的光敏电阻的灵敏度就高。实际上,大多数光敏电阻的暗电阻往往超过 1 MΩ,而亮电阻即使在正常白昼条件下也可以降到 1 kΩ 以下,可见光敏电阻的灵敏度是相当高的。

9.3.3　光敏电阻的主要特性

(1)光照特性　是指光敏电阻的光电流 I_ϕ 与光通量 ϕ 的关系。不同的光敏电阻,其光照特性不同,但多数光敏电阻光照特性的曲线形状,如图 9.5 所示。由于光敏电阻的光照特性呈非线性,因此不能用于光的精密测量,只能用作开关式的光电转换器。

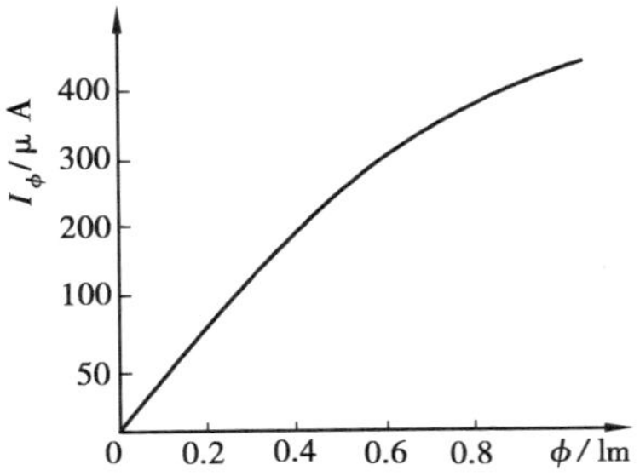

图 9.5　光敏电阻的光照特性曲线

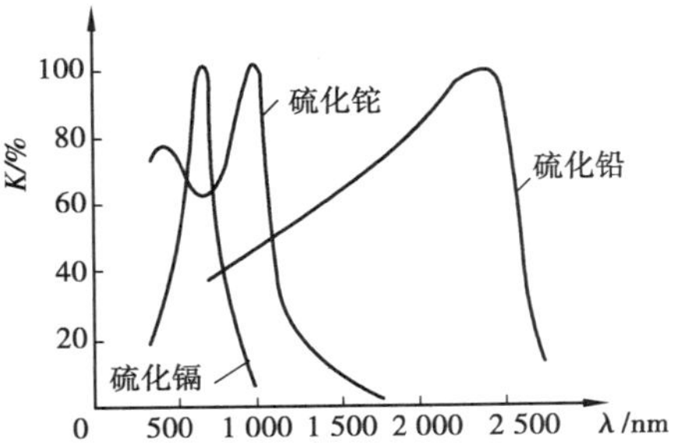

图 9.6　光敏电阻的光谱特性曲线

(2)光谱特性　指光敏电阻对于不同波长的入射光,其相对灵敏度不同的特性。各种不同材料的光谱特性曲线如图 9.6 所示。从图中可以看出,不同材料的峰值所对应的光的波长是不一样的,因此,在选用光敏电阻时,应考虑光源的发光波长与光敏电阻的光谱特性峰值的波长相接近,这样才能获得高的灵敏度。

(3)伏安特性　表示光敏电阻两端所加电压与流过光敏电阻的电流之间关系。如图 9.7 所示,光敏电阻的伏安特性为线性关系,且照度不同,其斜率也不

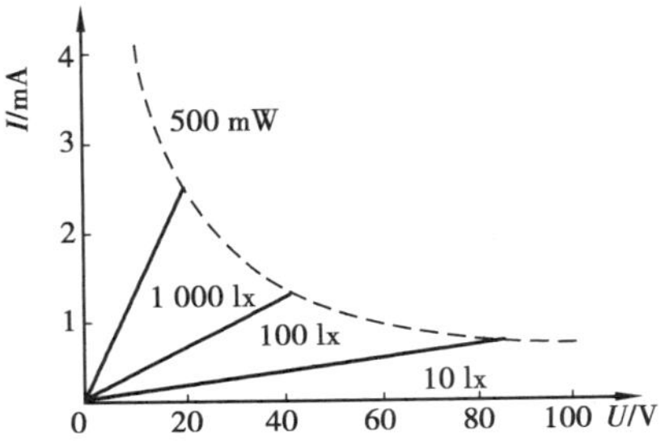

图 9.7　光敏电阻的伏安特性曲线

同。同普通电阻一样,光敏电阻也有最大功率,超过额定功率将会导致光敏电阻永久性的损坏。

(4)响应时间　指光敏电阻中光电流的变化滞后于光的变化时间。即光敏电阻突然感受光照时,光电流并不是立即上升到稳定数值,且当光突然消失时光电流也不会立刻下降到零,这说明光电流的变化对于光的变化存在时滞。尽管不同材料的光敏电阻具有不同的响应时间,但都存在着这种时延特性,因此,光敏电阻不能用在要求快速响应的场合。

(5)温度特性　指光敏电阻和其他半导体器件一样,受温度的影响较大,随着温度的升高,其暗电阻与灵敏度都下降的特性。

9.4　光敏二极管及光敏晶体管

9.4.1　工作原理

光敏二极管、光敏晶体管的工作原理基于内光电效应。

光敏二极管和普通二极管相比虽然都属于单向导电的非线性半导体器件,但在结构上有其特殊的地方。光敏二极管在电路中的符号,如图9.8所示。光敏二极管的PN结装在透明管壳的顶部,可以直接受到光的照射。使用时要反向接入电路中,即P极接电源负极,N极接电源正极。无光照射时,与普通二极管一样,反向电阻很大,电路中仅有很小的反向饱和漏电流,称为暗电流。当有光照射时,PN结受到光子的轰击,激发形成光生电子空穴对,因此在反向电压作用下,反向电流大大增加,形成光电流。光照越强,光电流越大,即反向偏置的PN结受光照控制。

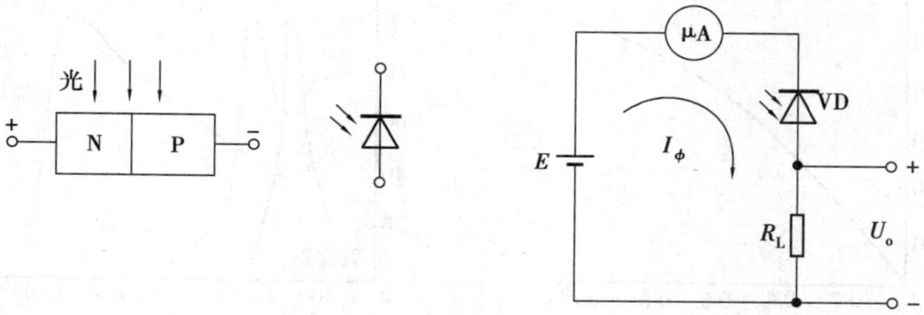

(a)　　(b)

图9.8　光敏二极管

(a)结构模型和符号　(b)基本电路

光敏晶体管和普通晶体管的结构相类似。不同之处是光敏晶体管必须有一个对光敏感的PN结作为感光面,一般用集电结作为受光结,因此,光敏晶体管实质上是一种相当于在基极和集电极之间接有光敏二极管的普通晶体管。其结构及符号如图9.9所示。

当入射光子在基区及集电区被吸收而产生电子-空穴对时,便形成光电流。由此产生的光生电流由基极进入发射极,从而在集电极回路,从而在集电极回路中得到一个放大了β倍的电流信号。光敏晶体管的结构同普通晶体管一样,有PNP型和NPN型。在电路中,同普通晶体管的放大状态一样,集电结反偏,发射结正偏。反偏的集电结受光照控制,因而在集电极上则产生β倍的光电流,所以光敏晶体管比光敏二极管有着更高的灵敏度。

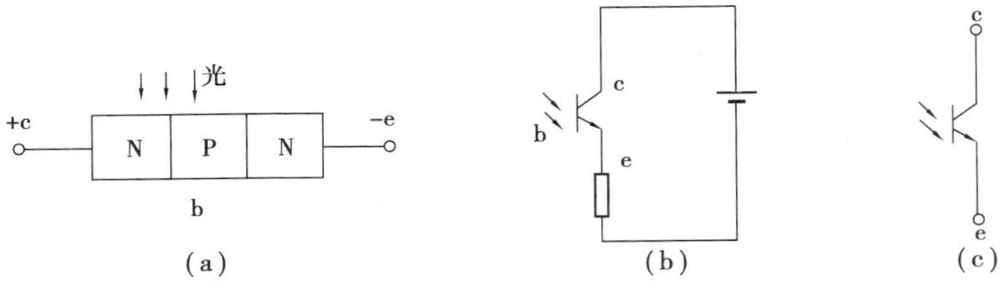

图 9.9　光敏晶体管
(a)结构模型　(b)基本电路　(c)符号

9.4.2　基本特性

1)光照特性

从图 9.10 所示的光敏二极管和光敏晶体管的光照特性可以看出,光敏二投管的光电流与光照度成线性关系。而光敏晶体管光照特性的线性没有二极管的好,而且在照度小时,光电流随照度的增加而增加得较小,即其起始要慢。当光照足够大时,输出电流又有泡和现象(图中未画出),这是由于晶体管的电流放大倍数在小电流和大电流时都下降的缘故。光敏晶体管的曲线斜率大,其灵敏度要高。

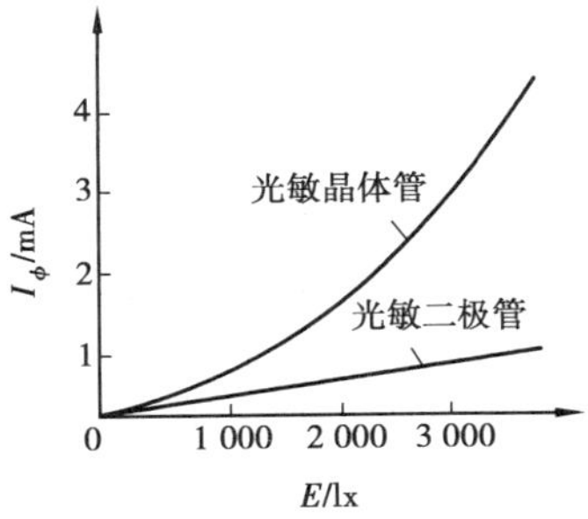

图 9.10　光敏晶体管的光照特性

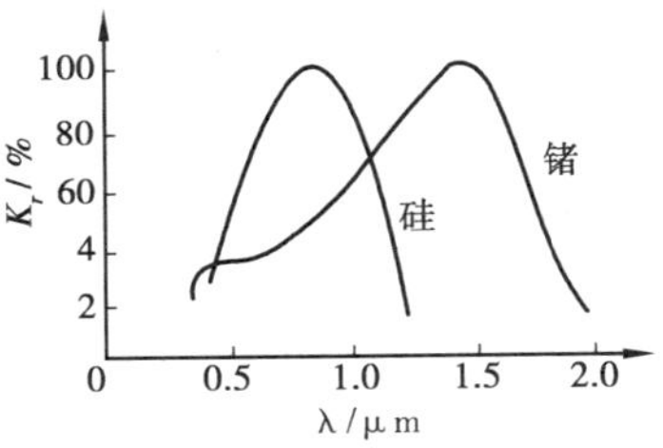

图 9.11　光敏二极管的光谱特性

2)光谱特性

光敏二极管的光谱特性如图 9.11 所示。光敏二极管在入射光照度一定时输出的光电流(或相对灵敏度)随光波波长的变化而变化。一种光敏二极管只对一定波长的入射光敏感,这就是它的光谱特性。由曲线可以看出,不管是硅管或锗管,当入射光波长增加时,相对灵敏度都下降。从曲线还可以看出,不同材料的光敏二极管,其光谱响应峰值波长也不同。硅管的峰值波长为 0.8 μm 左右,锗管的为 1.4 μm,由此可以确定光源与光电器件的最佳匹配。由于锗管的暗电流比硅管大,因此锗管性能较差。故在探测可见光或赤热物体时,都用硅管;但对红外光进行探测时,采用锗管比较合适。

3)伏安特性

图 9.12 所示为光敏二极管的伏安特性。由于光敏二极管反向偏置,所以它的伏安特性在第三象限。流过它的电流与光照度成正比(间隔相等),而基本上与反向偏置电压 U_D 无关。当 $U_D=0$ 时,只要有光照,就仍然有电流流出光敏二极管,相当于光电池,只是由于其 PN 结面积小,产生的光电效应很弱。光敏二极管正常使用时应施加 1.5 V 以上的反向工作电压。

图 9.13 所示为光敏晶体管的伏安特性,与一般晶体管在不同基级电流下的输出特性相

似，只是将不同的基极电流换作不同的光照度。光敏晶体管的工作电压一般应大于 3 V。若在伏安特性曲线上作负载线，可求得某光强下的输出电压 U_{ce}。

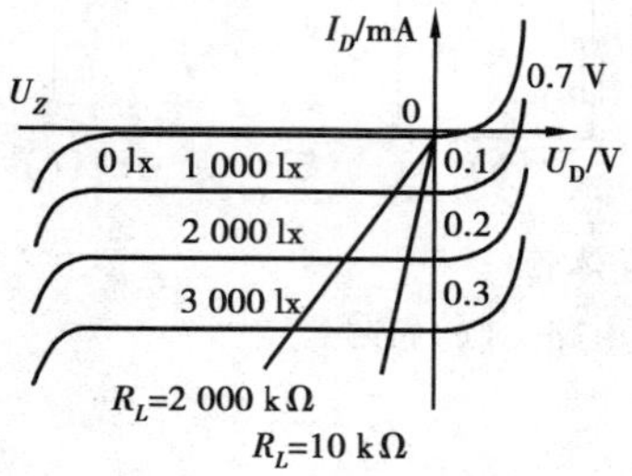

图 9.12　光敏二极管伏安特性

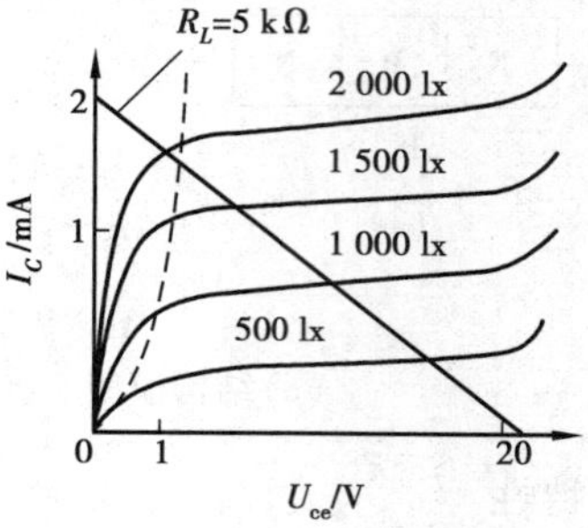

图 9.13　光敏晶体管伏安特性

4）响应时间

硅光敏二极管的响应时间为 $10^{-6}\sim10^{-7}$ s，光敏晶体管的响应速度则比相应的二极管大约慢一个数量级，而锗管的响应时间要比硅管小一个数量级。因此在要求快速响应或入射光调制频率（明暗交替频率）较高时，应选用硅光敏二极管。

由于光敏晶体管基区的电荷存储效应，所以在强光照和无光照时，光敏晶体管的饱和与截止需要更多的时间，所以它对入射调制光脉冲的响应时间更慢，最高工作频率更低。

5）温度特性

温度变化对亮电流影响不大，但对暗电流影响非常大，并且是非线性的。在微光测量中有较大误差。硅管的暗电流比锗管小几个数量级，所以在微光测量中应采用硅管。另外由于硅光敏晶体管的温漂大，所以尽管光敏晶体管灵敏度较高，但是在高精度测量中应选择硅光敏二极管。可采用低温漂、高精度的运算放大器来提高精度。

9.5　光电池

光电池的工作原理基于光生伏特效应，能将入射光能量转换为电压和电流。它的制作材料种类很多，如硅、砷化镓、硒、锗、硫化锡等，其中应用最广泛的是硅光电池。硅光电池性能稳定、光谱范围宽、频率特性好、转换效率高且价格便宜。从能量转换角度来看，光电池是作为输出电能的器件而工作的。例如人造卫星上就安装有展开达十几米长的太阳能光电池板。从信号检测角度来看，光电池作为一种自发电型的光电传感器，可用于检测光的强弱以及能引起光强弱变化的其他非电量。

9.5.1　结构及工作原理

硅光电池是在 N 型硅片衬底上用一薄层 P 型层作为光照敏感面，形成一个大面积的 PN 结，如图 9.14 所示。P 型层很薄，从而使光线能穿透到 PN 结上。当光照能量足够大时，将在 PN 结附近激发产生电子-空穴对，这种由光激发生成的电子-空穴对称为光生载流子。它们在结电场的作用下，电子被推向 N 区，而空穴被拉向 P 区。这种推拉作用的结果，使得 N 区积累了多余电子而形成为光电池的负极，而 P 区因积累了空穴而成为光电池的正极，因而两电极之间便有了电位差,这就是光生伏特效应。

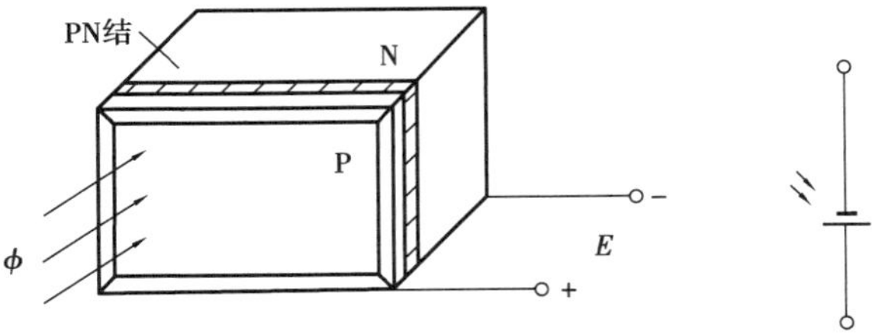

图 9. 14　光电池的结构和符号

9. 5. 2　基本特性

1)光谱特性

图 9. 15 所示为硒、硅、锗光电池的光谱特性。从曲线上可以看出,它们的光谱峰值位置是不同的,而且光谱响应波长范围也不一样。硅光电池的响应波长范围在 0. 45 ~1. 4 μm,而硒光电池的响应波长范围在 0. 34 ~0. 7 μm。目前已生产出峰值波长为0. 64 μm(可见光)的硅光电池,在紫光(0. 4 μm)附近仍有 65% ~70% 的相对灵敏度,这大大扩展了硅光电池的应用领域。硒光电池和锗光电池由于稳定性较差,目前应用较少。

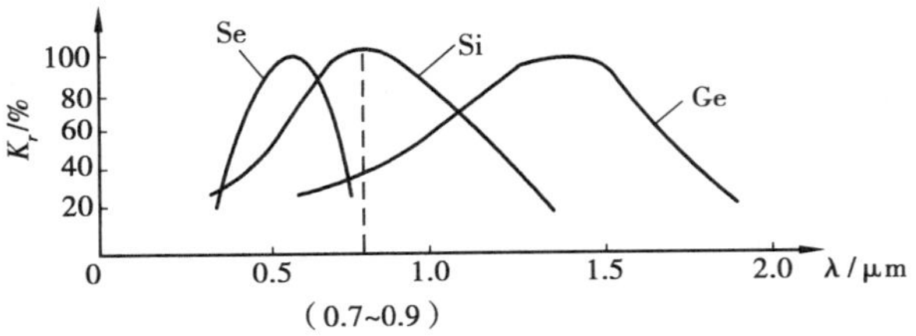

图 9. 15　光电池的光谱特性

2)光电特性

硅光电池的负载不同,特性也不同。图 9. 16 所示为负载在两种极端情况下的特性曲线。光电池负载开路时的开路电压与光照度的关系曲线,显然呈非线性关系,近似于对数关系,起始电压上升很快,在光照强度达到 2 000 lx 以上便趋于饱和。当负载短路时,短路电流与光照度的关系曲线为线性关系。但随着负载电阻的增加,其线性关系将变差。因此,当测量与光照度成正比的其他非电量时,应把光电池作为电流源来使用,当被测量是开关量时,可把光电池作为电压源来使用。

3)频率特性

频率特性是描述入射光的调制频率与光电池输出电流间的关系。由于光电池受照射产生电子-空穴对需要一定的时间,因此当入射光的调制频率太高时,光电池输出的光电流将下降。硅光电池的面积越小,PN 结的极间电容也越小,频率响应就越好。硅光电池的频率响应可达数十千赫兹至数兆赫兹,硒光电池的频率特性较差,目前已较少使用。

4)温度特性

温度特性是描述光电池的开路电压 U_o 和短路电流 I_{sc} 随温度变化的特性。从图 9. 17 中可以看出，开路电压随温度增加而下降的速度较快，电压温度系数约为 $-2\ mV/℃$。而短路电流随温度上升而缓慢增加，温度系数较小。当光电池作为检测元件时，应考虑温度漂移的影响，采取相应措施进行补偿。

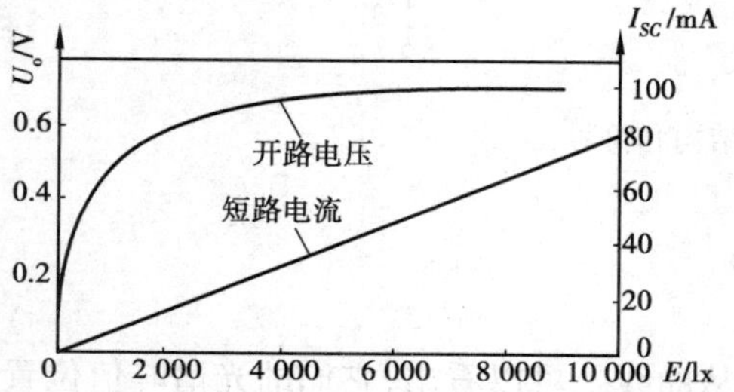

图 9.16　光电池的光照特性

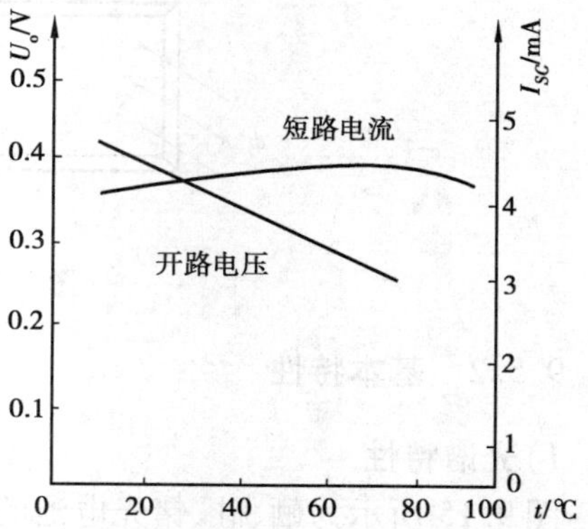

图 9.17　光电池的温度特性

9.6　光电式传感器测量电路

9.6.1　光敏电阻测量电路

因半导体光敏电阻可通过较大的电流，所以光敏电阻的测量电路中通常无需配备放大器。当要求大的输出功率时，可采用如图 9.18 所示的电路。

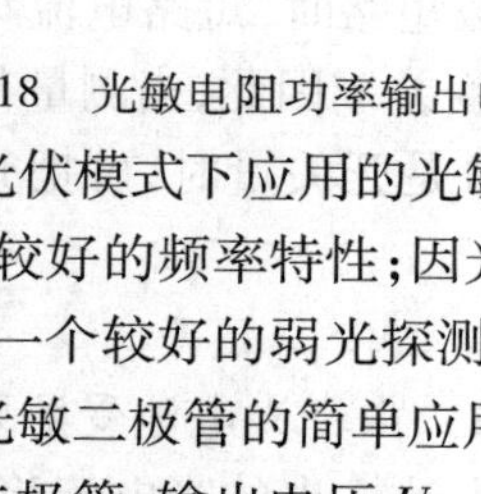

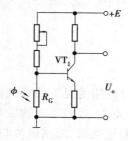

图 9.18　光敏电阻功率输出电路

9.6.2　光敏二极管测量电路

光敏二极管通常有两种工作模式：光电导模式和光伏模式。

光敏二极管作光电导模式应用时，在两极之间要外加一定的反向偏压。光电导模式下工作的光敏二极管，对检测微弱恒定光不利，因为光电流很小，与暗电流接近。对微弱光信号的检测，一般采用调制技术。

光伏模式下应用的光敏二极管不需外加任何偏置电压，其工作在短路条件下。电路的特点有：较好的频率特性；因光敏二极管线性范围很宽，适用于辐射强度探测；输出信号不含暗电流，是一个较好的弱光探测电路（当然其探测极限受本身噪声限制）。

光敏二极管的简单应用电路如图 9.19 所示。图 9.19(a)为无偏置电路，适用于光伏模式光敏二极管，输出电压 $U_o=I_R R_L$。图 9.19(b)为反向偏置应用电路，光敏二极管的响应速度比无偏置电路高几倍，$U_o=I_R R_L$。图 9.19(c)中，当光照射光敏二极管时，使晶体管基极处于低电位，晶体管 VT 截止，输出高电平；当无光照时，VT 导通，输出低电平。图 9.19(d)为光控继电器电路。在无光照时，晶体管 VT 截止，继电器 KA 线圈无电流通过，触点处于常开状态。当有光照且达到一定光强时，则 VT 导通，KA 吸合，从而实现光电开光控制。

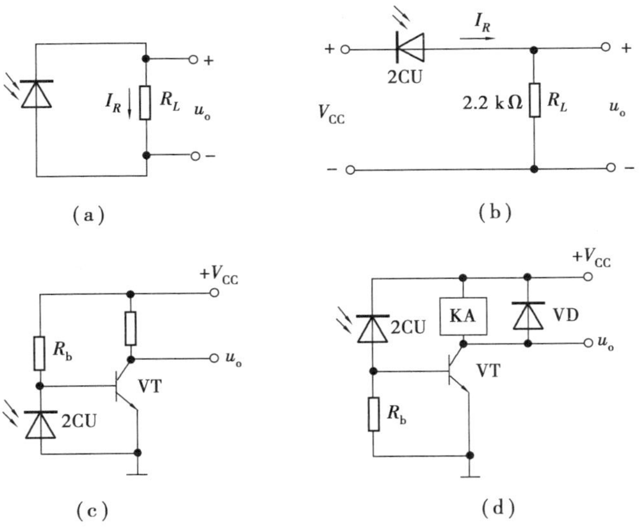

图 9.19　光敏二极管的应用电路

(a)无偏置电路　(b)反向偏置电路

(c)光控三极管开关电路　(d)光控继电器通断电路

9.6.3　光敏晶体管测量电路

因光敏晶体管具有放大功能,在相同光照条件下,可获得比光敏二极管大得多的光电流。在使用时,光敏晶体管须外加偏置电路,以保证集电极反偏、发射极正偏。图 9.20 所示为光敏晶体管组成的光敏继电器电路。图 9.20(a)所示使用了高灵敏硅光敏晶体管 3DU80B,在照度为 1 000 勒克斯时能提供 2 mA 的光电流,以直接带动灵敏继电器。二极管在光敏管关断瞬间对它进行保护。图 9.20(b)为简单的达林顿放大电路,3DU32 受光照产生的光电流经过一级晶体管放大后便可驱动继电器。光敏晶体管与放大管可用一只达林顿结构的光敏管来代替,如 3DU912 系列。

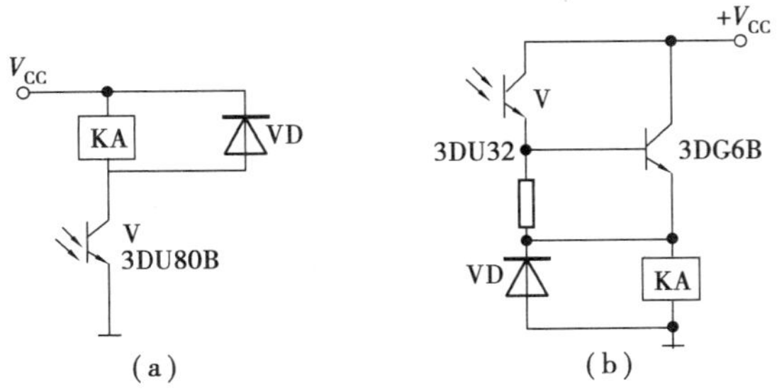

图 9.20　光敏晶体管组成的光敏继电器电路

(a)光控继电器电路　(b)达林顿放大电路

9.6.4　光电池的测量电路

利用半导体硅光电池的光电开关电路如图 9.21 所示。由于光电池在强光下最大输出电压仅为 0.6 V,不足以使 VT1 管有较大的电流输出,故将硅光电池接于 VT1 管基极,再用二极管2AP产生正向0.3 V的电压,两者电压叠加使VT1管的e,b极间电压大于0.7 V而使VT1管能导通。

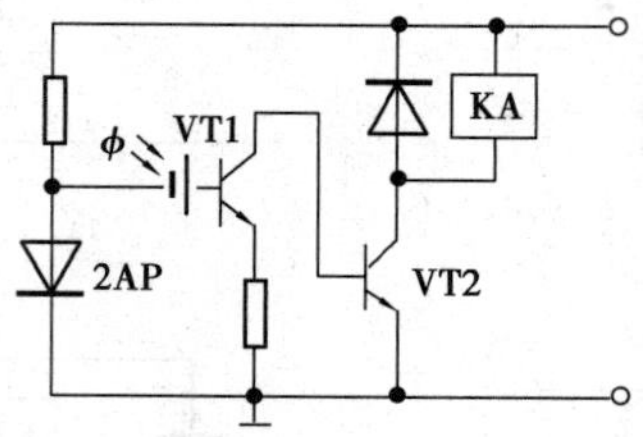

图9.21　光电池控制开关电路

9.7　工程应用

9.7.1　光电测速计与光电式转速仪

1)光电测速计

工业生产中,经常需要检测工件的运动速度。图9.22所示是利用光敏元件检测运动速度的示意图和电路简图。当物体自左向右运动时,首先遮断光源A的光线,光敏元件VD_A输出低电平,触发RS触发器,使其置"1",与非门打开,高频脉冲可以通过,计数器开始计数。当物体经过设定的S_0距离而遮挡光源B时,光敏元件VD_B输出低电平,RS触发器置"0",与非门关闭,计数器停止计数。设高频脉冲的频率$f=1$ MHz,周期$T=1$ μs,计数器所计脉冲为n,则可判断出物体通过已知距离S_0,所经历的时间为$t=nT$(单位为μs),则运动物体的平均速度为

$$\bar{v}=\frac{S_0}{t} \tag{9.2}$$

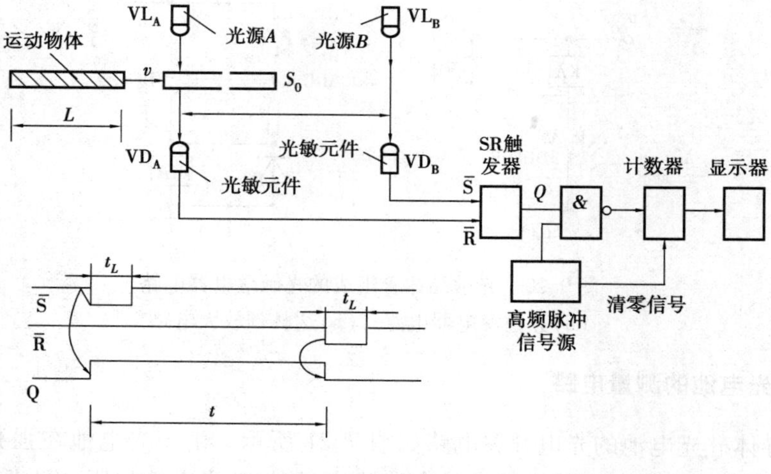

图9.22　光电测速计原理

2)光电式转速仪

光电式转速传感器分为反射式和直射式两种。反射式转速传感器的工作原理如图 9.23(a)所示。用金属箔或荧光纸在被测转轴上,贴出一圈黑白相间的反射条纹,光源发射的光线经透镜、半透膜和聚焦透镜投射在转轴反射面上,反射光经聚焦透镜会聚后,照射在光电元件上产生光电流。该轴旋转时,黑白相间的反射面造成反射光强弱变化,形成频率与转速及黑白间隔数有关的光脉冲,使光电元件产生相应的电脉冲。当黑白间隔数一定时,电脉冲的频率便与转速成正比。此电脉冲经测量电路处理后,就可得到轴的转速。

直射型光电转速计的工作原理如图 9.23(b)所示。转轴上装有带孔圆盘,圆盘的一边设置光源,另一边设置光电元件。圆盘随轴转动,当光线通过小孔时,光电元件产生一个电脉冲,转轴连续转动,光电元件就输出一系列与转速及圆盘上孔数成正比的电脉冲数。在孔数一定时,脉冲数就和转速成正比。电脉冲输入测量电路后被放大和整形,再送入频率计显示,也可专门设计一个计数器进行计数和显示。

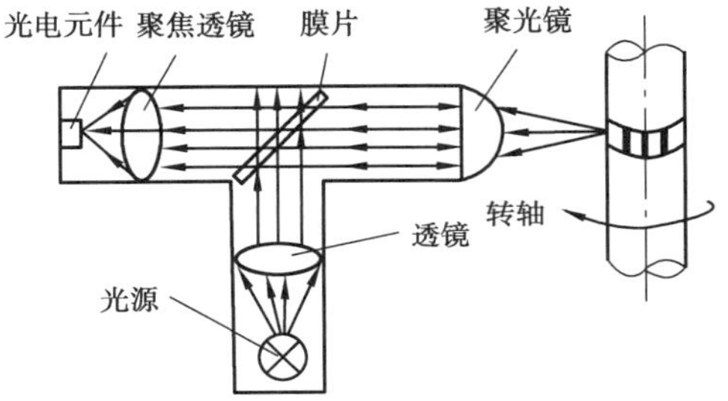

(a)

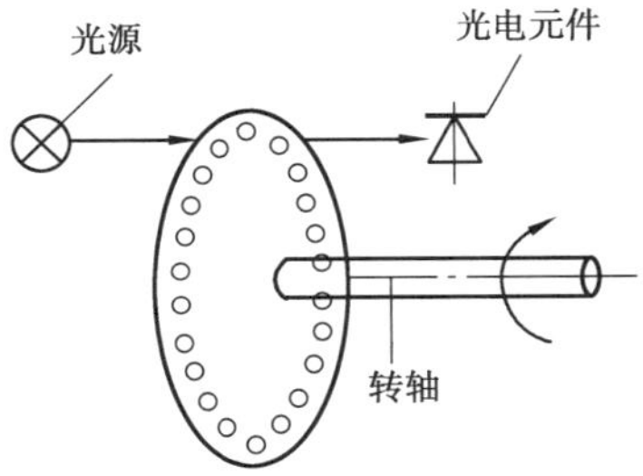

(b)

图 9.23　光电式转速计
(a)反射式　(b)直射式

9.7.2　光电开关

光电开关是用来检测物体的靠近、通过等状态的光电式传感器。它把发射端和接收端之间光的强弱变化转化为开关信号的变化以达到探测的目的。由于光电开关输出回路和输入回路是电隔离的(即电绝缘),所以它可以应用于许多场合。

1)对射式光电开关

它包含了在结构上相互分离且光轴相对放置的发射器和接收器,发射器发出的光线直接进入接收器,当被检测物体经过发射器和接收器之间且阻断光线时,光电开关就会产生开关信号。当检测物体为不透明时,对射式光电开关是最可靠的检测装置,如图 9.24(a)所示。

2)镜反射式光电开关

它亦集发射器与接收器于一体,光电开关发射器发出的光线经过反射镜反射回接收器,当被检测物体经过且完全阻断光线时,光电开关就会产生检测开关信号,如图 9.24(b)所示。

3)漫反射式光电开关

当有被检测物体经过时,物体将光电开关发射器发射的足够量的光线反射到接收器,于是光电开关就会产生开关信号,如图 9.24(c)所示。当被检测物体的表面光亮或其反光率极高时,漫反射式的光电开关是首选的检测模式。

4)**槽式光电开关(又称光电断续器)**

它通常采用标准的U字形结构,其发射器和接收器分别位于U形槽的两边,并形成一光轴,当被检测物体经过U形槽且阻断光轴时,光电开关就会产生开关量信号。槽式光电开关比较适合检测高速运动的物体,并能分辨透明与半透明的物体,其使用安全可靠,如图9.24(d)所示。

5)**光纤式光电开关**

它采用塑料或玻璃光纤传感器来引导光线,可以对距离远的被检测物体进行检测。通常光纤传感器分为对射式和漫反射式,如图9.24(e)所示。

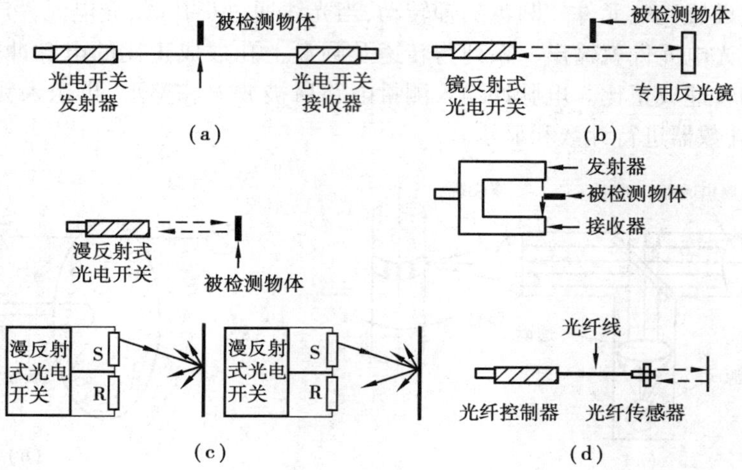

图9.24 各种光电开关工作示意图
(a)对射式 (b)镜反射式 (c)漫反射式 (d)光纤式

9.8 光电式传感器在汽车上的应用

9.8.1 光电式(曲轴角度)转速传感器

光电式(曲轴角度)转速传感器结构如图9.25所示,通常装在分电器内。在这种传感器上设有与分电器同轴旋转的圆盘,圆盘上开有用于检测发动机各汽缸内活塞位置的检测窗,每个发动机汽缸有一个检测窗。在圆盘的周围还设有检测曲轴角度的检测窗,即1°信号检测窗。在圆盘两侧分别设置光源和光电元件。圆盘随轴转动,当光线通过小孔时,光电元件产生一个电脉冲,转轴连续转动,光电元件输出一系列与转速及圆盘上孔数成正比的电脉冲数。在孔数一定时,脉冲数和转速成正比,电脉冲输入发动机控制单元。

发动机控制单元根据光电式转速传感器提供的各汽缸位置信号和1°信号判别需要点火的汽缸,并根据控制单元计算出的点火提前角进行精确控制。

9.8.2 日照传感器

汽车上的日照传感器用于空调系统,其作用是检测日照量以调整空调的出风温度及风量。

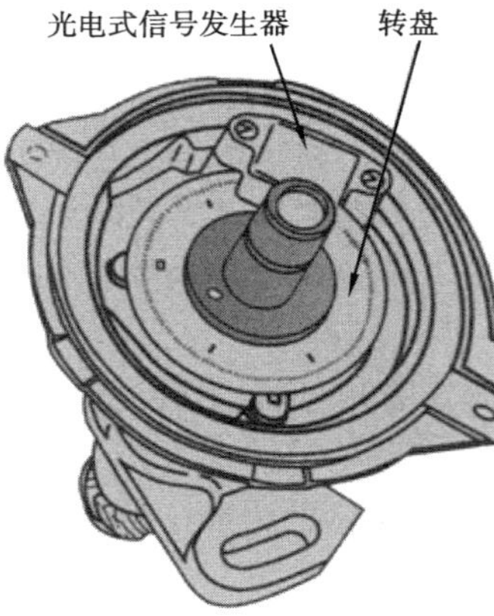

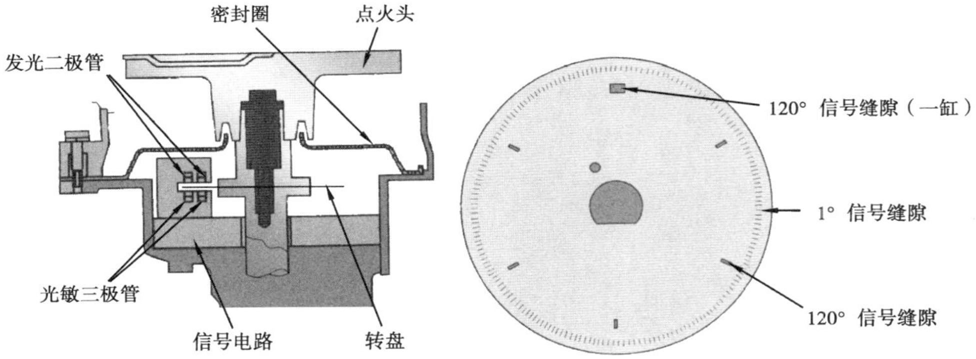

图 9.25　光电式(曲轴角度)转速传感器

日照传感器如图 9.26 所示,安装在容易检测到日照变化的仪表板上侧。其工作原理是利用光敏二极管来检测日照的变化情况。光敏二极管对日照变化反应灵敏,而自身不受温度影响,它把日照变化转换成电流,根据电流的大小可以知道准确的日照量。日照传感器的特性如图 9.27 所示。日照传感器用于自动空调控制系统中,因为该传感器不受周围环境温度干扰,所以可以利用它准确地检测出日照对温度的影响,并将此信息送入空调控制单元中,以便控制单元根据日照的变化修正车内温度和空调出风口风量。

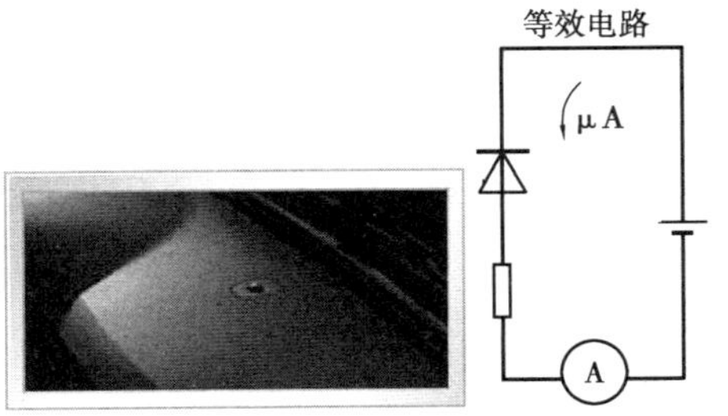

图 9.26　日照传感器的结构

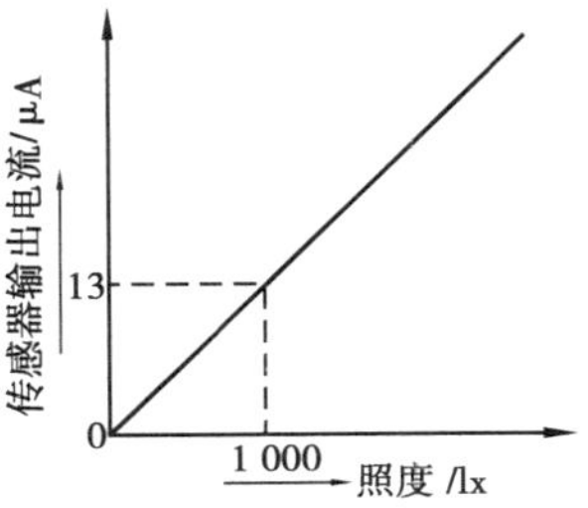

图 9.27　日照传感器的特性

复习思考题

1. 光电效应有哪几种？分别对应什么光电元件？

2. 试比较光敏电阻、光电池、光敏二极管和光敏晶体管的性能差异，并简述在不同场合下应选用哪种元件最为合适？

3. 光电式传感器由哪些部分组成？被测量可以影响光电式传感器的哪些部分？

4. 简述光电倍增管的工作原理？

5. 根据硅光电池的光电特性，在 4 000 lx 的光照下要得到 2 V 的输出电压，需要几片光电池？如何连接？

第 10 章 热电式传感器

热电式传感器是一种将温度变化转换为电量的装置。它是利用某些材料或元件的性能随温度变化的特性来进行测量的。它将温度变化转换为电阻、热电动势、热膨胀、导磁率等的变化，再通过适当的测量电路达到检测温度的目的。热电式传感器种类很多，主要有热电阻和热电偶两种。一般来讲，热电阻用于检测中、低温（500 ℃以下），而热电偶用于检测高温（500 ℃以上）。由于热电式传感器具有结构简单、使用方便、测量精度高等优点，因此，广泛应用于工业生产、家用电器、海洋气象、防灾报警、医疗仪器等领域。

10.1 热电阻

按制造材料来分，一般把由金属导体铂、铜、镍等制成的测温元件称为金属热电阻传感器，简称热电阻传感器；把由半导体材料制成的测温元件称为热敏电阻。

10.1.1 金属热电阻传感器

金属热电阻传感器，是利用金属导体的电阻值随温度变化而变化的原理进行测温的。最基本的热电阻传感器由热电阻、连接导线及显示仪表组成，如图 10.1 所示。热电阻广泛用来测量 −220 ~ 850 ℃范围内的温度，少数情况下，低温可测量至 −272 ℃，高温可测量至 1 000 ℃。金属热电阻常用的材料是铂和铜。

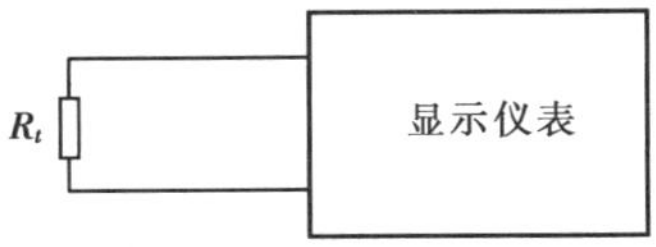

图 10.1 金属热电阻传感器测量示意图

1）铂热电阻

铂易于提纯、复制性好，在氧化性介质中，甚至高温下，其物理化学性质极其稳定，因此主要用于高精度温度测量和标准测量装置，其测量范围为 −220 ~ 850 ℃。下面介绍铂电阻的电阻-温度特性方程。

在 −200 ℃ ~ 0 ℃的温度范围内为

$$R_t = R_0[1 + At + Bt^2 + Ct^3(t - 100)] \qquad (10.1)$$

在 0 ~ 850 ℃的温度范围内为

$$R_t = R_0[1 + At + Bt^2] \tag{10.2}$$

式中：R_t——温度为 t ℃时的铂电阻值；

R_0——温度为 0 ℃时的铂电阻值；

A,B,C 为常数，其中 $A = 3.968\ 4\times10^{-3}/℃$，$B = -5.847\times10^{-7}/℃^2$，$C = -4.22\times10^{-12}/℃^4$。

由式(10.1)和(10.2)可知，在 $t = 0$ ℃时的铂电阻值为 R_0。我国工业铂热电阻有 $R_0 = 10\ \Omega$，$R_0 = 50\ \Omega$，$R_0 = 100\ \Omega$ 等几种，它们的分度号分别为 P_t10，P_t50，P_t100，其中 P_t100 最常用。铂热电阻不同分度号对应有相应分度表，即 R_t-t 的关系表。在实际测量中，只要测得热电阻的阻值，即可从分度表上查出对应的温度表。用百分度电阻比 $W(100) = R_{100}/R_0$ 表示铂丝的纯度(R_{100}表示 100 ℃时的电阻值)，比值越大，纯度越高，测量越精确。

2)铜热电阻

由于铂是贵金属，价格偏高，因此在测量精度要求不高，测温范围在 −50 ~ 150 ℃时普遍采用铜电阻。铜电阻的电阻温度特性方程为：

$$R_t = R_0(1 + a_1t + a_2t + a_3t) \tag{10.3}$$

式中：R_t——温度为 t ℃时的铜电阻值；

R_0——是温度为 0 ℃时铜电阻值；

a_1——是常数，$a_1 = 4.28\times10^{-3}℃^{-1}$。

由于 a_2，a_3 比 a_1 小的多，所以可以简化为 $R_t \approx R_0(1 + a_1t)$。

铜电阻的 R_0 常取 100 Ω，50 Ω 两种，分度号为 Cu100，Cu50。

铜易于提纯，价格低廉，电阻-温度特性的线性较好，但电阻率仅为铂的几分之一。铜电阻所用阻丝细且长，机械强度较差，热惯性较大，在温度高于 100 ℃以上或在腐蚀性介质中使用时，易氧化，稳定性较差。因此，铜电阻只能用于低温及无腐蚀性的介质中。

3)热电阻传感器的结构

工业用热电阻的结构如图 10.2 所示，它由电阻体、绝缘管、保护套管、引线和接线盒等组成。

电阻体由电阻丝和电阻支架组成。由于铂的电阻率大，而且相对机械强度较大，通常铂丝直径在 0.03 ~ (0.07 ± 0.005) mm 之间，可单层绕制，电阻体可做得很小，如图 10.3 所示。铜的机械强度较低，电阻丝的直径较大，一般为(0.1 ± 0.005) mm 的漆包铜线或丝包线分层绕在骨架上，并涂上绝缘漆而成。由于铜电阻测量的温度低，一般多用双绕法，即先将铜丝对折，两根丝平行绕制，两个端头处于支架的同一端，工作电流从一根热电阻丝进入，从另一根丝反向出来，形成两个电流方向相反的线圈，其磁场方向也相反，产生的电感就互相抵消，故又称无感绕法，这种双绕法也有利于引线的引出。

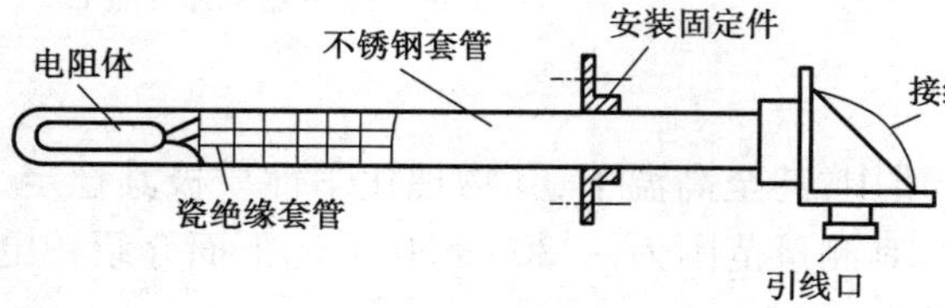

图 10.2 热电阻的结构

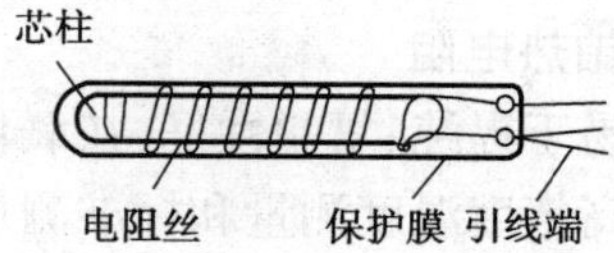

图 10.3 热电阻的绕制

4）**热电阻传感器的测量电路**

热电阻传感器的测量电路常用电桥电路，外界引线较长时，引线电阻的变化会使测量结果有较大误差，为减小误差，可采用三线制电桥连接法测量电路或四线制恒流源测量电路。

（1）两线制电桥测量电路

两线制电桥测量电路，如图 10.4 所示。由于仅用两根引线连接在热电阻两端，导线本身的阻值与热电阻的阻值串接在一起，造成测量误差。在图 10.4 中，如果每根导线的阻值是 r，电桥平衡时，

$$(R_t + 2r)R_2 = R_1 R_3 \tag{10.4}$$

当采用等臂电桥时，

$$R_1 = R_2$$

所以

$$R_t + 2r = R_3$$

测量结果中必然含有绝对误差 $2r$。这种误差很难修正，因为 r 的值是随沿途环境温度而变化的，环境温度并非处处相同，且又变化莫测。这就注定了两线制连接方式不宜在工业热电阻上普遍使用。

（2）三线制电桥测量电路

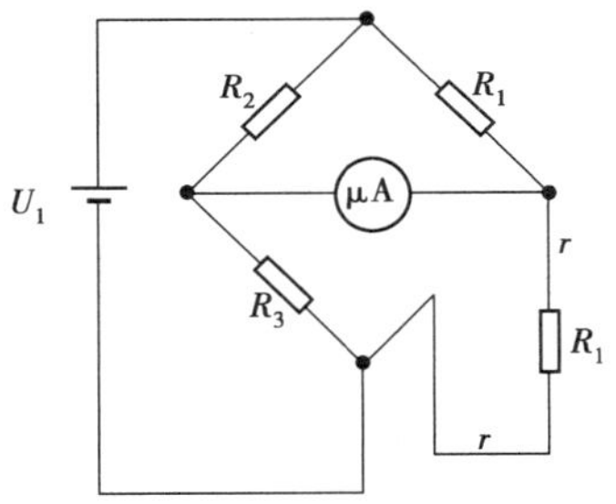

图 10.4　两线制测量

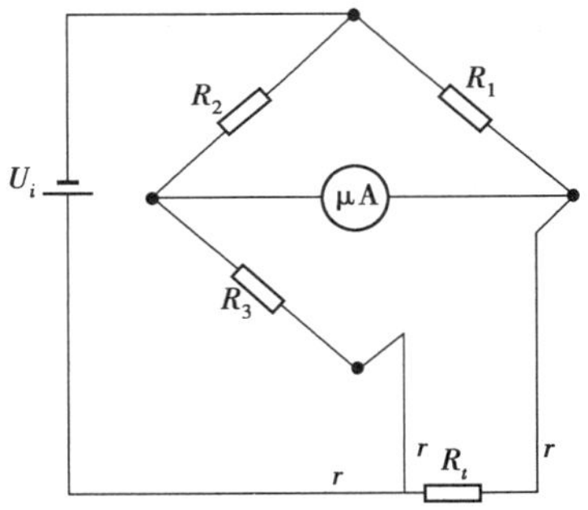

图 10.5　三线制电桥测量电路

为了避免或减少引线电阻对测温的影响，常采用三线制电桥测量电路，如图 10.5 所示。热电阻的一端与一根引线相连，另一端同时接两根引线。热电阻的 3 根导线粗细相同，长度相等，假设阻值均为 r。其中一根串接在电桥电源上，对电桥的平衡毫无影响。另外两根分别串接在电桥的相邻桥臂上，使相邻桥臂的阻值都增加 r。电桥平衡时，

$$(R_t + r)R_2 = R_1(R_3 + r) \tag{10.5}$$

当采用等臂电桥时，

$$R_1 = R_2$$

所以

$$R_t = R_3$$

式(10.5)两边的 r 相互抵消，导线电阻 r 对测量毫无影响。

（3）四线制恒流源测量电路

四线制恒流源测量电路为四线制恒流源测量电路，如图 10.6 所示。由恒流源提供的电流

I 流过热电阻 R_t,在 R_t 上产生压降 U,用电位差计直接测出压降 U,便可用欧姆定律求出 R_t。

该电路供给电流和测量电压分别使用热电阻上的4根导线。虽然每根导线上都有电阻 r,但电流导线上形成的压降不在测量范围内,电压导线上虽有电阻,但无电流流过,所以4根导线的电阻 r 对测量都没影响。但要注意由于电流流过导体时导体存在发热现象,所以供电电流不宜过大,一般在0.6 mA以下。精确测量时,通电电流为0.25 mA。

值得注意的是,无论三线制或四线制测量电路,都必须从热电阻感温体的根部引出导线,而不能从热电阻的接线端子上分出,如图10.7所示,否则同样会存在引线误差。

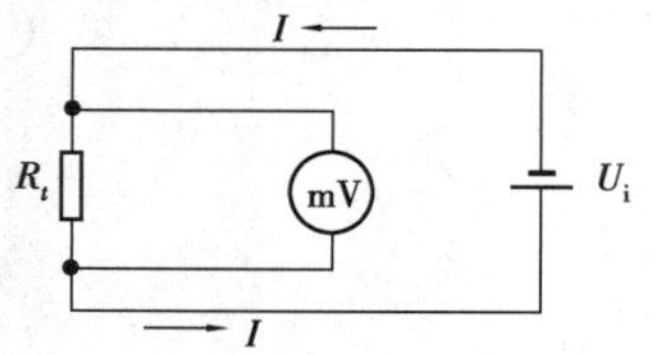

图10.6　四线制恒流源测量电路

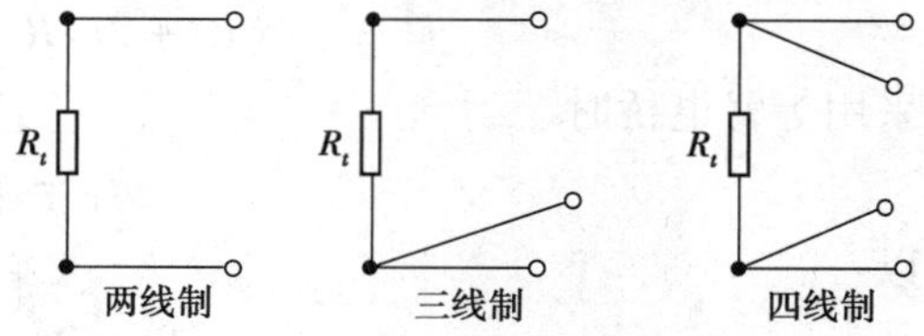

图10.7　热电阻引线方式

10.1.2　半导体热敏电阻

半导体热敏电阻简称热敏电阻,是一种新型的半导体测温元件,热敏电阻是利用某些金属氧化物或单晶锗、硅等材料,按特定工艺制成的感温元件。热敏电阻可分为三种类型,即正温度系数(PTC)热敏电阻(电阻的变化趋势与温度的变化趋势相同)和负温度系数(NTC)热敏电阻(电阻的变化趋势与温度的变化趋势相反),以及在某一特定温度下电阻值会发生突变的临界温度电阻器(CTR)。

1)热敏电阻的(R_t-t)特性

图10.8列出了不同种类热敏电阻的(R_t-t)特性曲线。曲线1和曲线2为负温度系数(NTC型)曲线,曲线3和曲线4为正温度系数(PTC型)曲线。由图中可以看出1、3特性曲线的热敏电阻,更适用于温度的测量,而符合2、4特性曲线的热敏电阻因特性曲线变化陡峭则更适用于组成控制开关电路。与金属热电阻相比热敏电阻的特点是:

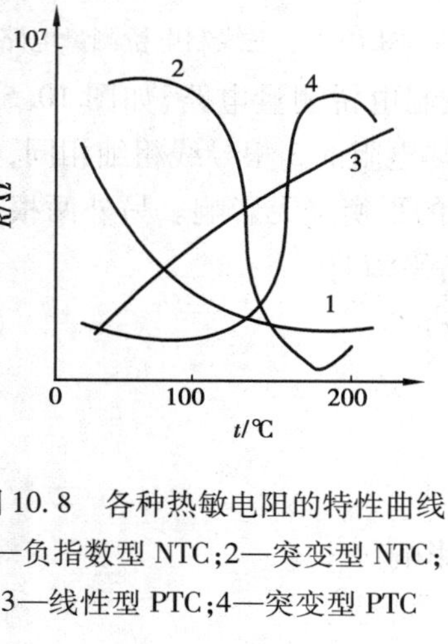

图10.8　各种热敏电阻的特性曲线
1—负指数型NTC;2—突变型NTC;
3—线性型PTC;4—突变型PTC

(1)电阻温度系数大,灵敏度高,约为金属电阻的10倍;

(2)结构简单,体积小,可测点温;

(3)电阻率高,热惯性小,适用于动态测量;

(4)易于维护和进行远距离控制;

(5)制造简单、使用寿命长;

(6)互换性差,非线性严重。

2)热敏电阻的结构

根据使用要求可将热敏电阻的封装加工成多种形状的探头,如图10.9所示。

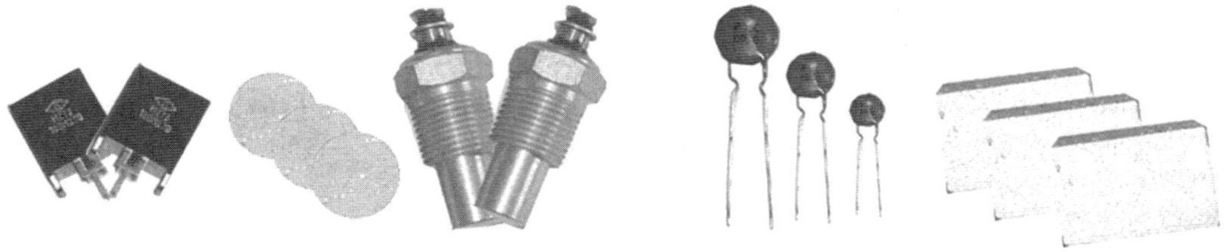

图 10.9 热敏电阻的结构图

10.2 热电偶温度传感器

热电偶是工程上应用最广泛的温度传感器。其结构简单、使用方便、测温点小、准确度高、热惯性小、响应速度快、便于维修、复现性好,且测温范围广,一般为 -270 ~ +2 800 ℃;还具有可直接输出电信号,不需要转换电路,适于远距离测量、自动记录、集中控制等优点。因而在温度测量中占有很重要的地位。缺点是存在冷端温度补偿问题。

10.2.1 热电效应

两种不同材料的导体 A 和 B 组成一个闭合回路,如图 10.10 所示。若两接点的温度不同,则在该回路中将会产生电动势,两个接点的温差越大,所产生的电动势也越大。组成回路的导体材料不同,所产生的电动势也不同,这种现象称为热电效应。两种导体所组成的闭合回路称为热电偶;热电偶所产生的电动势称为热电势;组成热电偶的材料 A 和 B 称为热电极;两个接点中温度高的一端称为热端或测量端(工作端),另一端则称为冷端或参考端(自由端)。热电偶是基于热电效应的原理来测量温度的。

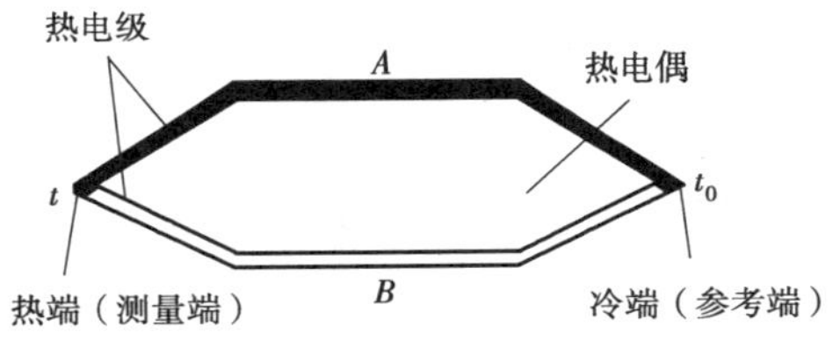

图 10.10 热电偶测温原理图

10.2.2 热电势的组成

热电势是由两种导体的接触电势和单一导体的温差电势组成。

1)两种导体的接触电势

接触电势是由于两种不同导体的自由电子的浓度不同而在接触面形成的电势。假设两种金属 A,B 的自由电子浓度分别为 N_A 和 N_B,且 $N_A > N_B$。当两种金属相接时,将产生自由电子的扩散现象。在同一瞬间,由 A 扩散到 B 中去的电子比由 B 扩散到 A 中去的多,从而使金属 A 失去电子带正电;金属 B 得到电子带负电,在接触面形成电场。此电场阻止电子进一步扩散,当达到动态平衡时,在接触面的两侧就形成了稳定的电位差,即接触电势 E,如图 10.11 所示。接触电势的数值取决于两种导体的性质和接触点的温度,而与导体的形状及尺寸无关。温度越高,接触电势也越大。接触电势的方向由两导体的材料决定。

2）单一导体的温差电势

对于单一导体，如果两端温度分别为 t, t_0，则导体中的自由电子，在高温端具有较大的动能，因而向低温端扩散，高温端因失去电子带正电，低温端获得电子带负电，即在导体两端产生了电势，这个电势称为单一导体的温差电势，如图 10.12 所示。

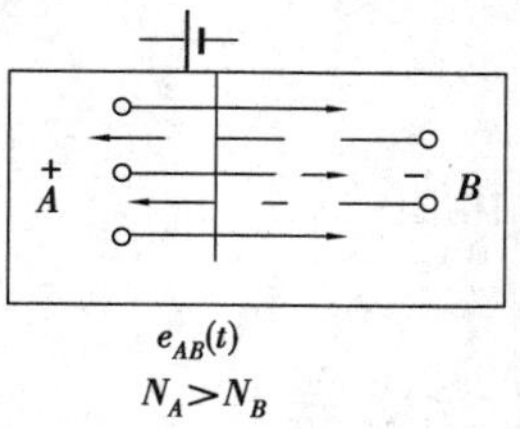

图 10.11　两种导体的接触电势

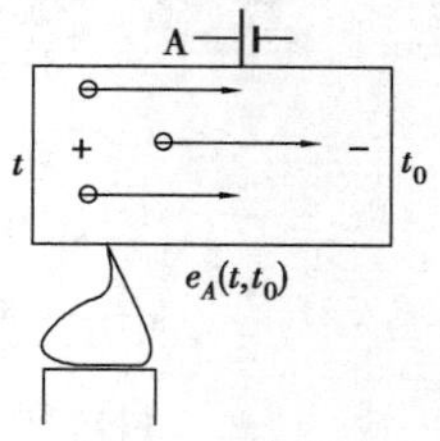

图 10.12　单一导体的温差电动势

由图 10.13 可知，热电偶回路中产生的总热电势为

$$E_{AB}(t,t_0) = e_{AB}(t) + e_B(t,t_0) - e_{AB}(t_0) - e_A(t,t_0) \tag{10.6}$$

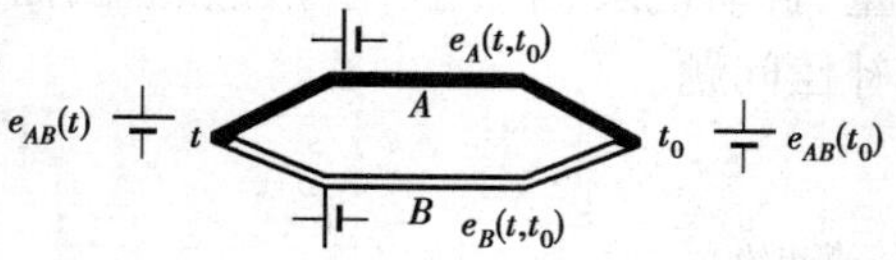

图 10.13　热电偶回路总热电势

式中：$E_{AB}(t,t_0)$——热电偶电路的总热电势；

$e_{AB}(t)$——热端接触电势；

$e_B(t,t_0)$——B 导体的温差电势；

$e_{AB}(t_0)$——冷端接触电势；

$e_A(t,t_0)$——A 导体的温差电势。

在总热电势中，温差电势比接触电势小很多，可忽略不计，则热电偶的热电势可表示为

$$E_{AB}(t,t_0) = e_{AB}(t) - e_{AB}(t_0) \tag{10.7}$$

对于已选定的热电偶，当参考端温度 t_0 恒定时，$e_{AB}(t_0) = C$ 为常数，则总的热电势就只与温度 t 成单数值函数关系，即

$$E_{AB}(t,t_0) = e_{AB}(t) - C = f(t) \tag{10.8}$$

实际应用中，热电势与温度之间的关系是通过热电偶分度表来确定的。分度表是参考端温度为 0 ℃时，通过实验建立起来的热电势与工作端温度之间的数值对应关系。

10.2.3　热电偶的基本定律

1）中间导体定律

在热电偶电路中接入第三种导体，只要保持该导体两接入点的温度相等，回路中总的热电势不变，即第三种导体的引入对热电偶回路的总热电势没有影响。如图 10.14 所示。

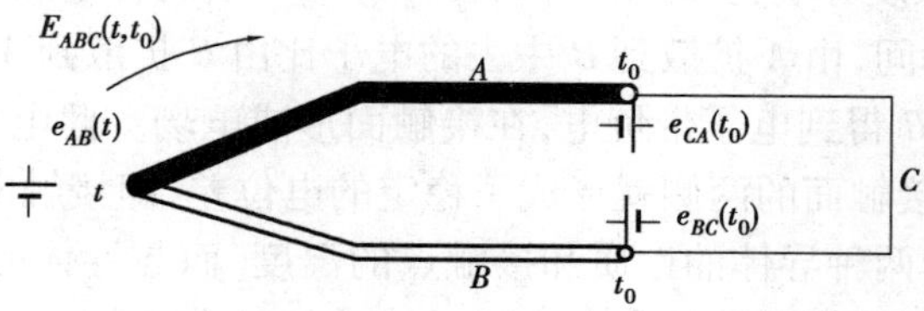

图 10.14　中间导体定律

由图 10.14 可得回路总热电势为

$$E_{ABC}(t,t_0) = e_{AB}(t) + e_{BC}(t_0) + e_{CA}(t_0) \tag{10.9}$$

当 $t=t_0$ 时，

$$\begin{aligned} E_{ABC}(t_0,t_0) &= e_{AB}(t_0) + e_{BC}(t_0) + e_{CA}(t_0) \\ &= 0 - e_{AB}(t_0) = e_{BC}(t_0) + e_{CA}(t_0) \end{aligned}$$

所以

$$E_{ABC}(t,t_0) = e_{AB}(t) + e_{BC}(t_0) + e_{CA}(t_0) = e_{AB}(t) - e_{AB}(t_0) \tag{10.10}$$

同理，在热电偶回路中接入第四、第五……种导体，只要保证接入的每种导体两端的温度相同，同样不影响热电偶回路中总的热电动势大小。

根据中间导体定律，可采取任何方式焊接导线，即将热电势通过导线接至测量仪表进行测量，且不影响测量精度，如图 10.15 所示。

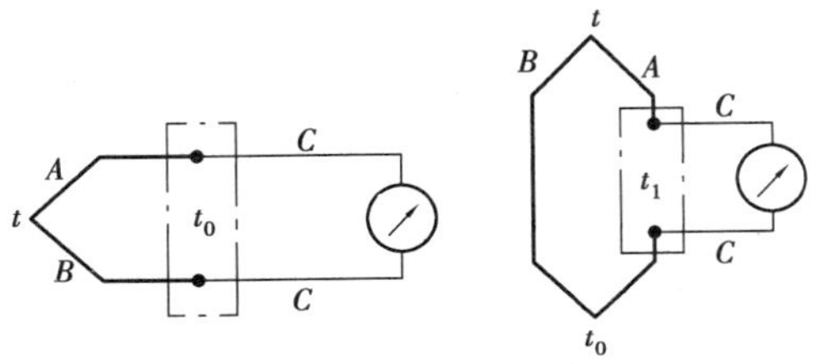

图 10.15　连接仪表的热电偶测量回路

可采用开路热电偶对液，态金属和金属壁面进行温度测量，只要保证两热电极插入地方的温度相同即可。如图 10.16 所示。

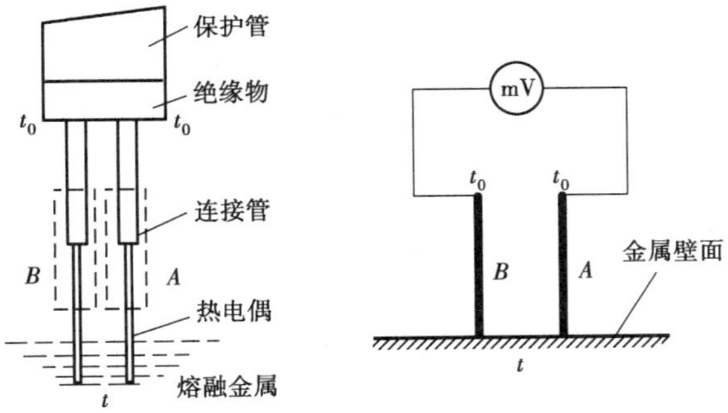

图 10.16　开路热电偶测温

2) **中间温度定律**

在热电偶测量电路中，测量端温度为 t，自由端温度为 t_0，中间温度为 t'，如图 10.17 所示。则 $E(t,t_0)$ 的热电势等于 $E(t,t')$ 与 $E(t',t_0)$ 的热电势代数和。即

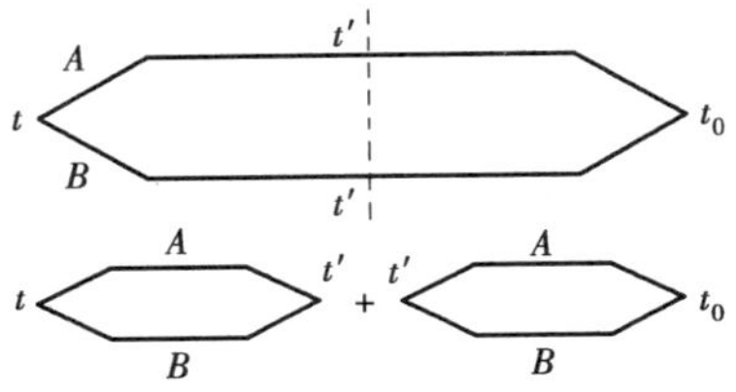

图 10.17　开路热电偶测温

$$E_{AB}(t,t_0) = E_{AB}(t,t') + E_{AB}(t',t_0) \tag{10.11}$$

$$E_{AB}(t,t') = e_{AB}(t) - e_{AB}(t')$$
$$E_{AB}(t',t_0) = e_{AB}(t') - e_{AB}(t_0)$$

两式相加得

$$E_{AB}(t,t') + E_{AB}(t',t_0) = e_{AB}(t) - e_{AB}(t_0) = E_{AB}(t,t_0) \tag{10.12}$$

利用中间温度定律,可对参考端温度不为 0 ℃的热电势进行修正。另外,可以选用廉价的热电偶 A',B'代替 t'到 t_0 段的热电偶 A,B,只要在(t',t_0)温度范围内,A',B'与 A,B 热电偶具有相近的热电势特性,便可将热电偶冷端延长到温度恒定的地方再进行测量,使测量距离加长,还可以降低测量成本,而且不受原热电偶自由端温度 t'的影响。这就是在实际测量中,对冷端温度进行修正,运用补偿导线延长测温距离,消除热电偶自由端温度变化影响的道理。

热电势只取决于冷、热接点的温度,而与热电极上的温度分布无关。

3)参考电极定律

如图 10.18 所示,已知热电极 A、B 与参考电极 C 组成的热电偶在接点温度为(t,t_0)时的热电势分别为 $E_{AC}(t,t_0)$,$E_{BC}(t,t_0)$,则相同温度下,由 A,B 两种热电极配对后的热电势 $E_{AB}(t,t_0)$可按式(10.12)计算为

$$E_{AB}(t,t_0) = E_{AC}(t,t_0) - E_{BC}(t,t_0) \tag{10.13}$$

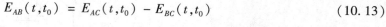

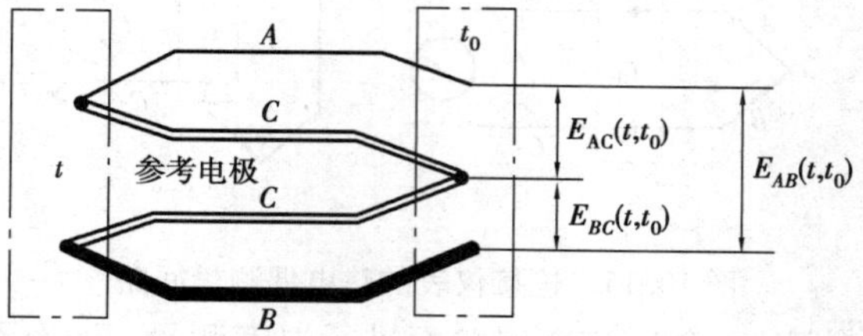

图 10.18 参考电极定律

参考电极定律大大简化了热电偶选配电极的工作,只要获得有关电极与参考电极配对的热电势,那么任何两种电极配对后的热电势均可利用该定律计算,而不需要逐个进行测定。由于纯铂丝的物理化学性能稳定,熔点较高,易提纯,所以目前常用纯铂丝作为标准电极。

例 当 t 为 100 ℃,t_0 为 0 ℃时,铬合金-铂热电偶的 E(100 ℃,0 ℃)=3.13 mV,铝合金-铂热电偶的 E(100 ℃,0 ℃)= −1.02 mV,求铬合金-铝合金组成热电偶的热电势 E(100 ℃,0 ℃)。

解:设铬合金为 A,铝合金为 B,铂为 C

即

$$E_{AC}(100,0) = 3.13 \text{ mV}$$

$$E_{BC}(100,0) = -1.02 \text{ mV}$$

则

$$\begin{aligned} E_{AB}(100,0) &= E_{AC}(100,0) - E_{BC}(100,0) \\ &= 3.13 \text{ mV} - (-1.02 \text{ mV}) \\ &= 4.15 \text{ mV} \end{aligned}$$

综上所述,热电偶具有以下性质:

(1)当两热电极材料相同时,不论接点温度相同与否,回路总热电势均为零。

(2)当热电偶两个接点的温度相同时,不论电极材料相同与否,回路总热电势均为零。

(3)只有当电极材料不同,两接点温度不同时,热电偶回路才有热电势。当电极材料选定后,两接点的温差越大,热电势也越大。

(4)回路中热电势的方向取决于热端的接触电势方向或回路电流流过冷端的方向。

10.2.4　热电偶材料及常用热电偶

根据热电偶的测量原理，理论上任何两种不同材料的导体都可以作为热电极组成热电偶，但实际应用中，为了准确可靠地进行温度测量，必须对热电偶组成的材料严格选择。组成热电偶的材料要满足以下条件：

(1) 在测量温度范围内，热电性能稳定，不随时间和被测介质变化，物理化学性能稳定，能耐高温，在高温下不易氧化或腐蚀等；

(2) 导电率高，电阻温度系数小；

(3) 热电势随温度的变化率大，该变化率最好是常数；

(4) 组成热电偶的两电极材料应具有相近的熔点和特性稳定的温度范围；

(5) 材料的机械强度高，来源充足，复制工艺简单，价格便宜。

目前工业上常用的 4 种标准化的热电偶材料为：铂铑$_{30}$—铂铑$_{6}$（分度号为 B 型），测温范围 0 ~ 1 800 ℃；铂铑$_{10}$—铂（分度号为 S 型），测温范围 0 ~ 1 600 ℃；镍铬—镍硅（分度号为 K 型），测温范围 −200 ~ 1 300 ℃；镍铬—铜镍（分度号为 E 型），测温范围 −200 ~ 900 ℃。组成热电偶的两种材料写在前面的为正极，后面为负极。查热电偶分度表时，一定要对应相应的材料。

10.2.5　热电偶传感器结构

为了适应不同生产对象的测温要求和条件，热电偶的结构形式有普通型热电偶、铠装热电偶和薄膜热电偶等。

1) 普通型热电偶

工业测量上应用最多的普通型热电偶，一般由热电极、绝缘套管、保护套管和接线盒组成，如图 10.19 所示。普通型热电偶根据安装连接形式可分为固定螺纹连接、固定法兰连接、活动法兰连接和无固定装置等形式。

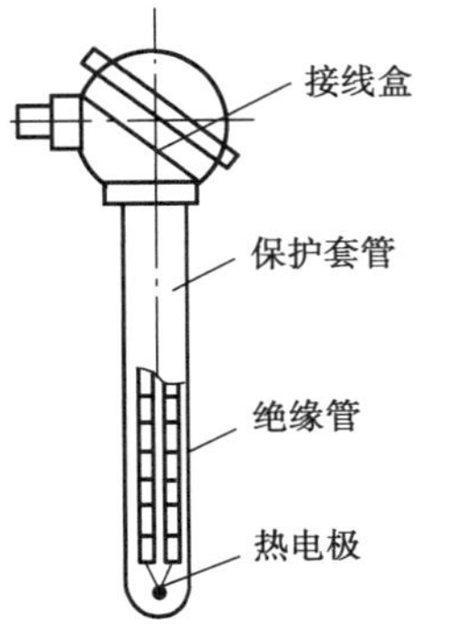

图 10.19　普通型热电偶

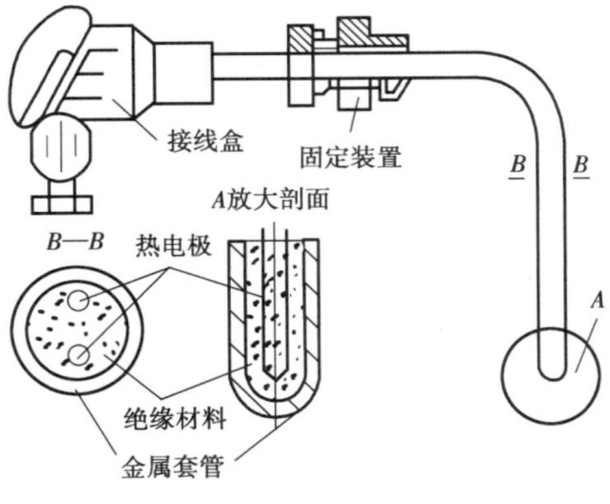

图 10.20　铠装热电偶

2) 铠装热电偶

铠装热电偶也称缆式热电偶，如图 10.20 所示，它将热电偶丝与电熔氧化镁绝缘物熔铸在一起，外套不锈钢管等。这种热电偶耐高压、反应时间短、坚固耐用。

3) 薄膜热电偶

薄膜热电偶用真空镀膜技术等方法，将热电偶材料沉积在绝缘片表面而构成的热电偶，如

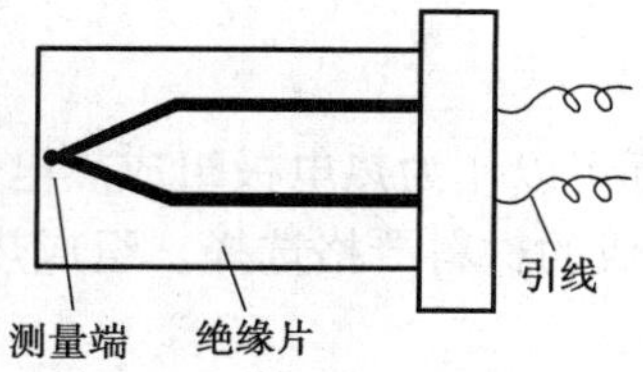

图 10.21　薄膜热电偶

图 10.21 所示。当测量范围为 -200 ~ 500 ℃时,热电极材料多采用铜-康铜、镍铬-铜、镍铬-镍硅等,用云母作绝缘基片,主要适用于各种表面温度的测量。测量范围为 500 ~ 1 800 ℃时,热电极材料多用镍铬-镍硅、铂铑-铂等,用陶瓷做基片。

10.2.6　热电偶冷端温度补偿

由于热电偶的分度表是在冷端温度为 0 ℃时测得的,如果冷端温度不为零,测得的热电势不能直接去查相应的分度表。另外,根据热电偶的测温原理,热电偶回路的热电势只与冷端和热端的温度有关,当冷端温度保持不变时,热电势才与测量端温度成单值对应关系。但在实际测量时,冷端温度常随环境温度变化而变化,t_0 不能保持恒定,因而会产生测量误差。为了消除或补偿冷端温度的影响,常采用以下几种方法。

1)0 ℃冷端恒温法

将热电偶的冷端置于 0 ℃的恒温器内,保持 t_0 为 0 ℃。此时,测得的热电势可以准确地反映热端温度变化的大小,直接查对应的热电偶分度表即可得知热端温度的大小。此方法测量准确,但有局限性,一般适宜于实验室测量。

2)冷端恒温法

将冷端置于其他恒温器内,使之保持温度恒定,避免由于环境温度的波动而引入误差。利用中间温度定律即可求出测量端相对于 0 ℃的热电势。

$$E_{AB}(t,0) = E_{AB}(t,t_0) + E_{AB}(t_0,0) \tag{10.14}$$

此方法在热电偶与动圈式仪表配套使用时特别实用。可以利用仪表的机械调零点将零位调到与冷端温度相同的刻度上,也相当于先给仪表输入一个热电势 $E_{AB}(t_0,0)$,在仪表使用时所指示的值即为对应的温度值,也即实际测量的温度的大小为 $E_{AB}(t,t_0) + E_{AB}(t_0,0)$。

3)补偿导线法(延引电极法)

实际测温时,由于热电偶的长度有限,冷端温度将直接受到被测介质温度和周围环境的影响。例如,热电偶安装在电炉壁上,电炉周围的空气温度的不稳定会影响到接线盒中的冷端的温度,造成测量误差。为了使冷端不受测量端温度的影响,可将热电偶加长,但同时也增加了测量费用。所以一般采用在一定温度范围内(0 ~ 100 ℃)与热电偶热电特性相近且廉价的材料代替热电偶来延长热电极,这种导线称为补偿导线,这种方法称为补偿导线法。如图 10.22 所示。A',B'为补偿导线,根据补偿导线的定义有

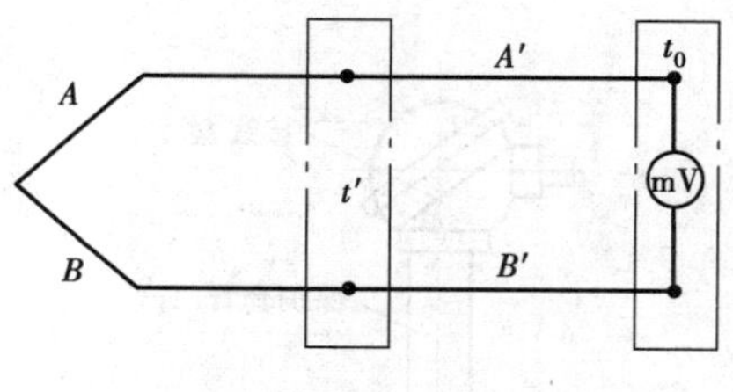

图 10.22　补偿导线法

$$E_{AB}(t',t_0) = E_{A'B'}(t',t_0) \tag{10.15}$$

由式(10.15)可知,补偿导线在温度(t',t_0)范围内与热电偶作用相同,只是将热电偶的冷端温度从 t'延长到 t_0。所以补偿导线仅起延长热电极的作用,本身并不能消除冷端温度变化对测温的影响,不起任何温度补偿作用。但由于补偿导线比热电偶便宜,节约了测量经费。

使用补偿导线必须注意两个问题:①两根补偿导线与热电偶相连的接点温度必须相同;②不同的热电偶要与其型号相应的补偿导线配套使用,且必须在规定的温度范围内使用,极性不能接反。

4）电桥补偿法

电桥补偿法是利用不平衡电桥产生的不平衡电压，来自动补偿热电偶因冷端温度变化而引起的热电势变化。

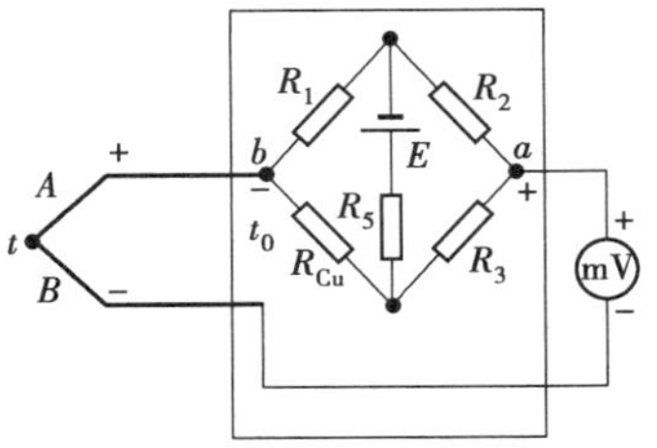

图 10.23　电桥补偿法

如图 10.23 所示，电阻 R_1，R_2，R_3，R_{Cu}组成一个电桥，与热电偶冷端处于同一环境温度下。补偿电桥的桥臂电阻 R_1，R_2，R_3，R_5 的电阻温度系数较小，R_{Cu}电阻的温度系数较大。当 $t_0 = 0$ ℃时，将电桥调至平衡状态，a，b 两点电位相等，电桥对仪表读数无影响；当热电偶冷端温度上升时，热电势值将减小，但电阻 R_{Cu}阻值增加，电桥失去平衡，a—b 间显现的电位差 $U_{ab} > 0$。如果适当选取桥臂电阻，可使 U_{ab}正好等于减小的热电势值，仪表读出的热电势值便不受自由端温度变化的影响，即起到了自动补偿的作用。

$$E_{AB}(t,0) = E_{AB}(t,t_0) + E_{AB}(t_0,0) = E_{AB}(t,t_0) + U_{ab} \tag{10.16}$$

10.2.7　热电偶测温线路

1）测量某一点温度

热电偶测量某一点温度的基本电路，如图 10.24 所示。仪表的读数为

$$E = E_{AB}(t,t_0)$$

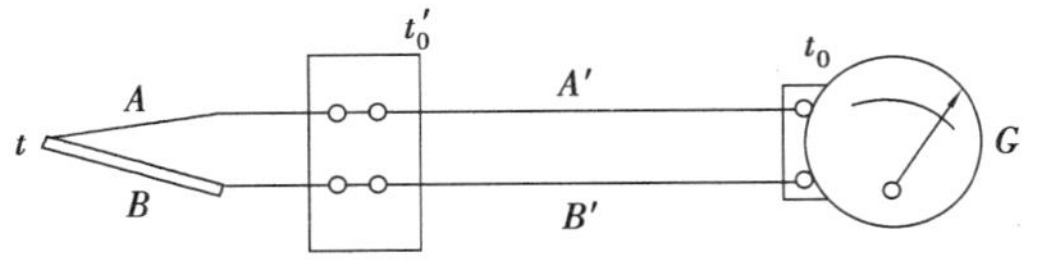

图 10.24　热电偶测某一点温度

2）测量两点间温差的电路

将两只同型号的热电偶反向串联，使其冷端处于同一温度下，即可测量两点温度差，如图 10.25 所示。仪表的读数为

$$E = E_{AB}(t_1,t_0) - E_{AB}(t_2,t_0) = e_{AB}(t_1) - e_{AB}(t_2) \tag{10.17}$$

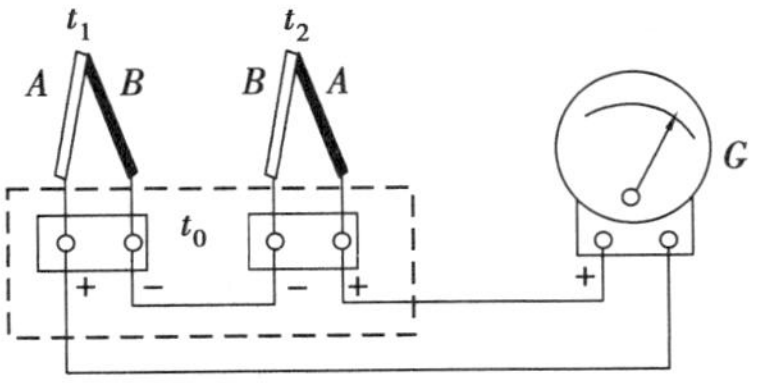

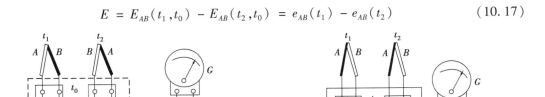

图 10.25　热电偶测量两点温差

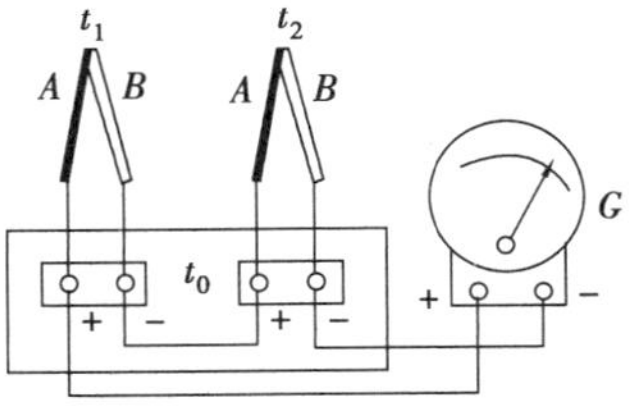

图 10.26　测量两点温度之和

3）测量多点温度之和电路

将几只同型号的热电偶正向串联，使其冷端处于同一温度下，即可测量多点温度之和，如图 10.26 所示。仪表的读数为

$$E = E_{AB}(t_1,t_0) - E_{AB}(t_2,t_0) \quad (10.18)$$

该电路的特点是：输出的热电势较大，提高了测试灵敏度，可以测量微小温度的变化。并且因为热电偶串联，只有一支热电偶烧断，仪表即没有显示，所以可以立即发现故障。

4）测量几点的平均温度

将几只同型号的热电偶并联，且使其冷端处于同一温度下，即可测量几点的平均温度。如图10.27所示。仪表的读数为

$$E = \frac{E_{AB}(t_1,t_0) + E_{AB}(t_2,t_0)}{2} \quad (10.19)$$

图中每一支热电偶分别串接了均衡电阻 R_1，R_2，其作用是在 t_1，t_2 不相等时，在每一支热电偶回路中流过的电流不受热电偶本身内阻不相等的影响，所以 R_1，R_2 的阻值很大。

该电路的缺点是：当某一热电偶烧断时，不能立即察觉出来，因而会造成测量误差。

5）多点温度测量线路

通过波段开关，可以用一台显示仪表分别测量多点温度，如图10.28所示。

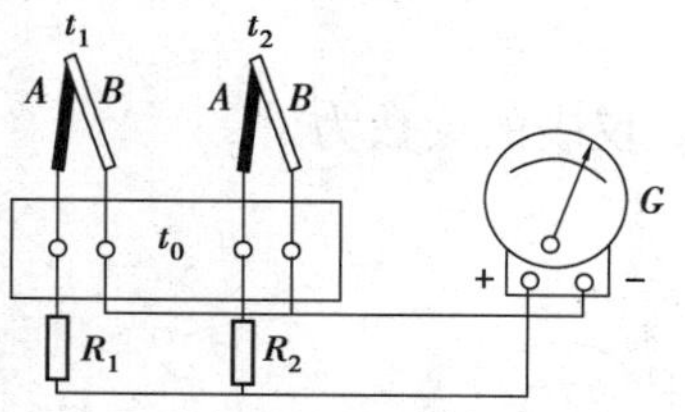

图10.27　测量两点平均温度

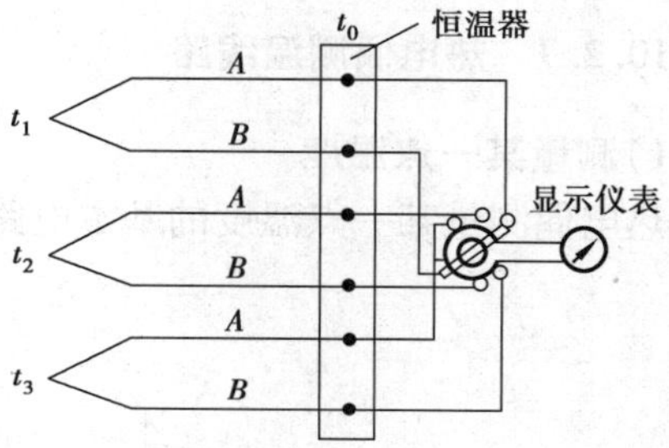

图10.28　一台仪表分别测量多点温度

该种连接方法要求每只热电偶的型号相同，测量范围不能超过仪表的指示量程，热电偶的冷端处于同一温度下。多点测量电路多用于自动巡回检测中，可以节约测量经费。

10.3　PN结温度传感器

近年来随着新材料和新技术不断涌现，已开发出不少新型热电式传感器，如半导体PN结温度传感器、光纤温度传感器、压电型温度传感器、磁热敏传感器等。

10.3.1　PN结温度传感器

PN结温度传感器与热电阻和热敏电阻相比，其最大特点是输出特性为线性关系，而且精度高、易集成化、体积小、使用方便。

PN温度传感器只利用PN结伏安特性与温度之间的线性关系测量温度的。PN结的这种温度效应在一般电路设计时要尽量避免，但利用这一特性可以制成二极管和三极管温度传感器。无论硅还是锗，只要通过PN结的正向电流 I 恒定，则在一定的温度范围内，二极管PN结的正向压降 U 及三极管的基极—发射极电压 U_{be} 与温度成线性关系，灵敏度约为 -2 mV/℃，这就是PN结温度传感器的基本原理。

把晶体管和激励电路、放大电路、恒流及补偿电路等集成在一个芯片上就构成集成温度传感器。用于温度测量时常把基极 b 与集电极 c 短接作为一个电极，与发射结 e 构成 PN 结，如图 10.29 所示。

集成温度传感器按输出信号可分为电流型和电压型两种。电流型的典型产品如 AD590，灵敏度为 1 μA/℃。集成温度传感器的精度一般为 ±0.1 ℃，测温范围为 -50 ~ 150 ℃。

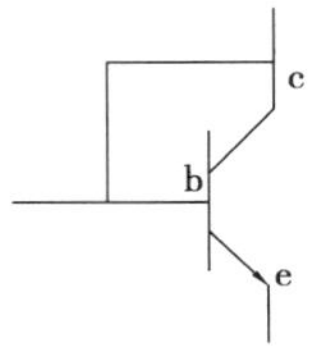

图 10.29　双极型晶体管温度传感器示意图

10.3.2　压电型温度传感器

压电温度传感器是利用振动频率与温度的依赖关系工作的。分为石英晶体温度传感器、压电超声温度传感器和压电表面波温度传感器。

1）石英晶体温度传感器

石英晶体具有各向异性，通过选择适当的切割角度，则能把温度系数减小到零，反之也能使温度系数变得很大。利用温度系数很小的石英晶片做成的振子，其谐振频率在很宽的温度范围内具有很高的频率稳定性，常作为频率基准。而石英晶体温度传感器是利用大温度系数的石英晶体，两面镀上电极构成电容，连接成 LC 振荡器做成振子，其谐振频率随温度而变化。这种温度传感器的灵敏度为 1 kHz/℃，分辨力高达 0.001 ℃，稳定性好，并能得到频率输出信号，因此适于数字电路，测量范围为 -80 ~ 250 ℃。

2）压电超声温度传感器

气体中声波传输的速度与气体的种类、压力、密度和温度有关，而压电超声温度传感器是利用压电振子产生的超声波来测温。介质温度不同，超声波传播的速度也不同，通过测量超声波从发送器到达接收器的时间，就可测出温度的高低。这种传感器的精度在常温时为 ±0.18 ℃，在 430 ℃时为 ±0.42 ℃。在热辐射的地方，要检测急剧变化的气温采用这种传感器非常方便。

3）压电表面波（SAW）温度传感器

表面波（SAW）温度传感器是利用 SAW 振荡器的振荡频率随温度变化的原理工作的，SAW 振荡器由在压电基片上制成的叉指电极和反射栅组成，如图 10.30 所示。

SAW 振荡器的频率变化与温度变化的比值称为频率-温度系数，由压电基片的材料确定。这种传感器。这种传感器的工作温度 -20 ~ 80 ℃。

表面波温度传感器具有如下优点：灵敏度高（约为 6.5 kHz/℃），抗干扰能力强；SAW 器件平面制作工艺，易集成化，结构简单，重复性和可靠性好；体积小、重量轻、功耗小。若将振荡器的频率信号经由天线发射出去，再把接收到的信号转换为频率，便可实现远距离温度测量。

10.3.3　磁热敏传感器

热敏铁氧体在居里温度附近发生相变，使其磁通密度 B 和导磁率 μ 发生剧变，图 10.31 为不同铁氧体的导磁率 μ 随温度变化的关系。由图可知，温度在 T_c 以下时，铁氧体的导磁率较大，可被磁铁吸住，当温度超过 T_c 时，铁氧体的磁性消失，便会自动脱离磁铁。电饭锅等自动热敏开关便是利用这一特性制成的。

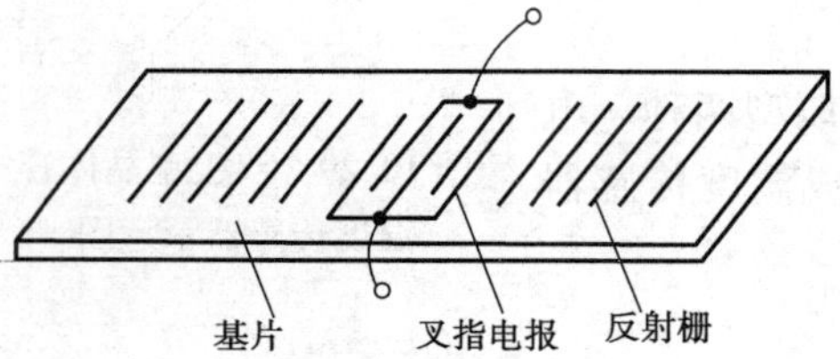

图 10.30　SAW 振荡器的基本结构

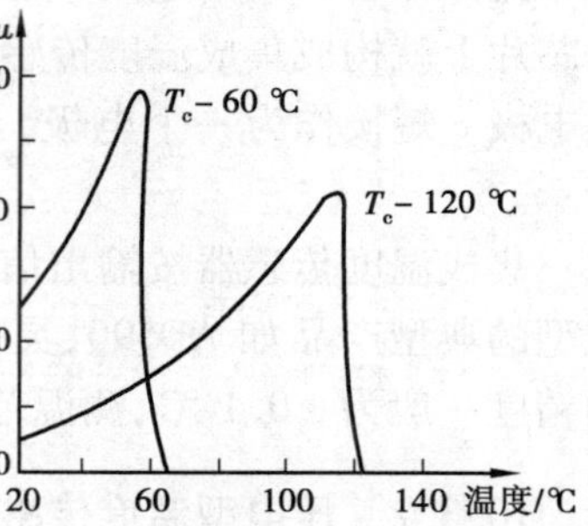

图 10.31　铁氧体 μ 与温度的关系

铁氧体的居里温度 T_c 可通过调节材料配方和烧结温度改变，误差可控制在 ±1 ℃。只要不出现裂纹，其磁特性不变，故可做成稳定的恒温开关。

10.4　工程应用

10.4.1　热电阻的应用

本节主要介绍热敏电阻，热敏电阻具有尺寸小、响应速度快、灵敏度高等优点，因此它在许多领域得到广泛应用。根据产品型号不同，其适用范围也各不相同。具体有以下几个方面。

1）热敏电阻测温

用于测量温度的热敏电阻结构简单，价格便宜。没有外保护层的热敏电阻只能用于干燥的环境中，在潮湿、腐蚀性等恶劣环境下只能使用密封的热敏电阻。如图 10.32 所示为热敏电阻测量温度的原理图。

测量时先对仪表进行标定。将绝缘的热敏电阻放入 32 ℃（表头的零位）的温水中，待热量平衡后，调节 RP_1，使指针在 32 ℃上，再加热水，用更高一级的温度计监测水温，使其上升到 45 ℃。待热量平衡后，调节 RP_2，使指针指在 45 ℃上。再加入冷水，逐渐降温，反复检查 32～45 ℃范围内刻度的准确性。

2）热敏电阻用于液面的测量

给 NTC 热敏电阻施加一定的加热电流，其表面温度将高于周围的空气温度，此时它的阻值较小。当液面高于它的安装高度时，液体将带走它的热量，使之温度下降、阻值升高。判断它的阻值变化，就可以知道液面是否低于设定值。汽车油箱中的油位报警传感器就是利用以上原理制作的，热敏电阻在汽车中还用于测量油温、冷却水温等。

3）热敏电阻用于温度补偿

热敏电阻可在一定的温度范围内对某些元件进行温度补偿。例如，动圈式表头中的动圈由铜线绕制而成。温度升高，电阻增大，引起测量误差。可以在动圈回路中串入由负温度系数热敏电阻组成的电阻网络，从而抵消由于温度变化所产生的误差。

在三极管电路、对数放大器中，也常用热敏电阻组成补偿电路，补偿由于温度引起的漂移误差。

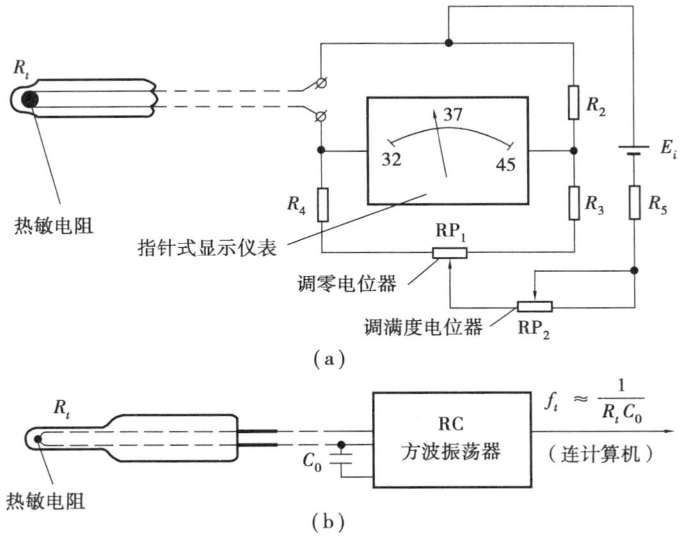

图 10.32　热敏电阻体温表原理图

(a)桥式电路　(b)调频式电路

4)**热敏电阻用于温度控制**

在空调、电热水器、自动保温电饭锅、冰箱等家用电器中,热敏电阻常用于温度控制。如图 10.33 所示为负温度系数热敏电阻在电冰箱温度控制中的应用。

当冰箱接通电源时,由 R_4 和 R_5 经分压后给 A_1 的同相端提供一固定基准电压 U_{i1},由温度调节电路 RP_1 输出一设定温度电压 U_{i3}给 A_2 的反相输入端,这样就由 A_1 组成开机检测电路,由 A_2 组成关机检测电路。

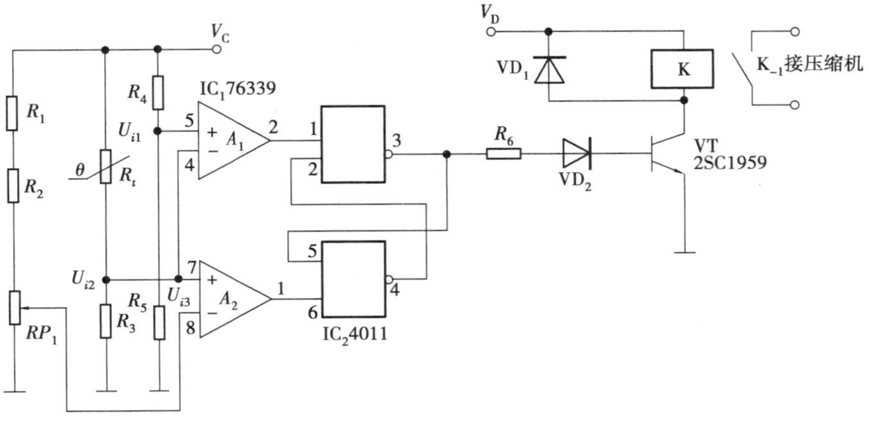

图 10.33　负温度系数热敏电阻在电冰箱温度控制中的应用

当冰箱内的温度高于设定温度时,由于温度传感器 R_t(热敏电阻)和 R_3 的分压 $U_{i2} > U_{i1}$,$U_{i2} > U_{i3}$,所以 A_1 输出低电平,而 A_2 输出高电平。由 IC_2 组成的 RS 触发器的输出端输出高电平,使 VT 导通,继电器工作,其常开触点闭合,接通压缩机电动机电路,压缩机开始制冷。

当压缩机工作一定时间后,冰箱内的温度下降,到达设定温度时,温度传感器阻值增大,使

A_1 的反向输入端和 A_2 的同相输入端电位 U_{i2} 下降，$U_{i2} < U_{i1}$，$U_{i2} < U_{i3}$。A_1 的输出端变为高电平，而 A_2 的输出端变成低电平，RS 触发器的工作状态发生变化，其输出为低电平，而使 VT 截止，继电器 K 停止工作，触点 K_{-1} 被释放，压缩机停止运转。

若电冰箱停止制冷一段时间后，冰箱内的温度慢慢升高，此时开机检测电路 A_1、关机检测电路 A_2 及 RS 触发器又翻转一次，使压缩机重新开始制冷。这样周而复始地工作，达到控制电冰箱内温度的目的。

5）热敏电阻用于过热保护

利用临界温度系数热敏电阻的电阻温度特性，可制成过热保护电路。例如将临界温度系数热敏电阻安放在电动机定子绕组中并与电动机继电器串联。当电动机过载时定子电流增大，引起过热，热敏电阻检测温度的变化，当温度大于临界温度时，电阻发生突变，供给继电器的电流突然增大，继电器断开，从而实现了过热保护。

10.4.2 热电偶的应用

热电偶测温的具有以下优点：①它属于自发电型传感器，因此测量时可以不要外加电源，可直接驱动动圈式仪表；②结构简单，使用方便，热电偶的电极不受大小和形状的限制，可按照需要选择；③测温范围广，高温热电偶可达 1 800 ℃以上，低温热电偶可达 -260 ℃；④测量精度较高，各温区中的误差均符合国际计量委员会的标准。因此，目前在工业生产和科学研究中已得到广泛的应用，并且可以选择标准的显示仪表和记录仪进行显示和记录。

1）金属表面温度的测量

对于机械、冶金、能源、国防等部门来说，金属表面温度的测量是非常普遍而又比较复杂的问题。例如，热处理工作中锻件、铸件以及各种余热利用的热交换器表面、气体蒸气管道、炉壁面等表面温度的测量。根据对象特点，测温范围从几百摄氏度到一千多摄氏度，而测量方法通常采用直接接触测温法。

直接接触测温法是指采用各种型号及规格的热电偶（视温度范围而定），用粘接剂或焊接的方法，将热电偶与被测金属表面（或去掉表面后的浅槽）直接接触，然后把热电偶接到显示仪表上组成测温系统。

被测温度在 200 ~ 300 ℃时，可采用粘接剂将热电偶的结点粘附于金属壁面，工艺比较简单，但是在不少情况下，特别在温度较高、测量精度高和时间常数小的情况下，常常采用焊接的方法将热电偶头部焊于金属壁面。此时热电偶的结点被接地，所以必须采用差动减法放大器。焊接方式有 V 形焊、平行焊和交叉焊几种，如图 10.34 所示。

2）利用热电偶监测燃气热水器的火焰

燃气热水器的使用安全性至关重要。在燃气热水器中设置有防止熄火装置、防止缺氧不完全燃烧装置、防缺水空烧安全装置及过热安全装置等，涉及多种传感器。防熄火、防缺氧不完全燃烧的安全装置中使用了热电偶，如图 10.35 所示。

当使用者打开热水龙头时，自来水压力使燃气分配器中的引火管输气孔在较短的一段时间里与燃气管道接通，喷射出燃气。与此同时高压点火电路发出 10 ~ 20 kV 的高电压，通过放电针点燃主燃烧室火焰。热电偶 1 被烧红，产生正的热电动势，使电磁阀线圈（该电磁阀的电动力由极性电磁铁产生，对正向电压有很高的灵敏度）通电，燃气改由电磁阀进入主燃室。

当外界氧气不足时，主燃烧室不能充分燃烧（此时将产生大量有毒的一氧化碳），火焰变

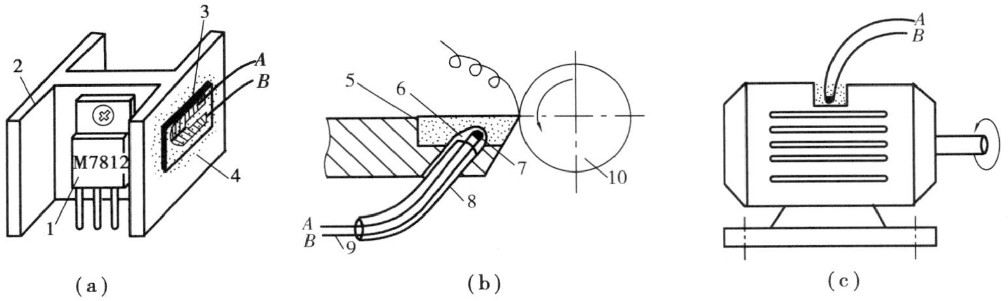

图 10.34　适合不同壁面的热电偶使用方式

(a)将热电偶粘贴在被测元件表面　(b)测量端从斜孔内插入　(c)测量端从原有的孔内插入

1—功率元件;2—散热片;3—薄膜热电偶;4—绝热保温层;5—车刀;

6—激光加工的斜孔;7—露头式凯装热电偶测量端;8—薄壁金属保护套管;9—冷端;10—工件

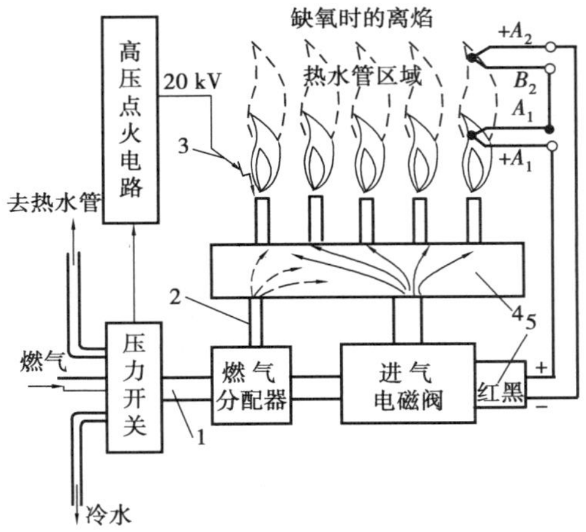

图 10.35　燃气热水器防熄火、防缺氧示意图

1—燃气进气管;2—引火管;3—高压放电针;3—主燃烧器;5—电磁阀线圈;

A_1,B_1—热电偶 1;A_2,B_2—热电偶 2

红且上升,在远离火孔的地方燃烧(称为离焰)。热电偶 1 的温度必然降低,热电动势减小,而热电偶 2 被拉长的火焰加热,产生的热电动势与热电偶 1 产生的热电动势反向串联,相互抵消,流过电磁阀线圈的电流小于额定电流,甚至产生反向电流,使电磁阀关闭,起到缺氧保护作用。

当启动燃气热水器时,若某种原因无法点燃主燃烧室火焰,由于电磁阀线圈得不到热电偶 1 提供的电流,处于关闭状态,从而避免了煤气的大量溢出。燃气灶熄火保护装置也采用相似的原理。

3)热电偶在红外线探测器中的应用

红外线辐射可引起物体的温度上升。将热电偶置于红外辐射的聚焦点上,可根据其输出的热电动势来测量入射红外线的强度,如图 10.36 所示。

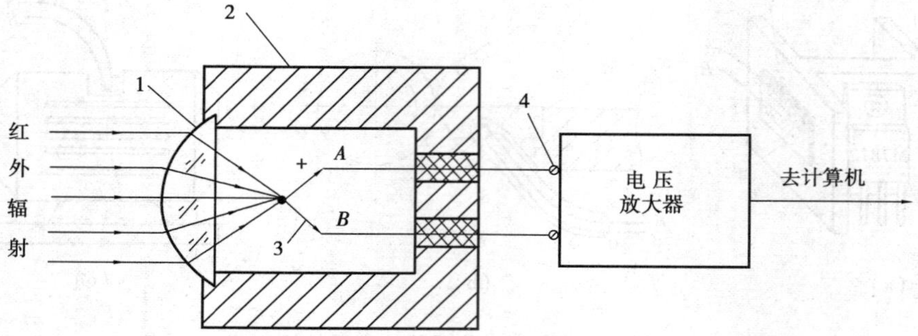

图 10.36　红外辐射探测器结构示意图

1—透镜;2—外壳;3—热电偶;4—冷端

单根热电偶的输出十分微弱。为了提高红外辐射探测器的探测效应,可以将多对热电偶相互串联起来,即第一根负极接第二根正极,第二根负极再接第三根正极,依次类推。它们的冷端置于环境温度中、热端发黑(提高吸热效率),集中在聚焦区域,就能成倍地提高输出热电动势,这种接法的热电偶称为热电堆,如图 10.37 所示。

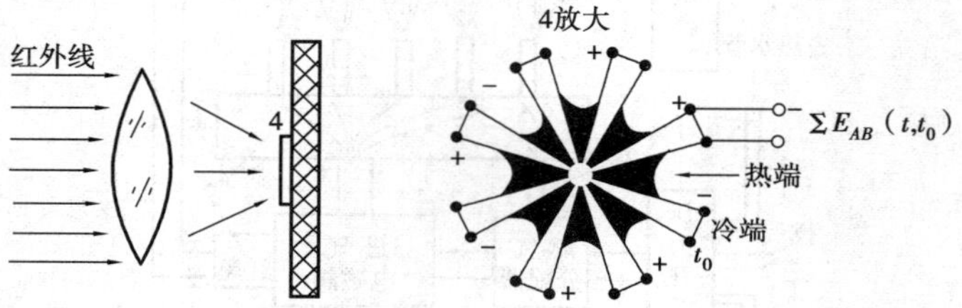

图 10.37　热电堆

10.5　热电式传感器在汽车上的应用

热电式传感器在汽车上应用比较广泛,发动机控制系统、空调控制系统、车身控制系统、变速器控制系统等都使用了热电式传感器。下面以常见的热电式温度传感器为例,叙述其结构及作用。

10.5.1　进气温度传感器

进气温度传感器多采用热敏电阻式,该传感器利用半导体的电阻随温度变化而改变的特性,其灵敏度高,有 NTC(负温度系数)和 PTC(正温度系数)两种。热敏式传感器的响应特性比绕线电阻式传感器好,因而被广泛地应用于检测冷却水温度和进气温度等方面。热敏式温度传感器结构,如图 10.38 所示。

发动机温度传感器、车内外温度传感器等原理与进气温度传感器相同,不同点在外型结构上。由于发动机温度传感器置于冷却液中,所以热敏电阻外置保护层。

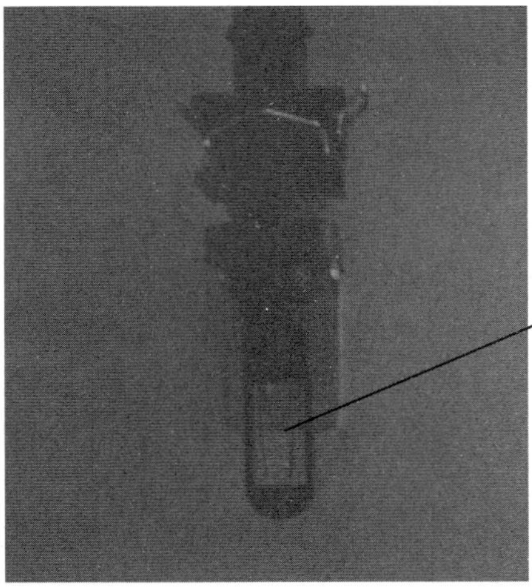

图10.38 进气温度传感器

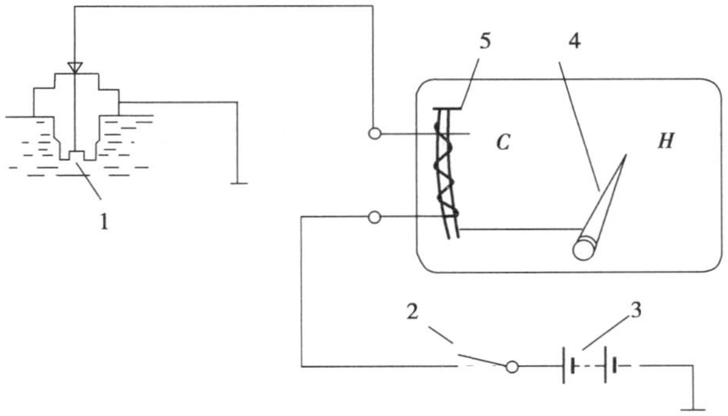

图10.39 热敏电阻式水温仪表显示装置
1—传感器;2—点火开关;3—蓄电池;4—仪表指针;5—双金属片

10.5.2 热敏电阻式水温表传感器

热敏电阻式水温仪表显示装置由热敏电阻式水温传感器和双金属片式水温表两部分组成,如图10.39所示。它以热敏电阻作为(传感器)发送部件,以电热丝(仪表)为接收部件,两者串联。把发送部件置于水中后,当水温较低时,因为热敏电阻的阻值比较大,所以回路中的电流比较小,电阻丝的发热量也少,双金屑片稍稍弯曲,指针显示低温区(*C* 侧);当水温较高时,因为热敏电阻的阻值比较小,通过电路中的电流比较大,电阻丝的发热量比较大,所以双金属片弯曲程度也比较大,指针偏向高温区(*H* 侧)。

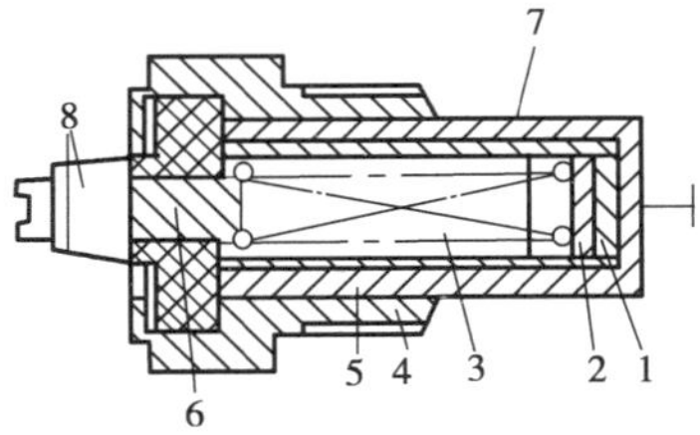

图10.40 热敏电阻式水温表用传感器结构
1—热敏电阻;2—导线套;3—导线弹簧;
4—铜接头;5—钢管;6—接线端子;
7—导电杆;8—导线

热敏电阻式水温仪表显示装置所用的热敏电阻式水温传感器是一个负温度系数热敏电阻,其外表面密封,该传感器的结构如图10.40所示。外部有螺纹或卡槽,可旋进发动机汽缸壁或卡在缸盖的水套中。

复习思考题

1. 温度的测量方法有哪几种？各有何特点？

2. 膨胀式温度计有哪几种？其工作原理是什么？各有何特点？

3. 电阻式温度传感器的工作原理是什么？有几种类型？各有何特点？

4. 金属热电阻温度传感器常用的材料有哪几种？各有何特点？热电阻传感器的测量电路有哪些？说明每种测量电路的特点？

5. 热电偶温度传感器的工作原理是什么？热电势的组成有哪几种？说明热电势产生的过程，并写出热电偶回路中总热电势的表达式。

6. 热电偶的基本定理有哪些？其含义是什么？各定律的意义何在？并证明各定律？

7. 热电偶的性质有哪些？

8. 为什么要对热电偶进行冷端温度补偿？常用的补偿方法有哪几种？补偿导线的作用是什么？

9. 热电偶测温线路有哪几种？试画出每种测温电路的原理图，并写出热电势表达式。

第 11 章 新型传感器及其在汽车上的应用

随着现代汽车经济性、舒适性和安全性等方面要求的不断提高，传感器多功能化、集成化和智能化成为汽车传感技术发展的趋势，因此，越来越多的新型传感器应用于汽车上。目前，光纤传感器、智能传感器、固态图像传感器、气体浓度传感器等新型传感器已经应用在汽车上，并逐步取代传统的传感器。

所谓新型传感器就是利用新效应、新材料以及新的加工工艺制造的传感器。本章将简述在汽车上应用的一些新型传感器的原理及功能。

11.1 光纤传感器

光纤传感器是 20 世纪 70 年代发展起来的新型传感器，它是利用被测量对光纤内传输的光波进行调制，使光波的一些参数，如强度、频率、波长、相位和偏振态等特性产生变化的原理来工作。

由于汽车电子系统和布线复杂性的增加，以及新的结构特点和难以降低汽车重量、减小尺寸等限制因素，需要推出新型的传感器。而光纤传感器具有灵敏度高、抗电磁干扰能力强、几何形状适应性强、体积小、重量轻、频带宽、动态范围大等许多优点，可用于位移、加速度、压力、温度、磁、声、电等物理量的测量，正逐渐应用于汽车等机电系统中，同时在制造业、军事、航天、航空、航海和其他科学技术研究中都有着广泛的应用。

光纤传感器技术是一门多学科性的技术，它涉及的知识面广泛，如纤维光学、光电技术、弹性力学、电磁学、电子技术和微型计算机应用等。本节只从实用角度出发对光纤传感器进行论述，重点放在其应用上，而不作严格的理论推导，对理论感兴趣的读者可查阅有关文献。

11.1.1 光纤传感器的组成与分类

光纤传感器一般由三部分组成，除光纤外，还必须有光源和光探测器，如图 11.1 所示。

光纤传感器一般分为两大类：一类是利用光纤本身的某种敏感特性或功能制成的传感器，称为功能型传感器；另一类是光纤仅仅起传输光波的作用，必须在光纤端面或中间加装其他敏感元件才能构成传感器，称为传光型传感器。传光型传感器又分为两种，一种为敏感元件置于

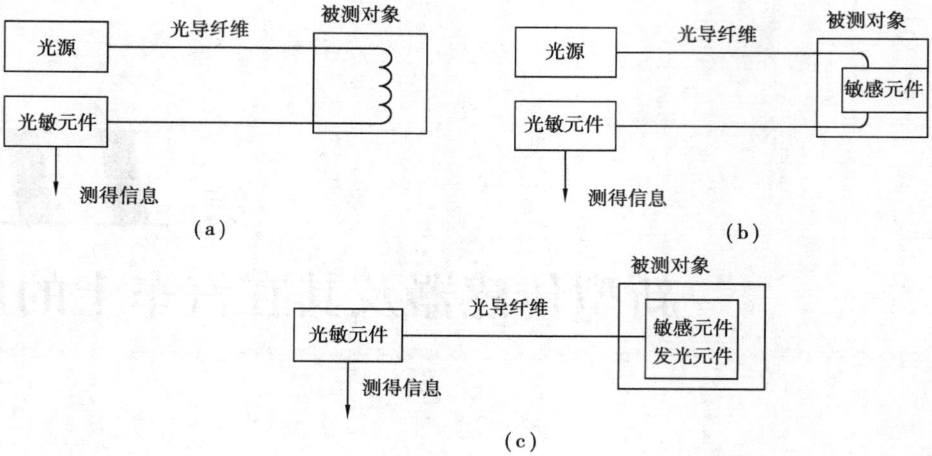

图 11.1　光纤传感器组成与分类
(a)功能型　(b)传光型　(c)传光型

入射光纤与接收光纤中间,在被测对象作用下,或使敏感元件遮断光路,或使敏感元件的光穿透率发生变化。这样,光探测器接收的光量便成为被测对象调制后的信号。另一种是在光纤一端设置“敏感元件 + 发光元件”的组合部件,敏感元件感受被测对象的作用并将其变换为电信号后作用于发光元件,发光元件的发光强度作为测量信息。

显然,传光型传感器能传输的光量越多越好,所以它主要由多模光纤构成。功能型传感器主要依靠被测对象调制或改变光纤的传输特性,所以只能由单模光纤构成。

根据调制的方法不同,光纤传感器又分为光强调制、相位调制、频率调制、偏振调制、波长调制等不同工作原理的光纤传感器。

根据被测参量不同,光纤传感器又可分为位移、加速度、振动、温度、压力等各种光纤传感器。

光纤传感器可以测量多种物理量,因此光纤传感器在工程测试上具有广阔的发展前景。

11.1.2　光导纤维以及光在其中的传输

1)光纤及其分类和传光原理

(1)光导纤维及其分类

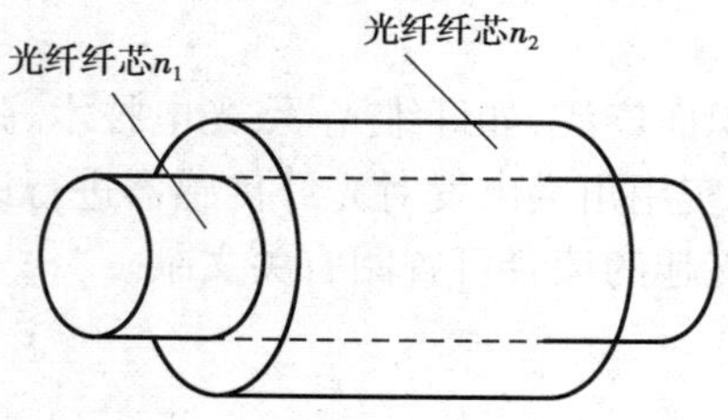

图 11.2　光纤结构

光纤是光导纤维的简称,它是利用石英、玻璃、塑料等光折射率高的介质材料制成的极细纤维,在近红外光至可见光范围内传输损耗极小,是一种理想的传输线路。光纤的实用结构一般由纤芯和包层组成,如图 11.2 所示。

中心部分是具有大折射率 n_1 的纤芯,直径为几微米至几百微米,材料主体为二氧化硅。为了提高纤芯的光学折射率,光纤一般掺杂极微量其他材料(如二氧化锗、五氧化二磷等),围绕纤芯的是较小折射率 n_2 的玻璃包层。根据需要,包层可以是折射率稍有差异的多层,其总直径约 100 ~ 200 μm。为了增加抗机械张力,防止腐蚀,在包层外加覆一层塑胶尼龙被覆盖，由许多单根光纤组成的光纤束称为光缆。

(2)光纤的传光原理

信息在光纤中的传输是依靠光作为载体进行的，因此如何使光在光纤中高效率地传输就成为光纤传输的关键。显然，为了能使传输中的光随光纤本身弯曲并能远距离传输而较少衰减，就必须使进入光纤的光在纤芯和包层的界面上产生全反射，全反射是光纤传光的基础。

光经过不同介质的界面时要发生折射和反射。如图 11.3 所示，假设一束光从折射率为 n_1 的介质以入射角 α 射向界面，有一部分光将透过界面进入折射率为 n_2 的介质，其中折射角为 β；另一部分光从界面反射回来，反射角为 α。

根据折射定律有：

$$n_1 \sin\alpha = n_2 \sin\beta \tag{11.1}$$

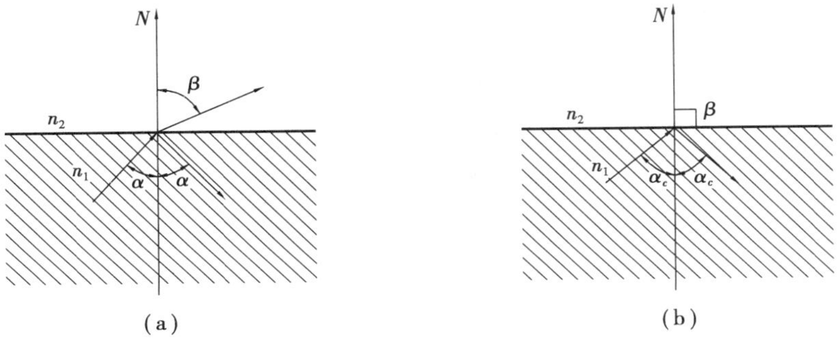

图 11.3　光的折射和反射

(a) $\alpha < \alpha_c$　(b) $\alpha = \alpha_c$

当 $n_1 > n_2$ 时，$\alpha < \beta$，当 $\beta = 90°$时，光不会透过界面而完全反射回来，这就是全反射。产生全反射时光的入射角称为临界角，用 α_c 表示：

$$\sin\alpha_c = \frac{n_2}{n_1}\sin\frac{\pi}{2} = \frac{n_2}{n_1} \tag{11.2}$$

由此可见，当光线从大折射率(光密介质)射向小折射率（光疏介质)，且入射角大于临界角 α_c 时，光线产生全反射，反射光不再离开光密介质。

如图 11.4 所示，光线自光纤端部射入，其入射角 θ_{ic}必须满足一定的条件才能使在 B 点折射后的光线 BC 以入射角 α 射到纤芯与包层的界面 C 处产生全反射。显然，当入射角 α 大于临界角 α_c，光线将在界面产生反射，且入射角和反射角相等，光线反射到另一侧的界面时，其

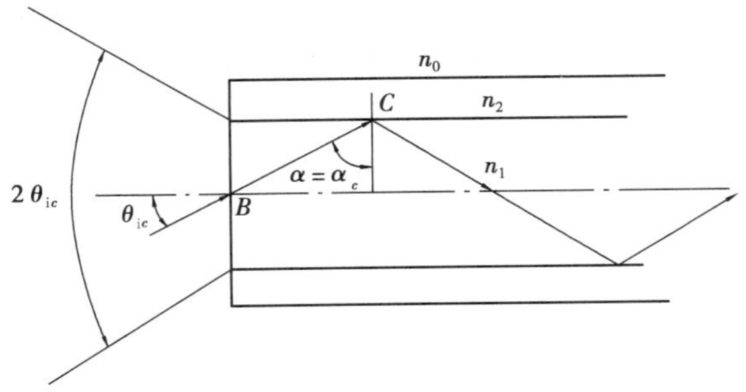

图 11.4　光纤的导光原理

入射角仍为 α,再次产生全反射。光线如此不断地纤芯和包层的界面产生全反射并向前传播,这就是光纤导光的基本原理。

从图 11.4 可以看出,当入射角 θ_{ic}减少时,C 处的入射角 α 增大,因而存在一个临界入射角 θ_{ic}。可以证明,若光线从折射率为 n_0 的介质射入光纤,则当 $\alpha=\alpha_c$ 时,入射角 θ_{ic}为

$$\sin\theta_{ic} = \frac{1}{n_0}\sqrt{n_1^{\ 2}-n_2^{\ 2}} \tag{11.3}$$

通常将 $n_0\sin\theta_{ic}$定义为光纤的"数值孔径",用 N_A 表示。显然,若自 $n_0=1$ 的介质(如大气)入射时,$\theta_{ic}=\arcsin N_A$ 即为端面入射临界角。凡入射角 $\theta_i<\arcsin N_A$ 的那部分光线进入光纤后,将在纤芯和包层界面处产生全反射而沿纤芯向前传播。反之,当 $\theta_i>\arcsin N_A$ 时,光线进入纤芯后会折射到包层内而最终消失,无法沿光纤传播。光纤的数值孔径 N_A 越大,表明在越大的入射角范围内入射的光线均可在光纤的纤芯和包层界面实现全反射。作为传感器的光纤,一般采用 $0.2\leqslant N_A\leqslant 0.4$。

这种沿芯子传输的光,可以分解为沿轴向与沿截面传输的两种平面波成分。因为沿截面传输的平面波是在芯子与包层的界面处全反射的,所以每一往复传输的相位变化是 2π 的整数倍时,就可以在截面内形成驻波。像这样的驻波光组又称为"模"。"模"只能离散地存在,即光纤内只能存在特定数目的"模"传输光波。如果用归一化频率 ν 表达这些传输模的总数,其值一般在 $\nu^2/2\sim\nu^2/4$ 之间。归一化频率

$$\nu = \frac{2\pi a N_A}{\lambda} \tag{11.4}$$

式中:λ——传输光波波长;

a——传输光波波长点为芯子半径。

能够传输较大 ν 值的光纤(即能够传输较多的模)称为多模光纤;仅能传输 ν 小于 2.41 的光纤,称为单模光纤。

多模和单模光纤,两者都是当前光纤通信技术上最常用的。因此,它们通称为普通光纤。

用于测试技术的光纤,往往有些特殊要求。所以,又称其为特殊光纤。例如"保持偏振光面光纤"就是典型的特殊光纤。

2)光在普通光纤内的传输

多模光纤芯子直径、芯子与包层折射率之差较大,因而能传输的光量也比较多。当把芯子直径降至 6 μm 以下,把折射率差缩至约为 0.005 时,光纤所能传输的光量就大为减少,只能传输基模的光波。

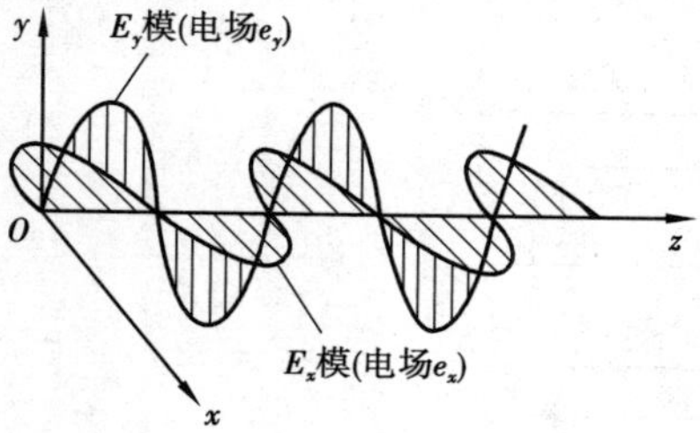

图 11.5　直线偏振光面 E_x,E_y 模的传输

基模光波可以看成为互相垂直的 E_x 模和 E_y 模合成的,如图 11.5 所示。如果用(x,y,z)直角坐标系描述光波传输的情形,则 E_x,E_y 模可表示为分别在 xOz,yOz 平面内振动着向 z 方向传输的状态。

$$E_x\text{ 模}:e_x=A_x(x,y)\mathrm{e}^{\mathrm{j}(\omega t-\beta_x z)} \tag{11.5}$$

$$E_y\text{ 模}:e_y=A_y(x,y)\mathrm{e}^{\mathrm{j}(\omega t-\beta_y z)} \tag{11.6}$$

式中:A_x 与 A_y——分别为 E_x 与 E_y 在截面方向上的电场分布;

ωt——光的角频率与时间的乘积;

β_x 与 β_y——分别为 E_x 与 E_y 模的轴向（z 向）传输系数；

β_x, β_y 的物理意义可以理解为 E_x 与 E_y 模在轴向单位长度内相位角的变化量。

上述电场是在同一平面内（例如 xOz, yOz 平面）振动的波，所以它们是直线偏振（光）波，振动所在的面称作偏振（光）面。

之所以说单模光纤在测试技术中非常重要，还在于它所传输的是直线偏振光。这样，就可以把讨论多模光纤时被略去的“偏振光面”以及光波的传输“相位”变化等光学状态利用起来，进行多种非电量测量。

如果光纤的芯子是无任何畸变的圆形“理想构造”时，传输系数 $\beta_x = \beta_y$，即两种模以同一速度传输。这时，两种模毫无区别，甚至可以完全看做一种模。这一点，也正是称其为单模光纤的理由。但是，实际的光纤形状并非是理想圆形，而且因芯子与包层材质差异所带来的热胀系数的不同，也势必会造成芯子的某些畸变。于是 $\beta_x \neq \beta_y$，即实际光纤中所传输的两个模 E_x，E_y 不以同一速度向前传输。

为分析单模光纤输出光波的偏振（光）特性，假定 E_x, E_y 模同时以同一振幅 A 传输，那么 $A = A_x = A_y$，去掉 wt 项，整理可得

$$e_x^2 + e_y^2 - 2e_x e_y \cos(\Delta\beta_z) = A^2 \sin(\Delta\beta_z) \tag{11.7}$$

式中，$\Delta\beta_z = \Delta\beta = |\beta_x - \beta_y|$ 为 z 方向上传输系数差。

显然，式（11.7）所表示电场的轨迹是一个椭圆。图 11.6 给出了它的一般情形与几种特殊状态；当 $\Delta\beta_z = m\pi\ (m = 0, 1, 2, \cdots)$ 时，偏振光面不随时间变化；$\Delta\beta_z = (2m+1)\pi/2$ 时，偏振光变化轨迹呈圆形。偏振面不随时间变化的固定偏振光称为直线偏振光。图 11.6 的（a）和（e）表示直线偏振光的情形，因图示的光波垂直纸面传输，所以其偏振光面表示成直线。图（c）表示圆偏振光。在 $\Delta\beta_z$ 为一般情形时，偏振光变化轨迹为椭圆，故统称为椭圆偏振光，如图（b）与（d）所示。

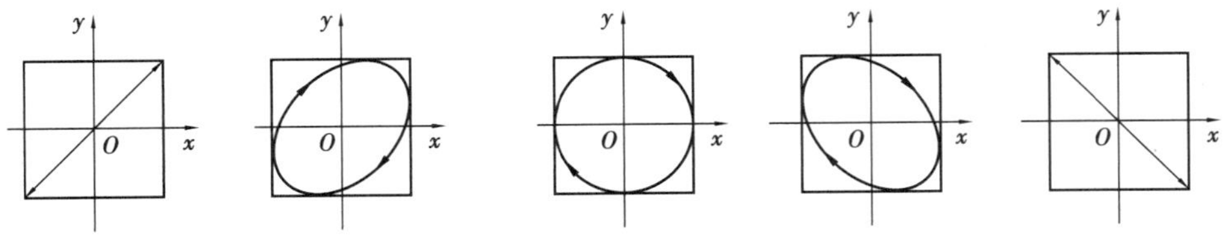

图 11.6　垂直纸面方向（z 向）上传输光波的振动

（$\Delta\beta_z$——z 方向上的传输系数）

（a）$\Delta\beta_z = 0$　（b）$0 < \Delta\beta_z < x/2$　（c）$\Delta\beta_z = x/2$　（d）$x/2 < \Delta\beta_z < x$　（e）$\Delta\beta_z = x$

上述偏振光状态总称为偏振光特性。

3）光在特殊光导纤维内的传输

用普通光纤的单模光纤难于解决许多非电量测试问题，即很难保证所需的测量精度。

为解决此难题，一些国家都在努力研制用于测量技术的“特殊光纤”。例如，日本日立公司等企业所试制成功的“保持偏振光面光纤”就是其典型例子。

下面以“保持偏振光面光纤”为例，简单说明光在特殊光纤内传输的情形。

在单模光纤的输入端虽然仅仅射入 E_y 模的直线偏振光，但是，当随机的外界干扰量作用

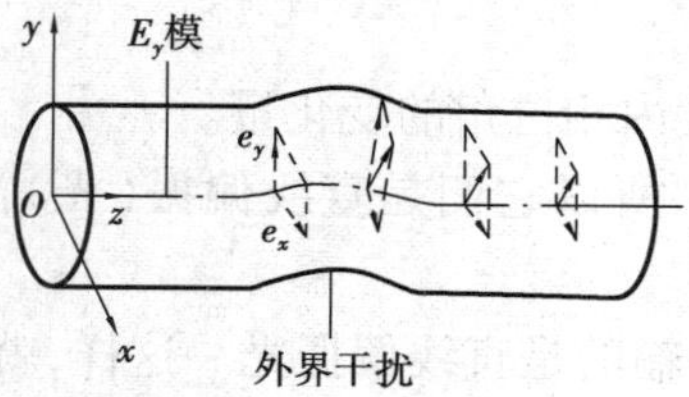

图 11.7　光纤在外界干扰作用下偏振光面的偏转

在光纤时，偏振光特性将因之而发生变化，产生出 E_x 模，如图 11.7 所示。

因外界干扰量的差异，模之间的功率交换比例可由下式给出

$$\eta = |e_x|^2/|e_y|^2 = \tan h(KL/\Delta\beta m) \tag{11.8}$$

式中：η——消光比，一般用分贝(dB)表示；

K——常数；

L——光纤长度；

$\Delta\beta$——E_x，E_y 模传输系数之差；

m——外界随机干扰量常数，一般取 4.6 或 8。

由式(11.8)可以看出：如果要在较长距离之内保持住偏振光面状态不变(即为尽量缩小 η 值)，则必须加大 $\Delta\beta$。然而，理想构造的普通光纤 $\beta_x = \beta_y(\Delta\beta = 0)$，即使在极短的光纤内，力图保持住所传输光波的偏振光面也极其困难，即普通光纤保持偏振光面的特性极端不易。

理论计算与实际应用表明：只有 $\Delta\beta$ 在 3 000 rad/m 以上才能防止两种模间的能量交换，进而保持住偏振光面固定不变。

为了加大 $\Delta\beta$，目前大体采用两种方法：一是把芯子做成椭圆形，这实际上是把长轴和短轴方向上的距离加以改变的椭圆芯子法；第二种方法是把包层做成椭圆形的椭圆包层法，如图 11.8 所示。椭圆包层法是借助圆形保护层与椭圆包层间因热胀相异引起的应力作用于芯子，从而改变芯子长短轴方向上的折射率。从原理上看，用椭圆包层法制造的光纤损失要小一些。

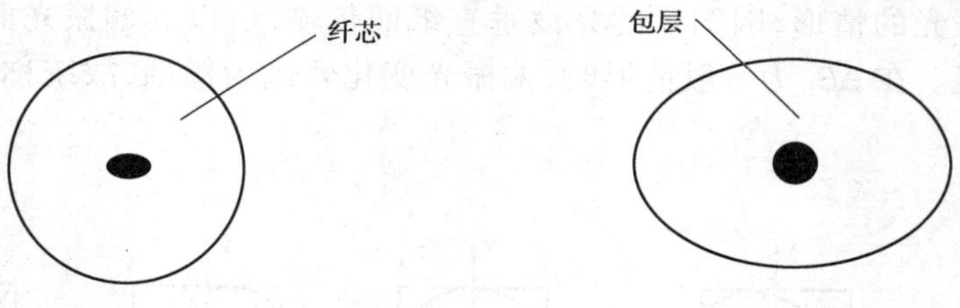

(a)　　(b)

图 11.8　保持偏振光面光纤截面
(a)椭圆芯子形　(b)椭圆包层形

11.1.3　光纤传感器的光源和光探测器

1)光纤传感器的光源

光源是光纤传感器的重要部件，它的性能直接影响光纤传感器的质量。

(1)光纤传感器对光源的要求

由于光纤传感器中的光纤细而长，若使光波能在其中正常传输，并满足测量要求，对光源的结构与性能有如下要求：

①由于光纤传感器结构所限，要求光源的体积小，以便于与光纤耦合；

②光源要有足够的亮度，以提高传感器输出的功率；

③光源发出的光波长应合适，以减少光波在光纤中传输时的能量损耗；

④光源工作时的稳定性好、噪声小，能在常温下连续长期正常工作；

⑤光源要便于维护，使用方便。

(2)光源的种类

光纤传感器使用的光源种类很多,按照光的相干性可分为相干光源和非相干光源两大类。相干光源包括半导体激光器、氦氖气体激光器、固体激光器等。非相干光源包括白炽光源和发光二极管。在大多数光纤传感器中要求使用相干光源。下面简单介绍几种激光器。

一般半导体激光器的发光面积为 5 μm × 10 μm,总功率达 10 mW,其亮度相当于 10^8 W/sr · cm^2。

氦氖(He-Ne)激光器由激光管和激光电源组成。激光电源采用高压直流电源,激光管是由放电管、电极和光学谐振腔组成。氦氖激光器的亮度高达 10^8 W/(sr · cm^2),相干性好,相干长度可达到几十公里。氦氖激光器输出 6 328Å 的红光,易于与光纤系统耦合。

固体激光器是以固体为工作物质的激光器,也就是以掺杂的离子型绝缘晶体或玻璃作为工作物质的激光器。固体激光器按工作物质不同,可分为红宝石激光器、钕玻璃激光器等;按工作方式不同又可分为脉冲式、连续式等激光器。固体激光器具有输出能量大、峰值功率高、结构紧凑、牢固耐用等特点,其亮度可以达到 10^{13} W/(sr · cm^2)。因此它在工业、科研、国防、医疗等方面得到广泛应用。

2)光探测器

光探测器也是光纤传感器构成的重要部分,其性能指标也直接影响到传感器的性能。

光纤传感器用的光探测器就是光电式传感器,其作用是将光能转换为电能,也称其为光电器件。光电式传感器常用的探测器有光电二极管、光电倍增管、光敏电阻和光敏电池。

一般光纤传感器对光探测器有如下要求:

(1)线性好,按比例地将光信号转换为电信号;

(2)灵敏度高,对微小的输入光信号,能输出较大的电信号;

(3)响应频带宽,响应速度快,即动态特性好;

(4)性能稳定,噪声小等。

11.1.4　光的调制技术

光调制技术在光纤传感器中非常重要,各种光纤传感器都不同程度地利用了光调制技术。

按照光在光纤中被调制的原理,光纤传感器分为:强度调制型、频率调制型、波长调制型、相位调制型和偏振态调制型等。所有这些调制过程都可以归结为将一个携带信息的信号叠加到载波光波上。能完成这一过程的器件称为调制器。调制器能使载波光波参数随外加信号变化而改变,这些参数包括光波的强度(幅值)、相位、频率、偏振、波长等。被信息调制的光波在光纤中传输,然后再由光探测系统解调,将原信号恢复。

由于篇幅有限,这里只介绍频率调制与相位调制。

1)光的频率调制

(1)光学多普勒频移原理

光频率调制是指被测量对光纤中传输的光波频率进行调制,频率偏移即反映被测量。目前使用较多的调制方法为多普勒(Doppler)法,即外界信号通过多普勒效应对接收光纤中的光波频率实施调制,是一种非功能型调制。

从物理学知:光学中的多普勒现象是指由于观察者和目标的相对运动,使观察者接收到的光波频率产生变化的现象。如一频率为 f 的静止光源的光入射到速度为 v 的运动物体上时,

从运动物体上观测的频率f_1,则f_1与f之间的关系为

$$f_1 = f[1-(v/c)^2]^{1/2}/[1-(v/c)\cos\theta] \approx f[1+(v/c)\cos\theta] \tag{11.9}$$

式中:c——真空中的光速;

θ——物体至光源方向与物体运动方向的夹角。

式(11.9)是相对论多普勒频移的基本公式。但是,一般最关心的还是运动物体所散射的光的频移,而光源与观察者则是相对静止的。对于这种情况,可以作为一个双重多普勒频移来考虑,即先考虑从光源到运动物体,然后再考虑从运动物体到观察者。

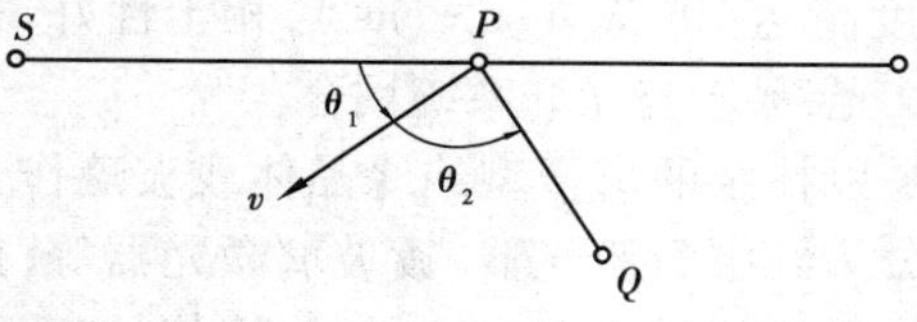

图 11.9　多普勒效应示意图

如图 11.9 所示,S为光源,P为运动物体,Q是观察者所处的位置。若物体P的运动速度为v,运动方向与PS及PQ的夹角为θ_1和θ_2,从光源S发出的频率为f的光经过运动物体P散射,观察者在Q处观察。

物体P相对于光源S运动时,在P点观察到的光频率f_1可由下式表示:

$$f_1 = f[1-(v/c)^2]^{1/2}/[1-(v/c)\cos\theta_1] \tag{11.10}$$

频率f_1的光通过物体P产生散射发出,在Q处观察到的光频率f_2由下式表示:

$$f_2 = f_1[1-(v/c)^2]^{1/2}/[1-(v/c)\cos\theta_2] \tag{11.11}$$

根据式(11.10)和式(11.11),并考虑$v \ll c$,可以近似地把双重多普勒频移方程表示为

$$f_2 = f[1-(v/c)(\cos\theta_1+\cos\theta_2)] \tag{11.12}$$

式(11.12)是多普勒频移方程中最有用的形式。

(2)光纤多普勒技术

根据上述多普勒频移原理,可利用光纤传光功能组成测量系统,用于普通光学多普勒测量装置不能安装的一些特殊场合,如密封容器中流速的测量和生物体中流体的研究。

图 11.10 所示是一个典型的激光多普勒光纤测速系统。激光沿着光纤入射到测速点A,后向散射光与光纤端面的反射或散射光一起沿着光纤返回,其中纤维端面的反射或散射光是作为参考光使用。同时为了区别并消除从发射透镜和光纤前端面反射回来的光,在光探测器前装一块偏振片R,从而使光探测器只能检测出与原光束偏振方向相垂直的偏振光。于是信号光与参考光一起经光探测器进入频谱分析仪处理,最后分析仪给出测量结果。

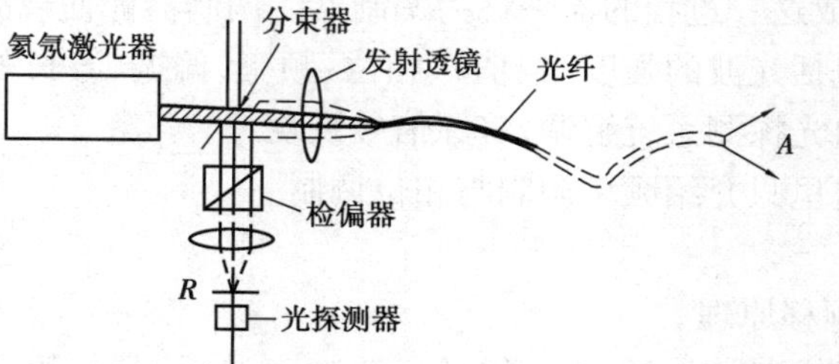

图 11.10　激光多普勒光纤测速系统

实验证明,光纤多普勒探测器对检测透明介质中散射体的运动是非常灵敏的,但是其结构决

定了它的能量有限，只能穿透几个毫米以内的深度，仅适于微小流量范围的介质流动的测量。

2）光的相位调制

相位调制常与干涉测量技术并用，构成相位调制的干涉型光纤传感器。

相位调制的光纤传感器，其基本原理是通过被测物理量的作用，使某段单模光纤内传播的光波发生相位变化，再用干涉技术把相位变化变换为振幅变化，从而还原所检测的物理量。

在光波的干涉测量中，参与工作的光波是两束或多束相干光。例如有光振幅分别为 A_1 和 A_2 的两束相干光束，如果其中一光束的相位由于某种因素的影响或调制，在干涉域中就会产生干涉。干涉域中各点的光强可表示为

$$A^2 = A_1^2 + A_2^2 + 2A_1A_2\cos(\Delta\varphi) \tag{11.13}$$

式中：$\Delta\varphi$——相位调制造成的两相干光之间的相位差。

如果检测到干涉光强的变化就可以确定两光束间相位的变化，则可得到待测物理量的数值大小。

实现干涉测量的仪器很多，通常采用的干涉仪主要有四种：迈克尔逊干涉仪、马赫-泽德干涉仪、塞格纳克干涉仪和法布电-珀罗干涉仪。

光学干涉仪的共同特点是它们的相干光在空气中传播，由于空气受环境温度变化的影响，引起空气的折射扰动及声波干扰。这种影响都会导致空气光路的变化，从而引起干涉测量工作的不稳定，以致准确度降低。利用单模光纤作干涉仪的光路，就可以排除上述影响，并可以克服光路加长时对相干长度的严格限制，从而可以制造出千米量级光路长度的光纤干涉仪。图 11.11 所示为四种不同类型的全光纤干涉仪的结构。在四种干涉仪中，以一个或两个 3 dB 耦合器取代了分光器，光纤光程取代了空气光程，并且这些干涉仪中都是以光纤作为相位调制元件（传感器），被测物理量作用于光纤传感器，导致其光纤中光相位的变化或光的相位调制。

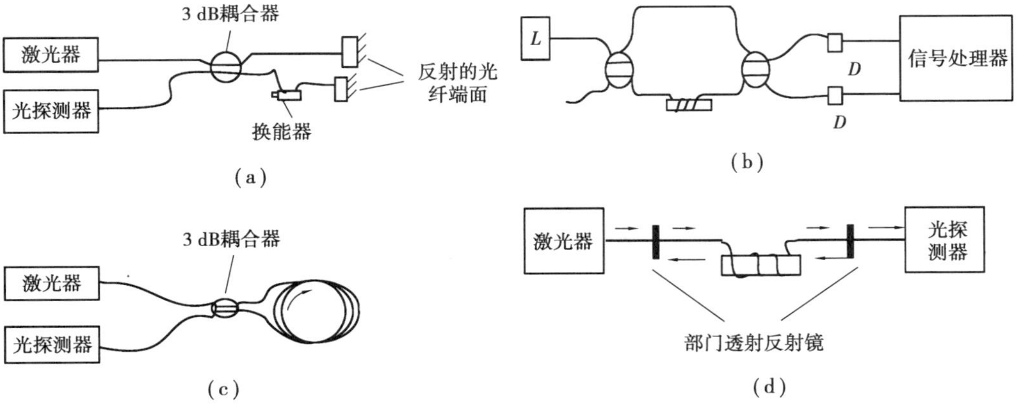

图 11.11　四种类型光纤干涉仪的结构

（a）迈克尔逊干涉仪　（b）马赫-泽德干涉仪　（c）赛格纳克干涉仪　（d）法布里-珀罗干涉仪

当一真空中波长为 λ_0 的光入射到长度为 L 的光纤时，若以其入射端面为基准，则出射光的相位为

$$\varphi = 2\pi L/\lambda_0 = \mathrm{K}_0 nL \tag{11.14}$$

式中：K_0——光在真空中的传播常数；

n——纤芯折射率。

由此可见，纤芯折射率的变化和光纤长度 L 的变化都会导致光相位的变化，即

$$\Delta\varphi = K_0(\Delta nL + \Delta Ln) \tag{11.15}$$

11.1.5　光纤传感器在汽车上的应用

光纤传感器具有以下几方面的优点：

(1)采用光纤传递信息，不受电磁干扰，电气绝缘性能好，可在强电干扰下完成传统传感器难以完成的某些参量的测量，特别是电流、电压测量。

(2)光波传输无电能和电火花，不会引起被测介质的燃烧、爆炸；光纤耐高温、耐腐蚀；因而能在易燃、易爆和强腐蚀性的环境中安全工作。

(3)某些光纤传感器的工作性能优于传统传感器，如加速度计、磁场计、水听器等。

(4)重量轻、体积小、可绕性好，利于在狭窄空间使用。

(5)光纤传感器具有良好的几何形状适应性，可做成任意形状的传感器和传感器阵列。

(6)频带宽、动态范围大，对被测对象不产生影响，有利于提高测量精度。

(7)利用现有的光通信技术，易于实现远距离测控。

因此，光纤传感器技术已经成为极重要的传感器技术。光纤传感器正逐渐应用在汽车导航、汽车发动机监测、汽车轮胎测试、汽车底盘质量测试和汽车车速等汽车领域。下面举例介绍目前光纤传感器在汽车方面的具体应用。

1)光纤陀螺仪

光纤陀螺仪主要应用于汽车行驶中的定位和导向(图11.12)。目前汽车上主要靠GPS作为导航系统，但是GPS有着被动性的缺点，光纤陀螺仪将GPS与陀螺组合在一起使用，使汽车导航和自动驾驶真正具备了主动性。光纤陀螺仪本质上是由光电子器件组成的光干涉仪系统，没有任何活动部件，因此，光纤陀螺具有一系列独特的优点：不怕冲击振动，可以在恶劣的力学环境下应用，通过对陀螺传感器输出的汽车航向角变化的角速率进行积分，就能得到汽车行驶中的航向角变化量，对角速率的反应极快、角速率测量灵敏度高、测量速率范围广、潜在的成本低、加工简单。

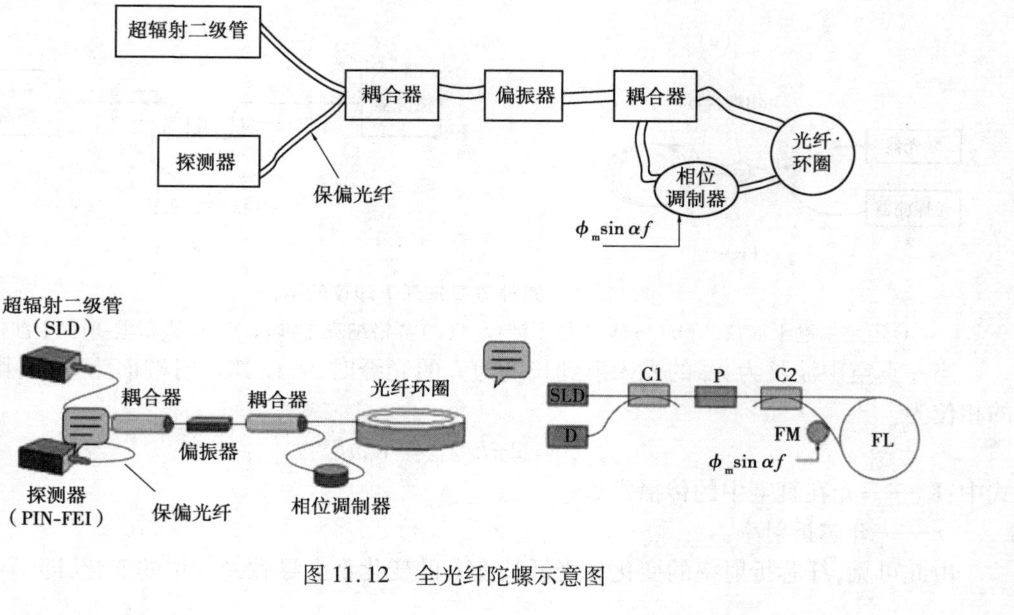

图11.12　全光纤陀螺示意图

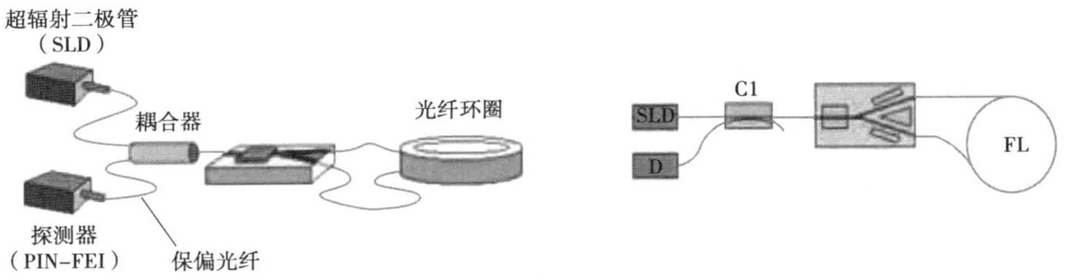

图 11.13　集成光器件光纤陀螺示意图

光学部分包含光电子器件和光纤器件。有时这两种器件都被纳入光电子技术。

按照光纤陀螺光学系统的构成,目前实用的光纤陀螺主要有两类:全光纤陀螺和使用了集成光学器件的“集成光学器件光纤陀螺”。

全光纤陀螺可采用开环或闭环的信号处理电路。这种陀螺的成本较低,但实现其高精度的技术难度较大,因此大多用于精度要求不高和低成本的场合。

集成光学器件光纤陀螺(图 11.13)由于波导相位调制器的调制带宽可高达几个 GHz,在信号处理中可以采用数字闭环技术,易于实现高精度和高稳定性,是目前最常用的光纤陀螺构成模式。

光纤陀螺由两部分组成:光学部分和信号处理电路部分。

为了控制光纤陀螺中由于偏振不稳定所造成的漂移,往往使用保偏光纤以及保偏器件。使用保偏光纤以及保偏器件后,陀螺性能提高了,但陀螺的成本也跟着上升。

通过采用消偏技术,可以用单模光纤制造低精度或中、低精度的低成本光纤陀螺。

2)光纤光栅传感器在汽车轮胎检测中的应用

每年因轮胎意外故障而造成的交通事故不计其数,对高速行驶中的轮胎的状况进行监测尤为必要。在汽车中使用光纤作为传输媒介,导入光纤类传感器,不仅可以减少汽车重量、提高数据传输速率,而且还能降低能源消耗,从而大大提高产品竞争力。

光纤光栅传感器,可以对汽车轮胎在行驶过程中的应力、压力、温度进行检测,通过对这三个量的监测来判断轮胎的状况。同时,该传感器还能取代汽车中的轮速传感器,实现对车轮速度的检测。

光纤光栅传感器检测应力、压力、温度的结构示意图,如图 11.14 所示。

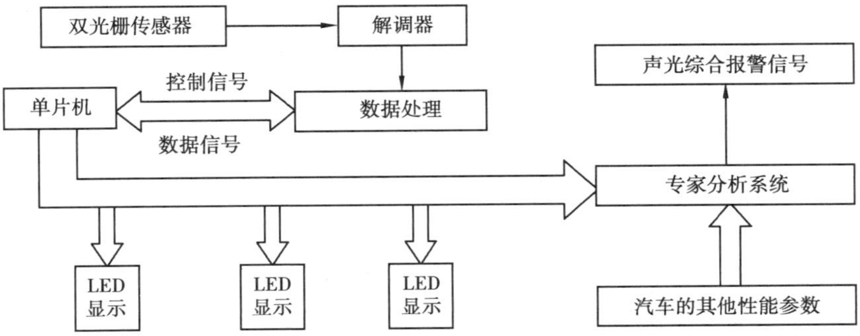

图 11.14　轮胎工作状况检测系统结构图

为了能够同时测量汽车轮胎的温度、应力、压力等反映轮胎状况的参数,在保偏光纤的同一位置分别刻写波长各不同的双光栅,以此双光栅作为传感探头,不仅如刻写在单模光纤上的双光栅一样,能够精确测量轮胎的温度和应力,同时测量汽车轮胎的压力和汽车车轮的速度,实现用一个传感器同时测量四个参量的功能。

3)基于光纤传感器的汽车底盘质量测试与控制

在汽车底盘制造中,利用光纤传感器来监测和控制汽车底盘的承载能力、硬度和韧度、材料的组成及使用寿命等。光纤传感技术可实现对汽车底盘质量状态进行实时预报监测,也可为新的底盘设计提供有效的参考,为改进结构提供帮助,而且可降低汽车底盘质量监测设备的维护费用。光纤传感测试技术采用普通通信用单模光纤作为传感元件进行测量以实现对光纤损耗的分布测试。

汽车底盘的制造都是流水作业。光纤传感测试技术就是运用流水作业的直线运行性,将光纤弯曲在汽车底盘的横臂上,在超过弯曲临界状态的情况下,与光功率的损耗近似成线性关系。传感器的设计本着将底盘中发生的变化转化为光纤中光损耗变化的设计原则,将传感器受到的变化转化为光纤弯曲角度的变化进而转化为光损耗的变化,以判别汽车底盘的制造质量。

光纤传感测试技术是目前发展得较为成熟的一种传输技术,与传统的质量检测设备相比有着很大的优势。传统的质量检测注重的是外观的控制,内部采用抽查式"点性扫描系统",而光纤传感测试采用"点到点线性系统",由复用器/解复用器背靠背方式实现波长上下,扩大检测的容量,解决每个产品的质量问题。传统的质量检测设备,没有自愈性的保护倒换,光纤传感测试采用时分复用的自愈环,实现光层的自愈环的保护倒换,能多时隙进行操作的"数字"变化,提供多种速率、多种业务的传送通道。

光纤传感器具有保护与恢复功能的拓扑结构,具有冗余路由成熟的检测控制技术,成为汽车底盘质量控制检测的首选拓扑形式。

4)监测汽车发动机的光纤传感器

美国加利福尼亚桑迪亚国家实验室发明了两种可"看见"运行中汽车发动机内部情况的光纤传感器。第一种传感器叫"威兹"探针。它在发动机标准火花塞上安装一个有8个1 mm的孔的环,每个孔中都装有光导纤维。将火花塞通过一个带螺丝扣的金属套拧入发动机缸体的燃烧室中,光纤与火花塞基底部分齐平,可监视燃烧室内部情况。光纤一旦与分光检测器和分析仪相连接,即可研究燃烧过程中的火焰状况、空燃比变化对燃烧过程的影响等。第二种传感器叫"巴克拉L"探针。它是在汽缸体侧面钻出小孔,嵌入3 mm直径的合成蓝宝石小窗观察发动机的燃烧过程,将测得的火焰发光效率输入发动机控制系统并将所得信息与压力、温度、空燃比相互联系,使发动机各缸工作平衡。其结果使发动机运行轻快、燃烧效率高,而且清洁、噪声小。

当然,光纤传感器尚未在汽车上广泛应用。主要原因在于元件价格较高;光纤耐温性能尚需提高;连接技术要更加方便快捷;汽车维修企业还要有修理光纤系统的能力。但目前已经有一些企业家看到了以上问题及市场前景,并已经开始组织力量研发光纤传感器用的光电子器件。

11.2　智能传感器

电子信息技术是现代汽车发展方向的主导因素，汽车的动力性能、操控性能、安全性能和舒适性能等各个方面的改进和提高，都将依赖于机械系统及结构和电子产品、信息技术间的完美结合。由于电子技术的发展使得汽车产品的概念发生了深刻的变化，除了一些车内音响、视频装备等车内电子设备的本质改变较少外，现代汽车电子从所应用的电子元器件（包括传感器、执行器、微电路等）到车内电子系统的架构均已进入了一个有实质性提高的新阶段。其中最有代表性的核心器件之一就是智能传感器。

所谓智能传感器就是一种带有微处理器的，兼有信息检测、信息处理、逻辑思维与判断功能的传感器。它具有人工智能，具有传统传感器所没有的特点，它使传感器技术提高到一个新的水平，使传感器技术发展到一个崭新阶段。

智能式传感器与传统的传感器相比具有以下特点：

(1) 它具有逻辑思维与判断、信息处理功能，可对检测数值进行分析、修正和误差补偿，因此减少测量误差，提高了测量准确度；

(2) 它具有自诊断、自校准功能，提高了可靠性；

(3) 它可以实现多传感器多参数复合测量，扩大了检测功能与使用范围；

(4) 检测数据可以存取，使用方便；

(5) 它具有数字通信接口，能与计算机直接联机，相互交流信息。

11.2.1　智能传感器构成及各部分的功能

智能传感器可依据它的功能划分为基本传感器和信号处理单元两个部分，如图 11.15 和图 11.16 所示。这两部分可以通过集成技术一起设置，形成一个整体，封装在一表壳内。也可以在环境恶劣的测量环境分开远离设置，有利于电子器件和微处理器的保护，并可进行远程操控。从此意义上说，基本传感器部分又可称为现场传感器或现场仪表。当然，采取整体封装式或远离分装式，应视使用场合与条件而定。

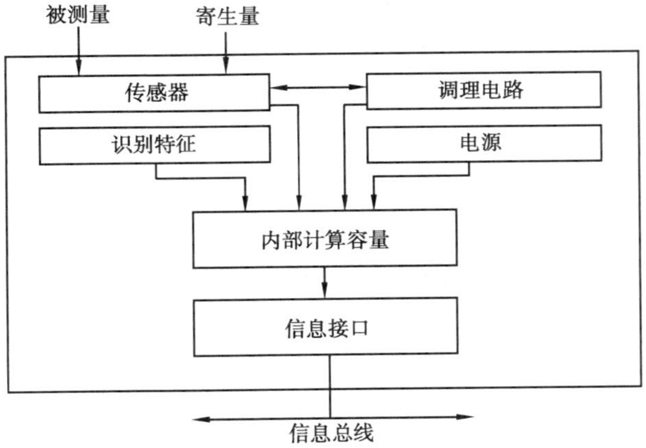

图 11.15　智能传感器功能简图

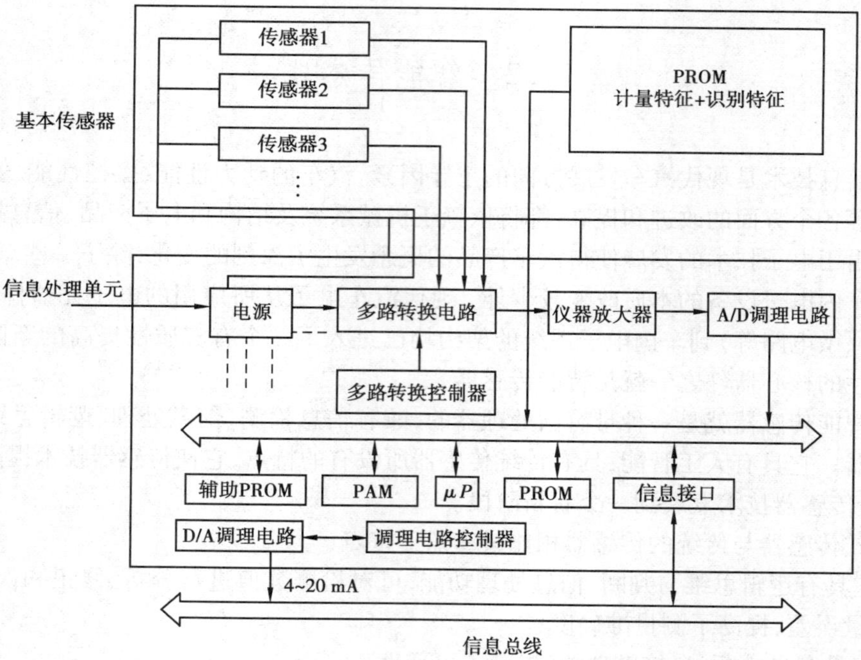

图 11.16　智能传感器可能的结构方案

对于基本传感器,应执行下面三项基本任务:

(1)检测一个或数个被测参数;

(2)将传感器的识别特征存放在储器 PROM(可编程的只读存储器)中;

(3)将传感器的计量特性贮存在只读存储器中,以便校准与计算之用。

对于信号处理单元而言,应完成下面三项基本任务:

(1)为所有器件提供相应要求的电源;

(2)通过微处理器计算分析放置在各对应的只读存储器中的各被测量,并校正各传感器所测得被测量。

(3)通过通信网络以数字形式传输数据(例如读数、状态、内检等),并接收指令与数据。

此外,智能传感器也可作为分布式处理系统的组成单元而受中央计算机控制,如图 11.17 所示。图中的每一单元代表一个智能传感器,包含有基本传感器、信号调理电路、一个微处理器,各单元接口电路直接挂在分时数字总线上,以便与中央计算机通信。

基本传感器是智能传感器的基础,很大程度上决定着智能传感器的性能。因而,基本传感器的设计、研制与选用很重要。近十多年来,随着微细制造工艺的逐步成熟,已有许多实用的高性能微型结构传感器。美国的 Honewell 公司率先研制智能传感器,有单一参数与多参数型式。如硅材料的物理效应可用于制成多种敏感机理的固态传感器,其与硅集成电路的工艺相容性好。又如石英、陶瓷等也是研制先进传感器的好材料。

在基本传感器中,有时为省去 A/D 和 D/A 器件,进一步提高智能传感器的精度,开发与研制直接输出数字式或准数字式的传感器,并与微处理系统配套组合成智能传感器。如硅谐振式传感器便是准数字输出,不需要 A/D,可与微处理器接口构成智能传感器,用于精密测量。

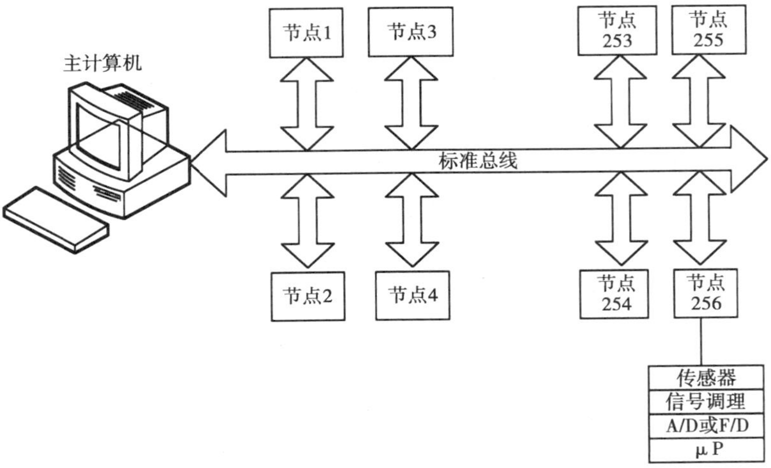

图 11.17　分布式系统中的智能传感器示意图

在传统型的传感器中，它的输入-输出特性有一定的非线性，需要进行相应的线性度修正。而在智能传感器的设计思想中，不要求基本传感器呈现高线性度，只要求其特性具备良好的重复性与稳定性。其非线性可利用微处理器进行处理，实现非线性补偿。具有良好重复性与稳定性的硅电容式传感器、谐振式传感器、声表面波式传感器，虽有输入-输出特性的非线性问题，但通过微处理器的处理补偿后，便可组合构成智能传感器。

应该指出的是，传感器的时滞和影响长期工作稳定性的漂移仍是难以校正与补偿的问题。所以，研发性能优异的智能传感器必须从与其相关的材质、热处理、稳定性处理等环节加以重视与研究，而仅靠微处理系统的处理，补偿还是不够的。

11.2.2　智能传感器的软件设计

智能传感器具有很强的实时在线功能。尤其是在动态测量时常常要求在几个 μs 级内完成数据采集、处理、计算与输出。这些大量而又复杂的一系列工作都必须在智能传感器设计的软件（程序）支持下进行与实现。可以说智能传感器设计思想改变了过去传统传感器追求输入-输出特性的高线性度，而是如何使软件配合硬件设置使其实现更多功能、使用方便与工作更为可靠。智能传感器的软件设计概括地说应包括下面几项：

（1）标度变换。把被测连续变化模拟量经 A/D 变换成数字量，然后由标度变换成有量纲的数据，例如温度、重量、压力、流量等，便于显示、运算和打印。

（2）数字调零。在检测系统输入电路中，一般都存在着不同程度的零点漂移和增益偏差以及器件参数不稳定导致的信号变化等现象，严重影响着数据准确性。因而，必须设法进行相应参数的自动校准，才能保证一定的测量精度要求。为此，可在软件设计中设置各种参数的相应校准程序，以实现零点与增益等的偏差校准，称其为数字调零。这可应用于系统开机或定时自动测量基准参数进行自动校准。

（3）非线性补偿。智能传感器中的非线性补偿与校正技术是先通过实验测定它的输入-输出特性曲线，在选定区域中采用多点线性插值法逐步逼近，由微处理器进行计算与分析，进而实现智能传感器的非线性补偿与自动校正。同样，也可应用于传感器由于温度变化导致的误差修正。

(4)数字滤波。在动态测试环境和测试系统电路中,常常会产生尖脉冲之类随机噪声干扰,尤其是在电源电路中也会引入工频 50 Hz 的干扰源。因而,在智能传感器系统中必须通过设置相应的数字滤波软件来削弱或滤除这些干扰信号,以保证高精度的测试。

(5)自动转换量程。在动态测试中,常有量值差异悬殊的测量信号同时出现于测量过程中,为了细化分析不同过程的变化和提高测量精度,智能传感器采用量程自动转换程序,通过微处理器依据 A/D 变换器输出的测量数字量,判断可变量程衰减器的设定值是否合适,进而自动调节衰减器的设定值达到量程的自动转换。

11.2.3 智能传感器在汽车上的发展方向

1)基于智能传感器的汽车轮胎压力监测系统

智能轮胎压力传感器具备轮胎监控模块所需要的所有功能,它不需要在传感器模块中增加速度传感器,就可以在汽车启动时自动开机进入自检,能测量压力、温度和电压等。它将传感器单元和 A/D 转换器、信号处理、校定数据存储、能源管理以及同步串行通信接口(SSI)完全集成在一起,使集成后系统更为便利和灵活。图 11.18 智能压阻压力传感器硬件框图。该传感器配备一颗微型电池,设计使用寿命达到 10 年以上,其中包括了低功率的微控制器和发送器的电能供应。由于大多数的电路系统只需要在测量时的很短时间间隔里被激活。一个测量循环可以由外部命令和内部的自醒算法来触发。该智能传感器的最佳的测量频率为一秒钟 1 次或 2 次,这个频率对于改变非常缓慢的被测压力来说已经足够。

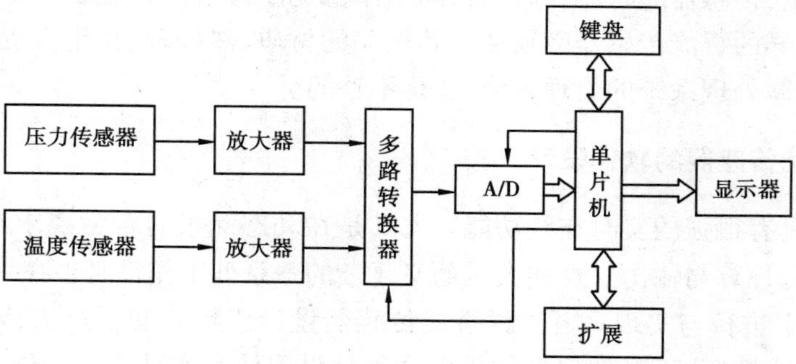

图 11.18 智能压阻压力传感器硬件框图

2)汽车运行信息智能传感器测试系统

汽车运行信息测试智能传感器系统是针对目前普遍存在的疲劳驾驶、超速驾驶、超载等问题进行自动控制、记录与报警的智能控制装置,在现代化的交通控制和管理中起着很重要的作用。

车辆运行信息测试智能传感器系统主要功能是检测记录汽车运行过程中的超速驾驶、疲劳驾驶、车辆超载等信息。由驾驶员驾驶资质确认单元、驾驶员超速驾驶检测单元、驾驶员疲劳驾驶检测单元、车辆承重检测单元以及显示和控制单元等部分组成。系统结构图如图 11.19。

(1)驾驶员驾驶资质确认单元。驾驶员必须具有公安部下发的正式的驾驶员信息 IC 卡。卡中注明了驾驶员的身份证号、性别、年龄、准驾车型等数字信息。驾驶员在驾驶车辆前,将记录其有关信息的 IC 卡插入系统读卡器,系统自动检测驾驶员的驾驶资质是否符合驾驶该车辆

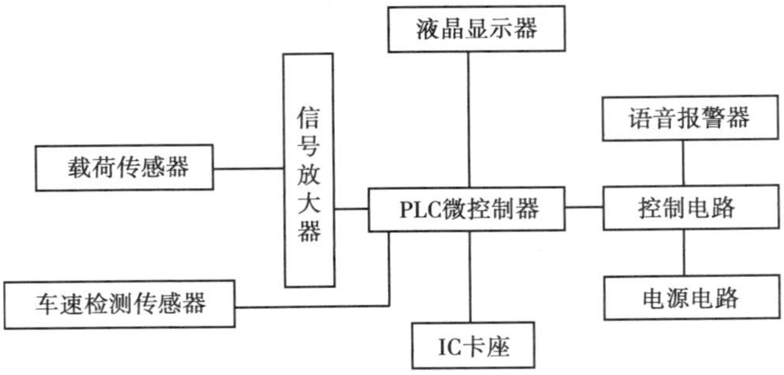

图 11.19　系统结构图

的条件,若不符合系统将自动切断车辆的启动部分,使车辆无法启动,只有符合条件的驾驶人员方能驾车。防止了无证驾驶。

(2)驾驶员超速驾驶检测单元。当完成驾驶员信息 IC 卡识别后,驾驶员可驾车行驶。汽车速度传感器根据汽车的最高限速检测汽车运行的速度信号,当汽车超过最高限速行驶时,可语音提醒驾驶员超速。如超速行驶警告超过三分钟(可根据要求设定警告时间),智能测试仪自动记录储存超速违章的时间和次数并写入记录驾驶员资料信息的 IC 卡。

(3)驾驶员疲劳驾驶检测单元。车辆启动并行驶后系统开始记时,当驾驶员连续驾驶时间超过 6 小时规定值时(可根据要求设定)系统将发出声光报警,语音提醒驾驶员休息或更换驾驶员(插入新的驾驶员信息卡)。在发出报警后 10 分钟内若驾驶员还不停车休息或更换驾驶员,系统会自动将连续驾驶时间信息记入 IC 卡。如驾驶员休息时间超过 30 分钟以上,计时器自动清零,重新开始计时。

(4)车辆承重检测单元。汽车信息测试智能控制仪的核心是安装在车辆上的汽车载荷传感器,通过载荷传感器将车辆的承载信息进行采集,计算出汽车的载荷,然后判断车辆是否超载,如超载时显示超重信息,同时切断车辆启动电路的电源使车辆无法启动,只有车辆载荷符合规定值时方能启动。

由此可以看出,汽车信息测试智能控制系统可有效协助国家行政管理机关加强对车辆及驾驶员的管理,促进我国高科技现代化交通管理的发展。不仅具有防超速、疲劳驾驶、防车辆超载的功能,还兼有防盗、防无证驾驶的功能,可对违章信息进行记录以备行政管理部门的检查与监督,液晶显示和声光报警器功能,警示驾驶员遵章驾驶。车辆载重测试系统采用压力传感器,对车辆的载重情况实时监测,测量精度高。

3)控制汽车污染的智能传感器

燃料在汽车发动机汽缸中有时不能充分燃烧,即出现所谓缺火现象。这时,燃料会在排气管或催化转化器中燃烧,造成对催化转化器的损伤。催化转化器是用来将一氧化碳、氮氧化物等有害气体转化成无害的二氧化碳、氮气和水的装置,它的损害会引起汽车尾气的污染。美国 Purdue 大学的研究人员研制出了一种智能传感器,它能提醒司机注意发动机出现的问题,从而减少汽车污染。

传统的检测缺火信号方法是检测器直接插入发动机汽缸里,这会带来在温度和压力极限状态下性能不可靠的问题。Purdue 大学研制的这种传感器采用间接测量方法,通过测量发动机汽缸外部数据,包括汽车传动系统速度的波动,通过计算机数字信号处理和智能推理,来判断每个汽缸里发生的情况。它能从因路面不平或其他振动造成的混乱信号中分辨出因缺火引起的速度波动信号,从而准确地测出缺火信息。

4)智能传感器在汽车行业的发展方向

目前,智能式传感器的发展处于初级阶段,它是由几块相互独立模块电路与传感器组装在同一壳体里构成智能化传感器。未来的智能传感器应该是传感器、信号调理电路和微型计算机等集成在同一芯片上,形成大规模集成化的高级智能式传感器。图 11.20 是未来智能式传感器的一种构思,它是将敏感元件、信号变换、运算、记忆和传输功能部件分层次集成在一块半导体硅片上,构成多功能三维智能式传感器。

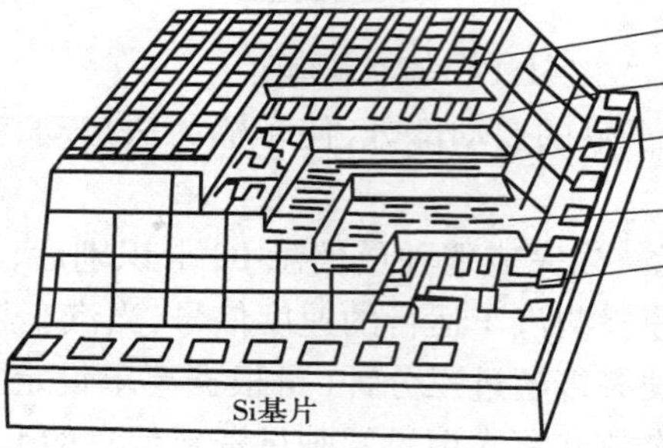

图 11.20 未来的单片智能传感器

由此可见,智能传感器发展的速度,关键是半导体集成技术,即智能式传感器的发展依赖于硅集成电路的设计、制造与装配技术。

国内智能式传感器研究与开发起步较晚。由于半导体集成技术所限,近期也难以实现单片集成化智能传感器。目前研究混合集成式智能传感器具有较好的发展前景:采用部分进口芯片、国产芯片和敏感元件,利用现有条件实现传感器智能化适合我国国情,或者在现有的传感器壳内,装置专用的集成芯片和单片机等构成智能化传感器。这样既可以利用我国成熟的传感器技术,又能吸收先进的微电子技术,使传感器具有智能功能。

11.3 固态图像传感器

固态图像传感器利用光敏单元的光电转换功能将投射到光敏单元上的光学图像转换成电信号“图像”,即将光强的空间分布转换为与光强成比例的大小不等的电荷包空间分布。然后利用移位寄存器的移位功能将这些电荷包在时钟脉冲控制下实现读取与输出,形成一系列幅值不等的时序脉冲序列。

固态图像传感器具有尺寸小、价廉、工作电压低、功耗小、寿命长和性能稳定等优点,可用于图像识别和快速动态测量等。在汽车上作为驾驶员的“电子眼”,延伸和扩展了驾驶员的视野,同时推动了车载办公自动化系统,进一步加快了汽车无人自动控制驾驶的发展进程。

固态图像传感器的核心是电荷转移器件,有五种类型:电荷耦合器件(CCD)、电荷注入器件(CID)、金属-氧化物-半导体(MOS)型、电荷引发器件(CPD)和叠层型成像器件,其中以 CCD 应用最为普遍。因此,本节主要介绍 CCD 固态图像传感器的原理及其应用技术。

11.3.1　CCD 工作原理

CCD 是由以阵列形式排列在衬底材料上的金属-氧化物-半导体（MOS）电容器件组成，具有光生电荷、积蓄和转移电荷的功能。

图 11.21 所示为 MOS 光敏元的结构原理。它是在 P 型（或 N 型）单晶硅的基体上，生成一层很薄的 SiO_2 绝缘层，再在其上沉积一层金属电极，形成了一个 MOS 光敏元。

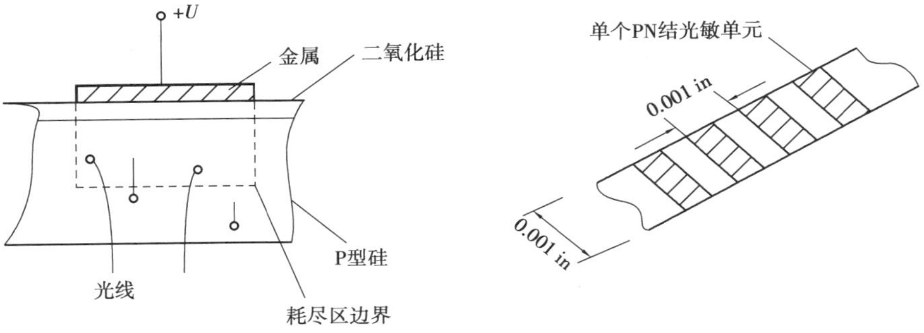

(a)　　(b)

图 11.21　CCD 的工作原理

(a) MOS 光敏元　(b) CCD 单元阵列

由半导体原理可知，当在金属电极上施加一正偏压时，它所形成的电场排斥电极下面硅衬底中的多数载流子（空穴），形成耗尽区，少数载流子（电子）就被聚集到电极下面的硅表面处，因为这里的势能较低，故又称为“势阱”。随着正偏压升高，耗尽区的深度增大，捕获电子的能力越强。若此时有光线入射到硅片上，在光子的激发下硅片上就会产生电子-空穴对，其中的空穴被排斥到硅基体，而光生电子将被势阱所收集。可见，势阱所捕获的光生电子数量与入射到势阱附近的光强成正比，把一个势阱所收集的若干光生电荷称为一个“电荷包”。这样一个 MOS 光敏元称为一个像素，通常的 CCD 器件是在半导体硅片上制有几百或几千个相互独立排列规则的 MOS 光敏元，称为光敏元阵列。这些光敏元的金属电极形成栅极，在栅压的作用下，半导体硅片上就形成众多相互独立的势阱。如果照射在这些光敏元上的是一幅明暗起伏的图像，那么这些光敏元就形成一幅与光照强度相对应的光生电荷图像，即实现了光电转换，这就是 CCD 的基本工作原理。

11.3.2　CCD 图像传感器

CCD 图像传感器按其像素的空间排列可分为两大类：(1) 线阵 CCD，主要用于一维尺寸的自动检测，如测量精确的位移量、空间尺寸等，也可以由线阵 CCD 通过附加的机械扫描得到二维图像，用于实现字符、图像的识别；(2) 面阵 CCD，主要用于实时摄像，如生产线上工件的装配控制、可视电话以及空间遥感遥测、航空摄影等。

1) 线阵 CCD 图像传感器

线阵 CCD 图像传感器的结构，如图 11.22 所示。具有单读出寄存器结构的线阵图像传感器由成直线排列的光敏单元和单排移位寄存器组成。光学成像系统将被测图像成像在 CCD 的光敏面上，光敏单元将图像信号按其强度大小转变为一定的电荷信号存储于光敏单元的

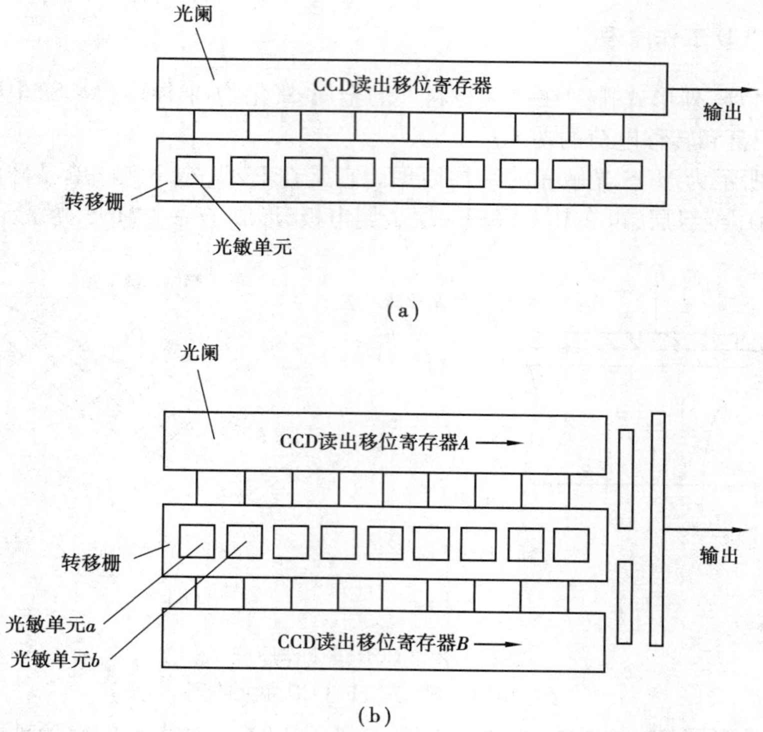

图 11.22　线阵 CCD 图像传感器的结构
(a)单读出寄存器结构　(b)双读出寄存器结构

MOS 电容中。光敏单元中的光生电荷经转移栅转移到每一光敏单元对应的移位寄存器中，在驱动脉冲的作用下顺序移出，在输出端得到与光学图像对应的视频信号。

由于光一直照射在器件上，为了不至于引起图像的过载和模糊，设有遮挡快门，在光生电荷读出期间切断光电荷的积分并迅速移出一帧图像信号。

双读出寄存器结构具有两列 CCD 移位寄存器 A 和 B，分列在光敏阵列两边，在光积分周期结束后，光敏单元 a 和 b 的光生电荷分别转移到对应的 A 和 B 寄存器，然后在驱动脉冲的作用下，分别向右移动，最后以视频信号输出。与单读出寄存器结构相比，双读出寄存器结构的转移次数减少一半，电荷转移效率提高一倍。

实际 CCD 将光敏单元和读出移位寄存器分开排列，这可以使光生电荷的积分时间与信号的读出时间交叠起来，获得 100% 的工作时间。参照人眼的临界闪烁频率，光积分时间常选为 25 ms，每帧读出时间 2 ~ 3 ms。

2）**面阵 CCD 图像传感器**

面阵 CCD 图像传感器的光敏单元按二维矩阵排列组成光敏区。由于传输方式不同，分为线传输面阵 CCD、场传输面阵 CCD 和行间传输面阵 CCD。其中线传输面阵 CCD 易引起图像模糊，因而不实用。

图 11.23 所示为场传输面阵 CCD 结构原理图。它由光敏元面阵、存储器面阵和读出寄存器组成。存储器面阵的存储单元与光敏元面阵的像素一一对应，在存储器上覆盖了一层遮光层，防止外来光线的干扰，从而消除光学拖影，提高图像的清晰度，以便于同后面的显示器匹配。

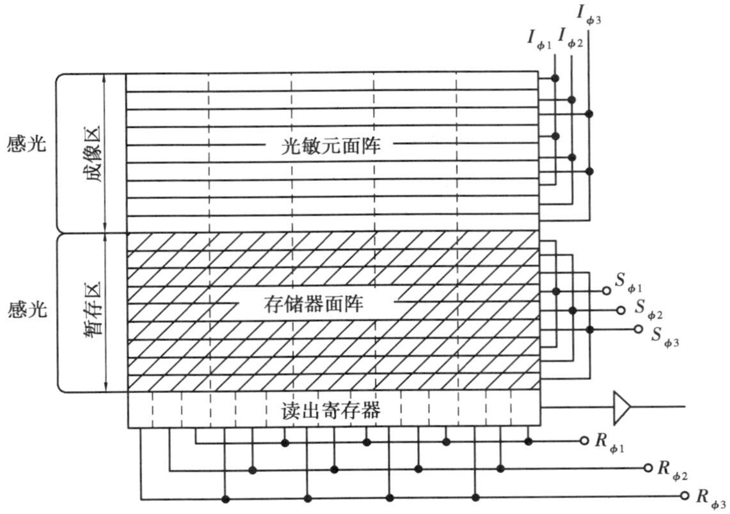

图 11.23　场传输面阵 CCD 结构原理图

在光积分时间内各光敏元感光生成电荷包，曝光结束时，在转移脉冲作用下电荷包进行转移，将光敏区的电荷信号，全部迅速地转移到对应的存储区暂存。此后光敏元面阵开始第二次光积分，与此同时存储器面阵里存储的光生电荷信息从存储器底部开始向下一排一排地转移到读出移位寄存器中，每向下转移一排，在高速时钟驱动下从移位寄存器中顺次输出每行中各位光信息，从而完成二维图像信息向二维电信息的转换。

图 11.24 所示为行间传输面阵 CCD 的结构原型图。它是由光敏单元阵列、存储单元阵列、转移栅和读出移位寄存器组成。光敏单元与存储单元相隔排列，即一行感光元件，一行不透光的存储元件，一一对应，二者之间由转移栅控制，下部是一个水平读出移位寄存器。

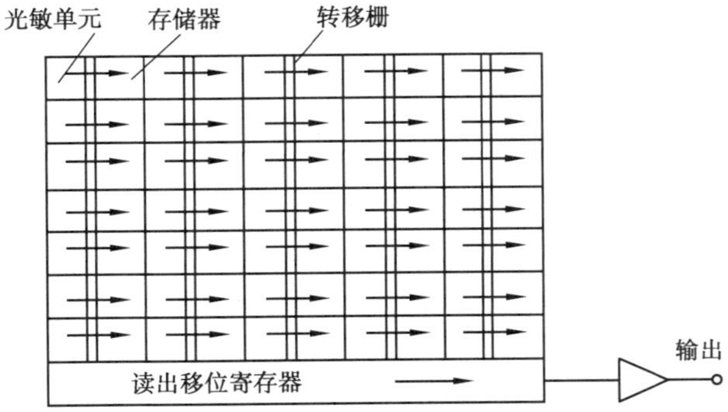

图 11.24　行间传输面阵 CCD 的结构原理图

光敏单元在光积分结束时，在转移栅控制下，电荷包并行转移至存储器中暂存，然后每行信号以类似于场传输的转移方式依次从读出寄存器输出。这种器件操作简单、图像清晰，因此单片式彩色摄像机大多采用这种器件。

11.3.3　CCD 图像传感器及其在汽车上的应用

目前，基于电荷耦合器件成像原理的图像传感器已经开始装备在汽车上，特别与体积小、重量轻、厚度薄的液晶动态显示屏相结合，从而改变了车载电子设备用模拟表头或是数码显示管显现的传统模式。CCD 作为驾驶员的电子眼睛,一方面,可作为安全驾驶监视器,防止驾驶员打瞌睡或过度疲劳;另一方面又可作为自动刹车电子眼,避免汽车在急驶中发生相撞。

1)汽车倒车防撞监视器

传统的汽车倒车过去一直采用声光报警装置,而后发展成为语音提示,再进一步利用超声波的反射原理研制成倒车声纳探测系统,通过仪表板可以把障碍物的距离告诉驾驶员。但使用这种装置时驾驶员不能直观地观察车后的景象,因此倒车时仍然要小心翼翼。为此,日本研制出一种汽车用后视镜,实际上它是把微型液晶彩电装入反光镜内,信号则由装在汽车尾部的摄像机提供。驾驶员从液晶屏幕显示的反光镜中便可清晰地看到汽车两侧及车后全方位的情况,倒车时相当安全方便。

2)汽车电子后视系统

瑞典一家公司利用 CCD 成像特性设计制造了遥控电子眼,并将其装备在一辆新式的 6 缸柴油发动机驱动的重型自卸车上,该车的尾部装有可升降的载重 80 吨的巨型货铲。为了使司机在施工现场灵活地操纵此庞然大物,驾驶室的仪表总成上为驾驶员安装了遥控装置和液晶电视屏幕,在货铲上则装有 CCD 电视摄像机。操作时,驾驶员通过电视屏幕可以观看到现场四周的情况,一旦电视摄像机前方出现视线死角时,驾驶员还可利用遥控装置变换电子眼的位置改变观察视角。

3)带近光检测的机动车全自动前照灯检测仪和无线传真机

夜视系统本是用于军事目的装置,美国通用汽车公司却将该装置改造成汽车夜视系统。在汽车的前方安上红外式 CCD 成像仪,它能把夜间行车的景观清晰地显示在一个扁平式阴极射线显像管上,驾驶员能看到前方 500 m 内详细情况,而一般前照灯只能照射 100 m 左右。这种新型夜视系统可保证驾驶员在黑夜、烟雾或雨雪中安全驾车行驶。

为了帮助白领阶层能在上班途中工作,日本推出一种公务轿车,车上安装了由日本无线电公司生产出一种车载小型快速无线传真机。该机采用线阵 CCD 扫描、数字通讯方式,配备一个无线电接口装置便可与各种移动台或基地台连接,写发一张 A6 标准幅面文稿只需 30 秒钟。为使汽车在行驶中能清晰地记录,该机内设了独特的纠错电路。它还有定点寻呼、自动接收、分路传输等功能。

4)基于数字图像技术的汽车无人驾驶系统

在汽车的无人自动驾驶技术方面,目前最引人注目的最新进展首推德国戴姆勒—奔驰汽车公司正在试验的一种“维塔”牌汽车自动驾驶系统。“维塔”牌汽车行驶时,实际驾驶员是一台车载主计算机,其下挂几十个单片微处理机,可每秒钟 12 次处理由分别安装在汽车前后的 18 台摄像机拍摄的总图像,然后作出驾驶操作判决动作。转向盘和制动踏板全部实现自动控制。安放在车身前方、两侧、后视镜上和后窗前的“电子眼”,可看清汽车前后百米和两侧 7 米的周围环境,及时发现正在接近的障碍物、行人或其他汽车的各种征兆。此外,该汽车能够预测所有目标的距离、计算出目标的相对移动速度,以及测出自己在路途中的相对位置。如果发现前面的汽车与自己相距太近,计算机会发出减速指令,以保持两车的安全车距。如有超车机会,计算机也会命令超车,然后再重新调整返回到原来的正常行驶状态。此外,“维塔”汽车自动驾驶系统还能识别各种道路两侧的标志,如限速、十字路口的交通指示灯和禁止鸣喇叭标志,并按这些标志的要求进行行驶,不会发生违章。目前,该车已无人驾驶自动行驶了一万多公里,虽然仍处在试验阶段,但预示着汽车自动安全驾驶已为期不远。

总之,电荷耦合器件在汽车方面的应用虽然刚刚起步,但已经展示了广阔的应用前景。

11.4　其他新型传感器在汽车上的应用

11.4.1　红外传感器

1)红外辐射

红外辐射又称为红外线(光),它是一种肉眼看不见的光线。但实际上它和其他任何光线一样,也是一种客观存在的物质。任何物体只要它的温度高于绝对零度(-273.15 ℃),就会有红外线向周围空间辐射。

红外线是位于可见光中红色光以外的光线,故称红外线,它的波长范围大致在 0.76 ~ 1 000 μm之内,相对应的频率大致在 $4 \times 10^4 \sim 3 \times 10^{11}$ Hz 之间,红外线与可见光、紫外线、γ 射线、X 射线、微波、无线电波一起构成了整个无限连续电磁波谱。如图 11.25 所示。

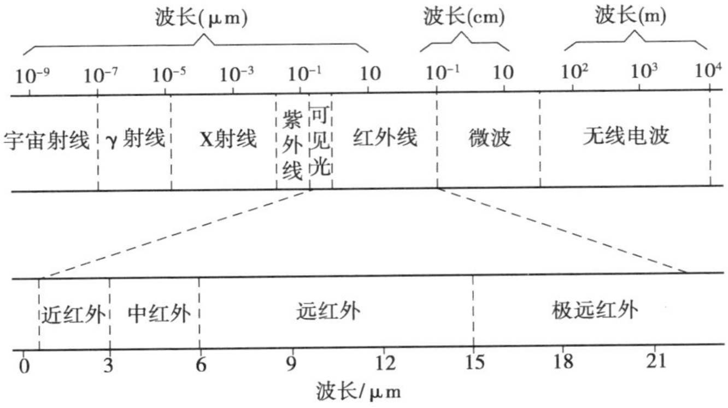

图 11.25　电磁波波谱

在红外技术中,一般将红外辐射分为 4 个区域,即近红外区、中红外区、远红外区和极远红外区。这里所说的远近是指红外辐射在电磁波谱中与可见光的距离而言。

红外辐射的物理本质是热辐射。物体的温度越高,辐射出来的红外线越多,红外辐射的能量就越强。研究发现,太阳光谱各种单色光的热效应从紫色光到红色光是逐渐增大的,而且最大的热效应出现在红外辐射的频率范围之内,因此人们又将红外辐射称为热辐射或热射线。实验表明,波长在 0.1 ~ 1 000 μm 之间的电磁波被物体吸收时,可以显著地转变为热能。可见,载能电磁波是热辐射传播的主要媒介物。

红外辐射和所有电磁波一样,是以波的形式在空间直线传播的。它在真空中的传播速度等于波的频率与波长的乘积,即等于光在真空中的传播速度。

物体的温度与辐射功率的关系由斯蒂芬-玻耳兹曼定律给出,即物体的辐射强度 M 与其热力学温度的 4 次方成正比

$$M = \varepsilon \sigma T^4 \tag{11.16}$$

式中:M——单位面积的辐射功率,$W \cdot m^{-2}$;

σ——斯蒂芬-玻耳兹曼常数,等于 $5.67 \times 10^{-8}\ W \cdot m^{-2} \cdot K^{-4}$;

T——热力学温度,K;

ε——比辐功率(非黑体辐射度/黑体辐射度)。

红外检测技术的理论基础就是斯蒂芬-玻耳兹曼定律。

2)红外传感器

红外传感器是能将红外辐射能转换为电能的一种光敏器件,常常称为红外探测器。它是红外探测系统的关键部件,它的性能好坏将直接影响系统性能的优劣。因此,选择合适的、性能良好的红外探测器,对于红外探测系统十分重要。

红外探测器种类很多,常见的有两大类:热探测器和光子探测器。

热探测器是利用入射红外辐射引起探测器敏感元器件的温度变化,进而使其有关物理参数发生相应的变化,通过测量有关物理参数的变化来确定红外探测器所吸收的红外辐射。热探测器的主要优点是响应波段宽,可以在室温下工作,使用方便。但是,热探测器响应时间长、灵敏度较低,一般用于红外辐射变化缓慢场合。热探测器主要类型有:热敏电阻型、热电偶型、热释电型和高莱气动型四种。

光子红外探测器是利用某些半导体材料在红外辐射的照射下,产生光电效应,使材料的电学性质发生变化。通过测量电学性质的变化,可以确定红外辐射的强弱。利用光子效应所制成的红外探测器统称光子探测器。光子探测器的主要持点是灵敏度高、响应速度快、响应频率高。但其一般需在低温下工作,探测波段较窄。按照光子探测器的工作原理,一般可分为外光电探测器和内光电探测器两种。光子探测器一般用于测温仪、航空扫描仪、热像仪等。

3)红外传感器在汽车上的应用

在汽车上的自动雨刷系统,透过红外线电子雨量传感器感应雨量的多少,并随车速的变化自动调整雨刷速度,增进驾驶员的驾驶方便性,让驾驶更有安全性。

汽车倒车防撞语音提示器就是利用反射式近红外传感器及语音录放组件,当汽车倒车时,只要距车身后尾一定的距离内有人或物体存在,就会有一部分红外光信号经人或物体反射回来,被与发射管同排安装的光敏接收管收到并转换成同频率的电信号后,由模块内部电路进行放大、解调、整形、比较处理后,在输出端输出控制信号,控制语音录放组件工作,告诉司机车后有人或有物体。近红外线传感器、语音录放组件均为一体化结构,成本低、接线简单、抗震能力强、测量准确、工作稳定可靠,适合在汽车上安装使用。

11.4.2 超声波传感器

超声波是频率 20 Hz 以上的机械振动波,具有很高的穿透能力,在钢材中甚至可以穿透 10 m。超声波在不同的介质中传播时具有不同的速度,也像光波一样产生反射、折射现象,利用这些性质可以实现液位、流量、温度、黏度、厚度、距离等多种参数的测量。

超声波传感器是将声信号转换成电信号的声电转换装置,又称为超声波换能器或超声波探头,它是利用超声波产生、传播及接收的物理特性工作的。超声波传感器在汽车上主要应用在防撞报警、前照灯调节、自助式停车和智能悬架等方面,这类传感器能够在 0 ℃到 40 ℃的温度范围内测距范围为 0.1 ~0.3 m,精度为 1 mm。

超声波传感器用作汽车倒车防撞报警装置,也被称为超声波倒车雷达或倒车声纳系统,尤其适用于加长型装载汽车、载重大货车、矿山汽车等大型车辆。超声波传感器通常由铝合金外壳、压电陶瓷换能器、吸声材料、引线电极所构成,具有水平方向特性宽,而垂直方向受到限制的方向性。其原理是利用锆钛酸铅 PZT 压电陶瓷在电能与机械能之间相互转换的正、逆压电效应,即在压电陶瓷上加一电信号,便产生机械振动而发射超声波,当超声波在空气传播途中碰到障碍物立即被反射回来,作用于压电陶瓷时,则会有电信号输出,通过数据处理时间差测距,计算能显示出车与障碍物的距离与危险相撞时及时报警,可准确无误地探测汽车尾部及驾车者视角盲区的微小障碍物,实用性相当强。图 11.26 和图 11.27 是超声波测距的原理图和防撞电路原理框图。

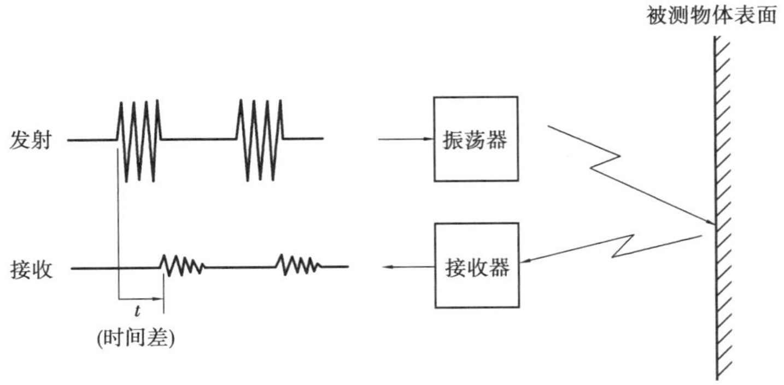

图 11.26　超声波测距原理

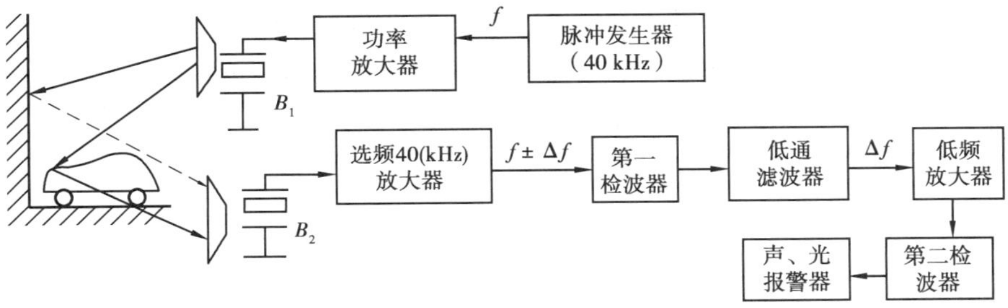

图 11.27　超声波防撞报警器电路原理框图

图 11.26 所示超声波测距的原理,包括超声波发射、超声波接收、定时电路、控制电路等部分。首先由发射器向被测物体发射超声脉冲,超声波发射器发射超声波以后,发射器关闭,同时打开超声波接收器检测回声信号。定时电路用以计测超声波在空气中的传播时间,它从发射器发射超声波时开始计时,直到接收器检测到超声波为止。超声波传播时间的一半与声波在介质中的传播速度的乘积就是被测量物体与传感器之间的距离。

图 11.27 为超声报警电路。上图为发射部分,下图为接收部分的电原理框图,它们装在同一线路板上。发射器发射频率 $f=40$ kHz 左右的连续超声波(空气超声探头选用 40 kHz 工作频率可获得较高灵敏度,并可避开环境噪声干扰)。如果汽车进入信号的有效区域,相对速度为 v,从汽车反射回接收器的超声波将由于多普勒效应,而发生频率偏移 Δf。所谓多普勒效应是指当超声波源与传播介质之间存在相对运动时,接收器接收到的频率与超声波发射的频率将有所不同。产生的偏频 $\pm\Delta f$ 与相对速度的大小及方向有关。接收器将收到两个不同频率所组成的差拍相信号(40 kHz 以及偏移的频率 40 kHz $\pm\Delta f$)。这些信号由 40 kHz 选频放大器放大,并经第一检波器检波后,由低频滤波器滤除 40 kHz 信号,而留下 Δf 的多普勒信号。此信号经低频放大器放大后,由第二检波器 B 转换为直流电压,去控制报警喇叭或指示器。

为获得高的发射效率和接收灵敏度,发射接收集成在一起的自发圆盘弯曲振动换能器的超声波传感器是目前市场上的主流产品,具有很高的发射效率与接收灵敏度以及尖锐的指向性。超声波有一定的探测角度和范围,欲覆盖汽车后部整个区域,窄体车辆需装用2只超声波传感器,而宽体车辆则需安装4只或更多。

11.4.3 气体浓度传感器

工业、科研、生活、医疗、农业等许多领域都需要测量环境中某些气体的成分、浓度。利用气体浓度传感器,监测汽车尾气,检测发动机空燃比,即可节省燃油,还能减少 CO,NO_x 等有害气体的排放量。气体浓度传感器品种繁多,以氧传感器为例,介绍其在汽车上的应用。

氧传感器可用于电子控制燃油喷射装置中的反馈系统。用以检测排放气体中的氧气浓度、空燃比的浓稀,监测汽缸内是否按理论空燃比(14.7∶1)进行燃烧,并向计算机反馈。这种传感器的结构,如图 11.28 所示。它是由产生电动势的二氧化锆管、起电极作用的衬套、以及防止二氧化锆管损坏和导入汽车排气的进气孔组成的。

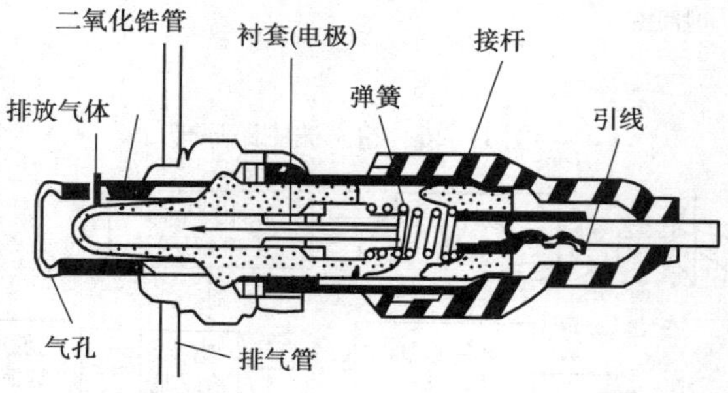

图 11.28　氧传感器的结构

二氧化锆管的内、外表面均涂覆有薄薄一层铂,铂既可以成为电极又具有电势放大作用。二氧化锆管的外表面处于氧气浓度较低的汽车所排放的气体中,而管的内表面则导入周围空气,两表面氧浓度之差就会产生电动势。产生电动势的部位如图 11.29 所示。

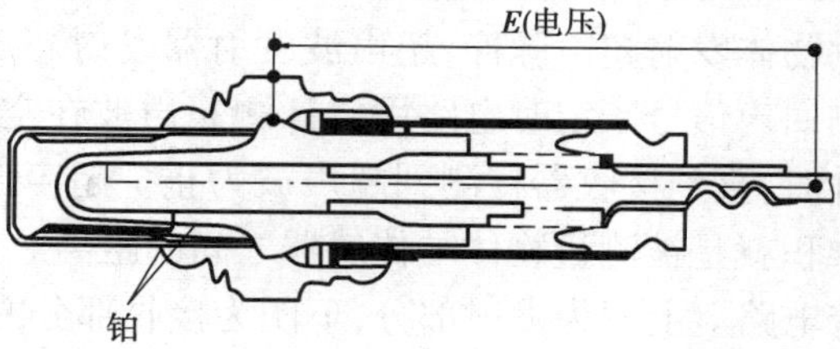

图 11.29　产生电动势的部位

二氧化锆型传感器的工作原理如下所述:当空燃比较低,即混合气浓时,排放气体中的氧气比较少,大气中的氧离子通过二氧化锆管后产生电压,所以指示灯亮,如图 11.30 所示;反之,当空燃比较高,即混合气稀时,氧气浓度很高,所以产生的电压很低,指示灯不亮,如图 11.30所示。

下面对这种传感器的功能再具体地加以说明。即使是过浓混合气燃烧,在排放气体中还是存有少量的氧,这时周围空气与排放气体的含氧浓度之差,还不能使未经处理的二氧化锆管

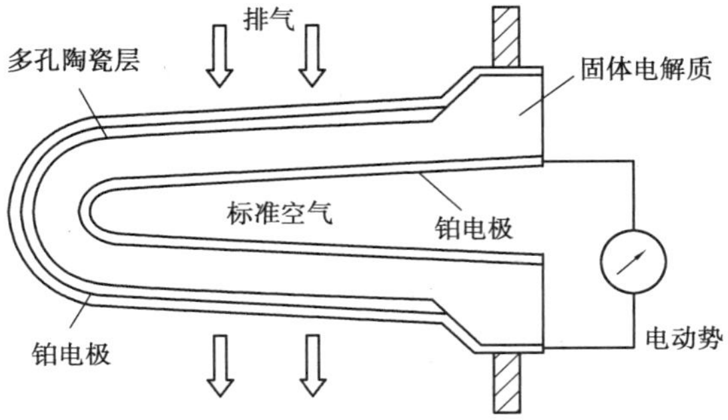

图 11.30　电动势的产生机理

上产生电动势，但是，当把铂涂覆在二氧化锆上时，除起到电极作用外，还有下述的催化作用。

$$CO+\frac{1}{2}O_2\rightarrow CO_2$$

依靠此作用，浓混合气燃烧所排放的废气与催化剂铂接触时，因为废气中残存的低浓度 O_2 与 CO 大致全都参与化学反应，铂表面的 O_2 浓度为 0，CO 浓度也减少，所以，O_2 浓度之差变得非常大，由此而产生了 1 V 左右的电动势。

当稀薄混合气燃烧时，因为排放气体中存在有高浓度的 O_2 和低浓度的 CO 进行化学反应，还是有多余的 O_2 存在，O_2 浓度差很小，所以，几乎不会产生电压。

当空燃比接近理论值时，因为排放的气体中含有低浓度的 CO 和 O_2，所以铂的表面从 O_2 与 CO 完全进行化学反应（CO 过剩，O_2 为 0）的状态急剧变化为氧含量过剩（CO 为 0，O_2 过剩）的状态。氧浓度之比急剧地变化，电动势也急剧地变化。

下面以空燃比反馈系统为例来说明氧传感器的应用，如图 11.31 所示。为了使废气中的 CO，HC，NO_x 三种成分都得到很高的净化率，所以在反馈系统中采用了三元催化剂。要想使这类催化剂总是最有效地发挥作用，就必须在各种条件下一直把空燃比控制在理论值附近。为此利用氧传感器检测排放气体中的氧浓度，利用计算机反馈控制，调整空燃比。

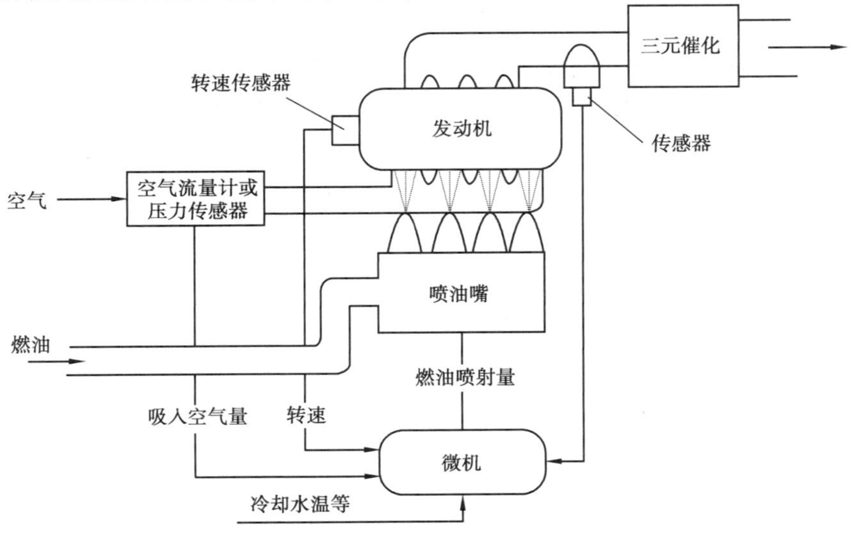

(a)

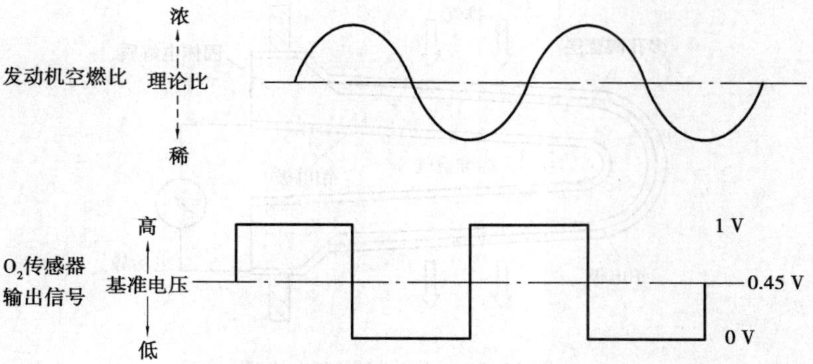

(b)

图 11.31　空燃比反馈控制的原理与氧传感器的输出信号

(a)空燃比反馈控制的原理　(b)氧传感器的输出信号

复习思考题

1. 光纤主要由几部分组成？各部分有什么特点？

2. 光为什么能在光纤中向前传播？传播的条件是什么？

3. 光纤传感器主要由哪几部分组成？对光进行调制主要有几种形式？

4. 光纤传感器测量压力和位移的工作原理,指出其不同点？举例说明其在汽车上的应用。

5. 什么是智能传感器？有何特点？

6. 智能传感器一般由哪几部分组成？

7. 智能传感器的软件设计分为哪几个方面？

8. 简述电荷耦合器件的工作原理及特点。

9. 什么是 CCD 的势阱？

10. 说明场传输面阵 CCD 的电荷信号是如何从光敏区转移出来,成为视频信号的。

11. 试设计一个用 CCD 图像传感器测量小孔直径的检测系统,画出系统框图并说明其工作原理。

第 12 章
典型汽车传感器检测

汽车传感器作为汽车电子控制系统的信息源,是汽车电子控制系统的关键部件,也是汽车电子技术领域研究的核心内容之一,已被广泛应用在发动机、底盘和车身等现代汽车电子控制系统中。传感器工作性能的好坏直接影响汽车电子控制系统控制精确性和可靠性,因此,汽车传感器的检测尤为重要。本章主要介绍汽车上一些常用传感器的结构、后续电路及其检测方法。

12.1 速度传感器检测

用于检测车辆速度的传感器类型有舌簧开关式、电磁感应式、光电式、霍尔式和可变磁阻式车速传感器等几种,它可以安装在汽车驱动轮上、从动轮上、驱动桥主减速器壳上或变速器输出轴上。从传感器所获得的转速信号输入 ECU,从而控制发动机控制系统、启动系统、ABS/ESP系统、悬架系统、导航系统等各种装置,使其能正常工作。

本节主要介绍电磁感应式、光电式以及霍尔式车速传感器的检测方法。

12.1.1 电磁感应式车速传感器检测

1)电磁感应式车速传感器结构和电路图

电磁感应式车速传感器安装在自动变速器输出轴附近的壳体上,如图 12.1 所示。用于检测自动变速器输出轴的转速,电控单元 ECU 根据该车速传感器信号计算车速,作为换挡控制的依据。电磁感应式车速传感器由永久磁铁和电磁感应线圈组成,如图 12.2 所示。

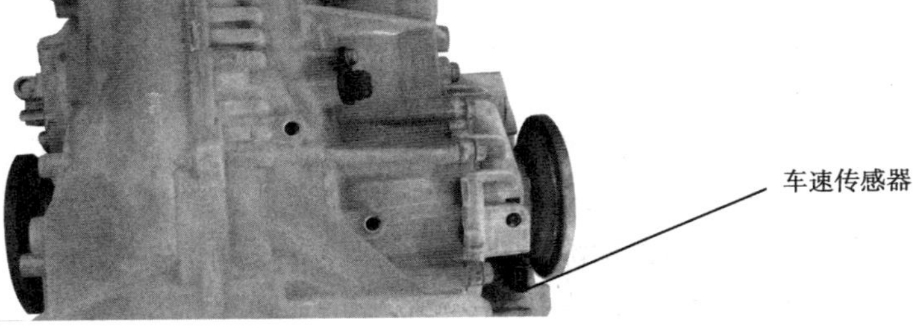

图 12.1 电磁感应式车速传感器安装位置

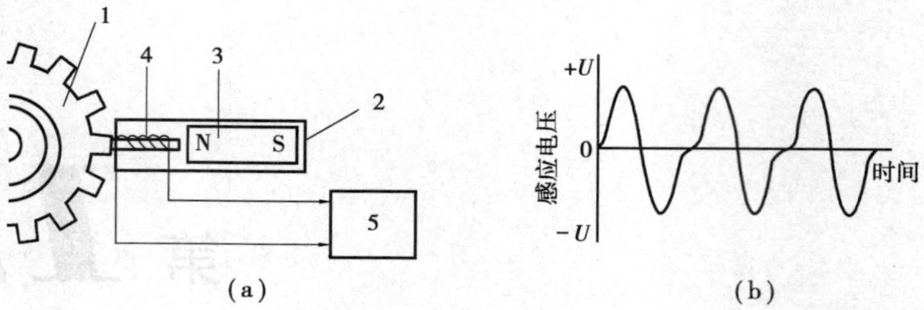

图 12.2　电磁感应式车速传感器工作原理示意图

(a)结构示意图　(b)感应电压波形图

图 12.3 是转速表电路的框图，当齿轮转动时，对应于每一个齿都会产生如图 12.3 所示的一个周期的电压，此电压经放大整形电路之后，就变为矩形波。然后再通过单稳态电路变换，使脉宽为一定值，经电流放大器放大后，就可以输入转速表中。又因输出的脉冲数随发动机转速的变化而变化，因此转速表能按照脉冲电流的平均值来显示发动机的转速。

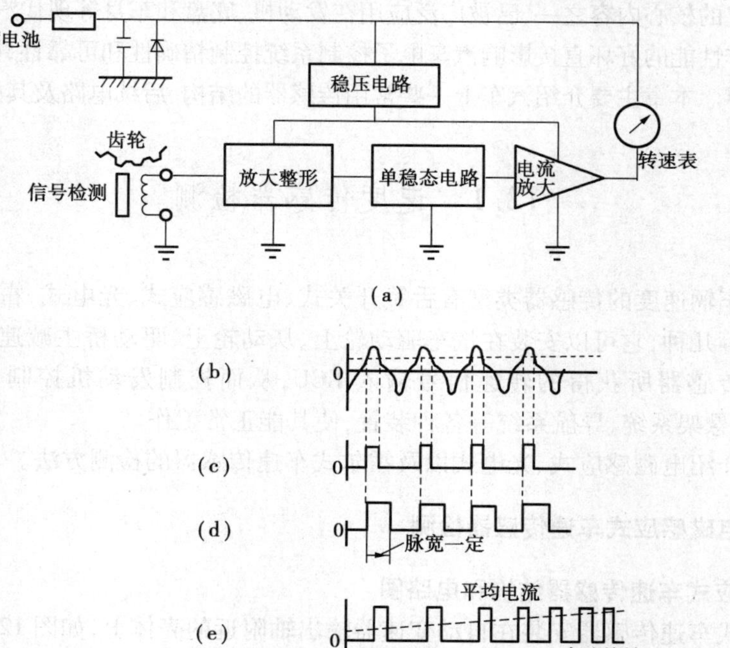

图 12.3　转速表电路框图及电路电压波形

(a)转速表电路组成框图　(b)传感器线圈感应电压的波形

(c)放大整形后的波形　(d)变换成方波波形　(e)转速表电流及平均值

2)电磁感应式车速传感器检测

电磁感应式转速传感器的常见故障有电磁感应线圈短路、断路、转子轴磨损偏摆或定子(感应线圈与永久磁铁或铁芯)位置移动致使气隙不当而造成信号减弱或无信号及转子或齿轮脏污等。电磁感应式车速传感器检测方法如下：

(1)就车检测。拔下车速传感器连接器接头，用万用表测量传感器两接线端子间电阻。

不同车型的车速传感器感应线圈的电阻值不同，一般为几百欧到几千欧。将车支起，用手转动车轮，同时用万用表测量车速传感器的两接线端子间有无脉冲感应电压。若万用表指针有摆动，说明传感器有输出脉冲电压，传感器工作正常；否则，说明传感器有故障，应进一步检查传感器转子及感应线圈是否脏污，若脏污，应进行清洁，再进行测试。若传感器仍无脉冲电压产生，确认传感器已经损坏，应进行更换。

（2）单件检测。拆下车速传感器，测量传感器输出脉冲电压。具体操作是用一根铁棒或一块磁铁迅速靠近或者离开传感器，同时用万用表测量传感器两接线端子间有无脉冲电压产生。若没有感应电压或感应电压很微弱，说明传感器有故障，应进一步检查，再试验，确认有故障后，再进行更换。

12.1.2　光电式车速传感器检测

1）光电式车速传感器结构和电路图

光电式车速传感器用在数字式速度表上，由发光二极管、光敏晶体管以及安装在速度表驱动轴上的遮光板构成，如图12.4所示。当遮光板不能遮断光束时，发光二极管的光照射到光敏晶体管上，光敏晶体管的集电极中有电流通过，使该管导通，这时三极管 VT_1 也导通，因此在 S_i 端子上有5 V电压输出。脉冲频率由车速决定，仪表软轴每转一圈，传感器有20个脉冲输出，其工作示意图如图12.5(a)，电路图如图12.5(b)所示。

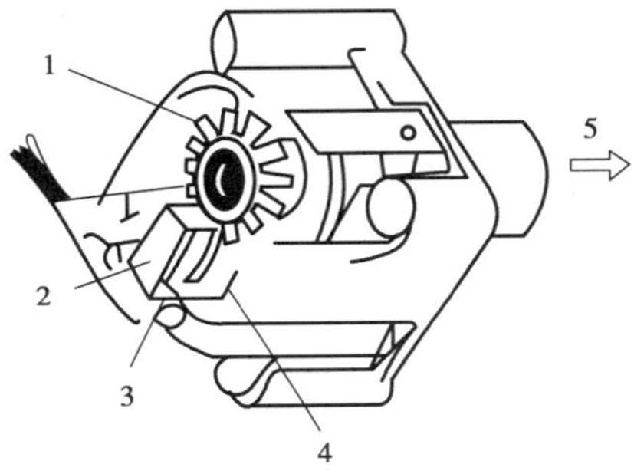

图12.4　光电式车速传感器的结构

1—带槽的遮光板；2—发光二极管；3—光电耦合器；4—光敏晶体管；5—至转速表软轴

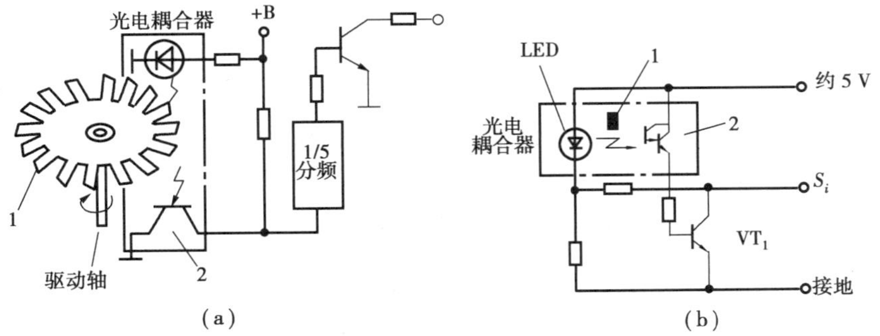

图12.5　光电式传感器工作原理简图

(a)示意图　(b)电路图

2）光电式车速传感器检测方法

光电式车速传感器的检测方法是：在发动机怠速运转时，用电压表测量曲轴转角输出端子 S_i 和接地端子间电压，应为1.8～2.5 V。若电压不正常，则应检查传感器和接地电路连接情况。

12.1.3　霍尔式轮速传感器检测

1）霍尔式轮速传感器结构和电路图

霍尔式轮速传感器由传感头和齿圈组成。传感头由永久磁铁、霍尔元件和电子电路等组成，如图 12.6 所示。其工作原理是永久磁铁的磁力线穿过霍尔元件通向齿轮，齿轮相当于一个集磁器。当齿轮位于图 12.6(a)所示位置时，穿过霍尔元件的磁力线分散，磁场相对较弱。当齿轮位于图 12.6(b)所示位置时，穿过霍尔元件的磁力线集中，磁场相对较强。齿轮转动时，使得穿过霍尔元件的磁力线密度发生变化，因此引起霍尔电压的变化，霍尔元件将输出一个 mV 级的正弦波电压。该交流信号需经由电子电路转换成标准的脉冲电压。

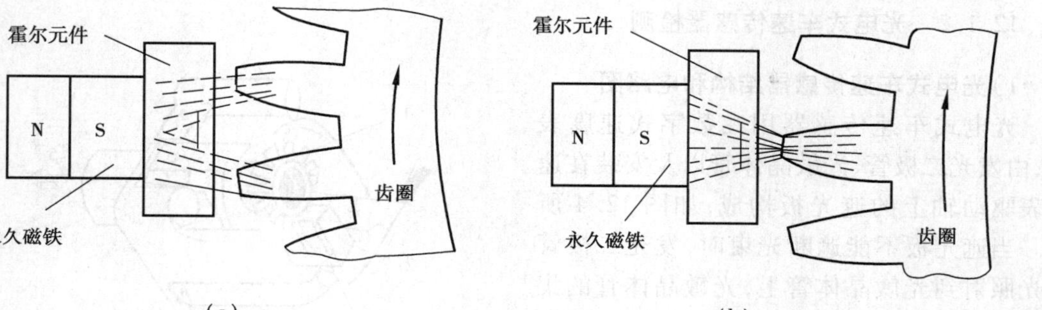

(a)　　(b)

图 12.6　霍尔轮速传感器磁路

(a)磁场较弱　(b)磁场较强

图 12.7 为霍尔轮速传感器电子线路框图。由霍尔元件输出的 mV 级正弦电压，经放大器放成 V 级电压信号输入施密特触发器，由触发器将正弦波信号转换成标准的脉冲信号，再送至输出级放大后输出。霍尔式轮速传感器需输入 12 V 电源电压，其输出信号电压有效值在 7 ~ 12 V，各级输出电压波形如图 12.8 所示。

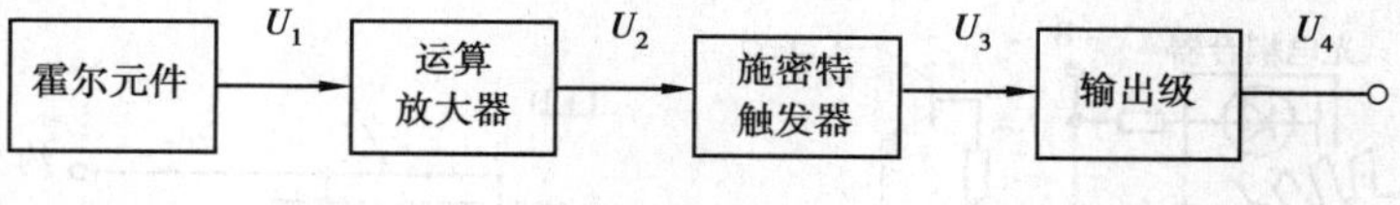

图 12.7　霍尔轮速传感器电子线路框图

2）霍尔式轮速传感器检测方法

霍尔式轮速传感器可用检测其输出电压信号的方法来判断其工作性能好坏，检测步骤如下：

(1)关闭点火开关；

(2)将车支起，使四个轮胎离地 10 cm 左右；

(3)拔下轮速传感器的导线连接器插头，并用导线将线束插头与轮速传感器插头的电源端子相连；

(4)将万用表(用交流电压挡)的两表

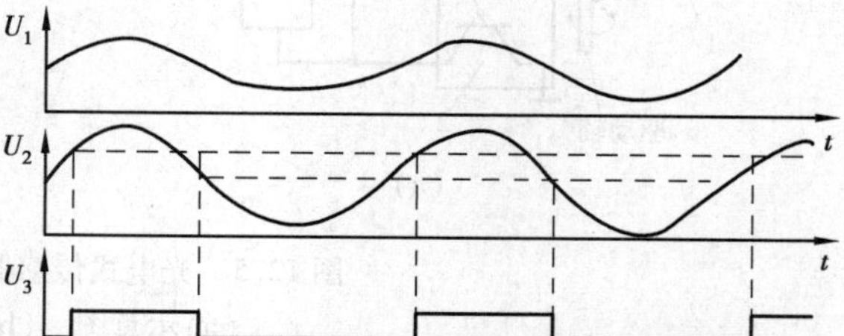

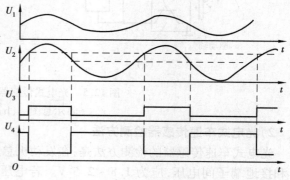

图 12.8　霍尔轮速传感器电子线路的各级波形

笔分别搭接在轮速传感器的信号输出端子,测量传感器的输出电压;

(5)打开点火开关,用手转动车轮,万用表应显示交流电压在7~12 V范围内。

如电压不在规定范围内,则应检查传感器与齿圈之间的间隙,标准值为0.2~0.5 mm,否则应进行调整。

12.2　位移传感器检测

应用在汽车上的位移传感器(位置传感器)类型有曲轴位置传感器、节气门位置传感器、超声波传感器、液位传感器和车辆高度传感器等几种。其中曲轴位置传感器是计算机控制的点火系统中最重要的传感器,其作用是检测上止点信号、曲轴转角信号和发动机转速信号,并将其输入计算机,从而使计算机能按汽缸的点火顺序发出最佳点火时刻指令。其结构形式有磁脉冲式、光电式和霍尔式三种。它们安装在曲轴前端、凸轮轴前端、分电器内或飞轮上。

节气门位置传感器有线性输出型和开关型两种。它安装在节气门体上,它可将节气门开度的变化转换成电信号输入发动机电子控制单元ECU,ECU根据节气门位置信号判定发动机的运转工况,并根据发动机的不同工况控制喷油脉冲宽度。

超声波传感器是汽车停车或者倒车时的安全辅助装置,它能以声音或者更为直观的显示告知驾驶员周围障碍物的情况,解除了驾驶员停车、倒车和启动车辆时前后左右探视所引起的困扰,并帮助驾驶员扫除视野死角和视线模糊的缺陷,提高驾驶的安全性。

液位传感器用于检测燃油箱油量、制动液的液位、清洗液液位、冷却液液位等。

车辆高度传感器简称车高传感器,它用来把车身高度的变化转变成电信号输入电子控制单元,ECU根据高度变化信号控制执行元件,调节车身高度,保持车身高度,不随载荷的变化而变化。

本节主要介绍电磁感应式曲轴位置传感器、线性节气门位置传感器以及超声波传感器的检测方法。

12.2.1　电磁感应式曲轴位置传感器的检测方法

1)电磁感应式曲轴位置传感器结构和电路图

曲轴位置传感器由在永久磁铁周围绕有线圈的传感器及信号盘组成,如图12.9所示。根据电磁感应工作原理,当信号盘在永久磁铁附近旋转时,通过线圈的磁力线发生变化,在线圈中就产生相应的感应电压。

图12.10为奥迪A4轿车发动机控制系统中电磁感应式曲轴位置传感器G28电路图,曲轴位置传感器G28共3根线,其中T3/2、T3/3分别和发动机控制单元J220的90脚和82脚相连,而曲轴位置传感器G28的T3/1为屏蔽线,其作用是防止曲轴位置传感器G28送到控制单元中的微弱信号受到外界信号的干扰,从而保证信号的可靠性。

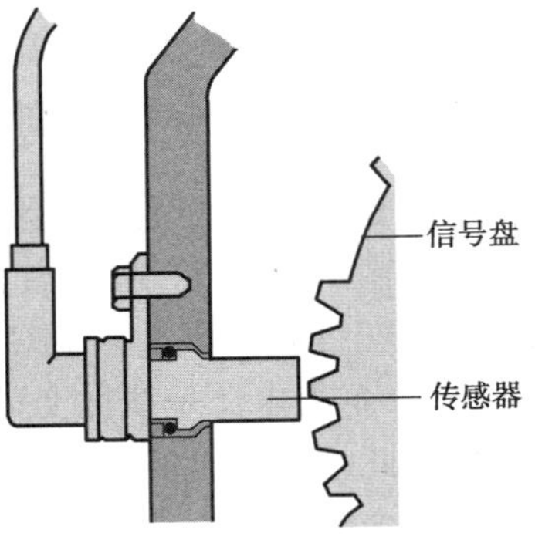

图12.9　电磁感应式曲轴位置传感器结构简图

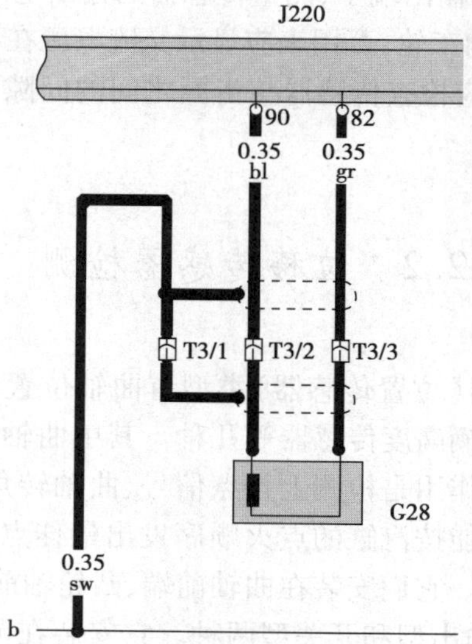

图 12.10　奥迪 A4 轿车曲轴位置传感器 G28 电路图

2）电磁感应式曲轴位置传感器检测方法

检测曲轴位置传感器 G28 性能主要有两种方法：一种是测量其阻值，万用表打到电阻挡，拔下发动机控制单元的线束插件，一支表笔接控制单元线束插件的 90 脚，另一表笔接控制单元线束插件的 82 脚，显示的阻值应在 1 kΩ 左右。另一种方法是测量其波形，正常情况下其波形应如图 12.11 所示，如波形的幅值小于 5 V，可能是由于传感器与信号轮之间安装间隙偏大所致，若无信号产生，则可能是传感器内部短路或断路、传感器与信号轮之间安装间隙太大等原因导致。

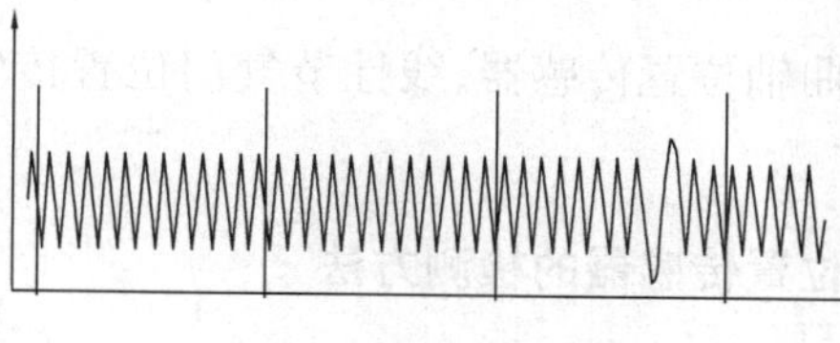

图 12.11　曲轴位置传感器波形图

12.2.2　线性节气门位置传感器的检测方法

1）线性节气门位置传感器结构和电路图

线性输出型节气门位置传感器的结构和电压输出特性，如第 4 章图 4.21 所示。它的两个触点与节气门轴联动，一个触点可在电阻上滑动，利用电阻的变化将节气门位置信号转换成电压值 V_{TA}。这个电压呈线性变化，所以该传感器称为线性输出型节气门位置传感器。

根据此线性电压值，ECU 可感知节气门的开度，使 ECU 进行喷油量修正。而另一个触点在节气门全关闭时与怠速触点 IDL 接触，IDL 信号用来断油和点火提前角的控制。线性输出型节气门位置传感器又叫做可变电阻式或滑动电阻式传感器，它与 ECU 的连接电路如第 4 章图 4.22 所示。

2)线性节气门位置传感器的检测方法

线性输出型节气门位置传感器检测主要是怠速触点导通情况检测、传感器电阻检测、传感器电压检测等。

(1)怠速触点导通情况检测。关闭点火开关,拔下节气门位置传感器导线连接器,用万用表的电阻挡检查导线连接器上 IDL 触点的导通情况。当节气门全关闭时,IDL-E_2 端子间应导通,电阻为零;当节气门打开时,IDL-E_2 端子间不导通,电阻为无穷大。否则应更换节气门位置传感器。

(2)传感器电阻检测。关闭点火开关,拔下节气门位置传感器导线连接器,用万用表电阻挡测量 V_{TA}与 E_2 间电阻,其电阻值应随节气门开度的增大而呈线性增大。

(3)传感器电压检测。把导线连接器重新插好,打开点火开关,发动机 ECU 连接器上 IDL,V_{TA},V_C 三端子处应存在电压,用万用表测量 IDL-E_2,V_{TA}-E_2,V_C-E_2 间电压值,应符合表 12.1的规定。

表 12.1　节气门位置传感器电压检查标准值

测量端子	测量条件	电压值
IDL-E_2	节气门全开	9 ~ 14 V
V_C-E_2	无	4.0 ~ 5.5 V
V_{TA}-E_2	节气门全闭	0.3 ~ 0.8 V
	节气门全开	3.2 ~ 4.9 V

12.2.3　超声波传感器检测

1)超声波传感器结构和电路图

超声波传感器由超声波传感器(俗称探头)、控制单元和显示器(或蜂鸣器)等部分组成,其在车上布置结构如图 12.12 所示。

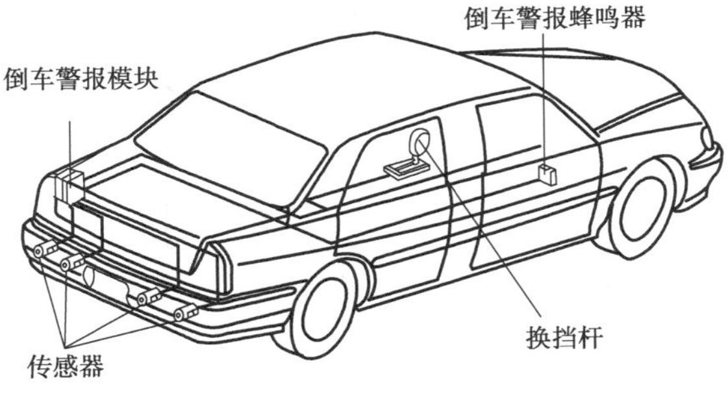

图 12.12　停车辅助系统布置图

停车辅助系统大多采用超声波测距原理,驾驶者在倒车时,将汽车的挡位推到倒挡,停车辅助系统进入工作状态,由装置于车尾保险杠上的探头发送超声波,遇到障碍物,产生回波信号,传感器接收到回波信号后经控制器进行数据处理,从而计算出车体与障碍物之间的距离,判断出障碍物的位置,再由显示器显示距离并发出警示信号,从而使驾驶者倒车时不至于撞上障碍物。整个过程,驾驶者无须回头便可知车后的情况,使停车和倒车更容易、更安全。图12.13是上海大众帕萨特轿车停车辅助系统电路图。

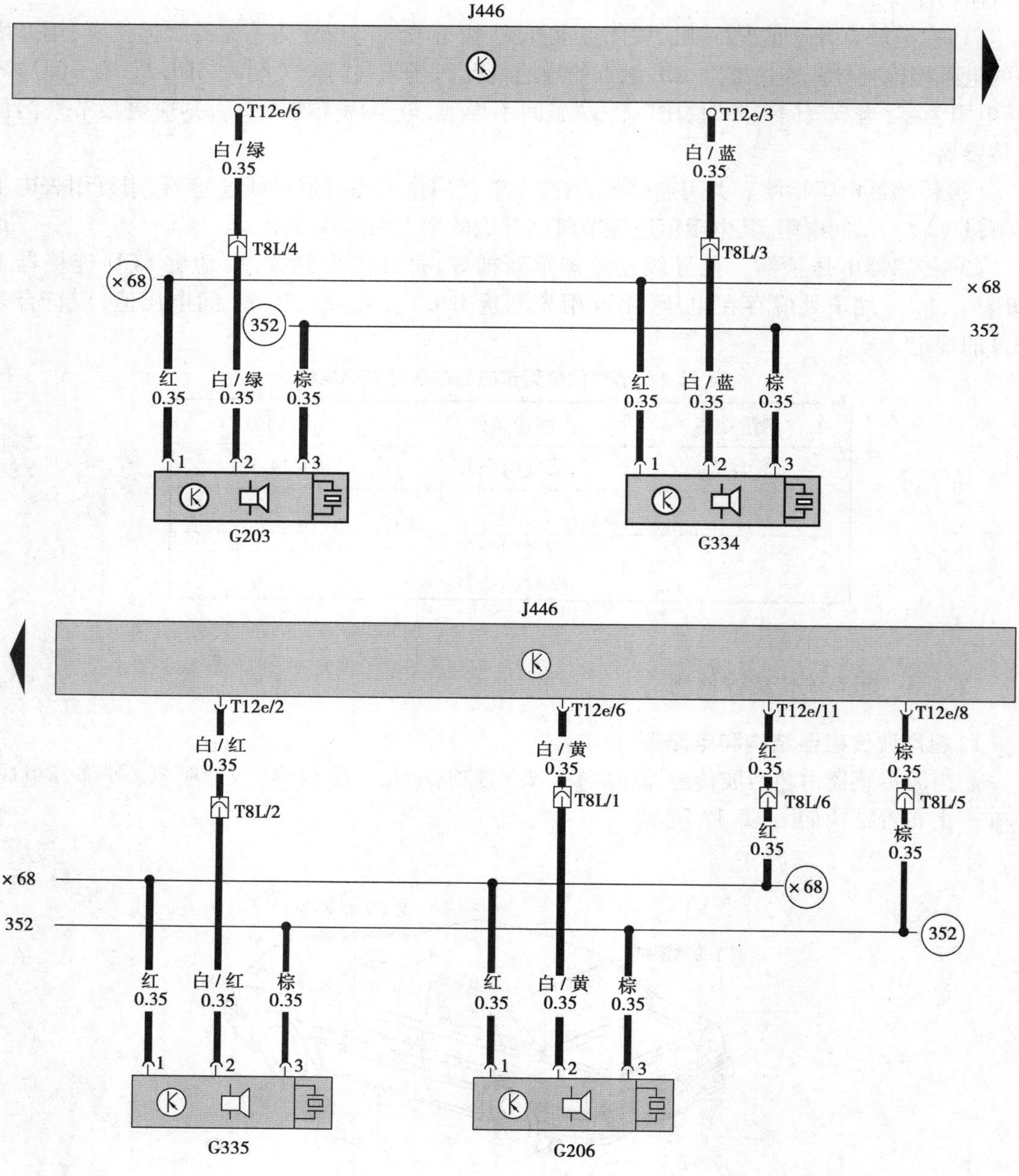

图12.13 帕萨特轿车停车辅助系统电路图

G203、G334、G335、G206 超声波传感器　　J446 停车辅助系统控制单元

2)超声波传感器检测方法

以上海大众帕萨特轿车为例,简述超声波传感器的检测方法。

(1)一人在驾驶室启动发动机挂上倒挡,另一人在车辆尾部用手轻轻地触摸超声波传感器表面,应能感觉到传感器表面的振动,同时停车辅助系统的报警提示装置应有声音提示。

(2)若四个超声波传感器都没有振动现象发生,则有可能是两种原因引起:

一是停车辅助控制单元没有工作,有可能控制单元损坏或者控制单元供电出现故障;二是超声波传感器供电或者接地出现故障。

检测方法:用万用表的直流电压挡测4个超声波传感器1脚的电压,正常情况下应该显示12 V左右;用万用表的电阻挡测4个超声波传感器3脚对地电阻,在5 Ω范围内则为正常。

(3)若出现单个超声波传感器没有振动现象产生,除了检查传感器的供电电源外,还应检测该传感器的信号线是否有断路或短路现象发生,若传感器供电电源正常、信号线正常,那么故障则是由于超声波传感器损害引起的。

12.3　压力传感器检测

发动机进气歧管绝对压力传感器应用在D型EFI汽油喷射系统中,它是D型汽油喷射系统的重要部件,相当于L型EFI汽油喷射系统中的空气流量传感器。进气歧管绝对压力传感器根据发动机的负荷状况检测出进气歧管内压力的变化并转换成电信号,与转速信号一起输入ECU中,为发动机基本喷油量控制和点火控制提供依据。进气歧管绝对压力(或简称进气管压力)传感器安装在进气歧管上。

目前应用进气压力传感器测量发动机进气量的车型较多,压力传感器的种类也较多。进气压力传感器按信号产生的原理可分为电压型和频率型两种。电压型有半导体压敏电阻式(或称电阻应变计式)、膜盒传动的可变电感式;频率型有电容式和表面弹性波式。其中应用较广泛的是半导体压敏电阻式和电容式进气歧管压力传感器。

12.3.1　半导体压敏电阻式进气压力传感器检测方法

半导体压敏电阻式压力传感器是利用半导体的压敏效应制成的,它的特点是尺寸小、精度高、响应性好、抗震性好,且生产成本低,所以得到广泛应用。如美国通用汽车公司、日本丰田汽车公司、克莱斯勒汽车公司生产的汽车,以及国产桑塔纳2000GLI型轿车等都使用半导体压敏电阻式压力传感器。

1)半导体压敏电阻式进气压力传感器的结构和电路图

半导体压敏电阻式进气压力传感器由压力转换元件及将转换元件输出信号进行放大的混合集成电路构成,如第4章图4.23所示。

压力转换元件是利用半导体压电效应制成的硅膜片。硅膜片一面是真空室,另一面导入进气歧管压力。硅膜片为边长3 mm的正方形,它的中部经光刻腐蚀形成直径约2 mm、厚约5 μm的薄膜。薄膜周围有四个应变电阻,以惠斯登电桥方式连接,如第4章图4.24所示。

由于硅膜片的一侧是真空室,所以进气歧管压力越高,硅膜片的变形越大,它的应变与压力成正比。附着在薄膜上的应变电阻阻值与压力成正比变化,这样就可以利用惠斯登电桥把硅膜片的变形转换成电信号。由于输出的电信号很微弱,所以一般采用混合集成电路进行放大后输出。

桑塔纳2000GLI型轿车使用的进气歧管压力传感器与进气温度传感器制成一体,安装在

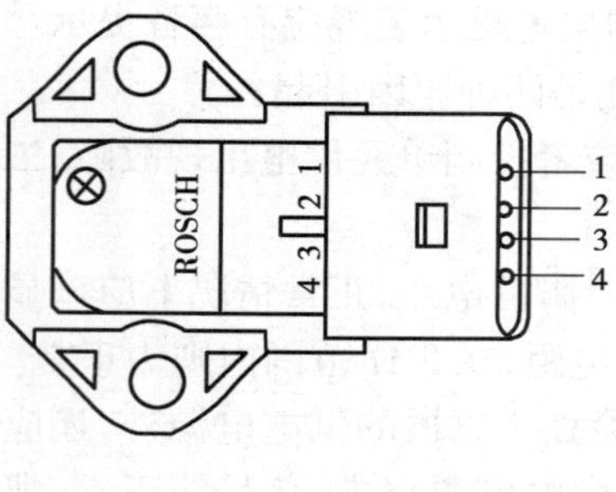

图 12.14　进气歧管压力传感器
1—搭铁;2—进气温度传感器输出端;
3—电源(5 V);4—传感器输出端子

进气系统的动力腔上。其外形如图 12.14 所示。该传感器连接器有四个连接端子与 ECU 连接,其连接电路如图 12.15 所示。

2)**半导体压敏电阻式进气压力传感器检测方法**

半导体压敏电阻式进气压力传感器可以用以下三种方法进行检测:

(1)电阻检测。关闭点火开关,拔下 ECU 线束连接器和进气歧管压力传感器线束连接器。用万用表的电阻挡检测 ECU 和传感器有关端子间电阻,其电阻应在 10 Ω 以下。如果电阻过大或为无穷大,说明线束与端子接触不良或有断路,应进行进一步检测。进行电阻检测时,参照图 12.19 进行。

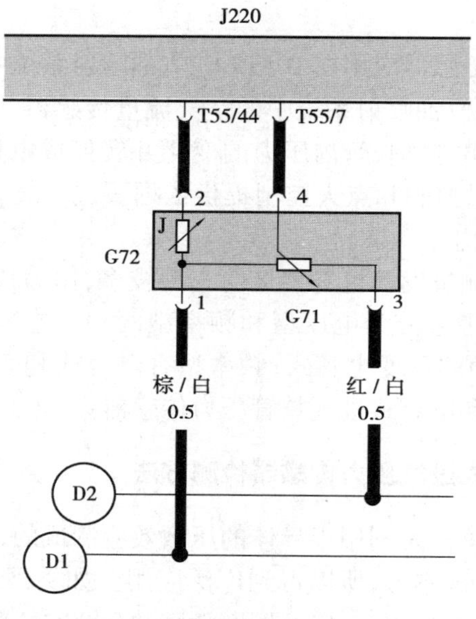

图 12.15　桑塔纳 2000GLI 型轿车进气歧管压力传感器电路图

(2)电压检测。用万用表直流电压挡检查电压时,打开点火开关,检测进气歧管压力传感器端子 3 脚电压,标准值应为 5 V 左右;当打开点火开关,发动机不运转,检查进气歧管压力传感器信号输出端子 4 脚电压,标准值应为 3.8 ~ 4.2 V;当发动机怠速运转时,信号电压应为 0.8 ~ 1.3 V;当加大油门,信号电压应上升。如果信号电压不符合上述规定,说明传感器已损坏,应予以更换。

(3)诊断仪器检查。当发动机运转时,若进气压力传感器出现功能性故障,控制单元则记录相应的故障码,用大众原厂仪器 VAG 1552 或者通用型故障诊断仪读出存储于发动机控制单元的故障码及故障码含义。另外,还可以用诊断仪读取发动机运转时的动态数据流,若进气压力传感器性能良好,则数据流显示应为 57 ~ 70 kPa。

12.3.2　电容式进气压力传感器检测

1)电容式进气压力传感器的结构和电路图

该传感器用氧化铝膜片和底板彼此靠近排列形成电容,利用电容膜片上下压力差改变的性质,获得与压力成比例的电容值信号,如第6章图6.15所示。把电容(即压力转换元件)连接到传感器混合集成电路的振荡电路中,传感器产生可变频率的信号,其输出信号的频率与进气歧管的压力成正比,频率在80~120 Hz范围内变化。输出信号送到电子控制单元,控制单元便可感知进气歧管的压力,以此计算出发动机的基本喷油量。

图12.16为美国福特轿车使用的电容式进气压力传感器与电脑的连接电路图,从图上得知该进气压力传感器有二条线与电脑(ECU)连接。ECU的26端子向进气压力传感器提供5 V工作电压;46端子是信号回路,经ECU搭铁;45端子为进气压力传感器输出信号端子。

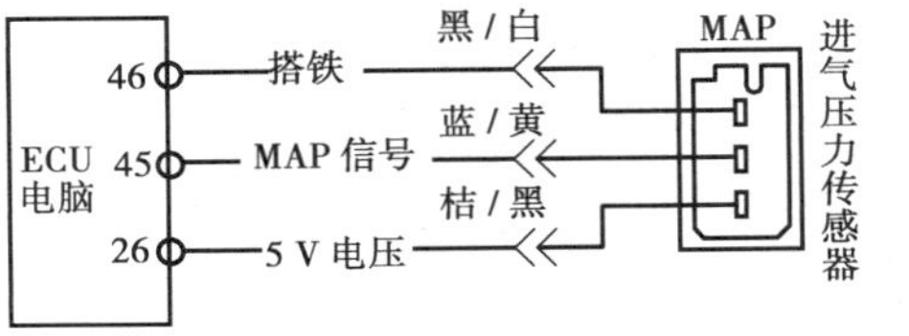

图12.16　福特轿车进气歧管压力传感器电路图

2)电容式进气压力传感器检测方法

下面以福特汽车的电容式进气压力传感器为例,说明电容式进气压力传感器检测方法:

(1)检查真空软管连接状态,以确保无老化破裂现象;

(2)打开点火开关,检查ECU的26端子(桔/黑)与搭铁间电压,应为5 V;

(3)检测46端子信号电路(黑/白)电压应为0 V,接地电阻不大于5 Ω。

(4)检测进气压力信号线(蓝/黄),拆下传感器连接器接头,测量45端子处电压,开关接通时应为0.5 V。

也可用汽车专用万用表对进气压力传感器进行频率测试,其测试方法是:打开点火开关,发动机不运转时,进气压力传感器输出信号频率约为160 Hz;让发动机运转,怠速时频率约为105 Hz;减速时频率约为80 Hz。

当进气压力信号消失或者超出工作范围(频率小于80 Hz或大于162 Hz),电控单元ECU根据节气门位置传感器的工作情况发出一个替代值,保证发动机正常运转,并同时记录下进气压力传感器产生的故障,以故障代码方式储存在ECU中。

12.4　温度传感器检测

现代汽车发动机、自动变速器和空调等系统都使用温度传感器,用于测量发动机的水温、进气温度、自动变速器油液温度、空调系统环境温度等,并为发动机的燃油喷射、自动变速器的换挡、离合器锁定、油压控制以及空调等自动控制提供依据。

12.4.1　热敏电阻式发动机冷却液温度传感器检测

1）冷却液温度传感器结构和电路图

发动机冷却液温度传感器大多用负温度系数热敏电阻制成，水温低时，电阻值大；水温高时，电阻值小。发动机冷却液温度传感器的结构，如图12.17所示。

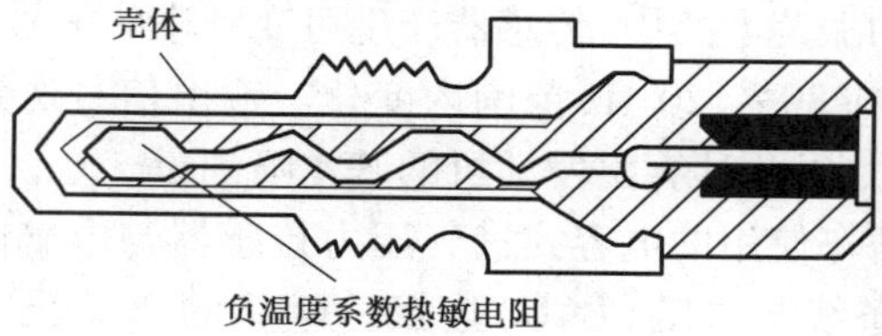

图12.17　发动机冷却液温度传感器内部结构图

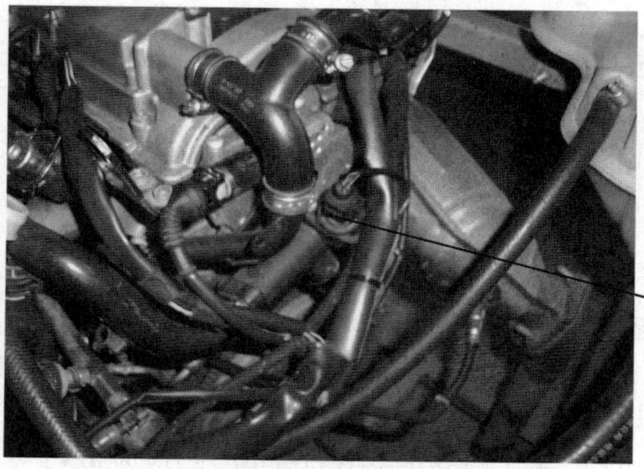

图12.18　发动机冷却液温度传感器安装位置

冷却液温度传感器一般安装在发动机缸体、缸盖的水套等部位，如图12.18所示。发动机冷却液温度传感器接头有两个端子与控制单元相连，其中一条是信号线，输出电压随热敏电阻值的变化而变化，控制单元根据电压的变化计算得出发动机的温度，另一根线接地，J220表示发动机控制单元，G62表示发动机冷却液温度传感器电路图，如图12.19所示。

2）发动机冷却液温度传感器检测方法

发动机冷却液温度传感器工作性能的好坏对发动机的喷油量有很大影响，进而影响发动机的燃烧性能，使发动机的燃烧情况变差。其主要表现为发动机启动困难、运转不平稳、动力性能变差及油耗过大等。出现上述情况，应检测发动机冷却液温度传感器的性能，检测内容如下：

（1）发动机冷却液温度传感器电阻的检测。拔下发动机冷却液温度传感器的线束插件，在常温下用万用表的电阻挡测G62的1脚与2脚之间的电阻值，其阻值应在1 500 Ω左右；把传感器放到热水里，其阻值应随着温度的升高而下降。

（2）发动机冷却液温度传感器输出电压的检测。拔下发动机冷却液温度传感器的线束插件，用万用表测G62的1脚电压，应为5 V左右。

（3）发动机冷却液温度传感器与控制单元连接线束的检测。用万用表的电阻挡测G62的2脚对地电阻，应小于1.5 Ω；测G62的1脚到J220的T80/74脚的线束电阻，应小于1.5 Ω。

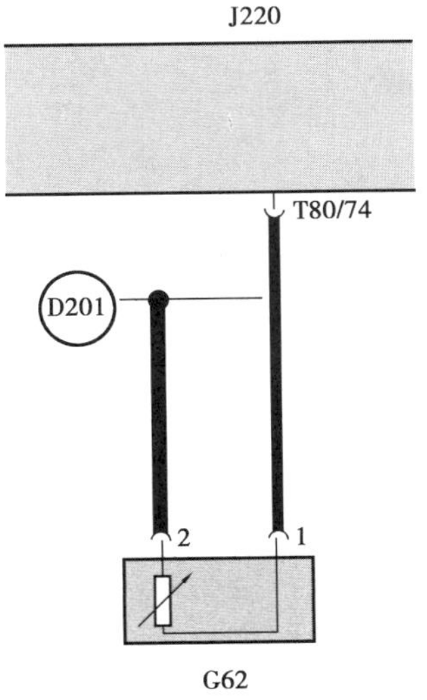

图 12.19　帕萨特轿车发动机冷却液温度传感器电路图

J220　发动机控制单元

T80/74　T80 插件的 74 脚

G62　发动机温度传感点

D201　发动机线来连接点

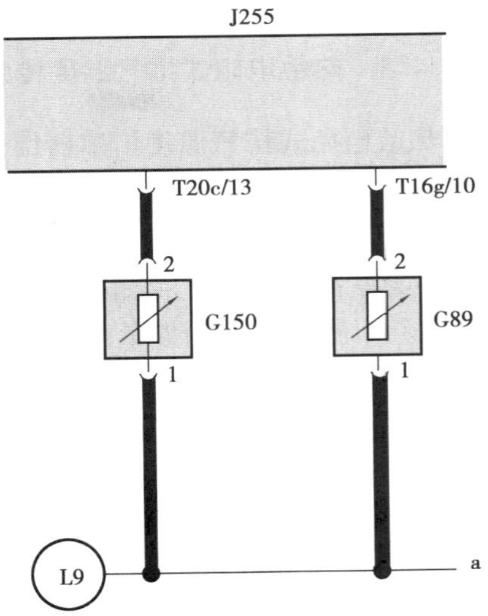

图 12.20　帕萨特车内、外温度传感器电路图

J225-空调控制单元

G150-车内温度传感器

G89-车外温度传感器

12.4.2　热敏电阻式车内、外温度传感器检测

1）热敏电阻式车内、外温度传感器结构和电路图

热敏电阻式车内、外空气温度传感器结构与热敏电阻式发动机冷却液温度传感器相似，用于测量车内、车外的空气温度，并且为汽车空调控制系统提供控制信息。车内、外空气温度传感器用负温度系数热敏电阻制成，当车外空气温度发生变化时，传感器的电阻值发生变化，温度升高时，电阻值减小；温度降低时，电阻值增大。图 12.20 是帕萨特汽车车内、外温度传感器电路图。

2）热敏电阻式车内、外温度传感器检测方法

当车内或车外空气温度传感器连接电路发生故障时，空调控制系统将不能按车内、外空气温度信息控制空调系统自动工作，甚至空调系统停止工作。此时应检查车内、外空气温度传感器，判断其工作状况。帕萨特轿车车内、外空气温度传感器的检测内容如下：

（1）车内、外温度传感器电阻的检测。拔下车内、外温度传感器的线束插件，在常温下用万用表的电阻挡测 G150 的 1 脚与 2 脚与 G89 的 1 脚与 2 脚之间的电阻值，其阻值应在 1 500 Ω 左右；另外，车内、外温度传感器阻值应随着温度的升高而下降。

（2）车内、外温传感器输出电压的检测。拔下车内、外温度传感器的线束插件，用万用表测 G150 的 1 脚与 G89 的 1 脚电压，应为 5 V 左右。

（3）车内、外温传感器与控制单元连接线束的检测。用万用表的电阻挡测 G150 的 1 脚对地电阻与 G89 的 1 脚对地电阻，应小于 1.5 Ω；测 G150 的 2 脚到 J255 的 T20c/13 脚的线束电阻,应小于1.5 Ω;测 G89 的 2 脚到 J255 的 T16g/10 脚的线束电阻,应小于1.5 Ω。

12.4.3 热敏电阻式排气温度传感器的检测

1)热敏电阻式排气温度传感器结构和电路图

热敏电阻排气温度传感器安装在汽车排气装置三元催化器上用于检测催化器内排放气体的温度,温度升高时,热敏电阻的阻值下降;反之,电阻值上升。当检测到排气装置上三元催化器内温度异常高时,报警系统报警,以防止因过热而使催化剂性能减退,车辆排放超标。正常情况下,该系统不工作,而发生汽缸失火等故障时,该系统启动并以排放报警灯点亮的方式,向驾驶员发出警告。图12.21所示为排气温度报警系统的电路。

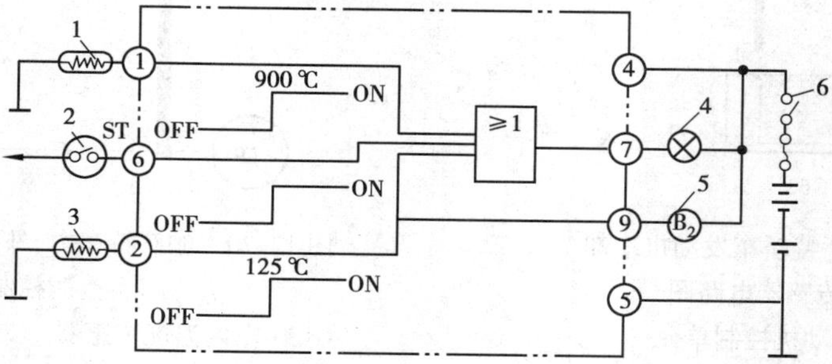

图12.21 排气温度报警系统电路

1—排气温度传感器;2—点火开关;3—底板温度传感器;4—报警灯;5—蜂鸣器;6—点火开关

该电路原理是,当发动机启动时,点火开关置入 ST 挡位时,排气报警灯应点亮,这时可以检查排气温度报警灯的灯丝是否良好;而当排气温度超过900 ℃时,排气温度传感器的电阻值会降到0.43 kΩ以下,排气温度报警灯点亮;当车箱底板温度超过125 ℃时,底板温度传感器的电阻(正温度系统 PTC 热敏电阻)超过2 kΩ,这时排气温度报警灯点亮,同时蜂鸣器鸣响;当排气温度在900 ℃以下、底板温度低于125 ℃时,排气温度传感器的电阻值大于0.43 kΩ,底板温度传感器的电阻低于2 kΩ,这时排气温度报警灯灭,蜂鸣器也不作响。排气温度传感器和底板温度传感器的电阻特性曲线,如图12.22所示。

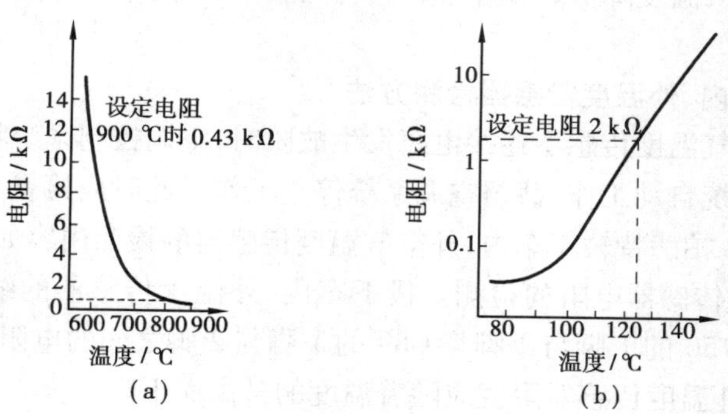

图12.22 排气温度传感器与底板温度传感器的特性曲线

(a)排气温度传感器(NTC) (b)底板温度传感器(PTC)

当排气温度传感器发生断路、短路故障时,三元催化转化器出现异常高温,则其将不能启动报警电路进行报警,并且会导致催化转化器因高温而损坏,汽车尾气排放物将严重超标。

2)排气温度传感器的检测方法

就车检测时，应使发动机处于正常工作温度，三元催化转化器处于正常工作温度，约 400 ℃，然后用万用表测量排气温度传感器的电阻，标准值应为 0.4 ~ 20 kΩ。底板温度传感器的检测：拆下底板温度传感器，用万用表测量传感器连接器接头端子间电阻，当底板温度在 0 ~ 80 ℃范围时，其电阻值应在 30 ~ 250 Ω。如果电阻值不符，则应更换底板温度传感器。

12.4.4　热敏铁氧体温度传感器检测

1)热敏铁氧体温度传感器结构和电路图

热敏铁氧体温度传感器常用于控制散热器的冷却风扇，如图 12.23 所示。该传感器由永久磁铁、热敏铁氧体和舌簧开关组成。它被安装在散热器冷却水的循环通路上。当冷却水低于规定值时，热敏铁氧体温度传感器舌簧开关闭合，风扇继电器触点打开，风扇停止运转；当水温高于规定值时，热敏开关断开，风扇继电器触点闭合，风扇开始运转。图 12.24 为热敏铁氧体温度开关式传感器控制散热器冷却风扇工作电路。

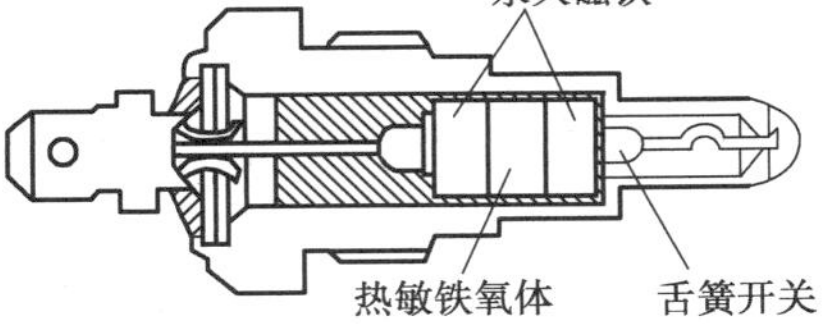

图 12.23　热敏铁氧体温度传感器结构

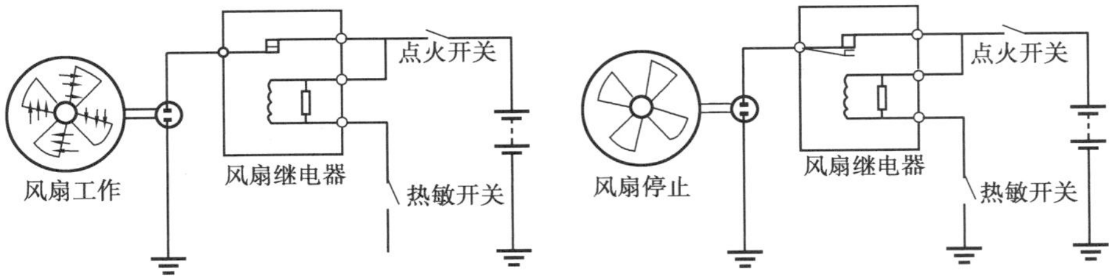

图 12.24　散热器冷却风扇工作电路

(a)热敏开关断开，风扇开始运转电路　(b)热敏开关闭合，风扇停止运转电路

2)热敏铁氧体温度传感器检测方法

当发动机的冷却水温高于规定时，散热器冷却风扇不运转，应检查散热器冷却风扇工作电路。首先检查线路连接情况，检查有无断路、短路情况，以及风扇继电器的工作状况、热敏铁氧体温度传感器的工作状况。其中温度传感器的检查方法为：将温度传感器拆下，置于玻璃烧杯中并加水进行加热，将万用表连接好，在加热的同时检查传感器的工作情况。当水温低于规定温度时，热敏铁氧体温度舌簧开关闭合，传感器导通，万用表指示电阻为 0；在冷却水温高于规定值时，热敏铁氧体温度传感器舌簧开关断开，传感器不导通，万用表指示电阻∞。否则，说明热敏铁氧体温度传感器已经损坏，应当更换。

12.5　气体浓度传感器检测

在电子汽油喷射式发动机上进行反馈控制的传感器是氧传感器，它安装在发动机的排气管上，其作用是通过检测排放气体中氧的含量来获得混合气的空燃比浓稀信号，并将检测结果转变成电压信号输入 ECU,ECU 根据氧传感器输入信号,不断地修正喷油脉宽,使混合气浓度保持在理想范围内,利用氧传感器对发动机混合气的空燃比进行闭环控制后,能使过量空气系数控制在 0.98～1.02 之间,使发动机在各种工况下获得最佳浓度的混合气,使有害气体的排放量降到最低,减少汽车排气污染。

为降低排气污染,目前汽车发功机的排气管上普遍安装三元催化转化器,它能净化排气中的 CO,HC 和 NO_x 三种有害气体的成分,但三元催化转化器只在空燃比接近理论值(A/F = 14.7)的范围内起净化作用。当排气管中安装氧传感器,根据检测排气中的氧浓度信号,ECU 控制空燃比,使三元催化转化器更有效地起净化作用。

目前汽车上采用的氧传感器有氧化钛式和氧化锆式两种。氧化锆式氧传感器又分为加热型氧传感器和非加热型氧传感器两种。氧化钛式氧传感器本身带有一个电加热器。

1)氧化钛式氧传感器的结构和输出特性

氧化钛式氧化感器的内部有两个氧化钛元件,一个是多孔性的二氧化钛陶瓷,用来感测排气中的氧含量;另一个是实心的二氧化钛陶瓷,用来作加热调节,补偿温度的误差。传感器外面套有带孔槽的金属防护罩。传感器接线端用橡胶作密封材料,防止外界气体渗入,它一般安装在排气歧管或尾管上。由于二氧化钛半导体材料的电阻随排气中氧浓度的变化而变化,所以氧化钛式氧传感器的信号源相当于一个可变电阻。该传感器的输出特性如图 12.25 所示。

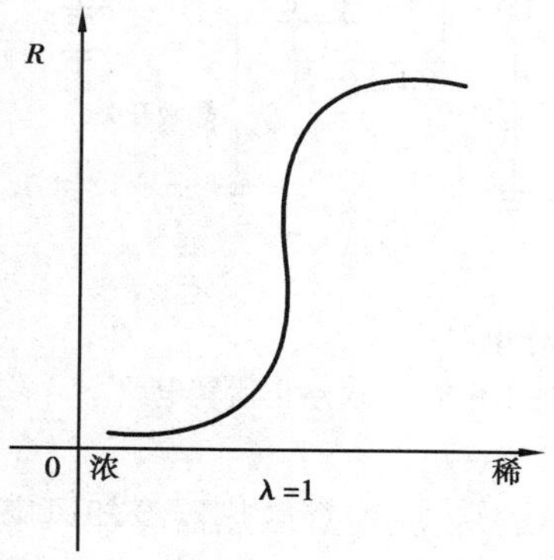

图 12.25 氧化钛式氧传感器的输出特性

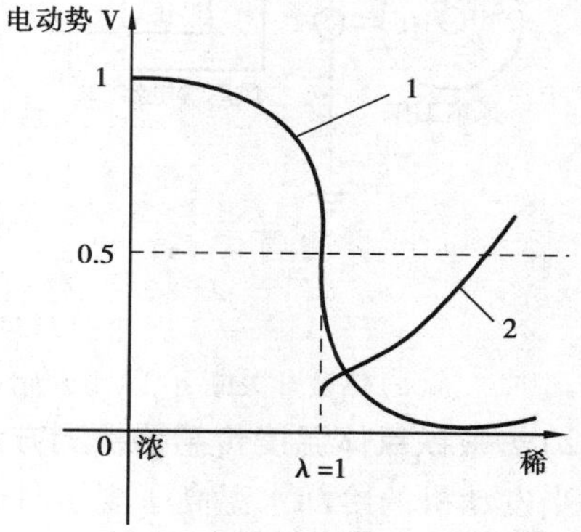

图 12.26 氧传感器的电压特性

1—电动势;2—传感器表面的氧浓度

氧化钛式氧传感器有两个电极,一个是信号正极,一个是信号负极。为了使氧化钛式氧传感器能迅速达到其工作温度(300 ℃)而投入工作,在氧传感器内部有热敏电阻加热元件对它进行加热,以使氧化钛式氧传感器在发动机工作过程中的温度保持恒定。

2)氧化锆式氧传感器结构和电压特性

氧化锆式氧传感器主要由氧化锆、陶瓷管(固体电解质,或称为锆管)、电极和护套组成。氧化锆式氧传感器有加热式的和非加热式两种。现代汽车大都使用加热式的氧化锆式氧传感器。氧传感器产生的电压在过量空气系数 $\lambda=1$ 时产生突变,$\lambda>1$ 时,氧传感器输出电压几乎为零,$\lambda<1$ 时,氧传感器输出电压接近 1 V,氧传感器电压特性如图 12.26 所示。

氧传感器的这种特性只有在温度较高时(600 ℃)才能分体现出来。在低温时,这种特性会发生很大变化。为了得到稳定的输出,在氧传感器内部增加一个陶瓷加热元件,用于保证其工作温度,这种叫做加热式氧化锆氧传感器,如图 12.27 所示。这种加热式的氧传感器有四根线,两根与 ECU 相连,另外两根是电源正、负极线。加热元件受 ECU 控制,无论排气温度是多少,只要不超越工作极限温度,陶瓷体温度总保持不变。

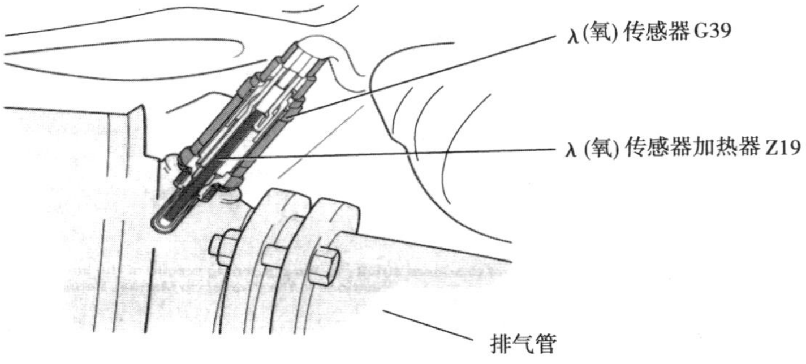

图 12.27　加热式氧化锆氧传感器

3)**氧传感器检测方法**

以桑塔纳 2000GSi 型轿车为例,介绍氧传感器的检测方法。

桑塔纳 2000GSi 型轿车使用的氧传感器代号 G39,为氧化锆型氧传感器。图 12.28 为桑塔纳 2000GSi 轿车氧传感器连接器插头与插座,图 12.29 为桑塔纳 2000GSi 型轿车氧传感器工作电路。

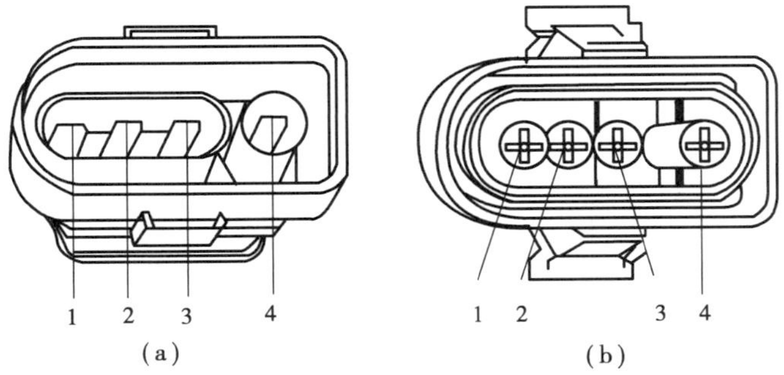

图 12.28　氧传感器连接器及插座

(a)插头:传感器端　(b)插头:ECU 端

1—加热元件正极;2—加热元件负极;3—信号电压负极;4—信号电压正极

(1)加热元件电阻检测。加热元件电阻值常温下为 1 ~ 5 Ω,温度上升很少时,电阻值会上升很大。所以在室温下,可用万用表检测。检测时,拔下传感器线束连接器插头,检查 1 与 2 端子间电阻,应为 1 ~ 5 Ω。如果常温下电阻值为无穷大,说明加热元件断路,应更换氧传感器。

(2)电源电压检测。氧传感器的加热元件需用电源进行加热,当打开点火开关后,燃油泵继电器触点接通,加热元件的电源即被接通。在检测加热元件电压时,应拔下传感器连接器插头,启动发动机,检查氧传感器连接器插头上 1 与 2 端子间电压,应不低于 11 V。如果没有电

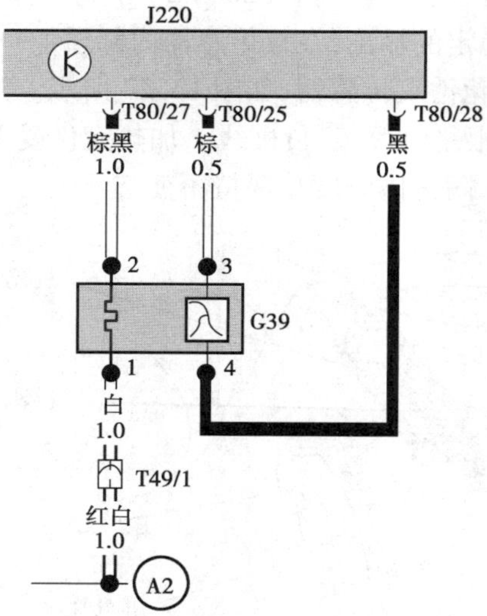

图 12.29　氧传感器工作电路

压,说明熔断器或断路继电器触点接触不良,应进行检修。

(3)电压信号检测。检测氧传感器电压信号时,应连接好传感器连接器插头与插座,用数字式万用表测量传感器3与4端子。接通点火开关时,电压信号应为0.45~0.55 V;当踩下加速踏板,供给浓混合气时,电压信号应为0.7~1.0 V;当拔下空气流量传感器到发动机之间的真空软管,供给稀混合气时,电压信号应为0.1~0.3 V,否则说明氧传感器失效,应更换。

12.6　流量传感器检测

空气流量传感器(或称空气流量计)是用来检测发动机进气量大小的传感器,并将进气量大小转变成电信号输入电子控制单元ECU,以供ECU计算喷油量和点火时间。为使发动机在各种状况下获得最佳浓度的混合气,必须保持空气流量计良好的技术状态。使它能精确测量进气量,并以此作为ECU控制喷油量的主要依据。如果空气流量计或连接线路出现故障,发动机进气量的计量就不准确,混合气会过浓或过稀,使ECU无法正确地控制发动机的喷油量,导致发动机运转不正常,排放超标。

在BOSCH的L型多点MPI燃油喷射系统中,就使用空气流量计直接测量进气量。其测量进气量所用的传感器有体积流量型传感器和质量流量型传感器两种。体积流量型传感器有叶片式和卡门涡旋式两种;质量流量型传感器有热线式和热膜式两种。质量流量型传感器工作性能好,但生产成本高。

1)热线式空气流量计的结构及测量原理

热线式空气流量计主要是由采样管、白金热线、进气温度传感器、控制回路及空气流量计外壳等组成,根据白金热线在壳体内安装部位的不同,又分为主流测量方式和旁通测量方式两种结构型式,图12.30所示为采用主流式热线空气流量计的结构图。

取样管置于主空气通道中央,两端装有金属防护网,防护网用卡箍固定在壳体上,取样管由两个塑料护套和一个热线支承环构成。热线为线径70 μm的白金丝,布置在支承环内,其阻值随温度变化,是惠斯顿电桥的一个电阻臂 R_H,如图12.31所示。

热线支承环后端的塑料护套内安装一个白金薄膜电阻器,其电阻值随进气温度变化,称为温度补偿电阻,是惠斯顿电桥的另一电阻臂 R_K。热线支承环后端的塑料护套上粘着一只精密电阻,且能用激光修整,设计为惠斯顿电桥的又一个电阻臂 R_A,该电阻上的电压信号就是热线式空气流量计的输出信号。惠斯顿电桥上另一电阻臂 R_B 被装在控制线路板上面,该电阻器在最后调试试验中用激光修整,以便对设定空气流量下的空气流量计的输出特性进行校正。

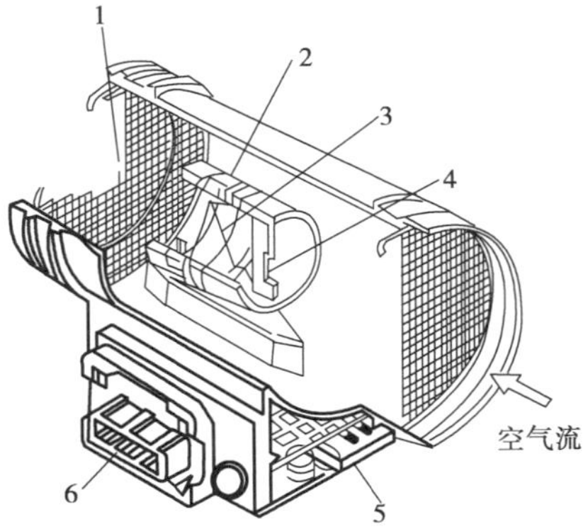

图12.30　主流式热线空气流量计结构图

1—防护网;2—取样管;3—白金热线;4—温度补偿电阻;5—控制线路板;6—电连接器

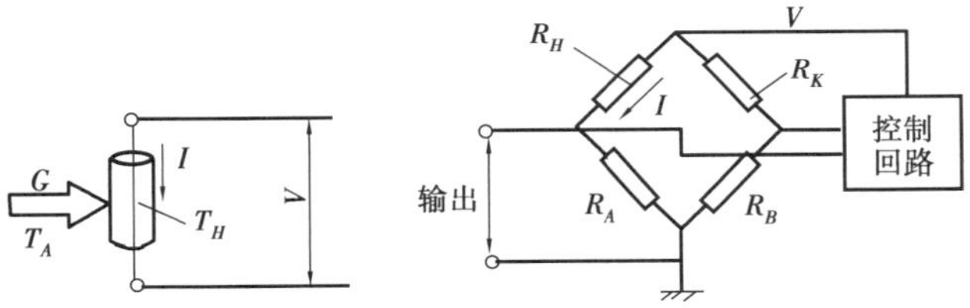

图12.31　热线式空气流量计的测量原理

R_H—热线电阻;R_K—温度补偿电阻;R_A—精密电阻;R_B—调零电阻

采用旁通式热线空气流量计与主流测量方式在结构上的主要区别在于:将白金热线和温度补偿电阻安装在空气旁通道上。

在热线式空气流量计中,控制电路的作用就是利用惠斯顿电桥平衡原理来控制热线电阻温度与进气温度的差值保持一定。当发动机的负荷增加时,空气进气量增加,被带走的热量也同时增加,使热线迅速冷却,铂金热线的电阻随之下降,惠斯顿电桥失去平衡。此时,控制电路会自动增加供给热线的电流,使热线恢复原来的温度和电阻,直至电桥恢复平衡。电子控制回路所增加的电流大小取决于热线被冷却的程度,即空气质量流量。此外,当发动机负荷增加时,由于空气的质量流量增加,引起热线电流的增加,同时精密电阻 R_A 的电压也相应增加,计算机根据该电压信号便可测定空气的质量流量。

此外,由于这种流量计基于热线表面与空气的热传导,热线上任何污染都会造成测量误差,因此控制电路中具有自动"清污"的功能。每当发动机熄火后的4 s内,控制电路会自动提供自净电流,使热线迅速升高到1 000 ℃的高温,并加热1 s,可将粘附在热线表面污物完全清除干净。这种空气流量计可以直接测量进气空气的质量,无需进行进气温度和大气压力修正,无运动部件,进气阻力小,响应特性较好,可正确测出急减速时空气进气量。

2)空气流量计检测方法

图12.32为桑塔纳2000轿车发动机控制系统中空气流量计电路图。

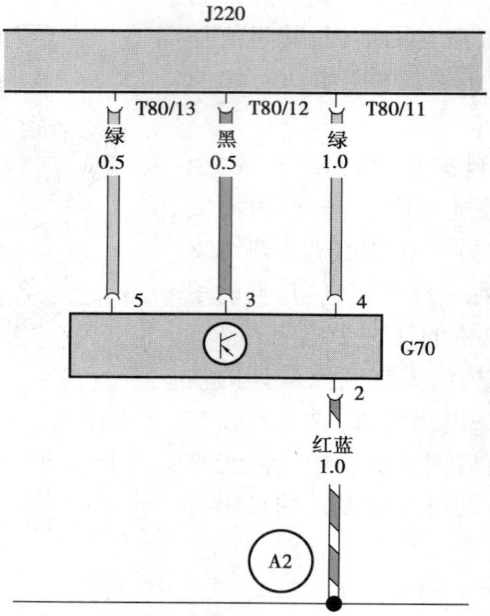

图 12.32　桑塔纳 2000 轿车发动机控制系统中空气流量计电路图

启动发动机或者短接油泵继电器 30 端子和 87 端子,用万用表电压挡测量空气流量计 G70 的 2 脚,应显示电压 12 V 左右;测量其 4 脚电压,应显示 5 V 左右;若 G70 的 2 脚和 4 脚供电电压不正常,应检查供电线路是否正常。测量 G70 的 3 脚搭铁情况,正常情况下万用表电阻挡应显示 10 Ω 以下。G70 的 5 脚为传感器输出的信号电压,当发动机处于怠速运转时,其信号电压应在 1.8 ~2.2 V 之间;若用诊断仪器看其动态数据流,怠速时应显示 2 ~4 g/s,且随着发动机负荷或转速的提升,空气流量计数据流也应有明显的变化。若变化缓慢,则可能是由于空气流量计性能老化或内部热膜的表面被灰尘覆盖所致。

复习思考题

1. 简述电磁感应式车速传感器的工作原理及检测方法。
2. 简述霍尔式速度传感器的工作原理及检测方法。
3. 简述超声波传感器的工作原理及检测方法。
4. 简述氧化锆式氧传感器的工作原理及检测方法。
5. 简述热膜式空气流量计的工作原理及检测方法。

参考文献

[1] 熊诗波,黄长艺.机械工程测试技术基础[M].3版.北京:机械工程出版社,2006.
[2] 贾民平,张洪亭,周剑英.测试技术[M].北京:高等教育出版社,2001.
[3] 韩峰,刘海伦.测试技术基础[M].北京:机械工业出版社,1998.
[4] 栾桂冬,张金铎,金欢阳.传感器及其应用[M].西安:西安电子科技大学出版社,2002.
[5] 李晓莹.传感器与测试技术[M].北京:高等教育出版社,2005.
[6] 赵莉,刘子英.电路测试技术基础[M].成都:西南交通大学出版社,2004.
[7] 李世义.动态测试技术基础[M].北京:国防工业出版社,1989.
[8]《汽车维修速查手册丛书》编委会.汽车传感器标准值速查手册[M].北京:电子工业出版社,2002.
[9] 齐志鹏.汽车传感器和执行器的原理与检修[M].北京:人民邮电出版社,2002.
[10] 宋福昌.汽车传感器识别与检测图解[M].北京:电子工业出版社,2003.
[11] 董辉.汽车电子技术与传感器[M].北京:北京理工大学出版社,1999.
[12] 洪水棕.现代测试技术[M].上海:交通大学出版社,2002.
[13] 王元庆.新型传感器原理及应用[M].北京:机械工业出版社,2002.
[14] 冯崇毅.汽车电子控制技术(上册)[M].北京:机械工业出版社,2007.
[15] 付百学.汽车电子控制技术(下册)[M].北京:机械工业出版社,2007.
[16] 董辉.汽车用传感器[M].北京:北京理工大学出版社,2000.